Eugen Roth
Sämtliche Werke 1

Eugen Roth
Sämtliche Werke

Erster Band
Heitere Verse

Hanser Verlag

ISBN 3-446-12340-7
Einmalige Sonderausgabe der Harenberg Kommunikation
Alle Rechte vorbehalten
© 1977 für Sämtliche Werke
Carl Hanser Verlag München und Wien
Umschlag Klaus Detjen
Gesamtherstellung
May & Co Nachf., Darmstadt
Printed in Germany

Ein Mensch

Ein Mensch erblickt das Licht der Welt –
Doch oft hat sich herausgestellt
Nach manchem trüb verbrachten Jahr,
Daß dies der einzige Lichtblick war.

ABENTEUER
UND EULENSPIEGELEIEN

DER OFEN

Ein Mensch, der einen Ofen hat,
Zerknüllt ein altes Zeitungsblatt,
Steckt es hinein und schichtet stolz
Und kunstgerecht darauf das Holz
Und glaubt, indem er das entzündet,
Die Hoffnung sei nicht unbegründet,
Daß nun mit prasselndem Gelärme
Das Holz verbrenne und ihn wärme.
Er denkt mit Kohlen nicht zu geizen,
Kurzum, sich gründlich einzuheizen.
Jedoch, aus seines Ofens Bauch
Quillt nichts als beizend kalter Rauch.
Der Mensch, von Wesensart geduldig,
Hält sich allein für daran schuldig
Und macht es nun noch kunstgerechter.
Der Ofen zieht nur um so schlechter,
Speit Rauch und Funken wild wie Fafner.
Nun holt der Mensch sich einen Hafner.
Der Hafner redet lang und klug
Von Politik und falschem Zug,
Vom Wetter und vom rechten Roste
Und sagt, daß es fünf Reichsmark koste.
Der Mensch ist nun ganz überzeugt,
Dem Ofen, fachgemäß beäugt
Und durchaus einwandfrei befunden,
Sei jetzt die Bosheit unterbunden.
Um zu verstehn des Menschen Zorn,
Lies dies Gedicht nochmal von vorn.

HILFLOSIGKEITEN

Ein Mensch, voll Drang, daß er sich schneuzt,
Sieht diese Absicht schnöd durchkreuzt:
Er stellt es fest mit raschem Fluch,
Daß er vergaß sein Taschentuch.
Indessen sind Naturgewalten,
Wie Niesen, oft nicht aufzuhalten.
Und während nach dem Tuch er angelt,
Ob es ihm wirklich völlig mangelt,
Beschließt die Nase, reizgepeinigt,
Brutal, daß sie sich selber reinigt.
Der Mensch steht da mit leeren Händen...
Wir wollen uns beiseite wenden,
Denn es gibt Dinge, welche peinlich
Für jeden Menschen, so er reinlich.
Wir wollen keinen drum verachten,
Jedoch erst wieder ihn betrachten,
Wenn er sich (wie, muß man nicht wissen)
Dem Allzumenschlichen entrissen.

BESORGUNGEN

Ein Mensch geht eines Vormittages,
Gewärtig keines Schicksalsschlages,
Geschäftig durch die große Stadt,
Wo viel er zu besorgen hat.
Doch schon trifft ihn der erste Streich:
Ein Türschild tröstet: »Komme gleich!«
Gleich ist ein sehr verschwommnes Wort,
Der Mensch geht deshalb wieder fort,
Zum zweiten Ziele zu gelangen:
»Vor fünf Minuten weggegangen...«
Beim dritten hat er auch kein Glück:
»Kommt in acht Tagen erst zurück!«
Beim vierten heißts, nach langem Lauern:
»Der Herr Direktor läßt bedauern...«
Ein überfülltes Wartezimmer
Beim fünften raubt den Hoffnungsschimmer.
Beim sechsten stellt es sich heraus:
Er ließ ein Dokument zu Haus.
Nun kommt der siebte an die Reih:
»Geschlossen zwischen zwölf und zwei!«
Der Mensch, von Wut erfüllt zum Bersten,
Beginnt nun noch einmal beim ersten.
Da werden ihm die Kniee weich:
Dort steht noch immer: »Komme gleich!«

Der Gast

Ein Mensch, der frömmste auf der Welt,
Hat sich im Gasthaus was bestellt
Und sitzt nun da, ganz guter Dinge,
Gewärtig, daß man es ihm bringe.
Er schaut in stiller Seelenruh
Der Emsigkeit des Kellners zu,
Des wackern Mannes, des verlässigen,
Der furchtlos bändigt die Gefräßigen.
Doch bald, von leichtem Zorn gerötet,
Der Mensch ein leises »Bitte« flötet,
Das leider ungehört verhallt,
Weshalb mit höherer Stimmgewalt
Und auch im Tone etwas grober
Der Mensch vernehmlich schreit: »Herr Ober!«
Auch dieser Ruf bleibt unerfüllt,
So daß der Mensch jetzt »Kellner!« brüllt.
Der Kellner, den dies Wort wie Gift
Ins Herz der Ober-Ehre trifft,
Tut, was ein standsbewußter Mann
Nur tun in solchen Fällen kann:
Er überhört es mild und heiter
Und schert sich um den Gast nicht weiter.
Der Mensch, gereizt zwar, aber feige,
Hält für geraten, daß er schweige.
Das Essen kommt, der Mensch vergißt.
Sagt höflich: »Danke sehr!« – und ißt.

Die guten Bekannten

Ein Mensch begegnet einem zweiten.
Sie wechseln Förm- und Herzlichkeiten,
Sie zeigen Wiedersehensglück
Und gehn zusammen gar ein Stück.
Und während sie die Stadt durchwandern,
Sucht einer heimlich von dem andern
Mit ungeheurer Hinterlist
Herauszubringen, wer er ist.
Daß sie sich kennen, das steht fest,
Doch äußerst dunkel bleibt der Rest.
Das Wo und Wann, das Wie und Wer,
Das wissen alle zwei nicht mehr.
Doch sind sie, als sie nun sich trennen,
Zu feig, die Wahrheit zu bekennen.
Sie freun sich, daß sie sich getroffen;
Jedoch im Herzen beide hoffen,
Indes sie ihren Abschied segnen,
Einander nie mehr zu begegnen.

Richtig und falsch

Ein Mensch trifft einen in der Stadt,
Der, ihn zu treffen, Freude hat
Und ihm zum Gruße unbekümmert
Die linke Schulter halb zertrümmert.
»Na, herrlich!« ruft er, »alter Knabe,
Gut, daß ich dich getroffen habe.
Ich wette, du läßt dich nicht lumpen,
Mir eine Kleinigkeit zu pumpen,
Fünf Mark bis morgen oder zehn.
Recht vielen Dank, auf Wiedersehn!«
Der Mensch ist noch im ungewissen,
Wieso man ihm zehn Mark entrissen,
Als schon ein zweiter ihm begegnet,
Der diesen Zufall grad so segnet.
Mit Seufzen hebt er an die Klage
Von der zur Zeit sehr schlimmen Lage,
Und zwar a) von der allgemeinen,
b) insbesondere von der seinen.
Der Mensch, indes der andere stammelt,
Sich still die Abwehrkräfte sammelt
Zur Rede, welche mild gedämpft
Des andern Absicht niederkämpft.
Moral: Von Wert ist nur der rasche
Zugriff auf deines Nächsten Tasche.

VOREILIGE GROBHEIT

Ein Mensch, der einen Brief geschrieben,
Ist ohne Antwort drauf geblieben
Und fängt nun, etwa nach vier Wochen,
Vor Wut erheblich an zu kochen.
Er schreibt, obgleich er viel verscherzt,
Noch einen Brief, der sehr beherzt,
Ja, man kann sagen voller Kraft,
Ganz ehrlich: äußerst flegelhaft!
Nun nimmt das Schicksal seinen Lauf.
Denn diesen Brief gibt er auch auf!
Die Post wird pünktlich ihn besorgen –
Doch siehe da, am nächsten Morgen
Ist leider, wider alles Hoffen,
Bei ihm die Antwort eingetroffen,
In der von jenem Herrn zu lesen,
Er sei so lang verreist gewesen,
Nun aber sei er wieder hiesig
Und freue sich daher ganz riesig,
Und er – der Mensch – könnt mit Vergnügen
Nach Wunsch ganz über ihn verfügen.
Der Mensch, der mit dem Brief, dem groben,
Sein Seelenkonto abgehoben,
Nein, noch viel tiefer sich versündigt:
Das Los zum Ziehungstag gekündigt,
Schrieb noch manch groben Brief im Leben –
Doch ohne ihn dann aufzugeben!

VERDORBENER ABEND

Ein Mensch gedenkt, daheim zu bleiben
Und still an seinem Buch zu schreiben.
Da ruft ein Freund an, ausgeh-heiter,
Und möchte ihn als Fest-Begleiter.
Der Mensch lehnt ab, er sei verhindert.
Jedoch sein Fleiß ist schon gemindert.
Indes er wiederum nun sitzt,
Ein graues Heer von Ratten flitzt
Aus allen Winkeln, Ritzen, Rillen,
Um zu benagen seinen Willen.
Gleichzeitig äußert sich auch jetzt
Der Floh, ihm jäh ins Ohr gesetzt,
Daß er die herrlichsten Genüsse
Durch seinen Trotz versäumen müsse.
Geheim vertauscht sich Zeit und Ort:
Halb ist er hier, halb ist er dort,
Und ist schon dort jetzt zu zwei Dritteln.
Er greift zu scharfen Gegenmitteln,
Beschimpft sich, gibt sich selbst Befehle,
Rast gegen seine schwache Seele –
Umsonst; er schleppt zum Schluß den Rest,
Der noch geblieben, auf das Fest.
Jedoch der Rest ist leider schal,
Dem Menschen wird die Lust zur Qual.
Nach Hause geht er bald, bedrückt...
Es scheint, der Abend ist mißglückt.

Falscher Verdacht

Ein Mensch hat meist den übermächtigen
Naturdrang, andre zu verdächtigen.
Die Aktenmappe ist verlegt.
Er sucht sie, kopflos und erregt,
Und schwört bereits, sie sei gestohlen,
Und will die Polizei schon holen
Und weiß von nun an überhaupt,
Daß alle Welt nur stiehlt und raubt.
Und sicher ists der Herr gewesen,
Der, während scheinbar er gelesen –
Er ahnt genau, wie es geschah ...
Die Mappe? Ei, da liegt sie ja!
Der ganze Aufwand war entbehrlich
Und alle Welt wird wieder ehrlich.
Doch den vermeintlich frechen Dieb
Gewinnt der Mensch nie mehr ganz lieb,
Weil er die Mappe, angenommen,
Sie wäre wirklich weggekommen –
Und darauf wagt er jede Wette –
Gestohlen würde haben hätte!

ÜBEREILTE ANSCHAFFUNG

Ein Mensch geht, leider ganz allein,
Und kauft sich neues Schuhwerk ein.
Er tritt zu seinem spätern Schaden
Gleich in den nächsten besten Laden,
Wo ihm ein milder Überreder
Die Machart anpreist und das Leder.
Und schwörend, daß der Schuh ihm passe,
Schleppt er sofort ihn an die Kasse.
Leicht ist es, Stiefel sich zu kaufen,
Doch schwer, darin herumzulaufen.

IMMER HÖFLICH

Ein Mensch grüßt, als ein Mann von Welt,
Wen man ihm einmal vorgestellt.
Er trifft denselben äußerst spärlich,
Wenns hochkommt, drei- bis viermal jährlich
Und man begrinst sich, hohl und heiter,
Und geht dann seines Weges weiter.
Doch einmal kommt ein schlechter Tag,
Wo just der Mensch nicht grinsen mag;
Und er geht stumm und starr vorbei,
Als ob er ganz wer andrer sei.
Doch solche Unart rächt sich kläglich:
Von Stund an trifft er jenen täglich.

GEDULDSPROBE

Ein Mensch, der auf die Trambahn wartet,
Hälts für ein Spiel, das abgekartet,
Ja, für die Bosheit der Erinnyen,
Daß immer kommen andre Linien.
Schon droht im Rinnen der Minuten
Er sich tief innen zu verbluten,
Da leuchten endlich in der Ferne
Die heißersehnten Lichter-Sterne.
Der Mensch, noch eben prall vor Wut,
Wird weltversöhnt und herzensgut.
Er setzt sich, aufgelöst in Schwäche.
Die Seele steigt zur Oberfläche
Und plätschert selig über ihn –
Bis jäh der Schaffner fragt: »Wohin?«

Gut gedrillt

Ein Mensch steht stumm, voll schlechter Laune,
An einem hohen Gartenzaune
Und müht sich mit gestreckten Zehen,
In dieses Paradies zu sehen
Und schließt aus dem erspähten Stück:
Hier wohnt der Reichtum, wohnt das Glück.
Der Sommer braust im hohen Laub,
Der Mensch schleicht durch den Straßenstaub
Und denkt, indes er sich entfernt,
Was in der Schule er gelernt:
Daß bloßer Reichtum nicht genügt,
Indem daß oft der Schein betrügt.
Der Mensch ist plötzlich so bewegt,
Daß Mitleid heiß sich in ihm regt
Mit all den armen reichen Leuten –
Er weiß es selber kaum zu deuten.
Doch wir bewundern wieder mal
Dies Glanzdressurstück der Moral.

Nutzlose Qual

Ein Mensch hat eines Nachts geträumt,
Er habe seinen Zug versäumt,
Und er wacht auf mit irrem Schrei –
Jedoch, es ist erst viertelzwei.
Der Schlaf löst die verschreckten Glieder.
Doch sieh, da plötzlich träumts ihm wieder,
Und er wacht auf mit irrem Schrei –
Jedoch, es ist erst vierteldrei.
Er schmiegt sich wieder in die Kissen,
Da wird aufs neu sein Schlaf zerrissen.
Der Schrei ertönt, der Mensch erwacht –
Und diesmal ist es viertelacht.
Der Zug jedoch pflegt abzugehn
Tagtäglich, pünktlich sieben Uhr zehn.
Moral: Was nützt der schönste Schrecken,
Kann er zur rechten Zeit nicht wecken ...?

Das Schnitzel

Ein Mensch, der sich ein Schnitzel briet,
Bemerkte, daß ihm das mißriet.
Jedoch, da er es selbst gebraten,
Tut er, als wär es ihm geraten,
Und, um sich nicht zu strafen Lügen,
Ißt ers mit herzlichem Vergnügen.

VORSICHT

Ein Mensch, mit keinem Grund zur Klage
Als dem der allgemeinen Lage,
Klagt trotzdem und auf jeden Fall,
Klagt herzlich, laut und überall,
Daß jedermann sich überzeugt,
Wie tief ihn Not und Sorge beugt.
Wenn er sich nämlich unterfinge
Zu sagen, daß es gut ihm ginge,
So ginge es ihm nicht mehr gut:
Der Neid, der rasche Arbeit tut,
Hätt ihn vielleicht schon über Nacht
Um all sein Gutergehn gebracht.
Drum hat der Mensch im Grunde recht,
Der gleich erklärt, ihm ging' es schlecht.

EIN AUSWEG

Ein Mensch, der spürt, wenn auch verschwommen,
Er müßte sich, genau genommen,
Im Grunde seines Herzens schämen
Zieht vor, es nicht genau zu nehmen.

So ist das Leben

Ein Mensch lebt friedlich auf der Welt,
Weil fest und sicher angestellt.
Jedoch so Jahr um Jahr, wenns lenzt,
Fühlt er sich sklavenhaft begrenzt
Und rasselt wild mit seinen Ketten,
Als könnt er so die Seele retten
Und sich der Freiheit und dem Leben
Mit edlem Opfermut ergeben.
Jedoch bei näherer Betrachtung
Spielt er nur tragische Verachtung
Und schluckt, kraft höherer Gewalt,
Die Sklaverei und das Gehalt.
Auf seinem kleinen Welttheater
Mimt schließlich er den Heldenvater
Und denkt nur manchmal noch zurück
An das einst oft geprobte Stück,
Das niemals kam zur Uraufführung.
Und er empfindet tiefe Rührung,
Wenn er die alte Rolle spricht
Vom Mann, der seine Ketten bricht.

TRAUMBEGEGNUNG

Ein Mensch, beim Traum-Spazierengehen,
Sah einst den Riesen Zufall stehen,
Auf den er schon seit manchem Jahr
Nicht eben gut zu sprechen war.
Wie David einst vor Goliath,
Er traumesmutig vor ihn trat,
Daß er ihn kieselschleudernd träfe,
Wie jener jenen, in die Schläfe.
Doch wollt er, abhold allen Sünden,
Den Mord moralisch erst begründen
Und, was gerade hier vonnöten,
Den Zufall nicht durch Zufall töten.
Er hielt darum, statt rascher Fehde,
Dem Riesen eine Riesenrede,
In der er nachwies, unerbittlich,
Der Zufall sei durchaus nicht sittlich,
Denn er mißbrauche seine Kraft
Zu ungerechter Machenschaft.
Der Riese, gar nicht schlecht gelaunt,
Schien ob des Vorwurfs nur erstaunt
Und war ganz willig zur Bekehrung
Und bat um weitere Belehrung.
Der Mensch bedachte manche Regel,
Die heilsam wäre für den Flegel,
Doch fiel ihm nichts Gescheites ein.
Er wurde kleiner noch als klein,
Und er verschloff sich wie ein Wiesel,
In Händen ungenutzt den Kiesel.

PHANTASTEREIEN

Ein Mensch denkt nachts in seinem Bette,
Was er gern täte, wäre, hätte.
Indes schon Schlaf ihn leicht durchrinnt,
Er einen goldnen Faden spinnt
Und spinnt und spinnt sich ganz zurück
In Märchentraum und Kinderglück.
Er möchte eine Insel haben,
Darauf ein Schloß mit Wall und Graben,
Das so geheimnisreich befestigt,
Daß niemand ihn darin belästigt.
Dann möchte er ein Schiff besitzen
Mit selbsterfundenen Geschützen,
Daß ganze Länder, nur vom Zielen,
In gläserne Erstarrung fielen.
Dann wünscht er sich ein Zauberwort,
Damit den Nibelungenhort –
Tarnkappe, Ring und Schwert – zu heben.
Dann möcht er tausend Jahre leben,
Dann möcht er ... doch er findet plötzlich
Dies Traumgeplantsch nicht mehr ergötzlich.
Er schilt sich selbst: »Hanswurst, saudummer!«
Und sinkt nun augenblicks in Schlummer.

Ein Experiment

Ein Mensch, der es noch nicht gewußt hat,
Daß er zwei Seelen in der Brust hat,
Der schalte ohne Zwischenpause
Die kalte auf die warme Brause,
Wobei er schnatternd schnell entdeckt:
Die sündige Seele wird erschreckt.
Doch wächst im kalten Strahl die Kraft
Der Seele, welche heldenhaft.
Kurz, er stellt fest, wie sich die beiden
Sonst eng verbundnen Seelen scheiden.
Hat er nun überzeugt sich klar
Von dem, was zu beweisen war,
So mache er die minder grobe,
Ja, höchst erwünschte Gegenprobe:
Die Wärme bringt ihm den Genuß,
Er fühlt sich wie aus einem Guß.

Der starke Kaffee

Ein Mensch, der viel Kaffee getrunken,
Ist nachts in keinen Schlaf gesunken.
Nun muß er zwischen Tod und Leben
Hoch überm Schlummerabgrund schweben
Und sich mit flatterflinken Nerven
Von einer Angst zur andern werfen
Und wie ein Affe auf dem schwanken
Gezweige turnen der Gedanken,
Muß über die geheimsten Wurzeln
Des vielverschlungnen Daseins purzeln
Und hat verlaufen sich alsbald
Im höllischen Gehirn-Urwald.
In einer Schlucht von tausend Dämpfen
Muß er mit Spukgestalten kämpfen,
Muß, von Gespenstern blöd geäfft,
An Weiber, Schule, Krieg, Geschäft
In tollster Überblendung denken
Und kann sich nicht ins Nichts versenken.
Der Mensch in selber Nacht beschließt,
Daß er Kaffee nie mehr genießt.
Doch ist vergessen alles Weh
Am andern Morgen – beim Kaffee.

Unter Aufsicht

Ein Mensch, der recht sich überlegt,
Daß Gott ihn anschaut unentwegt,
Fühlt mit der Zeit in Herz und Magen
Ein ausgesprochnes Unbehagen
Und bittet schließlich Ihn voll Grauen,
Nur fünf Minuten wegzuschauen.
Er wolle unbewacht, allein
Inzwischen brav und artig sein.
Doch Gott, davon nicht überzeugt,
Ihn ewig unbeirrt beäugt.

Der Pfründner

Ein Mensch hat draußen nicht viel Glück.
Er zieht sich in sich selbst zurück;
Zu keinem Aufwand mehr verpflichtet,
Doch seelisch sehr gut eingerichtet,
Führt er seitdem behaglich dort
Ein Innenleben mit Komfort.

Schlüpfrige Dinge

Ein Mensch, der auf der Straße ging,
Mit seinen Augen sich verfing
In einem Laden, drin ein Weib
Höchst schamlos zeigte seinen Leib,
Der nur aus Pappendeckel zwar,
Doch fleischlich in der Wirkung war.
Von Hemd und Höschen zart umhüllt,
Das Blendwerk nur den Zweck erfüllt,
Zu schlagen eine breite Bresche
In den erlaubten Wunsch nach Wäsche.
Und da dem Reinen alles rein,
Sah das der Mensch auch alsbald ein
Und ging mit einer grenzenlosen
Hochachtung fort für Damenhosen.

Voreilig

Ein Mensch in seinem ersten Zorn
Wirft leicht die Flinte in das Korn,
Und wenn ihm dann der Zorn verfliegt,
Die Flinte wo im Korne liegt.
Der Mensch bedarf dann mancher Finte,
Zu kriegen eine neue Flinte.

Unglaubwürdige Geschichte

Ein Mensch, ein wahrhaft großmut-gütiger,
Und ein noch weitaus größermütiger,
Bekommen miteinander Streit –
Das heißt natürlich, insoweit
Ein streitvergleichbares Gebilde
Entstehen kann bei solcher Milde.
Der Gütige nennt allein sich schuldig,
Indes der Gütigere geduldig
Den Gütigen dahin belehrt,
Es sei gerade umgekehrt;
Die Un-Schuld ganz auf sich zu nehmen,
Will keins von beiden sich bequemen,
Weil er es nie dem andern gönnte,
Daß er – der andre – sagen könnte,
Er habe, um zum End zu kommen,
Die Unschuld ganz auf sich genommen
Und damit, und das ist es eben,
Die Schuld des andern zugegeben.
Nun gut, nachdem sich jeder weigert,
Wird das Gespräch hinaufgesteigert,
Doch nicht zur Grobheit wie gewöhnlich,
Nein, hier natürlich höchstversöhnlich,
Bis es, ganz aus sich selbst verschwendet
In Lächeln und in Demut endet
Und beide in beglücktes Schweigen
Wie Kinderluftballone steigen.

BILLIGE REISE

Ein Mensch holt sich für die bezweckte
Fahrt in die Ferien viel Prospekte,
Die, was verdächtig, unentgeltlich
In reichster Auswahl sind erhältlich
Und die in Worten wie in Bildern
Den Reiz jedweder Gegend schildern.
Begeisternd sind die Pensionen,
In denen nette Menschen wohnen.
Ganz herrlich sind die Alpentäler,
Wo preiswert Bett und Mittagsmähler.
Doch würdig reifer Überlegung
Ist auch am Meere die Verpflegung.
Es fragt sich nur ob Ost-, ob Nord-?
Und schließlich wie wär es an Bord?
Nicht zu verachten bei den Schiffen
Der Lockruf: »Alles inbegriffen!«
Der Mensch, an sich nicht leicht entschlossen,
Hat lesend schon genug genossen
Und bleibt, von tausend Bildern satt,
Vergnügt in seiner Heimatstadt.

Der Lebenskünstler

Ein Mensch, am Ende seiner Kraft,
Hat sich noch einmal aufgerafft.
Statt sich im Schmerze zu vergeuden,
Beschließt er, selbst sich zu befreuden
Und tut dies nun durch die Erdichtung
Von äußerst peinlicher Verpflichtung.
So ist ihm Reden eine Qual.
Sitzt er nun wo als Gast im Saal,
Befiehlt er streng sich in den Wahn,
Er käm jetzt gleich als Redner dran,
Macht selber Angst sich bis zum Schwitzen –
Und bleibt dann glücklich lächelnd sitzen.
Dann wieder bildet er sich ein,
Mit einem Weib vermählt zu sein,
Das trotz erbostem Scheidungsrütteln
Auf keine Weise abzuschütteln.
Wenn er die Wut, daß sie sich weigert,
Bis knapp zum Mord hinaufgesteigert,
So lacht er über seine List
Und freut sich, daß er ledig ist.
Ein Mensch, ein bißchen eigenwillig,
Schafft so sich Wonnen, gut und billig.

VERWICKELTE GESCHICHTE

Ein Mensch wähnt manchmal ohne Grund,
Der andre sei ein Schweinehund,
Und hält für seinen Lebensrest
An dieser falschen Meinung fest.
Wogegen, gleichfalls unbegründet,
Er einen Dritten reizend findet.
Und da kein Gegenteil erwiesen,
Zeitlebens ehrt und liebt er diesen.
Derselbe Mensch wird seinerseits –
Und das erst gibt der Sache Reiz –
Durch eines blinden Zufalls Walten
Für einen Schweinehund gehalten,
Wie immer er auch darauf zielte,
Daß man ihn nicht für einen hielte.
Und einzig jener auf der Welt,
Den selber er für einen hält,
Hält ihn hinwiederum für keinen.
Moral: Das Ganze ist zum Weinen.

DAS SPRUNGBRETT

Ein Mensch, den es nach Ruhm gelüstet,
Besteigt, mit großem Mut gerüstet,
Ein Sprungbrett – und man denkt, er liefe
Nun vor und spränge in die Tiefe,
Mit Doppelsalto und dergleichen
Der Menge Beifall zu erreichen.
Doch läßt er, angestaunt von vielen,
Zuerst einmal die Muskeln spielen,
Um dann erhaben vorzutreten,
Als gälts, die Sonne anzubeten.
Ergriffen schweigt das Publikum –
Doch er dreht sich gelassen um
Und steigt, fast möcht man sagen, heiter
Und vollbefriedigt von der Leiter.
Denn, wenn auch scheinbar nur entschlossen,
Hat er doch sehr viel Ruhm genossen,
Genau genommen schon den meisten –
Was soll er da erst noch was leisten?

BEIM EINSCHLAFEN

Ein Mensch möcht sich im Bette strecken,
Doch hindern die zu kurzen Decken.
Es friert zuerst ihn an den Füßen,
Abhilfe muß die Schulter büßen.
Er rollt nach rechts und meint, nun gings,
Doch kommt die Kälte prompt von links.
Er rollt nach links herum, jedoch
Entsteht dadurch von rechts ein Loch.
Indem der Mensch nun dies bedenkt,
Hat Schlaf sich mild auf ihn gesenkt
Und schlummernd ist es ihm geglückt:
Er hat sich warm zurechtgerückt.
Natur vollbringt oft wunderbar,
Was eigentlich nicht möglich war.

SPRICHWÖRTLICHES

Ein Mensch bemerkt mit bitterm Zorn,
Daß keine Rose ohne Dorn.
Doch muß ihn noch viel mehr erbosen,
Daß sehr viel Dornen ohne Rosen.

DIE TORTE

Ein Mensch kriegt eine schöne Torte.
Drauf stehn in Zuckerguß die Worte:
»Zum heutigen Geburtstag Glück!«
Der Mensch ißt selber nicht ein Stück,
Doch muß er in gewaltigen Keilen
Das Wunderwerk ringsum verteilen.
Das »Glück«, das »heu«, der »Tag« verschwindet,
Und als er nachts die Torte findet,
Da ist der Text nur mehr ganz kurz.
Er lautet nämlich nur noch:... »burts«..
Der Mensch, zur Freude jäh entschlossen,
Hat diesen Rest vergnügt genossen.

MAN WIRD BESCHEIDEN

Ein Mensch erhofft sich fromm und still,
Daß er einst das kriegt, was er will.
Bis er dann doch dem Wahn erliegt
Und schließlich das will, was er kriegt.

LITERATUR UND LIEBE

Verkannte Kunst

Ein Mensch, der sonst kein Instrument,
Ja, überhaupt Musik kaum kennt,
Bläst Trübsal – denn ein jeder glaubt,
Dies sei auch ungelernt erlaubt.
Der unglückselige Mensch jedoch
Bläst bald auch auf dem letzten Loch.
Dann ists mit seiner Puste aus
Und niemand macht sich was daraus.
Moral: Ein Trübsalbläser sei
Ein Meister, wie auf der Schalmei.

Kunst

Ein Mensch malt, von Begeisterung wild,
Drei Jahre lang an einem Bild.
Dann legt er stolz den Pinsel hin
Und sagt: »Da steckt viel Arbeit drin.«
Doch damit wars auch leider aus:
Die Arbeit kam nicht mehr heraus.

UNERWÜNSCHTER BESUCH

Ein Mensch, der sich zu Hause still
Was Wunderschönes dichten will,
Sucht grad auf Lenz sich einen Reim,
Als in das sonst so traute Heim
Ein Mann tritt, welchen er zu treten
In keiner Weise hat gebeten.
»Ich seh«, sagt dieser, »daß ich störe.
Sie schreiben grade – nun, ich schwöre,
Sie gar nicht lange aufzuhalten,
Ich weiß, man will ein Werk gestalten,
Ist just an einer schweren Stelle –
Da tritt ein Fremdling auf die Schwelle.
Ich komm nicht, Sie zu unterbrechen,
Ich will nur knapp zwei Worte sprechen.
Nur keine Bange – fünf Minuten,
Ich denk nicht, Ihnen zuzumuten,
Mir mehr zu opfern. Zeit ist Geld,
Und Geld ist rar heut auf der Welt.«
Der Mann noch weiterhin bekräftigt,
Er wisse, wie der Mensch beschäftigt,
Und sei darum von ganzer Seele
Bedacht, daß er nicht Zeit ihm stehle.
Der Mensch wird, etwa nach drei Stunden,
Zerschwätzt an seinem Tisch gefunden.

VERHINDERTER DICHTER

Ein Mensch, zur Arbeit wild entschlossen,
Ist durch den Umstand sehr verdrossen,
Daß ihm die Sonne seine Pflicht
Und Lust zum Fleißigsein zersticht.
Er sitzt und schwitzt und stöhnt und jammert,
Weil sich die Hitze an ihn klammert.
Von seinem Wunsch herbeigemolken,
Erscheinen alsbald dunkle Wolken,
Der Regen rauscht, die Traufen rinnen.
Jetzt, denkt der Mensch, kann ich beginnen!
Doch bleibt er tatenlos und sitzt,
Horcht, wie es donnert, schaut, wies blitzt,
Und wartet, dumpf und hirnvernagelt,
Obs nicht am Ende gar noch hagelt.
Doch rasch zerfällt das Wettertoben –
Der Mensch sitzt wieder: Siehe oben!

ENTBEHRLICHE NEUIGKEITEN

Ein Mensch, der Zeitung liest, erfährt:
»Die Lage völlig ungeklärt.«
Weil dies seit Adam so gewesen,
Wozu denn da noch Zeitung lesen?

HOFFNUNGEN

Ein Mensch, der eben auf gut Glück
Versandte ein Theaterstück,
Erwartet nunmehr Tag für Tag,
Gespannt die Antwort vom Verlag.
Die Träume schweifen weit, die kühnen,
Und rechnen schon mit tausend Bühnen,
Sie werden dreist und immer dreister.
Man wird ihm schreiben: »Hoher Meister...«
Was schreiben – drahten wird man gleich:
»Erbitten Rechte ganzes Reich!«
Nur manchmal denkt der Mensch beklommen,
Die Antwort müßte rascher kommen.
Jedoch, mit Träumen so gefüttert,
Bleibt sein Vertrauen unerschüttert.
Sehr plötzlich liegt dann auf dem Tisch
Sein Drama nebst gedrucktem Wisch:
»Man habe für die p. p. Sendung
Hochachtend leider nicht Verwendung,
Womit jedoch in keiner Richtung
Man zweifle an dem Wert der Dichtung!«
Der Mensch, der eben noch im Geist
Und Flugzeug nach Berlin gereist,
Um zu erobern sich die Welt –
Notlandet schlicht auf freiem Feld.

BÜCHER

Ein Mensch, von Büchern hart bedrängt,
An die er lang sein Herz gehängt,
Beschließt voll Tatkraft, sich zu wehren,
Eh sie kaninchenhaft sich mehren.
Sogleich, aufs äußerste ergrimmt,
Er ganze Reihn von Schmökern nimmt
Und wirft sie wüst auf einen Haufen,
Sie unbarmherzig zu verkaufen.
Der Haufen liegt, so wie er lag,
Am ersten, zweiten, dritten Tag.
Der Mensch beäugt ihn ungerührt
Und ist dann plötzlich doch verführt,
Noch einmal hinzusehn genauer –
Sieh da, der schöne Schopenhauer...
Und schlägt ihn auf und liest und liest,
Und merkt nicht, wie die Zeit verfließt...
Beschämt hat er nach Mitternacht
Ihn auf den alten Platz gebracht.
Dorthin stellt er auch eigenhändig
Den Herder, achtundzwanzigbändig.
E. T. A. Hoffmanns Neu-Entdeckung
Schützt diesen auch vor Zwangs-Vollstreckung.
Kurzum, ein Schmöker nach dem andern
Darf wieder auf die Bretter wandern.
Der Mensch, der so mit halben Taten
Beinah schon hätt den Geist verraten,
Ist nun getröstet und erheitert,
Daß die Entrümpelung gescheitert.

DER NICHTSKÖNNER

Ein Mensch, in einem jähen Strudel
Von widerwärtigem Lobgehudel
Emporgeschleudert wild und weit,
Steigt in den Glanz der Ewigkeit.
Doch in der Region der Gletscher
Gefriert das eitle Lobgeplätscher.
Der Mensch, umragt von Geistesriesen,
Ist auf sich selber angewiesen
Und fühlt, im Innersten verstört,
Daß er nicht recht hierher gehört.
Arm und verlassen hockt er droben.
Doch wer kann ihn herunterloben?

*

Ein Mensch von innerlichster Richtung
Schreibt unentwegt an einer Dichtung.
Doch, was mit Herzblut er geschrieben,
Kann niemand loben oder lieben.
Ein andrer Mensch, der nicht so blutet,
Daß es die Dichtung überflutet,
Benutzt – welch widerwärtige Finte –
Zu dem Behufe einfach Tinte.
Und doch wird dem, was er gedichtet,
Von allen Seiten beigepflichtet.
Blut ist zwar ein besondrer Saft,
Doch hat auch Tinte ihre Kraft.

Gutes Beispiel

Ein Mensch, der Bücher schreiben wollte,
Besinnt sich plötzlich, ob ers sollte.
Ob er, bisan ein heilig Wesen,
Dran Dichter und Verlag genesen,
Ein Mensch, der nicht nur las, der gar
Sich Bücher kaufte gegen bar
Und den, weil selbst er nie geschrieben,
Die Menschen und die Götter lieben,
Ob er, gleichviel aus welchen Gründen,
Sich stürzen sollt in solche Sünden,
Wie sie im Himmel und auf Erden
Höchst selten nur vergeben werden –
Der Mensch, der schon Papier erworben,
Hat anderweitig es verdorben.

Der Rezensent

Ein Mensch hat Bücher wo besprochen
Und liest sie nun im Lauf der Wochen.
Er freut sich wie ein kleines Kind,
Wenn sie ein bißchen auch so sind.

Briefe, die ihn nicht erreichten...

Ein Mensch denkt oft mit stiller Liebe
An Briefe, die er gerne schriebe.
Zum Beispiel: »Herr! Sofern Sie glauben,
Sie dürften alles sich erlauben,
So teil ich Ihnen hierdurch mit,
Daß der bewußte Eselstritt
Vollständig an mir abgeprallt –
Das weitere sagt mein Rechtsanwalt!
Und wissen Sie, was Sie mich können?...«
Wie herzlich wir dem Menschen gönnen,
An dem, was nie wir schreiben dürfen,
Herumzubasteln in Entwürfen.
Es macht den Zornigen sanft und kühl
Und schärft das deutsche Sprachgefühl.

Arbeiter der Stirn

Ein Mensch sitzt kummervoll und stier
Vor einem weißen Blatt Papier.
Jedoch vergeblich ist das Sitzen –
Auch wiederholtes Bleistiftspitzen
Schärft statt des Geistes nur den Stift.
Selbst der Zigarre bittres Gift,
Kaffee gar, kannenvoll geschlürft,
Den Geist nicht aus den Tiefen schürft,
Darinnen er, gemein verbockt,
Höchst unzugänglich einsam hockt.
Dem Menschen kann es nicht gelingen,
Ihn auf das leere Blatt zu bringen.
Der Mensch erkennt, daß es nichts nützt,
Wenn er den Geist an sich besitzt,
Weil Geist uns ja erst Freude macht,
Sobald er zu Papier gebracht.

DER KENNER

Ein Mensch sitzt stolz, programmbewehrt,
In einem besseren Konzert,
Fühlt sich als Kenner überlegen –
Die anderen sind nichts dagegen.
Musik in den Gehörgang rinnt,
Der Mensch lauscht kühn verklärt und sinnt.
Kaum daß den ersten Satz sie enden,
Rauscht er schon rasend mit den Händen
Und spricht vernehmliche und kluge
Gedanken über eine Fuge
Und seufzt dann, vor Begeisterung schwach:
»Nein, wirklich himmlisch, dieser Bach!«
Sein Nachbar aber grinst abscheulich:
»Sie haben das Programm von neulich!«
Und sieh, woran er gar nicht dachte:
Man spielt heut abend Bruckners Achte.
Und jäh, wie Simson seine Kraft,
Verliert der Mensch die Kennerschaft.

THEATERBILLETTS

Ein Mensch besitzt zwei Festspielkarten,
Auf die vielleicht zehntausend warten,
Die, würden sie beschenkt mit diesen,
Sich ungeheuer glücklich priesen.
Der Mensch, von diesen schroff getrennt
Dadurch, daß er sie gar nicht kennt,
Denkt vorerst seiner beiden Schwestern:
»Nein, danke«, heißts, »wir waren gestern.«
Dann fällt ihm noch Herr Müller ein,
Der wird vermutlich selig sein.
Doch selig ist der keinesfalls,
Ihm stehn die Opern schon zum Hals.
Wie konnt ich Fräulein Schulz vergessen?
Die ist auf so was ganz versessen!
»Wie, heute abend, Lohengrin?
Da geh ich sowieso schon hin!«
Herr Meier hätte sicher Lust:
»Hätt vor drei Tagen ichs gewußt!«
Frau Huber lehnt es ab, empört:
»Vor zwanzig Jahren schon gehört!«
Herr Lieblich meint, begeistert ging er,
Wär es für morgen, Meistersinger,
Doch heute abend, leider nein.
Der Mensch läßt es von nun an sein.
Zwei Plätze, keine Sitzer habend,
Genießen still den freien Abend.

GEFAHRVOLLER RITT (1933)

Ein Mensch, der noch ein Buch besaß,
Darin als Kind er gerne las,
Trifft das Gedicht, ihm lieb von je,
Vom Reiter überm Bodensee.
Jedoch, es kann den gleichen Schrecken
Wie damals nicht mehr in ihm wecken.
Denn, denkt der Mensch, was war da? was?
Der Mann, der gut zu Pferde saß,
Ritt unbeirrt geradeaus,
Sah bald ein Licht, kam an ein Haus,
Wo er gerettet dann erfuhr
Ein mäßig Wunder der Natur:
Es lag, bedeckt von Eis und Schnee,
Nicht bodenlos der Bodensee
Und, noch dazu, das Wetter war
An jenem Tage hell und klar.
Nach kurzer Zeit war er bereits
Unangefochten in der Schweiz
Und hatte wahrlich wenig Not,
Zu sinken von dem Rosse tot.
Wie tot sänk, denkt der Mensch, vom Rosse
Erst unsereins, als Zeitgenosse,
Da wir doch hören beinah stündlich,
Daß, wo wir ritten, unergründlich
Die Tiefe war und, was noch schlimmer:
Wir müssen reiten ja noch immer
Und tuns verhältnismäßig heiter:
Wer weiß wohin? Nur weiter, weiter!

KLEINE URSACHEN

Ein Mensch – und das geschieht nicht oft –
Bekommt Besuch, ganz unverhofft,
Von einem jungen Frauenzimmer,
Das grad, aus was für Gründen immer –
Vielleicht aus ziemlich hintergründigen –
Bereit ist, diese Nacht zu sündigen.
Der Mensch müßt nur die Arme breiten,
Dann würde sie in diese gleiten.
Der Mensch jedoch den Mut verliert,
Denn leider ist er unrasiert.
Ein Mann mit schlechtgeschabtem Kinn
Verfehlt der Stunde Glücksgewinn,
Und wird er schließlich doch noch zärtlich,
Wird ers zu spät und auch zu bärtlich.
Infolge schwacher Reizentfaltung
Gewinnt die Dame wieder Haltung
Und läßt den Menschen, rauh von Stoppeln,
Vergeblich seine Müh verdoppeln.
Des Menschen Kinn ist seitdem glatt –
Doch findet kein Besuch mehr statt.

ZIRKUS LIEBE

Ein Mensch – wir brauchens nicht zu sagen,
Es gilt dem Sinn nach, übertragen –
Ein Mensch ist, wie gesagt, ganz hin:
Er liebt die Zirkusreiterin!
Er nimmt das Schwerste selbst in Kauf
Und tritt als Dummer August auf,
Um überhaupt nur da zu sein
Und der Geliebten nah zu sein.
Jedoch dem Weib viel näher steht
Ein strotzender Gemüts-Athlet.
Und leicht gewinnt durch rasche Tat
Sie ein Gesinnungs-Akrobat.
Und wenn der wirklich sie verlör,
Ist da noch immer ein Domptör,
Ein Schlangenbändiger, ein Gaukler,
Ein Illusionist, ein Turmseilschaukler,
Ein Stallknecht, kurz, du armer Dummer
August, bist erst die letzte Nummer!
Ein anderer Mensch, nicht liebestoll,
Weiß gleich, was man da machen soll.
Er freut sich an dem bittern Spaße
Und setzt sich herzlos an die Kasse.

WEIDMANNS HEIL

Ein Mensch, schon vorgerückt an Jahren,
Entschließt sich dennoch, Schi zu fahren
Und zwar, weil er einmal erfuhr,
Daß in der Freiheit der Natur
Die Auswahl oft ganz unbeschreiblich
An Wesen, welche erstens weiblich
Und zweitens, die verhältnismäßig
Sehr wohlgestalt und schöngesäßig.
Der Mensch beschließt, mit einem Wort,
Die Häschenjagd als Wintersport.
Doch was er trifft auf Übungshügeln,
Kann seine Sehnsucht nicht beflügeln.
Dort fällt ja stets, seit vielen Wintern,
Das gleiche Volk auf dicke Hintern.
Die Häschen ziehn zu seinem Schmerz
Sich immer höher alpenwärts,
Und sind auch leider unzertrennlich
Vereint mit Wesen, welche männlich.
Der Mensch, der leider nur ein Fretter
Und kein Beherrscher jener Bretter,
Die einzig hier die Welt bedeuten,
Vermag kein Häschen zu erbeuten,
Weshalb er, anstatt Schi zu laufen,
Ins Kurhaus geht, sich zu besaufen.

GEZEITEN DER LIEBE

Ein Mensch schreibt mitternächtig tief
An die Geliebte einen Brief,
Der schwül und voller Nachtgefühl.
Sie aber kriegt ihn morgenkühl,
Liest gähnend ihn und wirft ihn weg.
Man sieht, der Brief verfehlt den Zweck.
Der Mensch, der nichts mehr von ihr hört,
Ist seinerseits mit Recht empört
Und schreibt am hellen Tag, gekränkt
Und saugrob, was er von ihr denkt.
Die Liebste kriegt den Brief am Abend,
Soeben sich entschlossen habend,
Den Menschen dennoch zu erhören –
Der Brief muß diesen Vorsatz stören.
Nun schreibt, die Grobheit abzubitten,
Der Mensch noch einen zarten dritten
Und vierten, fünften, sechsten, siebten
Der herzlos schweigenden Geliebten.
Doch bleibt vergeblich alle Schrift,
Wenn man zuerst daneben trifft.

HEREINFALL

Ein Mensch, gewillt, sich zu erholen,
Kriegt Paradiese gern empfohlen.
Er liest in manchem Werbeblatt
An Bergen sich und Bädern satt,
Um, qualvoll hin- und hergerissen,
Erst recht nicht mehr: wohin? zu wissen.
Entschluß hängt oft an einem Fädchen:
In diesem Fall entschied ein Mädchen,
Das aus dem schönsten der Prospekte
Die Arme sehnend nach ihm streckte.
Der Mensch, schon jetzt in es verliebt
Und überzeugt, daß es es gibt,
Fährt, nicht mehr länger überlegend,
In die dortselbst verheißne Gegend
Und sieht inmitten sich von Leuten,
Die auch sich auf das Mädchen freuten,
Doch keinesfalles ihrerseits
Ersetzen den versprochnen Reiz.
Im Kurhaus, im Familienbad
Ist ohne es es äußerst fad;
Der Mensch, vom Mädchenbild bestochen,
Hat sich im voraus für vier Wochen
Vertrauensselig schon verpflichtet.
Nun steht er einsam und vernichtet.

BÜHNE DES LEBENS

Ein Mensch, von einem Weib betrogen,
Ergeht sich wüst in Monologen,
Die alle in dem Vorsatz enden,
Sich an kein Weib mehr zu verschwenden.
Doch morgen schon – was gilt die Wette? –
Übt wieder dieser Mensch Duette.

FÜR ARCHITEKTEN

Ein Mensch, der auf ein Weib vertraut
Und drum ihm einen Tempel baut
Und meint, das wär sein Meisterstück,
Erlebt ein schweres Bauunglück.
Leicht findet jeder das Exempel:
Auf Weiber baue keine Tempel!

FÜR JURISTEN

Ein Mensch, nach längerm Eheleiden,
Faßt endlich Mut und läßt sich scheiden.
Kaum ist die Sache abgesprochen,
Hat er sich jäh den Hals gebrochen.
Sein Tod läßt selbst die Witwe kalt,
Doch bitter weint der Rechtsanwalt.

Verpfuschtes Abenteuer

Ein Mensch geht in der Stadt spazieren
Und muß gar oft sein Herz verlieren
An Frauen, die nicht daran denken,
Ihm auch nur einen Blick zu schenken.
Warum, so fragt er sich im Gehen,
Kann mirs nicht auch einmal geschehen,
Daß dank geheimer Liebeskraft
Ein Wesen, hold und engelhaft,
Mißachtend strenger Sitten Hürde
Sich unverhofft mir nähern würde?
Kaum hat er so zu sich gesprochen,
Fühlt er sein Herz gewaltig pochen.
Denn sieh, die reizendste der Frauen
Naht sich voll lächelndem Vertrauen
Und sagt zu ihm errötend dies:
»◡–◡–◡–◡ please?«
Der Mensch, der sowas nicht gelernt,
Hat hilflos stotternd sich entfernt.
Was nützt – Moral von der Geschicht –
Ein Engel, wenn er englisch spricht!

DIE ANTWORT

Ein Mensch, der einen herzlos kalten
Absagebrief von ihr erhalten,
Von ihr, die er mit Schmerzen liebt,
Erwägt, was er zur Antwort gibt.
Mit Hilfe von Gedankensäure
Füllt er sich Bomben, ungeheure,
Beginnt ein Schreiben aufzusetzen,
Das dieses Weib in tausend Fetzen
(So graunvoll nämlich ist sein Gift!)
Zerreißen muß, wenn es sie trifft.
Genau die Sätze er verschraubt,
Bis er die Zündung wirksam glaubt.
Zum Schlusse aber schreibt er ihr:
»Ich liebe Dich. Sei gut zu mir!«

EINSICHT

Ein Mensch, ein liebesselig-süßer,
Erfährt, daß er nur Lückenbüßer
Und die Geliebte ihn nur nahm,
Weil sie den andern nicht bekam.
Trotzdem läßt er sichs nicht verdrießen,
Das Weib von Herzen zu genießen.
Es nehmen, die auf Erden wandern,
Ja alle einen für den andern.

UNGLEICHER KAMPF

Ein Mensch von innerem Gewicht
Liebt eine Frau. Doch sie ihn nicht.
Doch daß sie ihn nicht ganz verlöre,
Tut sie, als ob sie ihn erhöre.
Der Mensch hofft deshalb unverdrossen,
Sie habe ihn ins Herz geschlossen,
Darin er, zwar noch unansehnlich,
Bald wachse, einer Perle ähnlich.
Doch sieh, da kommt schon einszweidrei
Ein eitler junger Fant herbei,
Erlaubt sich einen kleinen Scherz,
Gewinnt im Fluge Hand und Herz.
Ein Mensch, selbst als gereifte Perle,
Ist machtlos gegen solche Kerle.

EIN ERLEBNIS

Ein Mensch erblickt ein Weib von fern
Und säh es aus der Nähe gern.
Er eilt herbei zu diesem Zweck,
Doch zwischen beiden liegt ein Dreck.
Der Mensch, ganz Auge, anzubeten,
Ist blindlings da hineingetreten.
Nicht angenehm für seine Schuhe –
Doch gut für seine Seelenruhe.

DER GEKRÄNKTE BADEGAST

Ein Mensch, an sich mit Doktorgrad,
Geht einsam durchs Familienbad.
Dortselbst beäugt ihn mancher hämisch,
Der zweifellos nicht akademisch.
Der Mensch erkennt, hier gelte nur
Der nackte Vorzug der Natur,
Wogegen sich der schärfste Geist
Als stumpf und wirkungslos erweist,
Weil, mangels aller Angriffsflächen,
Es ihm nicht möglich, zu bestechen.
Der Mensch, der ohne Anschluß bleibt
An alles, was hier leibt und weibt,
Kann leider nur mit einem sauern
Hohnlächeln diese Welt bedauern,
Wirft sich samt Sehnsuchtsweh ins Wasser,
Verläßt es kalt, als Weiberhasser,
Stelzt quer durchs Fleisch mit strenger Miene
Auf spitzem Kies in die Kabine,
Zieht wieder, was er abgetan,
Die Kleider und den Doktor an
Und macht sich, weil er fehl am Ort,
Zwar nicht sehr geltend, aber fort.

Fremde Welt

Ein Mensch, als Tiefseefisch gebaut,
Ist mit der Finsternis vertraut.
Doch Sehnsucht treibt ihn dorthin bald,
Wo's nicht so dunkel und so kalt,
So daß er kühn nach oben schwimmt
In Kreise, nicht für ihn bestimmt.
Dort tummeln Fische sich umher,
Die weitaus schöner sind als er
Und die mit einer wunderleichten
Bewegtheit spielen hier im Seichten.
Der Mensch, vielmehr der Tiefseefisch,
Fühlt sich hingegen gar nicht frisch
Und ist, indem er glotzend staunt,
In dieser Welt nicht wohlgelaunt
Und kehrt, selbst fühlend, daß er stört,
Dorthin zurück, wo er gehört.
Womit sogar von Paradiesen
Die Rela-Tiefe ist bewiesen.

ERFOLGLOSER LIEBHABER

Ein Mensch wollt sich ein Weib erringen,
Doch leider konnts ihm nicht gelingen.
Er ließ sich drum, vor weitern Taten,
Von Fraun und Männern wohl beraten:
»Nur nicht gleich küssen, tätscheln, tappen!«
»Greif herzhaft zu, dann muß es schnappen!«
»Laß deine ernste Absicht spüren!«
»Sei leicht und wahllos im Verführen!«
»Der Seele Reichtum lege bloß!«
»Sei scheinbar kalt und rücksichtslos!«
Der Mensch hat alles durchgeprobt,
Hat hier sich ehrenhaft verlobt,
Hat dort sich süß herangeplaudert,
Hat zugegriffen und gezaudert,
Hat Furcht und Mitleid aufgeweckt,
Hat sich verschwiegen, sich entdeckt,
War zärtlich kühn, war reiner Tor,
Doch wie ers machte – er verlor.
Zwar stimmte jeder Rat genau,
Doch jeweils nicht für jede Frau.

LEIDEN UND LERNEN

Um Vierzig herum

Ein Mensch, sich wähnend noch als junger,
Hat jetzt erst so den rechten Hunger
Und freut sich auf die gute Stunde,
Wo er vergnügt mit vollem Munde
Weinweibgesänglich sitzen dürfte
Und wo der bisher kaum geschlürfte,
Der Göttertrank der Daseinswonnen,
In vollen Strömen käm geronnen.
So rüstet er zum Lebensfeste –
Und sieht entsetzt die kargen Reste,
Die ihm, zu leben und zu lieben,
Für künftige Jahre noch geblieben.
Sich wähnend auf des Glückes Gipfel,
Schaut er der Wurst verlornen Zipfel.
Bereit zum ersten tiefen Zug,
Lechzt er in einen leeren Krug.
Da sitzt er, schüttelt stumm das Haupt,
Weil er es nie und nimmer glaubt,
Daß er sie selbst verzehret habe,
Die unerschöpflich reiche Labe.
Er kaut Erinnrung, saugt Vergessen –
Ist dreißig Jahr noch so gesessen ...

FALSCHE ERNÄHRUNG

Ein Mensch, den falscherweise meist
Man lebensüberdrüssig heißt,
Ist, und das macht den Fall erst schwierig,
In Wahrheit lebensübergierig,
So daß er jedes Maß vergißt
Und sich an Wünschen überfrißt.
Der Typ des reinen Hypochonders
Freut sich am Leben ganz besonders.
Unüberwindlich bleibt ihm nur
Die innere Zwietracht der Natur.
Oft wär er gerne dionysisch,
Doch er verträgts nicht, schon rein physisch.
Oft wär ihm sanftes Glück beschieden,
Doch fehlt es ihm an Seelenfrieden.
Da er nie ausnützt, was er hat,
Wird er vom Leben auch nicht satt,
So daß er bald nach Vielem greift,
Was ihm noch gar nicht zugereift,
Den Magen gründlich sich verdirbt
Und dann an Melan-kolik stirbt.

SCHADHAFTE LEITUNG

Ein Mensch, der fühlt, wies immer klopft,
Merkt plötzlich: seine Seele tropft.
Und folgerichtig schließt er draus:
Sie hat ein Loch, sie rinnt ihm aus.
Und unverzüglich-unverzagt
Forscht er nun, wo es tropft und nagt.
Die Frage wird zuerst erledigt,
Ob er sie wie wo wann beschädigt.
Jedoch er ist, bei heiler Brust,
Sich keines solchen Falls bewußt.
Nun meint er, daß es etwa gelte,
Ob sie durch Wärme oder Kälte
Gewissermaßen selbst zersprungen?
Der Nachweis ist ihm nicht gelungen.
Wenn nicht die Hitze und der Frost,
Vielleicht, daß sie des Neides Rost
Der Ehrsucht Säure angefressen?
Doch war auch dies nicht zu ermessen.
Undenkbar auch, daß sie an Wonnen
Geplatzt und somit ausgeronnen.
Doch während er so überlegt,
Tropft seine Seele unentwegt.
Die ausgelaufnen Seelensäfte
Zerlaugen seine besten Kräfte,
So daß er froh ist, wenn zum Schluß
Die Seele ganz verrinnen muß.
Hernach lebt er noch lange Zeit
In selbstzufriedner Trockenheit.

RECHTZEITIGE EINSICHT

Ein Mensch sieht ein, daß wer, der stirbt,
Den andern nur den Tag verdirbt,
An dem, den Freunden zum Verdruß,
Er halt beerdigt werden muß.
Den ersten triffts als harter Schlag:
»Natürlich! Samstag nachmittag!«
Der zweite ärgert sich nicht minder:
»Mit meinem schäbigen Zylinder?«
Der dritte sagt: »Paßt wie bestellt!
Im Westfriedhof, halb aus der Welt!«
Der vierte ringt mit dem Entschluß,
Ob einen Kranz er geben muß.
Der fünfte aber herzlos spricht:
»So nah stand er mir schließlich nicht!«
Der sechste denkt nach altem Brauch:
»Ein Beileidsschreiben tut es auch!«
Und rückhaltslos bekennt der siebte,
Daß er ihn überhaupt nicht liebte.
Zeit ist's. Der Sarg wird zugenagelt.
Es regnet draußen, schneit und hagelt –
Kann sein auch: Julisonne sticht:
Mensch, das vergessen sie dir nicht!
Es spricht Kollege, Freund und Vetter:
»Der damals? Bei dem Schweinewetter?!«
Der Mensch schreibt drum: Mein letzter Wille –
Beerdigt mich in aller Stille!

VERGEBLICHE MÜHE

Ein Mensch, der willens, lang zu leben,
Beschließt dem Tod zu widerstreben
Und a) durch strenges Selbstbelauern
Die Krisenzeit zu überdauern
Und b) zu hindern die Vermorschung
Durch wissenschaftlich ernste Forschung.
Zu letzterm Zwecke wird bezogen
Ein Horoskop beim Astrologen,
Um nicht bezüglich der Planeten
In eine falsche Bahn zu treten.
Ist so gebannt Saturnens Kraft,
Hilft weiterhin die Turnerschaft,
Die Rümpfe rollend, Kniee beugend,
Ganz zweifellos wirkt kräftezeugend.
Die Rohkost birgt das Vitamin;
Wein und Tabak, er gibt sie hin.
Auch gilts den Vorrat an Hormonen
In reiferm Alter streng zu schonen.
So braut er sich den Lebenssaft
Aus ausgekochter Wissenschaft.
Ein Mensch, wie dieser, muß auf Erden
Unfehlbar hundertjährig werden.
Das Schicksal aber, das nicht muß,
Macht unversehens mit ihm Schluß.

DER SCHWARZSEHER

Ein Mensch denkt jäh erschüttert dran,
Was alles ihm geschehen kann
An Krankheits- oder Unglücksfällen,
Um ihm das Leben zu vergällen.
Hirn, Auge, Ohr, Zahn, Nase, Hals;
Herz, Magen, Leber ebenfalls,
Darm, Niere, Blase, Blutkreislauf
Zählt er bei sich mit Schaudern auf,
Bezieht auch Lunge, Arm und Bein
Nebst allen Möglichkeiten ein.
Jedoch, sogar den Fall gesetzt,
Er bliebe heil und unverletzt,
Ja, bis ins kleinste kerngesund,
Wär doch zum Frohsinn noch kein Grund,
Da an den Tod doch stündlich mahnen
Kraftfahrer, Straßen-, Eisenbahnen;
Selbst Radler, die geräuschlos schleichen,
Sie können tückisch dich erreichen.
Ein Unglücksfall, ein Mord, ein Sturz,
Ein Blitz, ein Sturm, ein Weltkrieg – kurz,
Was Erde, Wasser, Luft und Feuer
In sich birgt, ist nie ganz geheuer.
Der Mensch, der so des Schicksals Macht
Ganz haargenau bei sich durchdacht,
Lebt lange noch in Furcht und Wahn
Und stirbt – und niemand weiß, woran.

BEHERZIGUNG

Ein Mensch, der sich zu gut erschienen,
Als Vorstand dem Verein zu dienen,
Und der, bequem, sich ferngehalten,
Die Kasse etwa zu verwalten,
Der viel zu faul war, Schrift zu führen,
Kriegt einst der Reue Gift zu spüren.
Sein sechzigster Geburtstag naht –
Wo schreitet wer zur Glückwunschtat?
Tut dies am Ende der Verein?
Nur für ein unnütz Mitglied? Nein!
Kein Ständchen stramm, kein Festprogramm,
Auch kein Ministertelegramm,
Kein Dankesgruß der Bundesleitung
Und keine Zeile in der Zeitung.
Wird etwa gar dann sein Begräbnis
Ihm selbst und andern zum Erlebnis?
Sieht man dortselbst Zylinder glänzen?
Schwankt schwer sein Sarg hin unter Kränzen?
Spricht irgendwer am offnen Grabe,
Was man mit ihm verloren habe?
Entblößt sich dankbar eine Stirn?
Läßt eine Hand im schwarzen Zwirn
Auf seinen Sarg die Schollen kollern
Bei Fahnensenken, Böllerbollern? –
An seinem Grab stehn nur der Pfarrer
Und die bezahlten Leichenscharrer.
Der Mensch, der dies beschämend fand,
Ward augenblicks Vereinsvorstand.

RÄTSELHAFTE ZUVERSICHT

Ein Mensch, der weiß, daß er zum Schluß –
Sit venia verbo – sterben muß
Und daß er, ach, nach wenigen Tagen
Maustot und stumm auf seinem Schragen
Als Leichnam daliegt, als ein gelber,
Verhehlt dies peinlich vor sich selber
Und hält – das ist seit Adam erblich –
Sich ausgerechnet für unsterblich.
Millionen starben um ihn her
Durch Krankheit oder Schießgewehr
Und endeten auf tausend Arten
Vorzeitig ihre Lebensfahrten.
Die Welt war beinah schon zertrümmert:
Der Mensch lebt weiter, unbekümmert,
Der Raupe gleich, die frißt und frißt
Und alles ringsherum vergißt,
Bis eines Tags sie ausgefressen –
Dann ist sie ihrerseits vergessen,
Und andre, auch unsterblich-heiter,
Kaun an dem ewigen Undsoweiter.

UMWERTUNG ALLER WERTE

Ein Mensch von gründlicher Natur
Macht bei sich selber Inventur.
Wie manches von den Idealen,
Die er einst teuer mußte zahlen,
Gibt er, wenn auch nur widerwillig,
Weit unter Einkaufspreis, spottbillig.
Auf einen Wust von holden Träumen
Schreibt er entschlossen jetzt: »Wir räumen!«
Und viele höchste Lebensgüter
Sind nur mehr alte Ladenhüter.
Doch ganz vergessen unterm Staube
Ist noch ein Restchen alter Glaube,
Verschollen im Geschäftsbetriebe
Hielt sich auch noch ein Quentchen Liebe,
Und unter wüstem Kram verschloffen
Entdeckt er noch ein Stückchen Hoffen.
Der Mensch, verschmerzend seine Pleite,
Bringt die drei Dinge still beiseite
Und lebt ganz glücklich bis zur Frist,
Wenn er noch nicht gestorben ist.

Vorschnelle Gesundung

Ein Mensch, der lange krank gewesen,
Ist nun seit Jahr und Tag genesen,
Bewegt sich fröhlich in der Stadt,
Darin er viel Bekannte hat.
Doch jedermann, der ihn erblickt,
Ist höchst erstaunt, ja, er erschrickt:
»Was?« ruft er und sucht froh zu scheinen,
»Sie sind schon wieder auf den Beinen?
Ich dachte doch ... ich hörte neulich ...
Na, jeden Falles – sehr erfreulich!«
Er zeigt zu Diensten sich erbötig,
Die Gottseidank jetzt nicht mehr nötig,
Und ärgert sich im tiefsten Grund
Darüber, daß der Mensch gesund,
Statt auszuharren still im Bette,
Bis er – vielleicht – besucht ihn hätte.

Versagen der Heilkunst

Ein Mensch, der von der Welt Gestank
Seit längrer Zeit schwer nasenkrank,
Der weiterhin auf beiden Ohren
Das innere Gehör verloren,
Und dem zum Kotzen ebenfalls
Der Schwindel raushängt schon zum Hals,
Begibt sich höflich und bescheiden
Zum Facharzt für dergleichen Leiden.
Doch dieser meldet als Befund,
Der Patient sei kerngesund,
Die Störung sei nach seiner Meinung
Nur subjektive Zwangserscheinung.
Der Mensch verlor auf dieses hin
Den Glauben an die Medizin.

FREUD-IGES

Ein Mensch erfand – Dank ihm und Lob –
Das Psychoanalysoskop,
In dem nun jeder deutlich nah
Die seelischen Komplexe sah.
So zeigten die bekannten Grillen
Jetzt einwandfrei sich als Bazillen.
Und was man hielt für schlechte Launen,
War wissenschaftlich zu bestaunen
Als Spaltpilz (siehe Schizophyt),
Der schädlich einwirkt aufs Gemüt.
Der Mensch erfand nun auch ein Serum
Aus dem bekannten nervus rerum,
Und es gelang in mehrern Fällen
Die Seelen wiederherzustellen.
Nur ist es teuer – und die meisten,
Die's brauchten, können sichs nicht leisten.

Vergebliches Heldentum

Ein Mensch, sonst von bescheidnem Glücke,
Merkt plötzlich, daß mit aller Tücke
Aushungern ihn das Schicksal will:
Es wird um ihn ganz seltsam still,
Die kleinsten Dinge gehn ihm schief,
Die Post bringt nie mehr einen Brief,
Es schweigt sogar das Telefon,
Die Freunde machen sich davon,
Die Frauen lassen ihn allein,
Der Steuerbote stellt sich ein,
Ein alter Stockzahn, der links oben,
Fängt unvermutet an zu toben,
Ein Holzschnitt, für viel Geld erworben,
Ist, wie er jetzt erst merkt, verdorben
Und auch kein echter Toyokuni:
Es regnet, hagelt, schneit im Juni,
Die Zeitung meldet schlimme Sachen,
Kurzum – der Mensch hat nichts zu lachen.
Er lacht auch nicht. Jedoch er stellt
Dem tückischen Schicksal sich als Held:
Auf Freund und Frau verzichtet er,
Das Telefon vernichtet er,
Umgehend zahlt er seine Steuer,
Den Holzschnitt wirft er in das Feuer
Und reißen läßt er sich den Zahn:
Was menschenmöglich, ist getan.
Und trotzdem geht es schlimm hinaus:
Das Schicksal hält es länger aus.

DER MASSLOSE

Ein Mensch, der manches liebe Jahr
Zufrieden mit dem Dasein war,
Kriegt eines Tages einen Koller
Und möchte alles wirkungsvoller.
Auf einmal ist kein Mann ihm klug,
Ist keine Frau ihm schön genug.
Die Träume sollten kühner sein,
Die Bäume sollten grüner sein,
Schal dünkt ihn jede Liebeswonne,
Fahl scheint ihm schließlich selbst die Sonne.
Jedoch die Welt sich ihm verweigert,
Je mehr er seine Wünsche steigert.
Er gibt nicht nach und er rumort,
Bis er die Daseinsschicht durchbohrt.
Da ist es endlich ihm geglückt –
Doch seitdem ist der Mensch verrückt.

Es bleibt sich gleich

Ein Mensch, der schrecklich Zahnweh hat,
Gibt gern dem frommen Wunsche statt,
Es möchte seines Schmerzes Quelle
Verlagern sich an andre Stelle.
Er hält es nämlich für gewiß,
Nichts quäle so wie das Gebiß.
Gerührt von seinen bittren Tränen,
Entfährt der Teufel seinen Zähnen
Und rückt den freigewordnen Schmerz
Dem Wunsch entsprechend anderwärts.
Der Mensch, nunmehr mit Hämorrhoiden,
Ist ausgesprochen unzufrieden
Und sucht den Teufel zu bewegen,
Den Schmerz von neuem zu verlegen.
Daß man die gute Absicht sehe,
Schlüpft nun der Teufel in die Zehe.
Der Mensch, geschunden ungemindert,
Fühlt sich noch obendrein behindert,
Im Bette muß er liegen still
Und kann nicht hingehn, wo er will.
Jedoch nach den gehabten Proben
Läßt er den Schmerz geduldig toben –
Und das beruhigt ihn am ehsten:
Denn, wo's grad weh tut, tuts am wehsten!

EITLER WUNSCH

Ein Mensch, der einen Glückspilz sieht,
Dem alles ganz nach Wunsch geschieht,
Verlangt vom lieben Gott das gleiche,
Daß er auch mühelos erreiche
Die schönen Sachen dieser Welt.
Und Gott, dem zwar der Wunsch mißfällt,
Beschließt in seinem wunderbaren
Ratschluß, ihm scheinbar zu willfahren.
Der Mensch, der sonst mit Herzenskräften
Und stark gebrauten Seelensäften
Der spröden Welt das abgewonnen,
Was sie zu schenken nicht gesonnen,
Spürt jäh, wie sehr er sich auch stemmt,
Vom Glanz der Welt sich überschwemmt.
Das ganze Bollwerk der Gedanken
Beginnt vor diesem Schwall zu schwanken,
Mühsam gehegte Herzensfrucht
Reißt wild mit sich die Wogenwucht.
In solcher Not wird es ihm klar,
Wie töricht sein Verlangen war.
Von nun an lebt er höchst bescheiden
Im Rebenhag der eignen Leiden
Und keltert sich, in milder Sonne
Gereift, den Wein der eignen Wonne.

EINLEUCHTENDE ERKLÄRUNG

Ein Mensch, der sich sehr schlecht benahm,
Spürt zwar in tiefster Seele Scham.
Jedoch, sofern er kein Gerechter,
Benimmt er fortan sich noch schlechter,
Weil du für seine falsche List
Ein, wenn auch stummer, Vorwurf bist.
Dies ist der Grundsatz, dem er huldigt:
»Es klagt sich an, wer sich entschuldigt!«
Auch ist ihm dieser Wahlspruch lieb:
»Die beste Abwehr ist der Hieb!«
Und, da er dich einmal beleidigt,
Bleibt ihm nur, daß er sich verteidigt,
Indem er, sich in dir betrachtend,
In dir sein Spiegelbild verachtend,
Dasselbe zielbewußt verrucht
Endgültig zu zertrümmern sucht.

SEELISCHE GESUNDHEIT

Ein Mensch frißt viel in sich hinein:
Mißachtung, Ärger, Liebespein.
Und jeder fragt mit stillem Graus:
Was kommt da wohl einmal heraus?
Doch sieh! Nur Güte und Erbauung.
Der Mensch hat prächtige Verdauung.

LEBENSGEFÜHL

Ein Mensch weiß aus sich selbst nicht gleich,
Was heiß und kalt, was hart und weich.
Doch schon bei einiger Bejahrung
Hat er die nötige Erfahrung.
Er lernt dann oft mit Hilfe Dritter,
Daß Hoffnung süß, Enttäuschung bitter,
Daß Arbeit sauer, Alltag fade,
Kurz, des Geschmackes höhere Grade.
Doch wie schlechthin das Leben schmeckt,
Hat bis zum Tod er nicht entdeckt.

GRENZFALL

Ein Mensch war eigentlich ganz klug
Und schließlich doch nur klug genug,
Um einzusehen, schmerzlich klar,
Wie blöd er doch im Grunde war.
Unselig zwischen beiden Welten,
Wo Weisheit und wo Klugheit gelten,
Ließ seine Klugheit er verkümmern
Und zählt nun glücklich zu den Dümmern.

DAS MITLEID

Ein Mensch, den andre nicht gern mögen,
Den von des Lebens Futtertrögen
Die Glücklicheren, die Starken, Großen
Schon mehr als einmal fortgestoßen,
Steht wieder mal, ein armes Schwein,
Im Kampf ums Dasein ganz allein.
Daß er uns leid tut, das ist klar:
Sofern es u n s e r Trog nicht war ...

VORSCHLAG

Ein Mensch, der es zwar täglich sieht,
Was alles auf der Welt geschieht,
Und ders erfuhr durch eigne Qual,
Die Erde sei ein Jammertal,
Möcht doch, der armen Welt zum Spott,
So herrlich leben wie ein Gott.
Doch ist dann meist die Sache die:
Er stirbt noch schlechter als ein Vieh.
Er sollte nur die Kunst erwerben,
Als Mensch zu leben und zu sterben.

Für Wankelmütige

Ein Mensch, der alle Menschen plagt
Und sie um ihre Meinung fragt,
Was sie an seiner Stelle täten,
Steht nun bepackt mit guten Räten
Und ist mit weggeliehnem Ohr
Noch unentschlossner als zuvor.
Denn dies ist seines Unglücks Quelle,
Daß keiner ja an seiner Stelle,
Wo es um die Entscheidung geht,
Von jenen andern wirklich steht,
Nein, daß ein jeder nur die Gründe
Erwogen, falls er dorten stünde.
Der Mensch zieht draus den klaren Schluß,
Daß man sich selbst entscheiden muß.

Für Fortschrittler

Ein Mensch liest staunend, fast entsetzt,
Daß die moderne Technik jetzt
Den Raum, die Zeit total besiegt:
Drei Stunden man nach London fliegt.
Der Fortschritt herrscht in aller Welt.
Jedoch, der Mensch besitzt kein Geld.
Für ihn liegt London grad so weit
Wie in der guten alten Zeit.

FÜR MORALISTEN

Ein Mensch hat eines Tags bedacht,
Was er im Leben falsch gemacht,
Und fleht, genarrt von Selbstvorwürfen,
Gutmachen wieder es zu dürfen.
Die Fee, die zur Verfügung steht,
Wenn sichs, wie hier, um Märchen dreht,
Erlaubt ihm dann auch augenblicks
Die Richtigstellung des Geschicks.
Der Mensch besorgt dies äußerst gründlich,
Merzt alles aus, was dumm und sündlich.
Doch spürt er, daß der saubern Seele
Ihr innerlichstes Wesen fehle,
Und scheußlich gehts ihm auf die Nerven:
Er hat sich nichts mehr vorzuwerfen,
Und niemals wird er wieder jung
Im Schatten der Erinnerung.
Dummheiten, fühlt er, gibts auf Erden
Nur zu dem Zweck, gemacht zu werden.

KLEINER UNTERSCHIED

Ein Mensch, dem Unrecht offenbar
Geschehn von einem andern war,
Prüft, ohne eitlen Eigenwahn:
Was hätt in dem Fall ich getan?
Wobei er festgestellt, wenns auch peinlich:
Genau dasselbe, höchstwahrscheinlich.
Der ganze Unterschied liegt nur
In unsrer menschlichen Natur,
Die sich beim Unrecht-Leiden rührt,
Doch Unrecht-Tun fast gar nicht spürt.

LEBENSZWECK

Ein Mensch, der schon als kleiner Christ
Weiß, wozu er geschaffen ist:
»Um Gott zu dienen hier auf Erden
Und ewig selig einst zu werden!« –
Vergißt nach manchem lieben Jahr
Dies Ziel, das doch so einfach war,
Das heißt, das einfach nur geschienen:
Denn es ist schwierig, Gott zu dienen.

Mensch und Unmensch

Ein Mensch nimmt, guten Glaubens, an,
Er hab das Äußerste getan.
Doch leider Gotts versäumt er nun,
Auch noch das Innerste zu tun.

ABENTEUER
UND ALLTÄGLICHKEITEN

Die Vergesslichen

Ein Mensch, der sich von Gott und Welt
Mit einem andern unterhält,
Muß dabei leider rasch erlahmen:
Vergessen hat er alle Namen!
»Wer wars denn gleich, Sie wissen doch ...
Der Dings, naja, wie hieß er noch,
Der damals, gegen Ostern gings,
In Dings gewesen mit dem Dings?«
Der andre, um im Bild zu scheinen,
Spricht mild: »Ich weiß schon, wen Sie meinen!«
Jedoch, nach längerm hin und her,
Sehn beide ein, es geht nicht mehr.
Der Dings in Dingsda mit dem Dings
Zum Rätsel wird er bald der Sphinx
Und zwingt die zwei sonst gar nicht Dummen,
Beschämt und traurig zu verstummen.

Ein Lebenslauf

Ein Mensch verehrt, von Liebe blind,
Ein (leider unbarm-) herziges Kind.
Er opfert, nur daß er gefällt,
Ein (leider schauder-) bares Geld
Und wagt, daß er gewinn ihr Herz
Manch (leider aussichts-) losen Scherz.
Die Frau verlacht den Menschen oft,
Der (leider unan-) sehnlich hofft,
Und grade, weil sie abgeneigt,
Sich (leider unge-) hörig zeigt.
Doch wird sie – ach, die Zeit geht weiter –
Nun (leider unan-) ständig breiter
Und, fürchtend, daß sie sitzen bleib,
Sein (leider ange-) trautes Weib.
Der Mensch, zu spät mit ihr beschenkt,
Bald (leider nega-) tiefer denkt:
Er fiel, nur Narr der eignen Pein,
Hier (leider unab-) sichtlich rein.
Das Glück war zu der Stunde gar,
Wos (leider unwill-) kommen war.

Der unverhoffte Geldbetrag

Ein Mensch ergeht sich in Lobpreisung:
Man schickte ihm per Postanweisung
Ein nettes Sümmchen, rund und bar,
Auf das nicht mehr zu rechnen war.
Der Mensch hat nun die demgemäße
Einbildung, daß er Geld besäße
Und will sich dies und jenes kaufen
Und schließlich noch den Rest versaufen.
Doch sieh, schon naht sich alle Welt,
Als röche sie, der Mensch hat Geld!
Es kommen Schneider, Schuster, Schreiner
Und machen ihm das Sümmchen kleiner,
Es zeigen Krämer, Bäcker, Fleischer
Sich wohlgeübt als Bargeldheischer,
Dann macht das Gas, das Licht, die Miete
Den schönen Treffer fast zur Niete.
Vernommen hat die Wundermär
Auch der Vollstreckungssekretär,
(Es ist derselbe, den man früher
Volkstümlich hieß Gerichtsvollzieher.)
Und von der Gattin wird der Rest
Ihm unter Tränen abgepreßt.
Der Mensch, Geld kurz gehabt nur habend,
Verbringt zu Hause still den Abend.

HALLOH!

Ein Mensch geht fürbaß, wanderfroh ...
Da ruft es hinter ihm: Halloh!
Der Mensch, obwohls ihn heimlich reißt,
Denkt stolz, daß er »Halloh« nicht heißt
Und hat drum, kalt und selbstbewußt,
Darauf zu achten, keine Lust.
Halloh! Halloh! Das laute Brüllen
Beginnt ihn jetzt mit Grimm zu füllen.
Von Anstand, denkt er, keine Spur
In Gottes herrlicher Natur!!
Er hört nicht mehr, in seinem Zorn,
Was hinter ihm hallloht, verworrn ...
Jetzt, endlich, ist es ringsum still,
So daß der Mensch hier rasten will.
Doch sticht, der Leser wird es ahnen,
Ihn die aus besseren Romanen
Bekannte giftige Tarantel:
Er nimmt vom Rucksack seinen Mantel
Und, was der Leser kommen sah,
Der Mantel, der ist nicht mehr da!
Der Mensch erkennt, daß ihm gegolten
Das Rufen, das er so gescholten:
Er rast zurück und schmettert roh
In Gottes Welt: Halloh, Halloh!

DER URLAUB

Ein Mensch, vorm Urlaub, wahrt sein Haus,
Dreht überall die Lichter aus,
In Zimmern, Küche, Bad, Abort –
Dann sperrt er ab, fährt heiter fort.
Doch jäh, zu hinterst in Tirol,
Denkt er voll Schrecken: »Hab ich wohl?«
Und steigert wild sich in den Wahn,
Er habe dieses *nicht* getan.
Der Mensch sieht, schaudervoll, im Geiste,
Wie man gestohlen schon das meiste,
Sieht Türen offen, angelweit.
Das Licht entflammt die ganze Zeit!
Zu klären solchen Sinnentrug,
Fährt heim er mit dem nächsten Zug
Und ist schon dankbar, bloß zu sehn:
Das Haus blieb wenigstens noch stehn!
Wie er hinauf die Treppen keucht:
Kommt aus der Wohnung kein Geleucht?
Und plötzlich ists dem armen Manne,
Es plätschre aus der Badewanne!
Die Ängste werden unermessen:
Hat er nicht auch das Gas vergessen?
Doch nein! Er schnuppert, horcht und äugt
Und ist mit Freuden überzeugt,
Daß er – hat ers nicht gleich gedacht? –
Zu Unrecht Sorgen sich gemacht.
Er fährt zurück und ist nicht bang. –
Jetzt brennt das Licht vier Wochen lang.

Das Hilfsbuch

Ein Mensch, nichts wissend von »Mormone«
Schaut deshalb nach im Lexikone
Und hätt es dort auch rasch gefunden –
Jedoch er weiß, nach drei, vier Stunden
Von den Mormonen keine Silbe –
Dafür fast alles von der Milbe,
Von Mississippi, Mohr und Maus:
Im ganzen »M« kennt er sich aus.
Auch was ihn sonst gekümmert nie,
Physik zum Beispiel und Chemie,
Liest er jetzt nach, es fesselt ihn:
Was ist das: Monochloramin?
»Such unter Hydrazin«, steht da.
Schon greift der Mensch zum Bande »H«
Und schlägt so eine neue Brücke
Zu ungeahntem Wissensglücke.
Jäh fällt ihm ein bei den Hormonen
Er sucht ja eigentlich: Mormonen!
Er blättert müd und überwacht:
Mann, Morpheus, Mohn und Mitternacht...
Hätt weiter noch geschmökert gern,
Kam bloß noch bis zum Morgenstern
Und da verneigte er sich tief
Noch vor dem Dichter – und – entschlief.

ORDNUNG

Ein Mensch, mit furchtbar vielen Sachen,
Will eines Tages Ordnung machen.
Doch dazu muß er sich bequemen,
Unordnung erst in Kauf zu nehmen:
Auf Tisch, Stuhl, Flügel, Fensterbrettern
Ruhn ganze Hügel bald von Blättern.
Denn will man Bücher, Bilder, Schriften
In die gemäße Strömung triften,
Muß man zurückgehn zu den Quellen,
Um gleiches gleichem zu gesellen.
Für solche Taten reicht nicht immer
Das eine, kleine Arbeitszimmer:
Schon ziehn durchs ganze Haus die kühnen
Papierig-staubigen Wanderdünen,
Und trotzen allen Spott und Hassen
Durch strenge Zettel: Liegen lassen!
Nur scheinbar wahllos ist verstreut,
Was schon als Ordnungszelle freut;
Doch will ein widerspenstig Päckchen
Nicht in des sanften Zwanges Jäckchen.
Der Mensch, der schon so viel gekramt,
An diesem Pack ist er erlahmt.
Er bricht, vor der Vollendung knapp,
Das große Unternehmen ab,
Verräumt, nur daß er auch wo liegt,
Den ganzen Wust: Das Chaos siegt!

IMMER UNGELEGEN

Ein Mensch, gemartert von der Hitze,
Fleht dürstend nach dem ersten Blitze.
Ein Wolkenbruch wär selbst gesegnet:
Zwölf Wochen lang hats nicht geregnet.
Jetzt endlich braut sich was zusammen:
Es schlagen die Gewitterflammen
Schon in den Himmel eine Bresche –
Doch, wie?! Der Mensch hat große Wäsche!
Nur heute, lieber Gott, halt ein
Und laß nochmal schön Wetter sein!
Der Tod, der Gläubiger, der Regen
Die kommen immer ungelegen:
Rechtzeitig zweifellos an sich –
Doch nie zur rechten Zeit für Dich!

Die Postkarte

Ein Mensch vom Freund kriegt eine Karte,
Daß er sein Kommen froh erwarte;
Und zwar (die Schrift ist herzlich schlecht!)
Es sei ein jeder Tag ihm recht.
Der Kerl schreibt, wie mit einem Besen!
Zwei Worte noch, die nicht zum Lesen!
Der Mensch fährt unverzüglich ab –
Des Freundes Haus schweigt wie ein Grab.
Der Mensch weiß drauf sich keinen Reim,
Fährt zornig mit dem Nachtzug heim.
Und jetzt entdeckt er – welch ein Schlag!
Der Rest hieß: »Außer Donnerstag!«

Herstellt euch!

Ein Mensch hat einen andern gern;
Er kennt ihn, vorerst, nur von fern
Und sucht, in längerm Briefewechseln
Die Sache nun dahin zu drechseln,
Daß man einander bald sich sähe
Und kennen lernte aus der Nähe.
Der Mensch, erwartend seinen Gast,
Vor Freude schnappt er über fast.
Die beiden, die in manchem Briefe
Sich zeigten voller Seelentiefe,
Sie finden nun, vereinigt häuslich,
Einander unausstehlich scheußlich.
Sie trennen bald sich, gall- und giftlich –
Und machens seitdem wieder schriftlich.

Vorsicht!

Ein Mensch wähnt, in der fremden Stadt,
Wo er Bekannte gar nicht hat,
In einem Viertel, weltverloren,
Dürft ungestraft er Nase bohren,
Weil hier, so denkt er voller List,
Er ja nicht der ist, der er ist.
Zwar er entsinnt sich noch entfernt
Des Spruchs, den er als Kind gelernt:
»Ein Auge ist, das alles sieht,
Auch was in finstrer Nacht geschieht!«
Doch hält er dies für eine Phrase
Und bohrt trotzdem in seiner Nase.
Da rufts – er möcht versinken schier –
»Herr Doktor, was tun Sie denn hier?«
Der Mensch muß, obendrein als Schwein,
Der, der er ist, nun wirklich sein.
Moral: Zum Auge Gottes kann
Auf Erden werden jedermann.

BROTLOSE KÜNSTE

Ein Mensch treibt eine rare Kunst,
Von der kaum wer hat einen Dunst.
Der Welt drum scheint sie zu geringe,
Als daß, selbst wenn nach Brot sie ginge,
Sie dieses Brot sich könnt erwerben –
Doch Gott läßt diese Kunst nicht sterben.
Nie könnt sie ihren Meister nähren,
Würd der sie nicht die Jünger lehren,
Die, selber brotlos, wiederum
Beibringen sie den Jüngsten drum.
So brennt die Kunst, als ewiges Licht,
Durch fortgesetzten Unterricht.

EINSCHRÄNKUNG

Ein Mensch von Milde angewandelt,
Will, daß man Lumpen zart behandelt,
Denn, überlegt man sichs nur reiflich,
Spitzbübereien sind begreiflich.
Den Kerl nur, der ihm selbst einmal
Die goldne Uhr samt Kette stahl,
Den soll – an Nachsicht nicht zu denken! –
Man einsperrn, prügeln, foltern, henken!

Das Ferngespräch

Ein Mensch spricht fern, geraume Zeit,
Mit ausgesuchter Höflichkeit,
Legt endlich dann, mit vielen süßen
Empfehlungen und besten Grüßen
Den Hörer wieder auf die Gabel –
Doch tut er nochmal auf den Schnabel
(Nach all dem freundlichen Gestammel)
Um dumpf zu murmeln: Blöder Hammel!
Der drüben öffnet auch den Mund
Zu der Bemerkung: Falscher Hund!
So einfach wird oft auf der Welt
Die Wahrheit wieder hergestellt.

Schlechter Trost

Ein Mensch glaubt, daß in seiner Stadt
Es Lumpen mehr als sonstwo hat.
Doch gibts noch größre, weit entfernt –
Nur, daß er die nicht kennen lernt!

Die Meister

Ein Mensch sitzt da, ein schläfrig trüber,
Ein andrer döst ihm gegenüber.
Sie reden nichts, sie stieren stumm.
Mein Gott, denkst Du, sind die zwei dumm!
Der eine brummt, wie nebenbei
Ganz langsam: T c 6 – c 2.
Der andre wird allmählich wach
Und knurrt: D – a 3 – g 3: Schach!
Der erste, weiter nicht erregt,
Starrt vor sich hin und überlegt.
Dann plötzlich, vor Erstaunen platt,
Seufzt er ein einzig Wörtlein: Matt!
Und die Du hieltst für niedre Geister,
Erkennst Du jetzt als hohe Meister!

DER PROVINZLER

Ein Mensch in einer kleinen Stadt,
Wo er sonst keinen Menschen hat, –
Und, Gottlob, nur drei Tage bleibt –
Mit einem sich die Zeit vertreibt,
Der, ortsgeschichtlich sehr beschlagen,
Ihm eine Menge weiß zu sagen,
Ihn in manch gutes Wirtshaus führend,
Kurz, sich benehmend einfach rührend.
»Wenn Sie einmal nach München kommen...«
Schwupps, ist er schon beim Wort genommen:
Der Mann erscheint, der liebe Gast –
Und wird dem Menschen schnell zur Last.
Man ist um solche Leute froh –
Doch nur in Sulzbach oder wo.

So und so

Ein Mensch, der knausernd, ob ers sollte,
Ein magres Trinkgeld geben wollte,
Vergriff sich in der Finsternis
Und starb fast am Gewissensbiß.
Der andre, bis ans Lebensende,
Berichtet gläubig die Legende
Von jenem selten noblen Herrn –
Und alle Leute hörens gern.
Ein zweiter Mensch, großmütig, fein,
Schenkt einem einen größern Schein.
Und der, bis an sein Lebensende
Verbreitet höhnisch die Legende
Von jenem Tölpel, der gewiß
Getäuscht sich in der Finsternis. –

Für Ungeübte

Ein Mensch, der voller Neid vernimmt,
Daß alle Welt im Gelde schwimmt,
Stürzt in den raschen Strom sich munter,
Doch siehe da: Schon geht er unter!
Es müssen – wie's auch andre treiben –
Nichtschwimmer auf dem Trocknen bleiben!

DER HEIMWEG

Ein Mensch, aus purer Höflichkeit,
Begleitet einen andern weit.
Nur manchmal, mitten unterm Plaudern
Bleibt er kurz stehn und scheint zu zaudern.
Dann waten die zwei Heimbegleiter
In ihrem Tiefsinn wieder weiter.
Nur manchmal zögert jetzt der andre,
Als wüßt er nicht, wohin man wandre.
Dann aber folgt er, mild entschlossen,
Dem wegbewußteren Genossen.
Nun stehn sie draußen vor der Stadt,
Wo keiner was verloren hat.
Moral: (Zur Zeit- und Stiefelschonung)
Man frage vorher nach der Wohnung!

MÄDEN AGAN

Ein Mensch, nicht mit Gefühlen geizend,
Scheint auf den ersten Blick uns reizend.
Bald aber geht es uns zu weit:
Er überströmt von Herzlichkeit
Und strömt und strömt so ungehemmt,
Daß er die Menschen von sich schwemmt.
Und jeder flieht, sieht er den Guten
Von weitem nur vorüberfluten.

EINLADUNGEN

Ein Mensch, der einem, den er kennt,
Gerade in die Arme rennt,
Fragt: »Wann besuchen Sie uns endlich?!«
Der andre: »Gerne, selbstverständlich!«
»Wie wär es«, fragt der Mensch, »gleich morgen?«
»Unmöglich, Wichtiges zu besorgen!«
»Und wie wärs Mittwoch in acht Tagen?«
»Da müßt ich meine Frau erst fragen!«
»Und nächsten Sonntag?« »Ach wie schade,
Da hab ich selbst schon Gäste grade!«
Nun schlägt der andre einen Flor
Von hübschen Möglichkeiten vor.
Jedoch der Mensch muß drauf verzichten,
Just da hat er halt andre Pflichten.
Die Menschen haben nun, ganz klar,
Getan, was menschenmöglich war
Und sagen drum: »Auf Wiedersehn,
Ein andermal wirds dann schon gehen!«
Der eine denkt, in Glück zerschwommen:
»Dem Trottel wär ich ausgekommen!«
Der andre, auch in siebten Himmeln:
»So gilts, die Wanzen abzuwimmeln!«

Der Weise

Ein Mensch, den wüst ein Unmensch quälte,
Der lang und breit ihm was erzählte,
Und der drauf, zu erfahren, zielte,
Was er, der Mensch, wohl davon hielte,
Sprach, kratzend sich am Unterkiefer:
»Ich glaub, die Dinge liegen tiefer!«
Gestürzt in einen Streit, verworrn,
Der, nutzlos, anhub stets von vorn,
Bat er, sich räuspernd, zu erwägen,
Ob nicht die Dinge tiefer lägen.
Ja, selbst den Redner auf der Bühne
Trieb, zwischenrufend, dieser Kühne
Vor seines Geistes scharfe Klinge:
»Es liegen tiefer wohl die Dinge!«
Der Mensch hat, ohne je den Leuten
Die Tiefen auch nur anzudeuten,
Es nur durch dieses Wortes Macht
Zum Ruhm des Weisen längst gebracht.

FÜR VORSICHTIGE

Ein Mensch ist ahnungsvoll und klug:
Er wittert überall Betrug.
Und grad, was scheinbar leicht zu packen –
Schau an, das Ding hat seinen Haken!
Doch lernt der Mensch aus manchem Fall:
Der Haken sitzt nicht überall.
Denn immer wieder sieht er Leute
Recht sicher abziehn mit der Beute.
Der Mensch beim nächsten fetten Happen
Entschließt sich, herzhaft mitzuschnappen
Und freut sich über den Gewinn –
Denn sieh, es war kein Haken drin ...
Wahrhaftig nicht? Wer kanns verbürgen?
Der arme Mensch fängt an zu würgen
Bis er aus Angst den Brocken spuckt,
Den fetten, statt daß er ihn schluckt.
Ja, dem, der an den Haken glaubt,
Ist, anzubeißen, nicht erlaubt!

LEBHAFTE UNTERHALTUNG

Ein Mensch, von Redeflut umbrandet,
Hätt seine Weisheit gern gelandet,
Ein feines Wort, mit Witz gewürzt ...
Jedoch, die Unterhaltung stürzt
Dahin und treibt samt seinem Wort
Ihn wild ins Uferlose fort.
Er schreit: »Darf ich dazu bemerken ...«
Doch schon mit neuen Sturmwindstärken
Wird vom Gespräch, das braust und sprudelt,
Gewaltsam er hinweggetrudelt.
Er schnappt nach Luft und möchte sprechen,
Doch immer neue Sturzseen brechen
Auf ihn herein, er muß ertrinken,
Kann bloß noch mit den Händen winken
Und macht zuletzt nur noch den matten
Versuch, zu keuchen: »Sie gestatten ...«
Schiffbrüchig an sein Wort geklammert,
Der Mensch jetzt endlich einen jammert,
Der ihn aus des Gespräches Gischt
Im letzten Augenblicke fischt,
Gewissermaßen packt beim Kragen:
»Sie wollten, glaub ich, auch was sagen?!«
Das Sturmgespräch hat ausgewittert:
Der Mensch schweigt witzlos und verbittert ...

PECH

Ein Mensch, geschniegelt und gebügelt,
Geht durch die Stadt, vom Wunsch beflügelt,
Daß er, als angesehner Mann
Auch angesehn wird, dann und wann.
Jedoch der Gang bleibt ungesegnet:
Dem Menschen ist kein Mensch begegnet.
Geflickt, zerrauft, den Kragen nackt,
Mit einem Rucksack wüst bepackt,
Den Mund mit Schwarzbeermus verschmiert
Und, selbstverständlich, schlecht rasiert,
Hofft unser Mensch, nach ein paar Tagen,
Sich ungesehen durchzuschlagen.
Jedoch vergeblich ist dies Hoffen:
Was treffbar ist, wird angetroffen!
Ein General, ein Präsident,
Dem Menschen in die Arme rennt,
Die Jungfrau, die er still verehrt,
Errötend seine Spuren quert.
Zuletzt – der liebe Gott verschon ihn! –
Kommt, mit dem Hörrohr, die Baronin:
Und jedermann bleibt stehn und schaut,
Warum der Lümmel schreit so laut.
Der Mensch, schon im Verfolgungswahn,
Schlüpft rasch in eine Straßenbahn
Um sich, samt seinen heutigen Mängeln,
Dem Blick Bekannter zu entschlängeln.
Hier, wo er sich geborgen meint,
Steht stumm sein alter Jugendfeind.
Sein Auge fragt, als wollt es morden:
»Na, Mensch, was ist aus Dir geworden!?«

Der Besuch

Ein Mensch kocht Tee und richtet Kuchen:
Ein holdes Weib wird ihn besuchen –
Der Kenner weiß, was das bedeutet!
Ha, sie ist da: es hat geläutet.
Doch weh! Hereintritt, sonngebräunt
Und kreuzfidel ein alter Freund,
Macht sichs gemütlich und begrüßt,
Daß Tee ihm den Empfang versüßt;
Und gar, daß noch ein Mädchen käm
Ist ihm, zu hören, angenehm
Und Anlaß zu recht rohen Witzen.
Der arme Mensch beginnt zu schwitzen
Und sinnt, wie er den Gast vertreibt,
Der gar nichts merkt und eisern bleibt.
Es schellt – die Holde schwebt herein:
Oh, haucht sie, wir sind nicht allein?!
Doch heiter teilt der Freund sich mit,
Daß er es reizend find zu dritt.
Der Mensch, zu retten noch, was bräutlich,
Wird aus Verzweiflung endlich deutlich.
Der Freund geht stolz und hinterläßt
Nur einen trüben Stimmungsrest:
Die Jungfrau ist zu Zärtlichkeiten
Für diesmal nicht mehr zu verleiten.

BLUMEN

Ein Mensch, erkrankt schier auf den Tod
An Liebe, ward mit knapper Not
Gerettet noch von einer Mimin,
Die sich ihm hingab als Intimin.
Noch wild erfüllt von Jubelbraus
Geht er in tiefer Nacht nach Haus;
Er dampft vor Dankbarkeit und Wonne,
Ein jeder Stern wird ihm zur Sonne:
Ha! Morgen stellt er um den Engel
Gleich hundert Orchideenstengel ...
Er wird, und sollts ihn auch zerrütten,
Das Weib mit Rosen überschütten ...
Nicht Rosen, nein, die schnell verwelken –
Er bringt ihr einen Büschel Nelken ...
Sollt man nicht jetzt, im Winter nehmen
Vier, drei, zwei schöne Chrysanthemen?
Wie wär es, denkt er hingerissen,
Mit Tulpen oder mit Narzissen?
Entzückend ist ein Primelstöckchen;
Süß sind des Lenzes erste Glöckchen.
Doch damit, ach, ist sein Gemüt
Denn auch so ziemlich abgeblüht.
Er sinkt ins Bett und träumt noch innig:
Ein Veilchenstrauß, das wäre sinnig ...

ZU SPÄT

Ein Mensch, daß er sie nicht vergesse,
Hat aufgeschrieben die Adresse
Auf eine alte Streichholzschachtel:
Da steht nun deutlich: Erna Spachtel,
Theresienstraße Numero sieben –
Doch, wozu hat ers aufgeschrieben?
Wer ist das Weib? Was sollte sein?
Er grübelt lang – nichts fällt ihm ein.
Dient sie verruchter Liebeslust?
Er ist sich keiner Schuld bewußt.
Ist heil- sie oder sternenkundig?
Schwarzhandelt sie am Ende pfundig?
Wenn schon nicht niedre Erdenwonne –
Verabreicht sie wohl Höhensonne?
Doch er kann bohren, wie er mag,
Er bringt es nicht mehr an den Tag.
Er wirft daher, weil ohne Zweck,
Die Schachtel samt Adresse weg.
Das hätt er besser nicht getan;
Er zieht sein frisches Nachthemd an
Und schon fällts ein ihm mit Entsetzen,
Daß seine Wäsche ganz in Fetzen.
Nicht Wunschmaid oder Seherin –
Das Weib war einfach Näherin,
Und hätt ihm Hemden flicken sollen.
Zu spät – ihr Name bleibt verschollen.

Vergeblicher Eifer

Ein Mensch, der nach Italien reiste,
Blieb doch verbunden stets im Geiste
Daheim mit seinen Lieben, zärtlich,
Was er auch kundtat, ansichtskärtlich:
Gleich bei der Ankunft in Neapel
Läßt dreißig Karten er vom Stapel
Und widmet ähnlichem Behufe
Sich auf dem Wege zum Vesuve.
Schreibt allen, die er irgend kennt
Aus Capri, Paestum und Sorrent,
Beschickt befreundete Familien
Mit Kartengrüßen aus Sizilien,
An Hand von Listen schießt der Gute
Aus Rom unendliche Salute,
An Vorgesetzte, Untergebne
Schreibt er aus der Campagna-Ebne
Und ist nun endlich, in Firenze
Beinah an der Verzweiflung Grenze.
Kaum kam er, bei dem Amt, dem wichtigen,
Dazu, auch selbst was zu besichtigen.
Jetzt erst, verlassend schon Venedig,
Hält er sich aller Pflicht für ledig:
Reist heim, damit er gleich, als Neffe,
Die, ach!, vergessne Tante treffe:
»Kein Mensch denkt an uns alte Leut –
Ein Kärtchen hätt mich auch gefreut!«

GESCHEITERTE SAMMLUNG

Ein Mensch – er freut sich drauf, und wie! –
Geht in die fünfte Sinfonie.
Wie liebt er grad den ersten Satz!
Er setzt sich still auf seinen Platz,
Daß ganz er dem Genuß sich weihe ...
Ein Herr grüßt aus der dritten Reihe.
Der Mensch, wohl wissend, daß ern kenn,
Denkt flüchtig bloß, wie heißt er denn?
Worauf er fromm die Augen schließt,
Damit Musik sich in ihn gießt.
Kaum hebt den Stab der Zappelmann,
Schon geht bei ihm der Rappel an:
Wie rast der Geigen Glanzgeschwirre –
Der Mann heißt Fuld, wenn ich nicht irre!
Trompeten holt des Meisters Wink
Zu wilder Pracht – der Mann heißt Fink!
Wie steigt der Melodien Wuchs
Aus Zaubertiefen – er heißt Fuchs!
Wie klagt so süß ein Flötenlauf –
Der Mensch, er kommt und kommt nicht drauf.
Posaunen strahlen des Gerichts –
Mit Fuchs ist es natürlich nichts.
Horch, des Finales stolzer Prunk –
Funk heißt er, selbstverständlich, Funk!
Des Menschen Kopf ist wieder frei:
Die Sinfonie ist auch vorbei ...

ZEITGENÖSSISCHE ENTWICKLUNG

Ein Mensch sitzt da und schreibt vergnügt,
Sein Fleiß ist groß und das genügt.
Doch bald hat er sich angeschafft
Die erste Schreibmaschinenkraft;
Das langt nach kurzer Zeit nicht mehr,
Es müssen noch zwei andre her,
Desgleichen wer fürs Telefon,
Auch wird ein Diener nötig schon,
Ein Laufbursch und, es währt nicht lang,
Ein Fräulein eigens für Empfang.
Nun kommt noch ein Bürovorsteher –
Jetzt, meint der Mensch, ging es schon eher.
Doch fehlt halt noch ein Hauptbuchhalter
Sowie ein Magazinverwalter.
Sechs Kräfte noch zum Listen führen –
Da kann man sich schon besser rühren.
Doch reichen nun, man sahs voraus,
Die Tippmamsellen nicht mehr aus.
Bei Angestellten solcher Zahl
Brauchts einen Chef fürs Personal;
Der wiedrum, soll er wirksam sein,
Stellt eine Sekretärin ein.
Die Arbeit ist im Grunde zwar
Die gleiche, die sie immer war,
Doch stilgerecht sie zu bewältigen,
Muß man die Kraft verhundertfältigen.
Der Mensch, der folgerichtig handelt,
Wird zur Behörde so verwandelt.

Das Haus

Ein Mensch erblickt ein neiderregend
Vornehmes Haus in schönster Gegend.
Der Wunsch ergreift ihn mit Gewalt:
Genau so eines möcht er halt!
Nur dies und das, was ihn noch störte,
Würd anders, wenn es ihm gehörte;
Nur wär er noch viel mehr entzückt
Stünd es ein wenig vorgerückt...
Kurz, es besitzend schon im Geiste,
Verändert traumhaft er das meiste.
Zum Schluß möcht er (gesagt ganz roh)
Ein andres Haus – und anderswo.

Nächtliches Erlebnis

Ein Mensch, der nachts schon ziemlich spät
An ein verworfnes Weib gerät,
Das schmelzend Bubi zu ihm sagt
Und ihn mit wilden Wünschen plagt,
Fühlt zwar als Mann sich süß belästigt,
Jedoch im Grund bleibt er gefestigt
Und läßt, bedenkend die Gebühren,
Zur Ungebühr sich nicht verführen.
Doch zugleich sparsam und voll Feuer
Bucht er das dann als Abenteuer.

VERSÄUMTER AUGENBLICK

Ein Mensch, der beinah mit Gewalt
Auf ein sehr hübsches Mädchen prallt,
Ist ganz verwirrt; er stottert, stutzt
Und läßt den Glücksfall ungenutzt.
Was frommt der Geist, der aufgespart,
Löst ihn nicht Geistesgegenwart?
Der Mensch übt nachts sich noch im Bette,
Wie strahlend er gelächelt hätte.

DER BRANDSTIFTER

Ein Mensch, den friert, beliebt zu scherzen
Mit eines Weibes heißem Herzen.
Kaum geht er mit dem Weib zu zweit
Geht er natürlich gleich zu weit.
Jedoch, sobald er nun erkennt,
Daß jene schon gefährlich brennt,
Benützt er seinen innern Knax
Als sozusagen Minimax.
Die Jungfrau, die schon stark verkohlt,
Sich davon nie mehr ganz erholt.
Den Menschen kommt der Fall nicht teuer:
Er ist versichert gegen Feuer.

(Hoffentlich nur)

ERINNERUNGEN 1933–1948

EINSICHT

Ein Mensch beweist uns klipp und klar,
Daß er es eigentlich nicht war.
Ein andrer Mensch mit Nachdruck spricht:
Wer es auch sei – ich war es nicht!
Ein dritter läßt uns etwas lesen,
Wo drinsteht, daß ers nicht gewesen.
Ein vierter weist es weit von sich:
Wie? sagt er, was? Am Ende ich?
Ein fünfter überzeugt uns scharf,
Daß man an ihn nicht denken darf.
Ein sechster spielt den Ehrenmann,
Der es gewesen nicht sein kann.
Ein siebter – kurz, wir sehers ein:
Kein Mensch will es gewesen sein.
Die Wahrheit ist in diesem Falle:
Mehr oder minder warn wirs alle!

ÜBERRASCHUNGEN

Ein Mensch dem Sprichwort Glauben schenkt:
'S kommt alles anders, als man denkt –
Bis er dann die Erfahrung macht:
Genau so kams, wie er gedacht.

GETEILTES LEID

Ein Mensch, der weiß, geteiltes Leid
Ist halbes, hätt gern, ohne Neid,
Sein Leid den andern mit-geteilt,
Doch, wen er anspricht, der enteilt:
»Von einem Amt zum andern renn ich –«
Der andre sagt nur: »Kenn ich, kenn ich!«
»Was meinen Sie, die Beine reiß ich
Mir aus um Kohlen!« »Weiß ich, weiß ich!«
»Um Salz die ganze Stadt durchtrab ich –
Hast Du 'ne Ahnung!« »Hab ich, hab ich!«
»Den Eindruck langsam schon gewinn ich,
Daß ich verrückt werd!« »Bin ich, bin ich!«
»Und all die Sorgen, schon rein häuslich!«
»Ja«, seufzt der andre, »scheußlich, scheußlich!«
Und will nicht weiter sich bequemen,
Dem Menschen Kummer abzunehmen,
Beziehungsweise, selbst mit Sorgen
Versorgt, ihm Lebensmut zu borgen.
Drum läuft ein jeder krumm und stumm
Allein mit seinem Kummer rum.

NUR

Ein Mensch, der, sagen wir, als Christ,
Streng gegen Mord und Totschlag ist,
Hält einen Krieg, wenn überhaupt,
Nur gegen Heiden für erlaubt.
Die allerdings sind auszurotten,
Weil sie des wahren Glaubens spotten!
Ein andrer Mensch, ein frommer Heide,
Tut keinem Menschen was zuleide,
Nur gegenüber Christenhunden
Wär jedes Mitleid falsch empfunden.
Der ewigen Kriege blutige Spur
Kommt nur von diesem kleinen »nur« ...

GRÜNDLICHE EINSICHT

Ein Mensch sah jedesmal noch klar:
Nichts ist geblieben so, wies war. –
Woraus er ziemlich leicht ermißt:
Es bleibt auch nichts so, wies grad ist.
Ja, heut schon denkt er, unbeirrt:
Nichts wird so bleiben, wies sein wird.

WELTGESCHICHTE

Ein Mensch las ohne weitres Weh
Daß einst zerstört ward Niniveh,
Daß Babylon, daß Troja sank ...
Und drückend die Lateinschul-Bank
Macht' einzig dies ihm Eindruck tief:
»Daß Ihr mir cum mit Konjunktiv
Im ganzen Leben nicht vergesset:
›Carthago cum deleta esset!‹«
Der Mensch stellt fest, der harmlos-schlichte:
»Je nun, das ist halt Weltgeschichte!«
Jetzt liegen Bücher, Möbel, Flügel
In Trümmern, unterm Aschenhügel.
Nicht eine Stadt, das ganze Reich
Ist Troja und Karthago gleich.
Doch, schwitzend bei der Hausaufgabe,
Frägt ihn vielleicht der Enkelknabe:
»Sag, ists so richtig: ›cum Europa
Deleta esset‹, lieber Opa?«

DIE LISTE

Ein Mensch, der ohne jeden Grund
Auf einer schönen Liste stund,
Stand dadurch zugleich hoch in Gnaden
Und ward geehrt und eingeladen.
Ein andrer Mensch, der auch von wem,
Gleichgültig, obs ihm angenehm,
Auf eine Liste ward gesetzt,
Bezahlt es mit dem Leben jetzt.
Moral ist weiter hier entbehrlich:
Auf Listen stehen, ist gefährlich.

EWIGES GESPRÄCH

Ein Mensch will, schon um zu vergessen,
Von andrem reden, als vom Essen.
Um zu verwischen jede Spur,
Spricht er von indischer Kultur.
Jedoch, schon dient ihm zum Beweise:
Die Inder nähren sich vom Reise.
Und das Gespräch schließt ab, wie immer:
Reis gibt es schon seit Jahren nimmer!

TABAKSORGEN

Ein Mensch, auf sein Tabakgebettel,
Kriegt nirgends nur ein Zigarettel.
Doch schickt, welch unverhofftes Glück,
Ein beinah Fremder fünfzig Stück
Ganz ohne Grund und ohne Bitten –
Ja, noch zum zweitenmal und dritten.
Das ist nun auch schon länger her –
Seitdem gibts überhaupt nichts mehr.
Der Mensch mit keinem Schnaufer denkt
All derer, die ihm nichts geschenkt;
Doch mehr und mehr muß ihn empören:
»Der Schuft läßt auch, scheints, nichts mehr hören!«

UNDANK

Ein Mensch, obwohl er selbst kaum satt,
Gibt gern vom Letzten, was er hat.
Jedoch der Dank für solche Gaben?
»Wie viel muß der gehamstert haben!«

UMSTÜRZE

Ein Mensch sieht wild die Menschheit grollen:
Paß auf! Jetzt kommt, was alle wollen!
Doch schau, die Klügern sind schon still:
'S kommt, was im Grunde keiner will.

LEGENDENBILDUNG

Ein Mensch, vertrauend auf sein klares
Gedächtnis, sagt getrost »So war es!«
Er ist ja selbst dabei gewesen –
Doch bald schon muß ers anders lesen.
Es wandeln sich, ihm untern Händen,
Wahrheiten langsam zu Legenden.
Des eignen Glaubens nicht mehr froh
Fragt er sich zweifelnd: »War es so?«
Bis schließlich überzeugt er spricht:
»Ich war dabei – so war es nicht!«

LEIDER

Ein Mensch, kein Freund der raschen Tat,
Hielt sich ans Wort: Kommt Zeit, kommt Rat.
Er wartete das Herz sich lahm –
Weil Unzeit nur und Unrat kam.

WUNDERLICH

Ein Mensch kanns manchmal nicht verstehn,
Trifft ein, was er vorausgesehn.

UNVERHOFFTER ERFOLG

Ein Mensch, am Schalter schnöd besiegt,
So daß er keine Stiefel kriegt,
Geht stracks zum Vorstand, wutgeladen,
Gewillt, zu toben, ohne Gnaden.
Er hält schon, voller Zorn und Haß
Die Lunte an sein Pulverfaß:
»Nein!« Wird er sagen, dieser Schuft –
Doch wart, dann geh ich in die Luft!
Der Vorstand aber spricht voll Ruh:
»Ja, Stiefel stehen Ihnen zu!«
Der Mensch, ganz baff, ja, kaum beglückt,
Hat still die Lunte ausgedrückt.
Doch weiß er nicht, den Bauch voll Groll,
Wohin er ihn entladen soll.
Obgleich er, was er wollt, erworben,
Ist ihm der ganze Tag verdorben.

WAHRSCHEINLICH

Ein Mensch hat, außer Redensarten,
Nicht mehr viel Schönes zu erwarten.

VERWANDLUNG

Ein Mensch erzählt uns, leicht verschwommen,
Daß er sich einwandfrei benommen, –
Das heißt, benehmen hätte sollen
Und wohl auch hätte haben wollen.
Nun wissen wir an dessen Statt,
Daß er sich schlecht benommen hat.
Doch seltsam: auch wir selber möchten,
Daß Wunsch und Wahrheit sich verflöchten
Und jener so, wie ers wohl wüßte,
Daß sich ein Mensch benehmen müßte,
Sich in der Tat benommen hätte...
Und leicht erliegen wir der Glätte
Der immer kühnern Rednergabe:
Wie gut er sich benommen habe.

DAS SCHWIERIGE

Ein Mensch würd sich zufrieden geben
Damit, daß tragisch wird das Leben.
Das Schwierige liegt mehr an dem:
Es wird auch fad und unbequem.

Die Erbschaft

Ein Mensch begräbt zwei alte Tanten,
Verteilt ihr Gut an die Verwandten:
Erbtante man die eine nennt;
Viel Streit gabs schon ums Testament.
Was hatte sie? Ein schönes Haus –
Drei Wochen vorher brannt es aus
Und bringt jetzt nicht einmal mehr Miete. –
Die Erbschaft, kurz, war eine Niete.
Die andre Tante, die war ärmlich;
Den Kram, der sicher recht erbärmlich,
Ließ man dem Menschen, unbesehn –
Was konnte schon verloren gehn?
Nur sacht! Das Wichtigste gerade:
Neun Töpfe Himbeermarmelade,
Ein schweres Kübelchen voll Schmalz,
Ein bißchen Seife, Zucker, Salz,
Noch echter Zimt und echter Pfeffer –
Kurzum, die Erbschaft war ein Treffer!

ZUR WARNUNG

Ein Mensch, zu kriegen einen Stempel,
Begibt sich zum Beamten-Tempel
Und stellt sich, vorerst noch mit kalter
Geduld zum Volke an den Schalter.
Jedoch, wir wissen: Hoff – und Harren
Das machte manchen schon zum Narren.
Sankt Bürokratius, der Heilige,
Verachtet nichts so sehr wie Eilige.
Der Mensch, bald närrisch-ungeduldig
Vergißt die Ehrfurcht, die er schuldig,
Und, wähnend, daß er sich verteidigt,
Hat er Beamten schon beleidigt.
Er kriegt den Stempel erstens nicht,
Muß, zweitens, auf das Amtsgericht,
Muß trotz Entschuldigens und Bittens
Noch zehn Mark Strafe zahlen, drittens,
Muß viertens, diesmal ohne Zorn,
Sich nochmal anstelln, ganz von vorn,
Darf, fünftens, keine Spur von Hohn
Raushörn aus des Beamten Ton
Und darf sich auch nicht wundern, sechstens,
Wenn er kriegt Scherereien, nächstens.
Geduld hat also keinen Sinn,
Wenn sie uns abreißt, mittendrin.

GERECHTIGKEIT

Ein Mensch sieht hundert Menschen harren:
Sie stellen an sich um Zigarren.
Doch öffnet ihm ein Sesam-Wörtchen
Ein sehr bequemes Hinterpförtchen.
Doch jetzt vorm Bäcker – welche lange
Und giftgeschwollne Anstehschlange
Der Mensch, verbindungslos hier ganz,
Stellt seufzend sich an ihren Schwanz.
Schlüpft da nicht wer ins Nebenhaus?
Hüpft da nicht wer mit Brot heraus?
»Ha!« grollt der Mensch, »die Welt entpuppt
Doch täglich neu sich als korrupt!«
Und bringt, damit dies würd gerochen,
Des Volkes Seele wild zum Kochen,
So daß Beleidigungen tödlich
Den treffen, der so eigenbrötlich.
Der Mensch, der fast schon in Gefahr,
Daß er ein Unmensch würde, war,
Besinnt sich noch zur rechten Zeit
Der höheren Gerechtigkeit:
Beziehungen sind gut und fein –
Nur müssen es die eignen sein!

WANDEL

Ein Mensch möcht, neunzehnhundertsiebzehn,
Bei der Regierung sich beliebt sehn.
Doch muß er, neunzehnhundertachtzehn,
Schon andre, leider, an der Macht sehn.
Klug will er, neunzehnhundertneunzehn,
Sich als der Kommunisten Freund sehn.
Wo wandelt unser Mensch sich fleißig
Auch neunzehnhundertdreiunddreißig.
Und, zeitig merkt mans, er geniert sich
Nicht neunzehnhundertfünfundvierzig.
Er denkt sich, als ein halber Held,
Verstellt ist noch nicht umgestellt.
Wir dürfen, wenn auch leicht betroffen,
Noch allerhand von ihm erhoffen.

LEIDER

Ein Mensch sieht schon seit Jahren klar:
Die Lage ist ganz unhaltbar.
Allein – am längsten, leider, hält
Das Unhaltbare auf der Welt.

NACHDENKLICHE GESCHICHTE

Ein Mensch hält Krieg und Not und Graus,
Kurzum, ein Hundeleben aus,
Und all das, sagt er, zu verhindern,
Daß Gleiches drohe seinen Kindern.
Besagte Kinder werden später
Erwachsne Menschen, selber Väter
Und halten Krieg und Not und Graus...
Wer denken kann, der lernt daraus.

DER BUMERANG

Ein Mensch hört irgendwas, gerüchtig,
Schnell schwatzt ers weiter, neuerungssüchtig,
So daß, was unverbürgt er weiß,
Zieht einen immer größern Kreis.
Zum Schluß kommts auch zu ihm zurück. –
Jetzt strahlt der Mensch vor lauter Glück:
Vergessend, daß ers selbst getätigt,
Sieht froh er sein Gerücht bestätigt.

ZEITGEMÄSS

Ein Mensch, der mit Descartes gedacht,
Daß Denken erst das Leben macht,
Gerät in Zeiten, wo man Denker
Nicht wünscht – und wenn, dann nur zum Henker
Er kehrt den alten Lehrsatz um
Und sagt: non cogito, ergo sum!

ZU SPÄT

Ein Mensch erführ gern: wer, warum,
Wann, was und wie? Doch wahret stumm
Ihr Staatsgeheimnis die Geschichte. –
Dann regnets unverhofft Berichte:
Im Grund kommt alles an den Tag –
Wenn es kein Mensch mehr wissen mag!

DER FEIGLING

Ein Mensch, dem Schicksalsgunst gegeben,
In einer großen Zeit zu leben,
Freut sich darüber – doch nicht täglich;
Denn manchmal ist er klein und kläglich
Und wünscht, schon tot und eingegraben,
In großer Zeit gelebt zu haben.

KLEINE GESCHICHTE

Ein Mensch blieb abends brav zu Haus. –
Doch leider ging sein Ofen aus,
Ging aus, allein und ohne ihn
Und wußte durchaus nicht: wohin?
Vielmehr, entschlossen, auszugehn,
Blieb rauchend er im Zimmer stehn.
Man konnte nicht sich einigen, gütlich –
Der Abend wurde ungemütlich ...

AUF UMWEGEN

Ein Mensch, der, was auch kommen möge,
Niemals die andern glatt belöge,
Lügt drum, denn dies scheint ihm erlaubt,
Zuerst sich selbst an, bis ers glaubt.
Was er nun fast für Wahrheit hält,
Versetzt er dreist der ganzen Welt.

MENSCH UND UNMENSCH

Der Schuft

Ein Mensch hat einst wo was geschrieben –
Vergessen ists seitdem geblieben ...
Ein Unmensch aber läuft im Stillen
Herum und sagt: »Um Himmels Willen!
Als ich das las, was für ein Schrecken –
Ich hoff, man wird es nicht entdecken!
Der Ärmste wird doch nicht verpfiffen!?
Das Buch ist Gottseidank vergriffen!
Doch fürcht ich, daß das nicht viel helfe –
Der Satz steht Seite hundertelfe
Den man ihm niemals wird verzeihen.
Das Buch? das kann ich Ihnen leihen!«
Und tief besorgt, es käm ans Licht,
Entfernt sich dieser Bösewicht.

IMMER DASSELBE

Ein Mensch vor einer Suppe hockt,
Die ihm ein Unmensch eingebrockt.
Er löffelt sie, gewiß nicht froh –
Der Unmensch, der ist, wer weiß wo
Und hofft, man würd' auf ihn vergessen.
Kaum ist die Suppe ausgefressen,
Kommt er zurück von ungefähr,
Als ob er ganz wer andrer wär
Und brockt, bescheiden erst und klein,
Die nächste Suppe wieder ein.
Der Mensch, machts auch der Unmensch plump,
Sieht nicht: Es ist der alte Lump!
Bis ihm vom Auge fällt die Schuppe,
Sitzt er vor einer neuen Suppe!

VERDIENTER HEREINFALL

Ein Mensch kriegt einen Kitsch gezeigt.
Doch anstatt daß er eisig schweigt,
Lobt er das Ding, das höchstens nette,
Fast so, als ob ers gerne hätte.
Der Unmensch, kann er es so billig,
Zeigt unverhofft sich schenkungswillig
Und sagt, ihn freuts, daß an der Gabe
Der Mensch so sichtlich Freude habe.
Moral: Beim Lobe stets dran denken,
Man könnte dir dergleichen schenken!

JE NACHDEM

Ein Mensch steht an der Straßenbahn.
Grad kommt sie, voll von Leuten an,
Die alle schrein – denn sie sind drin –:
»Bleib draußen, Mensch, 's hat keinen Sinn!«
Der Mensch, der andrer Meinung ist,
Drückt sich hinein mit Kraft und List,
Ja, man kann sagen, was kein Lob,
Unmenschlich, lackelhaft und grob.
Der Mensch, jetzt einer von den Drinnern
Kann kaum sich des Gefühls erinnern,
Das einer hat, der draußen jammert,
Und krampfhaft sich ans Trittbrett klammert.
Er macht sich deshalb breit und brüllt:
»Sie sehn doch – alles überfüllt!«
Doch ginge unser Urteil fehl,
Spräch es dem Menschen ab die Seel.
Inzwischen sitzend selbst im Warmen,
Spricht er zum Nachbarn voll Erbarmen,
Wie man es wohl begreifen solle,
Daß jeder Mensch nach Hause wolle.
Ja, mit Humor, sagt er nun heiter
Und gutem Willen käm man weiter!

Der Sitzplatz

Ein Mensch sitzt in der Bahn ganz heiter,
Als mittlerer von dreien, Zweiter.
Dort muß, die Vorschrift ist jetzt scharf,
Ein vierter sitzen, bei Bedarf.
Ein Unmensch kommt, der strenge mustert:
Doch alle hocken aufgeplustert
Und ihre böse Miene spricht:
Vielleicht wo anders, bei mir nicht!
Der Unmensch hat sofort erkannt,
Wo der geringste Widerstand
Und setzt sich, breit und rücksichtslos,
Dem Menschen beinah auf den Schoß,
So daß der vorzieht, aufzustehn
Und überhaupt ganz wegzugehn.
Gar heiter sitzt der Unmensch jetzt,
Denn schau: er hat sich »durchgesetzt«!

Verdächtigungen

Ein Mensch schwatzt lieb mit einem zweiten –
Ein dritter geht vorbei von weiten.
Der erste, während sie den biedern
Gruß jenes dritten froh erwidern,
Läßt in die Unterhaltung fließen:
»Der ist mit Vorsicht zu genießen!«
Sie trennen sich: der zweite trifft
Den dritten – und verspritzt sein Gift:
»Der Herr, mit dem ich grad gewandelt,
Mit Vorsicht, Freund, sei der behandelt!«
Der erste, wie sich Zufall häuft,
Nun übern Weg dem dritten läuft,
Der, auf den zweiten angespielt,
Die höchste Vorsicht anempfiehlt,
So daß, in Freundlichkeit getarnt,
Vor jedem jeder jeden warnt.
Die Vorsicht ist, zum Glück entbehrlich:
Denn alle drei sind ungefährlich!

UNGLEICHER MASSSTAB

Ein Mensch, in seines Lebens Lauf
Reibt sich mit Briefeschreiben auf.
Bei jedem Anlaß, ernst und heiter,
Wünscht Glück er, Beileid und so weiter
Und nie versäumt er eine Frist,
Wenn etwa jemand siebzig ist,
Ein Kind kriegt oder einen Orden
Und wenn er irgendwas geworden.
Zur Weihnachtszeit und zu Neujahr
Macht er sich lange Listen gar,
Damit er übersähe keinen,
Denn, ach, vergäße er nur einen,
Nie würde der, gekränkt fürs Leben,
Dem Menschen den faux pas vergeben.
Ein Unmensch hat das nie getan:
Er sagt: da fang ich gar nicht an!
Wird Tod, Geburt ihm angezeigt,
Knurrt er »Papierkorb!« bloß und schweigt
Und Glück zu wünschen, eheschlüssig,
Hält er für durchaus überflüssig.
Ei, denkt Ihr, diesem Dreist-Bequemen
Wird jedermann das übel nehmen!?
Kein Mensch empfindet das als roh.
Man sagt nur mild: Er ist halt so!

DER LEISE NACHBAR

Ein Mensch für seinen Nachbarn schwärmt,
Der, während rings die Welt sonst lärmt
Und keines Menschen Nerven schont,
Sein Zimmer mäuschenstill bewohnt.
Er hat – wie ist der Mensch drum froh! –
Nicht Wecker und nicht Radio.
Nichts hört man, kein Besuchsgeplapper,
Kein Trippeltrappeln, kein Geklapper
Von Eßgerät und Schreibmaschinchen:
Der Mann ist leis wie ein Kaninchen.
Der Mensch jetzt angestrengt schon lauscht,
Ob gar nichts raschelt oder rauscht,
Er wünscht, bald schlaflos von der Folter,
Sich nur ein Niesen, ein Gepolter –
Zum Beispiel ausgezogner Schuhe –
Vergeblich – rings herrscht Grabesruhe.
Ermangelnd jeglicher Geräusche
Fragt sich der Mensch, ob er sich täusche
Und jener Mann, – den er doch kennt! –
Vielleicht nicht leiblich existent?
Schon zieht der Wahnsinn wirre Kreise
Doch bleibt der Nachbar leise, leise.

DER TISCHNACHBAR

Ein Mensch muß – und er tuts nicht gern –
Mit einem ixbeliebgen Herrn
Sich unterhalten längre Frist,
Weil der bei Tisch sein Nachbar ist.
Ein Unmensch offenbar, der jeden
Versuch, gescheit mit ihm zu reden –
Seis Politik, seis Sport, seis Kunst –
Vereitelt: er hat keinen Dunst!
Der Mensch, sonst munter wie ein Zeisig,
Hüllt sich bereits in Schweigen, eisig.
Da fällt in diese stumme Pein
Das Stichwort: Hinterkraxenstein!
Das Dörflein, wo vor Tag und Jahr
Der Mensch zur Sommerfrische war.
Der Herr, sonst dumm und unbelesen,
Ist gar erst heuer dort gewesen!
Ja, was ist das?! Dann kennen Sie –
Natürlich! – und nun nennen sie
Den Förster und den Bürgermeister,
Den Apotheker – na, wie heißt er?
Und vor dem geistigen Auge beider
Ersteht der Lammwirt und der Schneider,
Der Schuster mit dem schiefen Bein –
Wahrhaftig, ist die Welt doch klein!
Und köstlich ist die Zeit verflossen
Mit diesem prächtigen Tischgenossen!

HIMMLISCHE ENTSCHEIDUNG

Ein Mensch, sonst harmlos im Gemüte,
Verzweifelt wild an Gottes Güte,
Ja, schimpft auf ihn ganz unverhohlen:
Ein Unmensch hat sein Rad gestohlen!
Der Unmensch aber, auf dem Rade,
Preist laut des lieben Gottes Gnade –
Und auch sich selbst, der, so begabt,
Ein Schwein zwar, solch ein Schwein gehabt. –
Wem steht der liebe Gott nun näher?
Dem unverschämten, schnöden Schmäher,
Dem dankerfüllten, braven Diebe?
Es reicht für *beide* seine Liebe,
Die, wie wir wissen, ganz unendlich,
Auch wenn sie uns oft schwer verständlich:
Der Unmensch, seelisch hochgestimmt,
Durch Sturz ein jähes Ende nimmt,
Was zweifellos für ihn ein Glücksfall:
Fünf Jahre gäbs sonst, wegen Rückfall!
Und auch der Mensch hat wirklich Glück:
Er kriegt sein schönes Rad zurück,
Nach Abzug freilich fürs Gefluch:
Zwei Achter und ein Gabelbruch.

Verhinderte Witzbolde

Ein Mensch erzählt grad einen Witz:
Gleich trifft des Geistes Funkelblitz! –
Doch aus der Schar gespannter Hörer
Bricht plötzlich vor ein Witz-Zerstörer,
Ein Witzdurch-Kreuzer, nicht mit Ohren
Bestückt, nein, mit Torpedorohren:
In die Erwartung, atemlos,
Wumbum! schießt der Zerstörer los,
Mit seinem Witz-dazwischen-pfeffern.
Der Mensch sinkt rasch, mit schweren Treffern.
Racks! Geht auch jener in die Luft –
Die ganze Wirkung ist verpufft ...
Der Mensch rät nun, statt sich zu quälen,
Dem Witz-Zerstörer, zu erzählen
Die eignen Witze, ganz allein –
Er selber wolle stille sein.
Jedoch der Unmensch, frei vom Blatt,
Gar keinen Witz auf Lager hat:
Nur, wenn auf fremden Witz er stößt,
Wird seiner, blindlings, ausgelöst.

WINDIGE GESCHICHTE

Ein Mensch sieht, wie ein Unmensch wacker
Wind aussät auf der Zeiten Acker
Und sagt den Spruch ihm, den gelernten:
»Freund«, spricht er, »Du wirst Sturm hier ernten!«
Doch redet er, wie man errät,
Nur in den Wind, den jener sät,
Ja, mehr noch, in den unbewegt
Der Unmensch solche Warnung schlägt.
Der Sturm geht später in der Tat
Wild auf aus jener Windessaat.
Der Unmensch flieht – der Mensch allein
Bringt jetzt die schlimme Ernte ein.

FÜR GUSSEISERNE

Ein Mensch – daß ich nicht Unmensch sag –
Meint: »Alles kann man, wenn man mag.«
Vielleicht – doch gibts da viele Grade:
Auch mögen-können ist schon Gnade!

DAS SCHLIMMSTE

Ein Mensch, der schon geraume Zeit
Geübt hat Treu und Redlichkeit
Glaubt gern (wir hättens auch gedacht),
Daß Übung noch den Meister macht.
Jedoch bemerken wir betrübt,
Der Mensch hat nicht genug geübt,
Und kaum, daß er daneben tappt,
Hat ihn das Schicksal schon geschnappt
Und läßt sich gleich mit voller Wucht aus:
Der Mensch, der arme, kommt ins Zuchthaus.
Ein Unmensch übt, voll niedrer Schläue,
Nur Lumperei anstatt der Treue
Und bringt es hier, aus eigner Kraft,
Zu ungeahnter Meisterschaft.
Und siehe da, ihm geht nichts krumm:
Er läuft noch heute frei herum.

TRAURIGE GESCHICHTE

Ein Mensch erkennt: Sein ärgster Feind:
Ein Unmensch, wenn er menschlich scheint!

GOTT LENKT

Ein Mensch, dem eine Vase brach,
Gibt einem schnöden Einfall nach:
Er fügt sie, wie die Scherbe zackt
Und schickt sie, kunstgerecht verpackt,
Scheinheilig einem jungen Paar
Dem ein Geschenk er schuldig war.
Ja, um sein Bubenstück zu würzen
Schreibt er noch: »Glas!« drauf und: »Nicht stürzen!«
Der Mensch, heißts, denkt, Gott aber lenkt:
Das Paar, mit diesem Schund beschenkt,
Ist weit entfernt, vor Schmerz zu toben –
Froh fühlt sichs eigner Pflicht enthoben,
Den unerwünschten Kitsch zu meucheln
Und tiefgefühlten Dank zu heucheln.

IRRTUM

Ein Mensch meint, gläubig wie ein Kind,
Daß alle Menschen Menschen sind.

URTEIL DER WELT

Ein Mensch, um seine Schüchternheit
Zu überspringen, springt zu weit
Und landet jenseits guter Sitte.
Ein Unmensch, mit gemessnem Schritte,
Geht, überlegend kalt und scharf,
Genau so weit, wie man gehn darf.
Nun sagt die Welt – an sich mit Recht! –
Der Mensch benehm sich leider schlecht;
Und – was man ihr nicht wehren kann –
Der Unmensch sei ein Ehrenmann.
Gott freilich, der aufs Herz nur schaut,
Der weiß es – doch er sagts nicht laut.

BILLIGER RAT

Ein Mensch nimmt alles viel zu schwer.
Ein Unmensch naht mit weiser Lehr
Und rät dem Menschen: »Nimms doch leichter!«
Doch grad das Gegenteil erreicht er:
Der Mensch ist obendrein verstimmt,
Wie leicht man seine Sorgen nimmt.

EINFACHE SACHE

Ein Mensch drückt gegen eine Türe,
Wild stemmt er sich, daß sie sich rühre!
Die schwere Türe, erzgegossen,
Bleibt ungerührt und fest verschlossen
Ein Unmensch, sonst gewiß nicht klug,
Versuchts ganz einfach jetzt mit Zug.
Und schau! (Der Mensch steht ganz betroffen)
Schon ist die schwere Türe offen!
So gehts auch sonst in vielen Stücken:
Dort, wos zu ziehn gilt, hilft kein Drücken!

LAUF DER ZEIT

Ein Mensch geht freudig mit der Zeit
Doch kommt er bald in Schwierigkeit:
Die Weltuhr rascher perpendikelt
Als er sich hin- und herentwickelt.
Kaum kommt er also aus dem Takt,
Hat ihn der Pendel schon gepackt.
Ein Unmensch aber, der indessen
Weltuhrenabseits still gesessen
Auf unerschüttertem Gesäß
Spricht mild: »Es war nicht zeitgemäß!«

AUSSICHTEN

Ein Mensch, erfüllt von fortschrittsblanken,
Stromlinienförmigen Gedanken
Durcheilte froh die Zeit und fand
Nicht den geringsten Widerstand.
Er lebte gut und lebte gern,
Denn er war durch und durch modern.
Sein Sohn ist, lebend gegenwärtig,
Bereits so gut wie büchsenfertig.
Sein Enkel, wenn er sich dran hält,
Kommt schon in Weißblech auf die Welt.

TRAURIGE WAHRHEIT

Ein Mensch liest, warm am Ofen hockend –
Indem das Wetter nicht verlockend –
Daß gestern, im Gebirg verloren,
Elendiglich ein Mann erfroren.
Der Mann tut zwar dem Menschen leid –
Doch steigerts die Behaglichkeit.

Das Böse

Ein Mensch pflückt, denn man merkt es kaum,
Ein Blütenreis von einem Baum.
Ein andrer Mensch, nach altem Brauch,
Denkt sich, was der tut, tu ich auch.
Ein dritter, weils schon gleich ist, faßt
Jetzt ohne Scham den vollen Ast
Und sieh, nun folgt ein Heer von Sündern,
Den armen Baum ganz leer zu plündern.
Von den Verbrechern war der erste,
Wie wenig er auch tat, der schwerste.
Er nämlich übersprang die Hürde
Der unantastbar reinen Würde.

Ahnungslos

Ein Mensch hört staunend und empört,
Daß er, als Unmensch, alle stört:
Er nämlich bildet selbst sich ein,
Der angenehmste Mensch zu sein.
Ein Beispiel macht Euch solches klar:
Der Schnarcher selbst schläft wunderbar.

BAUPLÄNE

Ein Mensch, von Plänen wild bewegt,
Hat hin und her sich überlegt,
Wie er, es koste, was es wolle,
Sein hübsches Häuschen bauen solle,
Hat, prüfend Dutzende Entwürfe,
Geschwankt, wer es ihm bauen dürfe
Und wo es in der weiten Welt
Am besten würde aufgestellt:
In das Gebirg? An einen See?
Dem Menschen tut die Wahl zu weh,
So daß er Frist um Frist versäumt:
Das nette Häuschen bleibt geträumt.
Ein Unmensch, auf den nächsten Fleck
Setzt kurz entschlossen seinen Dreck.
Der ganzen Welt ist es ein Graus –
Doch immerhin, er hat sein Haus.

EIN EHRENMANN

Ein Mensch, der mit genauem Glücke
Geschlüpft durch des Gesetzes Lücke,
Bebt noch ein Weilchen angstbeklommen
Doch dann, als wäre er gekommen
Durchs Haupttor der Gerechtigkeit,
Stolziert er dreist und macht sich breit.
Und keiner wacht so streng wie er,
Daß niemand schlüpft durch Lücken mehr.

DER SALTO

Ein Mensch betrachtete einst näher
Die Fabel von dem Pharisäer,
Der Gott gedankt voll Heuchelei
Dafür, daß er kein Zöllner sei.
Gottlob! rief er in eitlem Sinn,
Daß ich kein Pharisäer bin!

HINTERHER...

Ein Mensch, dem – wenn auch unter Beben –
Die große Zeit mit zu erleben
Das unerforschte Schicksal gönnte,
Hält sich an das, was leicht sein könnte:
Daß jeden jeden Augenblick
Vernichtend träfe das Geschick.
Ein Unmensch hält, nach Tag und Jahr,
Sich nur an das, was wirklich war.
Und er stellt fest, ganz kalt und listig
Auf Grund untrüglicher Statistik
Daß – ein Verhältnis, das verwundert –
Drei Fälle tödlich warn von hundert.
Das Leben wäre eine Lust,
Hätt man das vorher schon gewußt –
Mit Ausnahm freilich jener drei! –
Doch weiß mans erst, wenn es vorbei.

SAUBERE BRÜDER

Ein Mensch sieht Hand von Hand gewaschen.
Und doch – es muß ihn überraschen,
Daß der Erfolg nur ein geringer:
Zum Schluß hat alles schmierige Finger.

LEHREN DES LEBENS

Nur ein Vergleich

Ein Mensch hat irgendwann und wo,
Vielleicht im Lande Nirgendwo,
Vergnügt getrunken und geglaubt,
Der Wein sei überall erlaubt.
Doch hat vor des Gesetzes Wucht
Gerettet ihn nur rasche Flucht.
Nunmehr im Land Ixypsilon
Erzählt dem Gastfreund er davon:
Ei, lächelt der, was Du nicht sagst?
Hier darfst Du trinken, was Du magst!
Der Mensch ist bald, vom Weine trunken,
An einem Baume hingesunken.
Wie? brüllte man, welch üble Streiche?
So schändest Du die heilge Eiche?
Er ward, ob des Verbrechens Schwere,
Verdammt fürs Leben zur Galeere
Und kam, entflohn der harten Schule,
Erschöpft ins allerletzte Thule.
Ha! Lacht man dorten, das sind Träume!
Hier kümmert sich kein Mensch um Bäume.
Der Mensch, von Freiheit so begnadet,
Hat sich im nächsten Teich gebadet.
So, heißts, wird Gastfreundschaft mißnutzt?
Du hast den Götterteich beschmutzt!
Der Mensch, der drum den Tod erlitten,
Sah: andre Länder, andre Sitten.

WUNSCH UND BEGIERDE

Ein Mensch, der eines Tags entdeckt,
Daß jeder Wunsch nur Wünsche heckt,
Will, seinen Frieden zu verbürgen,
Von nun an jeden Wunsch erwürgen.
Schon naht ein Wünschlein, ahnungslos,
Klopft höflich an, tut gar nicht groß
Und wartet still, ob mans erfülle,
Der Mensch, mit wütendem Gebrülle,
Fährt auf und macht ihm ohne Grund
Den fürchterlichsten Schweinehund:
Er hab es satt, dies ewige Betteln,
Er werde sich nicht mehr verzetteln,
Er kenne schon die Wunsch-Schlawiner,
Die kommen, als ergebne Diener
Und, kaum daß man sie eingelassen,
Leichtsinnig Hab und Gut verprassen.
Der Wunsch, im Innersten gekränkt,
Hat sich jedoch darauf beschränkt,
Dies unverzeihliche Geläster
Zu melden seiner großen Schwester.
Frau Gier hört sich die Sache an
Und denkt sich: »Wart, Du Grobian!«
Sie putzt sich auf und schminkt sich grell;
Der Mensch verfällt ihr äußerst schnell,
Ruiniert sich, um sie zu erweichen –
Doch sie tut weiter nicht dergleichen.
So rächt das abgefeimte Luder
Das Unrecht an dem kleinen Bruder.

Der vergessene Name

Ein Mensch begibt sich arglos schlafen –
Schon liegt sein Denken still im Hafen
Bis auf ein kleines Sehnsuchtsschiff,
Das aber gleichfalls im Begriff,
Den nahen heimatlichen Feuern
In aller Ruhe zuzusteuern.
Da plötzlich stößt, schon hart am Ziel,
Auf Mine oder Riff der Kiel.
Das Unglück, anfangs unerklärlich,
Scheint vorerst noch ganz ungefährlich.
Ein Name nur, der Jahr und Tag
Nutzlos, doch fest verankert lag,
Treibt unter Wasser, kreuz und quer
Als Wrack gespenstisch übers Meer.
Das Sehnsuchtsschiff, im Lauf gestört,
Funkt S-O-S, das wird gehört
Und bald erscheint schon eine leichte
Gedächtnisflotte, um das Seichte
Nach jenem Namen abzufischen.
Doch dem gelingt es, zu entwischen
Und schon rückt, mitten in der Nacht,
Die Flotte selbst aus, wie zur Schlacht.
Im Finstern aber hilflos stoßen
Die Denker-Dreadnoughts sich, die großen,
Wild gehn die Wünsche in die Luft;
Sinnlos wird höchste Kraft verpufft:
Die Flotte sinkt mit Mann und Maus. –
Der Name treibt ins Nichts hinaus.

Der Verschwender

Ein Mensch, der ein sehr hohes Maß
Von reiner Leidenschaft besaß
Vermeinte, daß bei so viel Gnade
Es vorerst weiter gar nicht schade,
So ab und zu in kleinen Summen
Die Zinsen quasi zu verdummen.
Die Liebeleien wurden häufig,
Verschwenden wurde ihm geläufig.
Noch hab ich, kommt das Glück einmal,
So dachte er, das Kapital!
Die Liebe kam dann, unvermutet,
Die wert ist, daß man für sie blutet.
Der Mensch griff tief in seine Seele –
Und merkte plötzlich, daß sie fehle.
Zwar fand er noch, als Mann von Welt,
In allen Taschen Wechselgeld,
Doch reichte es für Liebe nimmer,
Nur mehr für billige Frauenzimmer...

Allzu eifrig

Ein Mensch sagt – und ist stolz darauf –
Er geh in seinen Pflichten auf.
Bald aber, nicht mehr ganz so munter,
Geht er in seinen Pflichten unter.

SAGE

Ein Mensch – ich hab das nur gelesen –
Hat einst gelebt bei den Chinesen
Als braver Mann; er tat nichts Schlechts
Und schaute nicht nach links und rechts;
Er war besorgt nur, wie er find
Sein täglich Brot für Weib und Kind.
Es herrschte damals voller Ruh
Der gute Kaiser Tsching-Tschang-Tschu.
Da kam der böse Dschu-pu-Tsi;
Man griff den Menschen auf und schrie:
»Wir kennen Dich, Du falscher Hund,
Du bist noch Tsching-Tschang-Tschuft im Grund!«
Der Mensch, sich windend wie ein Wurm,
Bestand den Dschuh-Putschistensturm,
Beschwörend, nur Chinese sei er.
Gottlob, da kamen die Befreier!
Doch die schrien gleich: »Oh Hinterlist!
Du bist auch ein Dschuh-Pu-Blizist!«
Der Mensch wies nach, daß sie sich irren. –
Oh weh, schon gab es neue Wirren:
Es folgten Herren neu auf Herren,
Den Menschen hin und her zu zerren:
»Wie? Du gesinnungsloser Tropf!«
So hieß es, »hängst am alten Zopf?«
Der Mensch nahm also seinen Zopf ab. –
Die nächsten schlugen ihm den Kopf ab,
Denn unter ihnen war verloren,
Wer frech herumlief, kahlgeschoren.
So schwer ists also einst gewesen,
Ein Mensch zu sein – bei den Chinesen!

Das Geheimnis

Ein Mensch bemerkt oft, tief ergrimmt,
Daß irgend was bei ihm nicht stimmt.
Jedoch, woran es ihm gebricht,
Er findets nicht und findets nicht.
Und ohne es entdeckt zu haben,
Stirbt er zum Schluß und wird begraben;
Schad, daß er nicht mehr hören kann:
Am Sarg sagts offen jedermann.

Der Pechvogel

Ein Mensch, vom Pech verfolgt in Serien
Wünscht jetzt sich von den Furien Ferien.
Er macht, nicht ohne stillen Fluch,
Ein dementsprechendes Gesuch.
Jedoch wird, wie so oft im Leben
Dem höhern Orts nicht stattgegeben.
Begründung: »Wechsel sich nicht lohnt,
Wir sind den Menschen schon gewohnt.«

UNTERSCHIED

Ein Mensch fand wo ein heißes Eisen
Und, um das Sprichwort zu erweisen,
Ließ er sich durchaus nicht verführen,
Das heiße Eisen anzurühren.
Ein andrer Mensch, auch sprichwortkundig,
Nahm die Gelegenheit für pfundig,
Zum Hammer griff er und zur Zange
Und schmiedete drauf los, so lange
Das Eisen warm war – und grad diesen
Hat man, als Glücksschmied, hochgepriesen.
Der Wahrheit drum sich jeder beuge:
'S hängt alles ab vom Handwerkszeuge!

DAS BESSERE

Ein Mensch denkt logisch, Schritt für Schritt.
Jedoch, er kommt nicht weit damit.
Ein andrer Mensch ist besser dran:
Er fängt ganz schlicht zu glauben an.
Im Staube bleibt Verstand oft liegen –
Der Glaube aber kann auch fliegen!

DER TUGENDBOLD

Ein Mensch, und zwar von frommer Sitte,
Ging durch die Stadt in Sommermitte,
Wo, daß sie nicht durch Hitze leide,
Die Welt sich bot im leichten Kleide.
Ein Weib auch hatte wohlgehüftet,
In solcher Weise sich gelüftet,
So daß es, wirklich schöngeschenkelt,
Doch von Moral nicht angekränkelt
Zwar bunt, doch ziemlich ohne was,
Aufreizend auf dem Rade saß.
Der Mensch, der seine Augen stielte,
Wild nach des Weibes Blößen schielte –
Doch dann zum Himmel er sie hob –
Die Augen – Sich zum Tugendlob:
Das Weib vermocht' dem keuschen Knaben
Anhabend nichts, nichts anzuhaben.

METAPHYSISCHES

Ein Mensch erträumt, was er wohl täte,
Wenn wieder er die Welt beträte.
Dürft er zum zweiten Male leben,
Wie wollt er nach dem Guten streben
Und streng vermeiden alles Schlimme!
Da ruft ihm zu die innre Stimme:
»Hör auf mit solchem Blödsinn, ja?!
Du bist zum zwölften Mal schon da!«

ZWEIERLEI

Ein Mensch – man sieht, er ärgert sich –
Schreit wild: Das ist ja lächerlich!
Der andre, gar nicht aufgebracht,
Zieht draus die Folgerung und – lacht.

MUSIKALISCHES

Ein Mensch, will er auf etwas pfeifen,
Darf sich im Tone nicht vergreifen.

Durch die Blume

Ein Mensch pflegt seines Zimmers Zierde,
Ein Rosenstöckchen, mit Begierde.
Gießts täglich, ohne zu ermatten,
Stellts bald ins Licht, bald in den Schatten,
Erfrischt ihm unentwegt die Erde,
Vermischt mit nassem Obst der Pferde,
Beschneidet sorgsam jeden Trieb –
Doch schon ist hin, was ihm so lieb.
Leicht ist hier die Moral zu fassen:
Man muß die Dinge wachsen lassen!

Halbes Glück

Ein Mensch, vom Glücke nur gestreift,
Greift hastig zu, stürzt, wird geschleift,
Kommt unters Rad, wird überfahren –
Dergleichen kannst Du Dir ersparen
Wenn Du nicht solche Wege gehst,
Wo Du dem Glück im Wege stehst.

BANGE FRAGE

Ein Mensch, ungläubig und verrucht,
Dummdreist das Ewige verflucht.
Was aber wird ihm wohl begegnen,
Muß er das Zeitliche einst segnen?

DER UNENTSCHLOSSENE

Ein Mensch ist ernstlich zu beklagen,
Der nie die Kraft hat, nein zu sagen,
Obwohl ers weiß, bei sich ganz still:
Er will nicht, was man von ihm will!
Nur, daß er Aufschub noch erreicht,
Sagt er, er wolle sehn, vielleicht...
Gemahnt nach zweifelsbittern Wochen,
Daß ers doch halb und halb versprochen,
Verspricht ers, statt es abzuschütteln,
Aus lauter Feigheit zu zwei Dritteln,
Um endlich, ausweglos gestellt,
Als ein zur Unzeit tapfrer Held
In Wut und Grobheit sich zu steigern
Und das Versprochne zu verweigern.
Der Mensch gilt bald bei jedermann
Als hinterlistiger Grobian –
Und ist im Grund doch nur zu weich,
Um nein zu sagen – aber gleich!

DAS MESSER

Ein Mensch, der lang schon drunter litt,
Wie schlecht sein Taschenmesser schnitt,
Gabs zögernd eines Tags nach reifer
Erwägung einem Scherenschleifer,
Daß es von nun an schneide besser.
Doch der, ein Meister, schliff das Messer
Weit über menschlichen Bedarf
Ganz unvorstellbar gräßlich scharf.
Der Mensch, trotz bittern Herzenwehs
Behalf sich künftig ohne es.

LEBENSLÜGEN

Ein Mensch wird schon als Kind erzogen
Und, dementsprechend, angelogen.
Er hört die wunderlichsten Dinge,
Wie, daß der Storch die Kinder bringe,
Das Christkind Gaben schenk zur Feier,
Der Osterhase lege Eier.
Nun, er durchschaut nach ein paar Jährchen,
Daß all das nur ein Ammenmärchen.
Doch andre, weniger fromme Lügen
Glaubt bis zum Tod er mit Vergnügen.

BESCHEIDENHEIT

Ein Mensch möcht erste Geige spielen –
Jedoch das ist der Wunsch von vielen,
So daß sie gar nicht jedermann,
Selbst wenn ers könnte, spielen kann:
Auch Bratsche ist für den, ders kennt,
Ein wunderschönes Instrument.

FALSCHE HERAUSFORDERUNG

Ein Mensch, so grade in der Mitten,
Nicht just verehrt, doch wohlgelitten,
Zwingt, anstatt still sein Los zu leiden,
Schroff Freund und Frau, sich zu entscheiden.
Und jene, die viel lieber lögen,
Erklären, daß sie ihn wohl mögen,
Jedoch, sollt klar gesprochen sein,
Dann sagten sie doch lieber nein.
Der Mensch, sonst nach Gebühr geduldet,
Hat dieses Urteil selbst verschuldet:
Denn es gibt Dinge auf der Welt,
Die man nicht auf die Probe stellt,
Weil sie, wie, ach, so viel im Leben
Sich halten lassen nur im Schweben.

FORTSCHRITTE

Ein Mensch wünscht sich ganz unaussprechlich,
Daß Glück und Glas sei unzerbrechlich.
Die Wissenschaft vollbringt das leicht:
Beim Glas hat sies schon fast erreicht.

PARABEL

Ein Mensch, der sich für stark gehalten,
Versuchte, einen Klotz zu spalten.
Doch schwang vergebens er sein Beil:
Der Klotz war gröber als der Keil.
Ein zweiter sprach: Ich werds schon kriegen!
Umsonst – der grobe Klotz blieb liegen.
Ein dritter kam nach Jahr und Tag
Dem glückt' es auf den ersten Schlag.
War der nun wirklich gar so forsch?
Nein – nur der Klotz ward seitdem morsch.

AUSNAHME

Ein Mensch fällt jäh in eine Grube,
Die ihm gegraben so ein Bube.
Wie? denkt der Mensch, das kann nicht sein:
Wer Gruben gräbt, fällt selbst hinein! –
Das mag vielleicht als Regel gelten:
Ausnahmen aber sind nicht selten.

Die Uhr

Ein Mensch, das ehrt den treuen frommen –
Läßt nie auf seine Uhr was kommen,
Die seit dem Tag, da er gefirmt,
Ihn und sein Tagewerk beschirmt.
Wo er auch ist, macht er sich wichtig:
Er selbst und seine Uhr gehn richtig.
Doch plötzlich frißt die Uhr die Zeit
Nicht mit gewohnter Pünktlichkeit,
Der Mensch erlebt die bittre Schmach,
Daß man ihm sagt, die Uhr geht nach.
Da wird ihm selbst, der immer nur
Genau gelebt hat, nach der Uhr,
Erschüttert jegliches Vertrauen:
Er kann die Zeit nicht mehr verdauen!

Guter Rat

Ein Mensch, der liebestoll, verzückt,
An seine Brust ein Mädchen drückt,
Spürt jäh ein Knittern und ein Knarren:
Ha! denkt er, das sind die Zigarren!
Und sein Gefühl entfernt sich weit
Von Liebe und von Zärtlichkeit.
Der Mensch mag Nietzsches Rat verfemen,
Zum Weib die Peitsche mitzunehmen:
Doch sicher wird ihm meiner passen:
Verliebt, Zigarrn daheim zu lassen!

Optische Täuschung

Ein Mensch sitzt stumm und liebeskrank
Mit einem Weib auf einer Bank;
Er nimmt die bittre Wahrheit hin,
Daß sie zwar liebe, doch nicht ihn.
Ein andrer Mensch geht still vorbei
Und denkt, wie glücklich sind die zwei,
Die – in der Dämmrung kann das täuschen –
Hier schwelgen süß in Liebesräuschen.
Der Mensch in seiner Not und Schmach
Schaut trüb dem andern Menschen nach
Und denkt, wie glücklich könnt ich sein,
Wär ich so unbeweibt allein.
Darin besteht ein Teil der Welt,
Daß andre man für glücklich hält.

Unterschied

Ein Mensch möcht, jung noch, was erleben.
Doch mit der Zeit wird sich das geben,
Bis er, im Alter, davor bebt,
Daß er am End noch was erlebt.

Die Verzögerungstaktik

Ein Mensch voll Lebensüberdruß
Sagt zu sich selbst: »Jetzt mach ich Schluß!«
Jedoch er findet tausend Gründchen,
Zu warten noch ein Viertelstündchen.
Die Gründchen sammeln sich zum Grunde:
Er schiebts hinaus noch eine Stunde.
Kann er noch sterben, wann er mag,
Hats auch noch Zeit am nächsten Tag.
Zuletzt hat er sich fest versprochen,
Sich zu gedulden ein, zwei Wochen.
Und schau: Das Seelentief zog weiter –
Seit Jahren lebt er wieder, heiter ...

Feingefühl

Ein Mensch sieht ein – und das ist wichtig:
Nichts ist ganz falsch und nichts ganz richtig.

Auf der Goldwaage

Ein Mensch vergesse eines nicht:
Auch Unwägbares hat Gewicht!

UNERWÜNSCHTE BELEHRUNG

Ein Mensch, dems ziemlich dreckig geht,
Hört täglich doch, von früh bis spät,
Daß ihm das Schicksal viel noch gönnte
Und er im Grunde froh sein könnte;
Daß, angesichts manch schwererer Bürde
Noch der und jener froh sein würde,
Daß, falls man etwas tiefer schürfte,
Er eigentlich noch froh sein dürfte;
Daß, wenn genau mans nehmen wollte,
Er, statt zu jammern, froh sein sollte,
Daß, wenn er andrer Sorgen wüßte,
Er überhaupt noch froh sein müßte.
Der Mensch, er hört das mit Verdruß,
Denn unfroh bleibt, wer froh sein muß.

ZWECKLOS

Ein Mensch hört gern in Zeit, in trüber,
Den Trost, dies alles geh vorüber.
Doch geht dabei – das ist es eben! –
Vorüber auch sein kurzes Leben ...

KLEINIGKEITEN

Ein Mensch – das trifft man gar nicht selten –
Der selbst nichts gilt, läßt auch nichts gelten.

Ein Mensch, der was geschenkt kriegt, denke:
Nichts zahlt man teurer, als Geschenke!

Ein Mensch wollt immer recht behalten:
So kams vom Haar- zum Schädelspalten!

Ein Mensch erkennt: 's ist auch den Guten
Mehr zuzutraun, als zuzumuten.

Ein Mensch fühlt oft sich wie verwandelt,
Sobald man menschlich ihn behandelt!

LAUTER TÄUSCHUNGEN

Ein Mensch, noch Neuling auf der Welt,
Das Leben für recht einfach hält.
Dann, schon erfahren, klug er spricht:
So einfach ist die Sache nicht!
Zum Schlusse sieht er wieder klar
Wie einfach es im Grunde war.

ZWISCHEN DEN ZEITEN

Ein Mensch lebt noch mit letzter List
In einer Welt, die nicht mehr ist.
Ein andrer, grad so unbeirrt,
Lebt schon in einer, die erst wird.

RÜCKSTAND

Ein Mensch am schwersten wohl verschmerzt
Das Glück, das er sich selbst verscherzt.
Kann sein, es war kein echtes Glück,
Doch echter Ärger bleibt zurück.

DIE TANTEN

Ein Mensch, still blühend und verborgen,
Hat sieben Tanten zu versorgen,
Die, jede Arbeit streng vermeidend,
Sich von Geburt an fühlen leidend.
Der Mensch, vermeinend, er seis schuldig,
Erträgt das christlich und geduldig.
Doch eines Tags, wer weiß, warum,
Denkt er: Wieso? Ich bin ja dumm!
Er packt den Koffer, sagt kein Wort,
Reist vielmehr mir nichts, dir nichts, fort.
Die sieben Tanten sind zur Stund
Erst sprachlos und dann kerngesund.

PRÜFUNGEN

Ein Mensch gestellt auf *harte* Probe
Besteht sie, und mit höchstem Lobe.
Doch sieh da: es versagt der gleiche,
Wird er gestellt auf eine *weiche*!

WELTLAUF

Ein Mensch, erst zwanzig Jahre alt,
Beurteilt Greise ziemlich kalt
Und hält sie für verkalkte Deppen,
Die zwecklos sich durchs Dasein schleppen.
Der Mensch, der junge, wird nicht jünger:
Nun, was wuchs denn auf *seinem* Dünger?
Auch er sieht, daß trotz Sturm und Drang,
Was er erstrebt, zumeist mißlang,
Daß, auf der Welt als Mensch und Christ
Zu leben, nicht ganz einfach ist,
Hingegen leicht, an Herrn mit Titeln
Und Würden schnöd herumzukritteln.
Der Mensch, nunmehr bedeutend älter,
Beurteilt jetzt die Jugend kälter
Vergessend frühres Sich-Erdreisten:
»Die Rotzer sollen erst was leisten!«
Die neue Jugend wiedrum hält ...
Genug – das ist der Lauf der Welt!

TRAURIGER FALL

Ein Mensch, der manches liebe Jahr
Mit seinem Weib zufrieden war,
Dann aber plötzlich Blut geleckt hat,
Denkt sich: »Varietas delectat –«
Und schürt sein letztes, schwaches Feuer
Zu einem wilden Abenteuer.
Jedoch bemerkt er mit Erbosen,
Daß seine alten Unterhosen
Ausschließlich ehelichen Augen
Zur Ansicht, vielmehr Nachsicht, taugen
Und daß gewiß auch seine Hemden
Ein fremdes Weib noch mehr befremden,
Daß, kurz, in Hose, Hemd und Socken
Er Welt und Halbwelt nicht kann locken.
Der Mensch, der innerlich noch fesche,
Nimmt drum, mit Rücksicht auf die Wäsche,
Endgültig Abschied von der Jugend
Und macht aus Not sich eine Tugend.

Versäumte Gelegenheiten

Ein Mensch, der von der Welt bekäme,
Was er ersehnt – wenn ers nur nähme,
Bedenkt die Kosten und sagt nein.
Frau Welt packt also wieder ein.
Der Mensch – nie kriegt ers mehr so billig! –
Nachträglich wär er zahlungswillig.
Frau Welt, noch immer bei Humor,
Legt ihm sogleich was andres vor:
Der Preis ist freilich arg gestiegen;
Der Mensch besinnt sich und läßts liegen.
Das alte Spiel von Wahl und Qual
Spielt er ein drittes, viertes Mal.
Dann endlich ist er alt und weise
und böte gerne höchste Preise.
Jedoch, sein Anspruch ist vertan,
Frau Welt, sie bietet nichts mehr an
Und wenn, dann lauter dumme Sachen,
Die nur der Jugend Freude machen,
Wie Liebe und dergleichen Plunder,
Statt Seelenfrieden mit Burgunder...

Das Wichtigste

Ein Mensch, der ohne viel zu schelten,
Läßt auch die fremde Meinung gelten,
Von Politik und Weltanschauung
Ganz friedlich spricht und voll Erbauung,
Der, ohne Angst um seine Ehre
Einsteckt selbst manche derbe Lehre,
Kurz, einer, der nichts übel nimmt
Ist plötzlich fürchterlich ergrimmt,
Legt man ihm dar dafür die Gründe,
Daß er vom Skatspiel nichts verstünde,
Daß er ein Stümper sei im Kegeln,
Im Schach beherrsche kaum die Regeln!
Es packt ihn tief im Ehrgefühle,
Besiegt ihn jemand auf der Mühle.
Wenn er als Schütz nichts Rechtes traf,
Raubt ihm das stundenlang den Schlaf.
Und was ihn völlig niederschlägt:
Der Vorwurf, daß er nichts verträgt...
Kurzum, es ist das Kind im Mann,
Das man am ehsten kränken kann.

Das Gewissen

Ein Mensch, von bangen Zweifeln voll
Ist unentschlossen, was er soll.
Ha, denkt er da in seinem Grimme:
Wozu hab ich die innre Stimme?
Er lauscht gespannten Angesichts –
Jedoch, er hört und hört halt nichts.
Er horcht noch inniger und fester:
Nun tönt es wild wie ein Orchester.
Wo wir an sich schon handeln richtig,
Macht sich die innere Stimme wichtig.
Zu sagen uns: Du sollst nicht töten,
Ist sie nicht eigentlich vonnöten.
Doch wird sie schon beim Ehebrechen
Nicht mehr so unzweideutig sprechen.
Ja, wenn es klar in uns erschölle:
Hier spricht der Himmel, hier die Hölle!
Doch leider können wir vom Bösen
Das Gute gar nicht trennscharf lösen.
Ists die Antenne, sinds die Röhren
Die uns verhindern, gut zu hören?
Ists, weil von unbekanntem Punkt
Ein schwarzer Sender zwischenfunkt?
Der Mensch, umschwirrt von so viel Wellen
Beschließt, die Stimme abzustellen.
Gleichviel, ob er das Richtge tue
Hat er zum mindesten jetzt Ruhe.

MÄRCHEN

Ein Mensch, der einen andern traf,
Geriet in Streit und sagte »Schaf!«
Der andre sprach: »Es wär Ihr Glück,
Sie nähmen dieses Schaf zurück!« –
Der Mensch jedoch erklärte: Nein,
Er säh dazu den Grund nicht ein.
Das Schaf, dem einen nicht willkommen,
Vom andern nicht zurückgenommen,
Steht seitdem, herrenlos und dumm
Unglücklich in der Welt herum.

NUR SPRÜCHE

Ein Mensch erklärt voll Edelsinn,
Er gebe notfalls alles *hin*.
Doch eilt es ihm damit nicht sehr –
Denn vorerst gibt er gar nichts *her*.

SELTSAM GENUG

Ein Mensch erlebt den krassen Fall,
Es menschelt deutlich, überall –
Und trotzdem merkt man, weit und breit
Oft nicht die Spur von Menschlichkeit.

TRUGSCHLUSS

Ein Mensch erläutert klar, daß man,
Was man nicht hat, nicht halten kann.
Doch wozu so viel Witz entfalten?
Grad wers nicht hat, kann – Recht behalten.

EMPFINDLICHER PUNKT

Ein Mensch, umdräut von Felsentrümmern,
Läßt sich davon nicht sehr bekümmern.
Doch bringt sofort ihn aus der Ruh
Ein winziger Stein – in seinem Schuh.

WANDLUNG

Ein Mensch führt, jung, sich auf wie toll:
Er sieht die Welt, wie sie sein soll.
Doch lernt auch er nach kurzer Frist,
Die Welt zu sehen, wie sie ist.
Als Greis er noch den Traum sich gönnt,
Die Welt zu sehn, wie sie sein könnt.

DAS ISTS!

Ein Mensch ißt gerne Kuttelfleck.
Ein andrer graust sich – vor dem Dreck:
Die ganze Welt, das ist ihr Witz,
Ist Frage nur des Appetits.

VIELDEUTUNG

Ein Mensch schaut in die Zeit zurück
Und sieht: Sein Unglück war sein Glück.

Der letzte Mensch

Ein Mensch, der sich zwar selber sagt,
Daß Altersweisheit nicht gefragt,
Läßt trotzdem noch einmal was drucken
Und hofft, die Welt wird es schon schlucken.

SCHERZ

Der Hilfsbereite

Ein Mensch, auf seinem Weg, dem raschen,
Sieht auf der Fahrbahn eine Flaschen,
Die dort ein Unmensch unbekümmert
Hat liegen lassen, wüst zertrümmert.
Der Mensch, bedenkend, daß die Scherben
Leicht Radlern würden zum Verderben,
Will, Nächstenpflicht nicht zu versäumen,
Die Splitter still beiseite räumen.
Es war auch höchste Zeit zur Tat,
Denn siehe da, ein Radler naht
Und fährt, mißdeutend das Geschrei
Des guten Menschen, stramm vorbei.
Dem Schlauch entfährt mit Knall die Luft.
»Ha!« schreit der Radler, »wart, Du Schuft,
Du Idiot, Dich will ich heißen,
Glasscherben auf die Fahrbahn schmeißen!«
Und eh den Sachverhalt er zeigt,
Fühlt sich der Mensch schon ohrgefeigt.
Der Mensch, im weitern Lebenslauf,
Hob nie mehr fremde Scherben auf.

STÖRUNG

Ein Mensch, bereit, mit seinem Witze
Zu münden in die Bleistiftspitze,
Wird jäh im Schreiben unterbrochen:
Ein Unmensch hat ihn fernbesprochen
Und teilt ihm höchst verdrossen mit,
Er wolle eigentlich Herrn Schmitt.
Der Mensch, von Ärger nicht ganz frei,
Erklärt ihm, daß er der nicht sei,
Worauf der Unmensch, tief beleidigt,
Daß richtig er gewählt, beeidigt;
Nun sammelt unser Mensch erneut,
Was an Gedanken liegt zerstreut.
Rasch muß die Fantasie versiegen –
Es schrillt: »Ist hier Herr Schmitt zu kriegen?«
Der Mensch hängt zornig-wortlos ein:
Aha, das muß die Leitung sein!
Zu stopfen die Empörungsquelle,
Der Mensch ruft die Entstörungsstelle.
Doch nichts kommt, als »Halloh!« und »Ja!?«
Und dann: »Ist Schmitt jetzt endlich da?«
Der Mensch war an dem Vormittage
Zu dichten nicht mehr in der Lage.

DER FÜRSPRECH

Ein Mensch, von einem Freund gebeten,
Wenn möglich, für ihn einzutreten,
Erklärt in prahlerischem Mut,
Er kenn den hohen Herrn recht gut,
Und nur ein Wink von ihm genüge,
Daß alles sich zum Besten füge.
Doch jetzt, wos gilt, daß ers verfecht,
Kennt er den hohen Herrn recht schlecht.
Gemahnt, befleht, zuletzt bedroht,
Stellt sich der Mensch nun mausetot,
Bis – Gott sei Dank nach kurzer Frist –
Der hohe Herr es wirklich ist.
Da wird er wieder munter: »Schade!
Jetzt wollt ich ihn besuchen grade!«

WARNUNG

Ein Mensch, verführt von blindem Zorn,
Bläst in das nächste beste Horn.
Nun merkt er, nach dem ersten Rasen,
Daß er ins falsche Horn geblasen.
Zu spät! Der unerwünschte Ton
Ist laut in alle Welt entflohn.
Wenn schon Moral, dann wär es diese:
Daß man am besten gar nicht bliese!

Immer falsch

Ein Mensch – seht ihn die Stadt durchhasten! –
Sucht dringend einen Postbriefkasten.
Vor allem an den Straßenecken
Vermeint er solche zu entdecken.
Jedoch, er bleibt ein Nicht-Entdecker –
Dafür trifft fast auf jedem Fleck er
Hydranten, Feuermelder an,
Die just er jetzt nicht brauchen kann.
Der Mensch, acht Tage später rennt
Noch viel geschwinder, denn es brennt!
Doch hält das Schicksal ihn zum besten:
An jedem Eck nur Postbriefkästen!

Zweifel

Ein Mensch ist fest dazu entschlossen:
Das gute Kräutchen wird begossen,
Das schlechte Unkraut ausgerottet. –
Doch ach, des Lebens Wachstum spottet,
Und oft fällts schwer, sich zu entschließen:
Soll man nun rotten oder gießen?

WUNDERLICHER TAG

Ein Mensch, um vieles zu besorgen,
Will in die Stadt, schon früh am Morgen.
Zur Straßenbahn lenkt er den Schritt –
Ein Freund nimmt ihn im Wagen mit.
Zu Meier ist sein erster Gang:
Ihm schuldet er zehn Mark schon lang.
Kein Mensch daheim – ein Fehlbesuch!
Nun will er kaufen sich ein Buch.
Er hört, daß es vergriffen sei. –
Jetzt ins Museum: Eintritt frei!
Ins Amt, zu zahlen die Gebühr –
»Geschlossen!« steht da an der Tür.
Dem Bettler dort will er was geben –
Doch tun das schon fünf andre eben.
Soll er nicht ein paar Kirschen kaufen?
Nein – zu abscheulich liegt der Haufen.
Nun geht ins Gasthaus er zum Essen.
Dort sitzt – und ist schon lang gesessen –
Ein Kamerad, der hoch sich freut
Und drauf besteht: »*Ich* zahle heut!«
Der Mensch nimmt unterwegs ein Los,
Greift, es zu zahlen, in die Hos:
Umsonst, denn leer sind alle Taschen!
Doch bleibt er in des Glückes Maschen:
Der Mann, sonst überreich an Nieten,
Kann eine Mark Gewinn ihm bieten.
Die Hälfte, fünfzig Pfennig, waren
Nun Geld genug, um heimzufahren.

Ein Gleichnis

Ein Mensch beäugt im halben Traum
Die Lichter still am Weihnachtsbaum.
Und Wehmut schleicht sich ihm ins Herze,
Wie Kerze niederbrennt um Kerze.
Oft sind es grad die starken, stolzen,
Die unverhofft hinweggeschmolzen.
Zuletzt sind sechse oder sieben
Als arme Stümpflein übrig blieben.
Der Mensch, nicht aberglaubenfrei,
Sucht eins, daß es das seine sei.
Hoch oben flackert eins und lischt,
Tief unten raucht eins und verzischt.
Ein drittes blau nach Luft noch schnappt –
Schon ist sein Wachs davongeschwappt.
Doch seines, wie's auch knisternd keucht,
Erhebt sich neu zu Goldgeleucht.
Die Schatten werden riesengroß –
Das eine – seine – hält sich bloß.
Ein letztes Tasten noch des Lichts –
Dann kommt das ungeheure Nichts.
Der Mensch entreißt sich seinem Wahn –
Und knipst die Deckenlampe an...

DER PILZ-FACHMANN

Ein Mensch, als Schwammerlkenner groß,
Hat ein beklagenswertes Los:
Daß er sich ausruht und gut nährt,
Aufs Land er zu Verwandten fährt –
Statt dessen heißt es gleich: Hurrah!
Jetzt ist der Schwammerlonkel da!
Schon wird mit Freund und Freundesfreund
Den ganzen Tag der Wald durchstreunt;
Dem Menschen wird zur sauren Pflicht
Der ambulante Unterricht:
Man hetzt ihn wild bergauf, bergab:
»Schau her, was ich gefunden hab!«
Als Lehrkraft ist er sehr von Nutzen
Besonders auch beim Schwammerlputzen,
Und nachts noch muß er überwachen
Die Kochkunst, Pilze einzumachen.
Und weil dort jeder Schwammerl mag
Und sie nicht aß seit Jahr und Tag,
Gibts als Gemüs, Salat und Suppen,
Nur Schwammerl, ach, bis in die Puppen.
Die Kirchweihgans wird erst verspeist,
Wenn er schon wieder abgereist.

FEHLENTWICKLUNG

Ein Mensch hat ohne Neid entdeckt,
Daß Pläne, die er lang gehedt,
Sich haargenau mit solchen decken,
Die zwei Vereine schon bezwecken.
Der Mensch hat drum den Wunsch, den einen,
Die zwei Vereine zu vereinen.
Doch weckt er, was er nicht bedacht,
Statt Eintracht Zwie-, ja Niedertracht.
Denn Präsident schreit wie Kassier:
»Was wird bei Einigung aus mir?«
Der Mensch, der gern sich hätt verbündet,
Hat selber nun verein-gegründet
Und unversehns dabei die alten
Vereine auch mit aufgespalten.
Die Ziele sind – im Grund die gleichen –
Von nun an nie mehr zu erreichen.

UNFASSBAR

Ein Mensch, zum Greis herangereift,
Rückschauend leidlich noch begreift,
Wie er durch die zwei Kriege kam
Und selbst die Hitler-Hürde nahm.
Doch ewig bleibt ihm rätselhaft,
Wie einst er das Pennal geschafft.

HOFFNUNGSLOS

Ein Mensch begibt sich ahnungslos
In einer Freund-Familie Schoß,
Wo man nicht fernsieht, rundfunkdudelt –
Nein, geistvoll im Gespräch versprudelt.
Doch leider sieht der Mensch erst jetzt,
Daß man die Stühle streng gesetzt
Und alles schweigend und gespannt
Auf Buntes starrt an weißer Wand:
Ein Unmensch zeigt in langen Serien,
Wie er verbracht hat seine Ferien.
Vor Bildern, ziemlich mittelmäßig,
Sitzt nun der Mensch, schon lahmgesäßig;
Und pausenlos wird er befragt,
Was er zu diesen Bildern sagt.
Zum Sagen kann er gar nicht kommen:
Das Lob wird gleich vorweggenommen.
Die ganze Sippe, wild und wilder,
Verlangt noch die Familienbilder.
Der Mensch muß anschaun, ohne Gnaden,
Klein-Hänschen – ach, wie herzig! – baden;
Und nicht verschont wird er nun auch
Mit Muttis Reizen, Papis Bauch.
Der Mensch, der lang nach Mitternacht
Todmüd sich auf den Heimweg macht,
Beschließt, nie wieder werd er Gast,
Wo schon die Technik Fuß gefaßt.

VERFEHLTE BEGEGNUNG

Ein Mensch kommt spät in eine Stadt,
Drin einen alten Freund er hat.
Doch spielt – wie heißt der Freund denn gleich? –
Ihm das Gedächtnis einen Streich.
Der Mensch hat qualvoll nachgedacht
Und hat, bis gegen Mitternacht,
Das Telefonbuch wild durchblättert –
Umsonst. – Doch andern morgens schmettert
In Form von riesiger Reklame
Am Bahnhof der gesuchte Name;
Zu spät liest er, ganz gelb vor Ärger:
»Wenn Radio, dann Zitzelsberger!«

LEBENSLEITER

Ein Mensch gelangt, mit Müh und Not,
Vom Nichts zum ersten Stückchen Brot.
Vom Brot zur Wurst gehts dann schon besser;
Der Mensch entwickelt sich zum Fresser
Und sitzt nun, scheinbar ohne Kummer,
Als reicher Mann bei Sekt und Hummer.
Doch sieh, zu Ende ist die Leiter:
Vom Hummer aus gehts nicht mehr weiter.
Beim Brot, so meint er, war das Glück. –
Doch findet er nicht mehr zurück.

BÖRSE DES LEBENS

Ein Mensch, wie uns der Weltlauf lehrt,
Schwankt ungemein in seinem Wert.
Wenn er auch selber kaum sich wandelt:
Zum Tageskurs wird er gehandelt,
Und es ist nicht vorauszusehn
Wie morgen seine Aktien stehn.
Er wähnt sich fest und steht doch kurz
Vor einem großen Börsensturz,
Bleibt lustlos und erholt sich wieder
Und wird, im ewigen Auf und Nieder,
Was er zu hoffen nicht gewagt,
Ganz stürmisch – ohne Grund – gefragt.
Dann legt er selbst sich hin zum Sterben. –
Ein Weilchen handeln noch die Erben,
Bis er sich in der Zeit verliert:
Nicht an der Börse mehr notiert.

VERGEBLICHE EINSICHT

Ein Mensch, der hinnahm Streich um Streich,
Sprach zu sich selbst: »Ich bin zu weich!
Ab heut entfalt ich Kraft und Witz:
Ich werde hart, ich werde spitz!«
Doch mußt er an sich selbst verzagen:
Schon war er wieder breitgeschlagen!

SELBSTQUÄLEREI

Ein Mensch, der in der Heimatstadt
Das schönste Haus samt Garten hat –
Ein Glück der wenigsten Familien!! –
Liest täglich unter »Immobilien«,
In seiner Zeitung, Spalt um Spalte, –
Erst nur, daß er sich unterhalte,
Doch bald schon unterm strengen Zwang,
Er *müßt* was suchen – stundenlang.
Sollt er, wie andre Zeitgenossen,
Auch siedeln bei den Eidgenossen?
Dürfts ihn an fernen Sonnenküsten
Nach dolce vita noch gelüsten?
Würd nicht aus solchen Paradiesen
Beim ersten Krach er ausgewiesen?
Nimmt er, zu seines Weibes Schonung,
Sich, winzig, eine Wabenwohnung?
Wagt er, romantisch, einen Streich
Und kauft ein Schloß in Österreich?
Zieht er zurück sich, treu und bieder
Nach Oberbayern, ja gar Nieder-?
Wird er zum Fraß der Chiemseeschnaken?
Kurz, alles hat halt seinen Haken.
Sich windend in der Qual der Wahl,
Was er denn möcht und wie ers zahl,
Schwelgt er dann doppelt im Genuß,
Daß er ja gar nichts suchen muß.

TECHNIK

Ein Mensch, zu schlafen im Begriffe,
Hört von der Straße laute Pfiffe.
Er reißt empört das Fenster auf:
Ein alter Freund ruft froh herauf,
Ob er – es sei doch grad erst zehn –
Nicht Lust hätt, mit ihm auszugehn.
Grob schmeißt der Mensch das Fenster zu:
»Ich schlaf schon halb! Laß mich in Ruh!«
Ein Unmensch greift – und zwar um elf –
Zum Telefon als Notbehelf
Und schrillt den Menschen aus dem Schlummer,
Wählt obendrein die falsche Nummer!
Der Mensch, so wüst herausgeschellt,
Bleibt höflich, als ein Mann von Welt.
So ists: das Pfeifen, das natürlich,
Empfinden wir als ungebührlich.
Doch schaltet wer die Technik ein,
Wagt keiner, ehrlich grob zu sein.

VORSICHT

Ein Mensch, der – weil ers längst erprobt –
Den Tag nie vor dem Abend lobt,
Lernt selbst am Abend noch zu zittern:
Denn oft kommts auch zu Nachtgewittern.

DER TERMIN

Ein Mensch, der sich, weils weit noch hin,
Festlegen ließ auf den Termin,
Sieht jetzt, indes die Wochen schmelzen,
Die schwere Last sich näher wälzen.
Er sucht nach Gründen, abzusagen,
Er träumt, noch in den letzten Tagen,
Wie einst als Schulbub, zu entwischen:
Ein schwerer Unfall käm dazwischen...
Umsonst – es bleibt ein leerer Wahn:
Der schicksalsvolle Tag bricht an! –
Und geht dann doch vorüber, gnädig.
Der Mensch ist froh, der Sorgen ledig.
Er schwört, er hab daraus gelernt –
Doch wie sich Tag um Tag entfernt,
Hat Angst und Qualen er vergessen –
Und läßt sich unversehens pressen
Zu noch viel scheußlicherm Termin –
Denn es ist weit und weit noch hin.

FESTSTELLUNG

Ein Mensch wird laut, wenn er was will;
Wenn ers erst hat, dann wird er still:
Das »Danke!« ist, nach alter Sitte,
Weit seltner als das »Bitte, bitte!«

BRIEFWECHSEL

Ein Mensch, der weiß, wie lang und lieb
Die Welt sich voreinst Briefe schrieb,
Denkt lang darüber hin und her:
Warum tut sie das heut nicht mehr?
Er wähnt, die Gründe hab er schon:
Zeitmangel, Zeitung, Telefon.
Doch nein, wer ernstlich wollt, dem bliebe
Genügend Muße, daß er schriebe.
Ist er zu faul nur, zu bequem?
Gleich wird er schreiben – aber *wem?*
Wer teilt, so überlegt er kühl,
Mit mir noch meinen Rest Gefühl,
Daß sichs verlohnt, in längern Zeilen
Ihm dies Gefühl erst mitzuteilen?
Verschwend ich darum Herz und Geist,
Daß ers in den Papierkorb schmeißt?
Schon wird ihm, kaum daß ers bedacht,
Selbst von der Post ein Brief gebracht:
Voll Überschwang und Herzensdrang,
Vier handgeschriebne Seiten lang.
Er überfliegt sie; rückzuschreiben,
Läßt er, schon Unmensch, besser bleiben.
Es könnt sich, fruchtbar gleich Karnickeln,
Briefwechsel sonst daraus entwickeln.
Er weiß jetzt, wie die Dinge liegen:
Kein Mensch will auch noch Briefe *kriegen!*

So gehts

Ein Mensch samt seiner Frau sich quält:
Was schenkt man wem, der sich vermählt?
Das ist die Schwierigkeit des Falles:
Das reiche junge Paar hat alles!
Wie? Soll man gegen bar was kaufen?
Birgt Schrank und Truh nicht einen Haufen
Von Kunstgewerbe, lauter Sachen,
Die andern Leuten Freude machen?
Sie mustern, jetzt schon voller Wut:
Dies ist zu schlecht, dies ist zu gut.
Gern gäb die Frau, wovon der Mann
Sich leider noch nicht trennen kann
Und wieder andres, umgekehrt,
Ist viel zu sehr der Gattin wert.
Jetzt endlich haben sie, nach Stunden,
Das einzig richtige gefunden:
Die wunderschönste Blumenvase
Aus edlem Venezianer-Glase.
Doch rasch entbrennt der Streit erneut,
Weil ihn bald und bald sie es reut,
Weils viel zu kostbar zu dem Zwecke –
Sie stellens wieder in die Ecke:
Und knacks! schon bricht durch Schicksals Tücke
Das wundervolle Stück in Stücke.
Ergebnis: daß sie nicht dran denken
Noch überhaupt was herzuschenken!

Der Unmusikalische

Ein Mensch läg gerne schon im Bett –
Doch endlos zirpt noch ein Quartett.
Der Mensch, der nichts davon versteht,
Harrt stumm, daß es zu Ende geht.
Nur wenn mit schwitzend schnellen Händen
Die Künstler ihre Blätter wenden,
Sucht er, ganz heimlich, zu erschielen,
Wie lang die Viere wohl noch spielen.
Er horcht, wie sie in Trillern waten.
Und breit sich stürzen in Fermaten,
Bald kühn sich auf die Spitze geigen,
Bald furchtlos in die Tiefen steigen
Und oft, aufs äußerste verwirrt,
In Labyrinthe, weit verirrt,
Doch tönetastend, gleich den Blinden
Sich zaubrisch neu zusammenfinden.
Fast wirds dem Menschen schon Genuß –
Da sind sie unverhofft am Schluß.
Der Mensch, daheim, noch vor dem Schlafen,
Denkt voller Achtung an die Braven,
Und sinnt, geraume Zeit, im Hemd,
Wie ihm Musik, an sich zwar fremd,
Doch diese Vier fast nahe brachten,
Die sie so kunstgeläufig machten.

Der Fahrgast

Ein Mensch, ders eilig hat, hat Glück:
Ein Auto nimmt ihn mit ein Stück,
Ja, im Gespräch stellt sich heraus:
»Da bring ich Sie ja fast vors Haus! –
Nur ein Momenterl, bitte, ja,
Ich geb was ab – gleich wieder da!«
Der Mensch denkt, wartend mit Behagen:
»Das ist halt nobel, so im Wagen!«
Doch langsam fängt er an, zu bluten:
Versprach der Herr nicht, sich zu sputen?
Da kommt er ja! Kaum, daß er sitzt,
Gehts fort schon, daß es nur so flitzt.
»Jetzt bloß noch einen Augenblick,
Ich schau was nach in der Fabrik!«
Der Wagen braust, der Wagen hält.
Und die Fabrik liegt aus der Welt.
Der Mensch, auf Gnad und Ungenaden,
Dem Herrn, der ihn zur Fahrt geladen,
Hier in der Wüste ausgeliefert,
Fühlt, wie es bröckelt schon und schiefert:
Erst reißt die Firnis stolzer Huld,
Dann, tiefer gehend, die Geduld.
Er wechselt nun, von Dank und Lob
Zu dem Entschluß: Bald werd ich grob.
Und wirds, wie jetzt der Herr erklärt,
Daß er noch schnell nach Schwabing fährt.
Zwei schwören nunmehr, die sich hassen:
Nie mehr mitfahren, – nie mehr lassen!

Die Abmachung

Ein Mensch hat – »gut, es bleibt dabei:
Am Samstag nachmittag um drei« –
Fürs Wochenende einen faden
Bekannten endlich eingeladen,
Was er ihm schon seit einem Jahr
Aus höhrer Rücksicht schuldig war.
Als hätt der Teufel es gerochen,
Daß unser Mensch sich fest versprochen,
Läßt hageln er auf diesen Tag
Aufforderungen, Schlag auf Schlag.
Worauf der Mensch seit Wochen wartet,
Jetzt kommts daher, wie abgekartet.
Der Mensch, von Pflichtgefühl ummauert,
So schwer es ihm auch fällt, bedauert.
Die lauten Lockungen und leisern
An ihm zerschellen – er bleibt eisern.
Am Samstag früh kommt eine Karte,
Drin, daß der Mensch umsonst nicht warte,
Der Unmensch mitteilt, höflich-dreist,
Er sei heut ins Gebirg gereist.
Den Menschen zu besuchen, hätt er
Auch später Zeit, bei Regenwetter.

Einsicht

Ein Mensch, der selbstverständlich hofft,
Das Glück käm einmal noch und oft,
Weiß nie – denn wer kann Zukunft lesen? –,
Obs nicht zum letzenmal gewesen.
Wohl wird – was einzusehen peinlich –
Verschiedenes recht unwahrscheinlich:
Sieh an: das letzte Weiberglück
Liegt dreißig Jahre schon zurück.
Auch vom Gesang ist nichts zu hoffen. –
Der Wein – die Frage bleibt noch offen,
Schon bei der nächsten der Visiten
Kann ihn der Doktor streng verbieten.
Der Mensch glaubt gerne, Rom, Athen
Könnt jeden Tag er wiedersehn.
Doch steht schon fest im Lebensbuch:
Rom – im Jahr fünfzig: Letztbesuch.
Wärs nicht gelacht, daß kleinste Dinge
Der Alltag freundlich wiederbringe?
Der Mensch, zum Glück bedenkt ers nicht, –
Aß längst zuletzt sein Leibgericht.
Eh die Zigarrenkiste leer,
Ist er schon fort – und aucht nicht mehr:
Das Brünnlein noch ein Weilchen geht:
Der Haupthahn ist schon abgedreht.

DER WALDGÄNGER

Ein Mensch im Wald ging für sich hin
Und nichts zu suchen, war sein Sinn.
Doch welch ein Glück! Ein Steinpilz stand,
Ein Prachtstück, dicht am Wegesrand.
Der Mensch, nun schon voll Sucherdrang,
Trug ihn in Händen, stundenlang. –
Dann endlich sah er seufzend ein,
Wie wertlos solch ein Pilz allein.
Er warf ihn fort, ging unfroh weiter:
Da stand, nicht ganz so schön, ein zweiter.
Der Mensch, vom ersten Fall gewitzt,
Daß man mit *einem* – nichts besitzt,
Verzichtete und ließ ihn stehen,
Zumals schon Zeit war, heimzugehen.
Doch tretend aus des Waldes Mitten,
Sah unverhofft er einen dritten:
Den pflückte er, mit wildem Eifer. –
Doch wie er auch, als Forstdurchstreifer,
Jetzt schwitzend durch das Dickicht hetzte,
Der dritte, kleinste, blieb der letzte.
Den hat er müde, in der Nacht,
Von seinem Waldgang heimgebracht.
Um die Moral nicht zu versäumen:
Glück in zu weiten Zwischenräumen –
Und schiene es auch einzeln groß –
Beunruhigt unsre Seele bloß...

Der Sparsame

Ein Mensch, in langem Lebenslauf,
Hebt kurzweg alles, alles auf,
Was man vielleicht noch einmal braucht:
Zigarrenkisten, ausgeraucht,
So Wein- wie Apothekerflaschen,
So Packpapier wie Tragetaschen.
Auch hat er Schnüre aller Art
Erst aufgeknüpft, dann aufgespart,
Hat Korken, Klammern, Schrauben, Nägel,
Gehortet sich nach strenger Regel.
Ihn selber bringt es oft zum Rasen,
Wie alle mit Verpackung aasen;
Er freut sich schon des Augenblicks,
Wo, am berühmten Tage X,
Zusammenbricht das Wirtschaftswunder
Und Sachwert wird, was heute Plunder.
Er sieht im Geist schon das Gebettel
Um Gummischnürchen, leere Zettel,
Und wie er gnädig, fast ein Gott,
Mit Güte heimzahlt allen Spott.
Doch leider eh er so umworben,
Ist unser guter Mensch gestorben
Und herzlos werfen seine Erben
Das ganze Zeug zu Schutt und Scherben.

ZWISCHENTRÄGEREIEN

Ein Mensch, in seiner ersten Wut,
Tut, was sonst nur ein Unmensch tut:
Er läßt sich, bös auf einen zweiten,
Zu übler Schimpferei verleiten –
Was dieser zweite erst erfährt,
Als längst der alte Streit verjährt.
Der zweite, jetzt mit Wut geimpft,
Gewaltig auf den Menschen schimpft,
Was diesem, trotz Verschweigens-Bitte,
Brühwarm berichtet nun der dritte.
Jetzt bricht der Mensch, kein Zorn-Verberger,
Jäh mit dem zweiten, voller Ärger
Und der mit dem, der nicht gezaudert
Und das Geschimpfe ausgeplaudert.
Der dritte grollt natürlich beiden:
Drei können nie sich wieder leiden.
Ein vierter, brav, als Brückenschläger,
Wird abgetan als Zwischenträger,
Ein fünfter, allen vier gewogen,
Wird in den Streit hineingezogen
Und auch dem sechsten, siebten, achten
Mißglückts, zu einen die Verkrachten.
Ein alter Freundeskreis zerfällt,
Wenn *einer* nur sein Maul nicht hält.

RÜCKZUG

Ein Mensch wem in die Arme läuft,
Den er mit Achtung überhäuft
Und dringend gleich zu Gaste lädt,
Bis er im Reden, fast zu spät,
Noch merkt, daß dieser Erdenwandrer
Zwar ein Bekannter, doch ein andrer
Und ungeeignet jedenfalls,
Ihn sich zu laden auf den Hals.
Der Mensch, rückziehend seine Fühler,
Wird unversehens kühl und kühler:
So dringend, wie mans grad besprochen,
Gehts nicht – am frühsten in vier Wochen.
Doch halt! Just fällt es ihm noch ein:
Da muß er ja in Hamburg sein!
Am besten scheint es, gleich zu sagen:
Kurz nach den Weihnachtsfeiertagen!
Nur weiß er heut noch nicht bestimmt,
Ob er sich da nicht Urlaub nimmt.
Am richtigsten ist offenbar,
Sich anzurufen, nach Neujahr.
Dann aber – falls kein Hindernis
Dazwischen käme – ganz gewiß!
Das Sprichwort irrt, daß aufgeschoben
Noch lange nicht sei aufgehoben:
Der Mensch – zu raten ists nicht schwer –
Sah niemals den Bekannten mehr...

KETTENREAKTION

Ein Mensch erzählt daheim, empört,
Daß – wie am Stammtisch er gehört –
In Wutausbrüchen, ungezügelt
Ein Unmensch seine Frau geprügelt.
Wie tut die Frau der Gattin leid:
»Da sieht man, wie Ihr Männer seid!«
Schon reißt dem Menschen die Geduld:
»Vielleicht war *sie* auch mit dran schuld!?«
So sieht man bald die beiden streiten –
Und beinah kommts zu Tätlichkeiten.
Ein dritter, lang und gut vermählt,
Gemütlich dies der Frau erzählt:
»Nie käms bei uns zu solchem Hasse,
Weil ich mir alles bieten lasse!«
»Wer«, fängt die Frau an, aufzumucken,
»Wenn *ich* nicht, muß hier alles schlucken?«
Die sich jahrzehntelang vertragen,
Sind nah daran, sich auch zu schlagen.
Ein vierter hört und meldet das –
Und schon wird Ernst, was grad noch Spaß.
Ein böses Wort das andre gibt –
Duett: »Du hast mich nie geliebt!«
Das böse Beispiel, unbestritten,
Verdirbt auch hier die guten Sitten.

Falsche Rechnung

Ein Mensch erwirbt, den Vorteil nutzend,
Sich Karten fürs Konzert im Dutzend.
Beim ersten muß er staunend lesen,
Daß – gestern es bereits gewesen.
Beim zweiten – was den Vorteil mindert! –
Ist er beruflich just verhindert.
Beim dritten – 's geht punkt acht Uhr an! –
Streikt hoffnungslos die Straßenbahn.
Er glaubt nicht, daß das vierte lohn':
Statt Mozart spielt man Mendelssohn.
Das fünfte er versäumen mußte –
Grund: sein Geschneuze und Gehuste.
Das sechste, siebente und achte
Verschenkt' er, weil er Ferien machte.
Das neunte endlich und das zehnte
Genoß er, wie er's längst ersehnte.
Nur ungern ging er in das elfte
Und floh schon nach der ersten Hälfte.
Das zwölfte hätte ihm behagt –
In letzter Stund wards abgesagt.
Der Mensch tat nunmehr einen Schwur,
Er kaufe Karten einzeln nur
Und, statt daß er sich zwingen lasse,
Geh er bloß, wenns ihm grade passe.
Doch paßts ihm nie – und als Banause
Bleibt er jetzt überhaupt zuhause.

ILLUSTRIERTE

Ein Mensch, der sich die laute Welt,
Wo es nur geht, vom Leibe hält,
Sieht voller Abscheu, wie sie giert
Nach Wochenblättern, illustriert.
Nie kommt ihm solcher Schund ins Haus!
Er schwörts – und hälts auch tapfer aus,
Trotz wilder Werbung der Verleger.
Ja, selbst beim Zahnarzt, Haarepfleger,
Läßt er, getreu dem mene tekel,
Die Hefte liegen, voller Ekel.
Jedoch, des Teufels List ist groß:
Im Schnellzug lockt ein ganzer Stoß,
Wie ihn ein fremder Herr durchblättert
Und dann beim Fortgehn hingeschmettert.
Die Fahrt ist lang, die Fahrt ist lang ...
Es wächst die Lust, sie wird zum Zwang:
Sollt er, statt gähnend dazusitzen,
Nicht flüchtig in die Blätter spitzen?
Sein Widerstand muß sich verringern:
Schon kribbelts ihn in allen Fingern.
Warum denn nicht? Er tuts gewiß
Nur, um zu nehmen Ärgernis.
Der Mensch, er schaut, er liest – zuletzt
Beim Krimi heißts: »Wird fortgesetzt!«
Der Mensch – kaum kommt er an – muß laufen,
Die jüngste Nummer sich zu kaufen.

DER RIESE

Ein Mensch – sonst Mensch wie andre bloß –
Ist gut und gern zwei Meter groß
Und, gleich der Wetterstangen-Spitze,
Zieht er auf sich die Geistesblitze.
Die Leute kränkts, daß die nicht heiter
Auffängt der Mensch als Witzableiter –
Vielmehr den Blitz, samt Donnerkrach,
Lenkt auf des Witzbolds eignes Dach.
Der Mensch, so kommts den Leuten vor,
Besitzt wohl keinerlei Humor;
Denn jeder bildet sich ja ein,
Er mache solchen Scherz allein.
Doch trifft den Menschen, Tag für Tag
Der gleiche Witz – und Schlag auf Schlag.

TALENT UND GENIE

Ein Mensch genießt zwar allgemein
Das Lob, ein heller Kopf zu sein.
Doch glänzt – merkt ein genauer Kenner –
Er mäßig nur, als Dauerbrenner.
Ein andrer Mensch ist oft verdunkelt;
Doch wenn er einmal plötzlich funkelt,
Dann leuchtet er auch weltenweit. –
Das macht: der Mensch ist blitzgescheit!

Der Urgreis

Ein Mensch, als Greis, hats manchmal leicht,
Wenn er die neunzig erst erreicht:
Gefragt, ob er in Rom gewesen,
Ob ganz er je Jean Paul gelesen,
Kann er Beschämung sich ersparen:
»Ah«, seufzt er, »so vor sechzig Jahren...«
Ja, dreist wagt er darauf zu pochen,
Daß er mit Bismarck noch gesprochen;
Gibt er sich nicht zu arge Blößen,
Prahlt leicht er mit verschollnen Größen,
Weil längst in kühler Erde schlafen
Die, die ihn Lügen könnten strafen.
Was? Lügen? Ist dies Wort erlaubt?
Er sagt doch nur, was selbst er glaubt.
Wir gönnens ihm noch die paar Jährchen:
Ist er doch längst sein eignes Märchen!

Entscheidungen

Ein Mensch, der für den Fall, er müßte,
Sich – meint er – nicht zu helfen wüßte,
Trifft doch den richtigen Entschluß
Aus tapferm Herzen: denn er *muß!*
Das Bild der Welt bleibt immer schief,
Betrachtet aus dem Konjunktiv.

GESCHEITERTER VERSUCH

Ein Mensch, der bis um Mitternacht
Vergeblich über was gedacht,
Auf jenen Bibelspruch noch traf:
»Den Seinen gibts der Herr im Schlaf.«
Um einzuheimsen solchen Segen,
Beschloß er, sich aufs Ohr zu legen,
Um, eignen Denkens zum Ersatze,
Zu horchen still an der Matratze.
Doch leider hat er, Stund um Stunden
Noch nicht einmal den Schlaf gefunden,
Den dringend er gebraucht hätt, eben,
Sollt ihm der Herr darin was geben.
Der Mensch, in qualvoll halbem Wachen,
Mußt selber sich Gedanken machen.

LEIB UND SEELE

Ein Mensch mißachtet die Befehle
Des bessern Ich, der zarten Seele –
Bis die beschließt, gekränkt zu schwer:
Mit dem verkehre ich nicht mehr.
Sie lebt seitdem, verbockt und stumm
Ganz teilnahmslos in ihm herum.

Der Schütze

Ein Mensch ging durch die Jahrmarktsbuden,
Wo Mädchen ihn zum Schießen luden:
»Drei Schuß«, so rief es, »eine Mark!«
Der Mensch legt an – er zittert stark –,
Doch reihen nah auf dem Gebälke
Ganz dicht sich Rose, Tulpe, Nelke.
Die Rose, die der Mensch gewählt,
Die hat er allerdings verfehlt;
Durch Zufall aber kam zu Fall
Die Nelke bei dem falschen Drall.
Schuß zwei: die diesmal nicht sein Ziel,
Die Rose, aus dem Gipsschaft fiel.
Beim dritten Schuß brach eine Tulpe,
Die nicht gemeint war, aus der Stulpe.
Der Mensch ging stolz, papierbeblümt
Und hat als Schütze sich gerühmt:
Als hätte er auf das gezielt,
Was ihm das Glück nur zugespielt.

Trost

Ein Mensch, entschlußlos und verträumt,
Hat wiederholt sein Glück versäumt.
Doch ist der Trost ihm einzuräumen:
Man kann sein *Unglück* auch versäumen.

LOB DES KAFFEES

Ein Mensch, mit Klopstock, hat bedacht:
Vergraben sei in ewiger Nacht
Oft der Erfinder großer Namen –
Wer wars, der des Kaffeebaums Samen,
Daran wir heut uns alle trösten,
Zu finden wußte und zu rösten,
Dann ihn zu mahlen und zu sieden?
Kein Denkmal ward ihm je beschieden.
Doch erzgegossen = hochgeboren
Prahlt, wer bloß eine Schlacht – verloren!
Doch nur getrost! Wenn hingeschmolzen
Schon längst das Denkmal dieses Stolzen,
Ja, wenn die Menschen seiner spotten,
Wird immer noch Kaffee gesotten.
Das Gute – nicht nur dieser Trank! –
Hat in sich selber Ruhm und Dank.

VERGEBLICHE FREIHEIT

Ein Mensch, vom Alltag schier bezwungen,
Hat sich zur Freiheit durchgerungen
Und gibt sich heilig das Versprechen,
Wohin er will, jetzt aufzubrechen.
Er sitzt noch heut zuhause still:
Er weiß ja nicht, wohin er will!

ERFREULICHER IRRTUM

Ein Mensch sieht an der Straßenecke –
Wie *er* meint, zu verruchtem Zwecke! –
Ein Mädchen stehen, wohlgebaut...
Doch ach, wie er nun näher schaut,
Hält dieses wunderschöne Mädchen
Starr in den Händen ein Traktätchen,
Das es (statt seiner selbst) hält feil,
Um nichts besorgt als Seelenheil.
Der Mensch, bereit zur Sünde grad,
Schlägt ein den schmalen Tugendpfad,
Froh, daß dies Weib zu nichts verführe
Als zum Erwerbe der Broschüre.
Und lang noch dankt er dieser Frommen,
Daß er so billig weggekommen.

TRAURIGER FALL

Ein Mensch ist leider ziemlich schüchtern
Und ohne Schwung, so lang er nüchtern.
Doch zündet kaum bei ihm der Funken,
Ists schon zu spät: er ist betrunken.
So muß er immer wieder scheitern:
Nie glückts ihm, sich nur anzuheitern.

BEINAHE

Ein Mensch ist höchst darob erbost:
Beinahe – ists nicht Hohn, statt Trost? –
Hätt er fürs Lotto recht gewählt.
Nur *eine* Ziffer war verfehlt.
Wüst klagt der Mensch das Schicksal an,
Das diesen Tort ihm angetan.
Dem Menschen, der geschimpft so dreist,
Erscheint das Schicksal, nachts, als Geist:
»Soll ich mich von Dir schelten lassen?
Willst ›beinah‹ Du nicht gelten lassen?
Dein Glück, Dein Leben wär verspielt,
Hätt ich genau auf Dich gezielt.«
Seitdem trägts still der Mensch im Leben,
Geht einmal haarscharf was – daneben.

AUSGERECHNET...

Ein Mensch, von kleinauf, wird belehrt,
Daß sich sein Leben selbst erschwert,
Wer, statt daß er am Schopf sie faßt,
Stets die Gelegenheit verpaßt,
Nun endlich, voll Verwegenheit,
Ergreift er die Gelegenheit.
Erst viel zu spät wird es ihm klar,
Daß diesmal just es keine war.

Demnächst

Ein Mensch spricht mit dem Freunde fern:
Sie sähn sich – endlich! – wieder gern!
Doch eh sie ganz die Glut entfachen,
Um gleich ein Treffen auszumachen,
Verlöschen eilig sie die Flammen:
»Wir rufen demnächst uns zusammen!«
Sie haben auch, nach drei, vier Wochen,
Am Telefon sich neu besprochen;
Und sie vereinen die Entschlüsse,
Daß man sich demnächst sehen müsse.
So trieben sies noch manches Jahr –
Bis einer – ohne Anschluß war.

Kontaktlos

Ein Mensch mag noch so wertlos sein –
Er ist doch nicht nur tauber Stein:
Hat er nicht gleich ein goldnes Herz,
Ein bißchen führt ein jeder Erz:
Seis Silber, Kupfer, Eisen, Zinn,
Ja, seis nur Blei – es steckt was drin.
Jedoch kein Mensch, obwohl er dürft,
In andern Menschen tiefer schürft,
Weil er von vornhinein betont,
Daß sich der Abbau wohl nicht lohnt.

LEBENSKUNST

Ein Mensch bewahrt, obwohl gescheit,
Sich seine Seelen-Dunkelheit.
Strömt dann das Gnadenlicht herein,
So gibt es doppelt hellen Schein:
Ein hohes Glück, das nie erfährt
Ein Unmensch, längst schon aufgeklärt.

FRAGEN

Ein Mensch wird müde seiner Fragen:
Nie kann die Welt ihm Antwort sagen.
Doch gern gibt Auskunft alle Welt
Auf Fragen, die er nie gestellt.

VERGEBLICHE BEMÜHUNG

Ein Mensch, der aus der großen Stadt
Ins Grüne sich begeben hat,
Läs hier, allein auf weiter Flur,
Recht gern im Buche der Natur.
Doch bald, betrübt er wieder geht:
Denn, ach!, er ist Analphabet!

SATIRE

Unterschied

Ein Mensch hat seinerzeit, als Schüler
Gelernt, wie einst die Thermopyler
Sich tapfer zeigten, seelengroß,
Obwohl die Lage aussichtslos.
Wie?! War da jeder Mann ein braver?
War der Gehorsam nicht kadaver?
Hat noch ihr stolzer Ruhm zu gelten?
Sind sie nicht stur und dumm zu schelten?
Doch nein: hoch klingt die Heldenmär –
Denn es ist ziemlich lange her.

MITMENSCHEN

Ein Mensch schaut in der Straßenbahn
Der Reihe nach die Leute an:
Jäh ist er zum Verzicht bereit
Auf jede Art Unsterblichkeit.

DER FACHMANN

Ein Mensch, ein armer Laie bloß,
Verspürt doch Weltangst, riesengroß.
Die Luft zum Beispiel, wie ihm deucht,
Sei scheußlich schon atomverseucht.
Der Fachmann aber hat getestet,
Die Luft sei längst noch nicht verpestet.
Der Laie sagt, er sehe schon,
Auch unsre D-Mark schwimm davon.
Der Fachmann aber rechnet listig,
Dem widerspreche die Statistik.
Der Laie meint, mit Seherblick,
Daß zwecklos das Verkehrs-Geflick.
Der Fachmann aber lächelt milde,
Der Gute sei nicht ganz im Bilde.
Erst dann, wenn längst sich das eräugnet,
Was doch der Fachmann streng geleugnet,
Wirft der sich in die Brust und klagt:
Er habe es ja gleich gesagt!

ERMÜDUNG

Ein Mensch erfährt es mit Empörung:
Der schönsten Landschaft droht Zerstörung!
Ein Unmensch baut, und zwar schon bald,
Ein Industriewerk nah am Wald.
Der Mensch hat Glück und ihm gelingt,
Daß er die Welt in Harnisch bringt.
Ja, alles stellt er auf die Beine:
Behörden, Presse, Funk, Vereine,
Die scharf in Resolutionen
Auffordern, die Natur zu schonen.
Der Unmensch hat das oft erprobt:
Er wartet, bis man ausgetobt.
Dann rückt – die Zeit ist ja sein Acker –
Er an mit Säge und mit Bagger.
Eh neuer Widerspruch sich regt,
Hat er den Wald schon umgelegt.
Inzwischen hat sich längst der Haufen
All der Empörer müd verlaufen;
Vergebens stößt in seinem Zorn
Der Mensch nun abermals ins Horn.
Der Landrat rät dem Unbequemen,
Die Sache nicht mehr aufzunehmen;
Es wollen Presse auch und Funk
Sich nicht mehr mischen in den Stunk.
Der Mensch steigt von den Barrikaden:
Er ist zum Richtfest eingeladen.

WOHLSTAND

Ein Mensch läßt sich vom Scheine trügen
Und wähnt, das Leben sei Vergnügen.
Er hat sichs auch so eingerichtet,
Wie sich die Welt das Glück erdichtet:
Er ißt das Beste, trinkt und raucht,
Hat Rundfunk, Fernsehn, was man braucht;
Ja, mehr, als je er durft erwarten:
Er hat ein Haus mit einem Garten,
In schönster Gegend, beinah ländlich,
Und einen Wagen, selbstverständlich.
Auch ist, denn er hat klug gewählt,
Er durchaus angenehm vermählt.
Was soll ihm lästigs Kinderrudel?
Er hält dafür sich einen Pudel.
Er ist, der Leser merkt es schnell,
Für Null-acht-fünfzehn das Modell,
Sowohl daheim wie in den Ferien,
Wie's herstellt heut die Welt in Serien.
Der Mensch, so satt und matt und platt,
Ist stolz auf alles, was er *hat*.
Doch hat auf *Unheil* oft die Welt
Jäh die Erzeugung umgestellt –
Und sie verschleudert ganze Berge:
Glückspilze, Hausbars, Gartenzwerge,
Den eitlen Wirtschaftswunder-Mist
Der Mensch muß zeigen, wer er *ist!*

TEMPORA MUTANTUR

Ein Mensch, dem's Lebenslicht schier losch,
Ist quäkend, hüpfend wie ein Frosch
Dem Auto knapp noch mal entronnen. –
Er flucht, dem Leben neu gewonnen,
Ganz kurz nur, was ihn so erfrischt,
Daß sich das Schreckbild rasch verwischt;
Und eilig hat ers ohnehin:
Termin bedrängt ihn um Termin.
Er findet, abends, heimgekehrt,
Den Fall kaum des Erwähnens wert
Und nachts denkt er nur kurz, im Bette,
Wie leicht es schief gehn können hätte.
Doch lang denkt er darüber nach,
Was er mit Schmitt u. Co. besprach.
Derselbe Mensch, zu Dank und Buß
Wär einst gewallfahrt weit zu Fuß
Und hätt noch bares Geld bezahlt
Für eine Tafel, bunt gemalt,
Wie er zu Tode wär gekommen,
Hätt sich nicht seiner angenommen
Maria, die ihn voller Gnade
Noch grad gerettet vor dem Rade.
Wer dieses liest, wird nicht bestreiten,
Daß wir uns ändern mit den Zeiten.

KÖNIG KUNDE

Ein Mensch vernimmt vieltausendtönig,
Daß jetzt der Kunde wieder König.
Doch er besinnt sich voller Hohn,
Wie man gestoßen ihn vom Thron,
Und ahnt, wie man ihn wieder stieße,
Wenn er sich auf dies Volk verließe...
So lang die Welt so voll von Würsten,
Wird jeder Käufer schnell zum Fürsten;
Doch wenn es um die Wurst geht, dann
Ist König wieder Bettelmann.

FREIHEIT

Ein Mensch schwärmt in Begeistrung hell
Fürs Schweizervolk und seinen Tell,
Der niederschoß den Habsburg-Schergen
Und Freiheit ausrief in den Bergen,
Was ihm, belohnt mit guten Franken,
Noch heut die späten Enkel danken.
Die Welt mit Freiheit gerne prahlt,
Die altverbürgt und längst bezahlt.
Doch kleiner wird der Kreis von Lobern,
Gilts hier und heut, sie zu erobern.

KUNST

Ein Mensch hält an dem Grundsatz fest,
Daß über Kunst sich streiten läßt.
Er widersteht den Avantgarden
Und ihren wortgewandten Barden.
(Modern sein kann heut jeder gut –
Altmodisch sein: dazu brauchts Mut!)
Selbst jung, hat er sich zu den jungen
Expressionisten durchgerungen
Und meint, er habe es geschafft.
Jedoch mit neuer Schöpferkraft
Beginnen nunmehr die Tachisten
Picasso selbst mit auszumisten.
Der Mensch beflügelt seinen Schritt
Und wirklich kommt er grad noch mit.
Wild schreit die Avantgarde: »Patzer!«
Und ritzt in leere Flächen Kratzer.
Der Mensch, nur daß er sei modern,
Beschwört, er sehe so was gern.
Die Jüngsten halten das für Dreck
Und lassen selbst die Kratzer weg.
Der Mensch muß arg sich überwinden,
Um das als Kunst noch zu empfinden.
Er stellt, um ja nicht zu erlahmen,
Sich brav vor leere Bilderrahmen:
Ein bißchen scheints ihm übertrieben –
Schon gilt er als zurückgeblieben.

DIE SPANNE

Ein Mensch, bereits den Jahren nah,
Wo einer plötzlich nicht mehr da,
Sieht hart gestellt sich vor die Frage,
Ob sich, für seine letzten Tage,
Ein neuer Anzug wohl noch lohne,
Ob, wenn er ihn entsprechend schone,
Der alte nicht so lang noch reiche,
Bis er ihn nicht mehr braucht, als Leiche.
Er trägt nun wirklich auch den alten,
So lange nur die Fäden halten
Und bis die Ärmel durchgewetzt.
Und doch – es langt nicht bis zuletzt!
Da er, bei aller Schäbigkeit,
Die Spanne bis zur Ewigkeit
Zu überbrücken nicht vermag,
Kommt doch der unerwünschte Tag,
An dem der Mensch nun gehn muß, leider
Den schweren Gang zu seinem Schneider.
Der Tod benimmt sich widerwärtig:
Er macht zur Stund den Menschen fertig,
In der der Schneider, froh beschwingt,
Ins Haus den neuen Anzug bringt.
Die Erben jammern, die's mißgönnen:
»So lang hätt er noch warten können!«

DER HEIMTÜCKER

Ein Mensch benahm sich durchaus fein;
Denn nie warf er den ersten Stein. –
Daß vorschnell er als Feind sich zeige,
War er zu klug und auch zu feige.
Nein, auch den zweiten warf er nicht,
Gedenkend seiner Menschenpflicht ...
Nur, als schon alle warfen, brav,
Den kleinsten – der ins Auge traf.

SPÄTE EINSICHT

Ein Mensch macht sich, doch leider bloß
An seinem Stammtisch, damit groß,
Es gelt – wovon ja viele träumen! –
Den Saustall endlich auszuräumen.
Er gibt – nur dort! – geheime Winke,
Wie's überall zum Himmel stinke
Von Säuen, die an vollen Trögen
Verfräßen unser Volksvermögen.
Man müßt was tun – nur ist es schade,
Daß dummerweise *ihn* gerade,
Als einen Mann mit Weib und Kindern,
Rücksichten überall verhindern.
Der Mensch – was nützt verborgnes Lästern? –
Zählt auch mit zu den Schweinemästern!

MENSCHEN-RUHM

Ein Mensch kriegt eines Tags den Wahn,
Er fang, berühmt zu werden, an.
Doch merkt er seinen Irrtum leicht,
Wenn er mit andern sich vergleicht:
Zu dreizehntausend Mark reißt hin
Pro Abend eine Sängerin
Kaum weiß sich ein Tenor zu retten
Vorm Angebot an Bühn- und Betten.
Und alle Leute beten an
Den Neger, der trompeten kann. –
Zu schweigen von der Riesenhetz,
Stieß wer den Fußball wo ins Netz,
So daß, die Augen ganz verglast,
Die Menge vor Begeistrung rast.
Der Mensch sieht jäh sein armes Rühmchen
Verwelken wie ein Mauerblümchen.

HOFFNUNG

Ein Mensch, am Ende seines Lebens,
Sieht ein, daß der Erfolg des Strebens
Nur dürftig war, an dem gemessen,
Was er versoffen und verfressen.
Sein Wert als Raupe war gering:
Jetzt hofft er auf den Schmetterling!

Unglücksfälle

Ein Mensch verspürt, meist unbewußt,
Geheime Katastrophenlust:
Mit Gruseln liest er in der Zeitung,
Daß wo geplatzt die Hauptrohrleitung,
Ein Riesenwald verbrannt durch Funken,
Ein Schiff mit Mann und Maus gesunken,
Ein Flugzeug im Gebirg zerschellt –
Kurz, was so vorkommt auf der Welt.
Der Mensch liest dabei um so gerner,
Je grausiger es ist – doch ferner.
Und schon ein Unmensch wär er, säh er
So schlimme Dinge lieber näher.
Doch Mensch und Unmensch sind sich gleich:
»Nur nicht im eigenen Bereich!«
Da hemmt schon ein verrußter Ofen
Jedwede Lust an Katastrophen.

Der Missgelaunte

Ein Mensch beklagt, schier seelisch blind,
Daß er am Leben nichts mehr find.
Er hab, liegt er uns in den Ohren,
Auf dieser Welt nichts mehr verloren.
Doch wie würd er der Antwort fluchen:
Dann hab er auch nichts mehr zu suchen.

WANDLUNG

Ein Mensch ward wild von Heckenschützen,
Die gern die Zeit der Schrecken nützen
Und, ihn zu morden, stur entschlossen,
Auf üble Weise querbeschossen.
Da es mißlang, ihn ganz zu töten,
Entbieten, ohne zu erröten,
Die Schützen nun, Gewehr bei Fuß,
Dem Menschen höflichst ihren Gruß
Und scheinen ungemein vergeßlich,
Daß sie ihm nachgestellt, so häßlich.
Und auch der Mensch, allmählich müder,
Nimmt hin die üblen Schützenbrüder
Und, faulen Frieden selbst zu fördern,
Lebt brav er – unter seinen Mördern.

FALSCHE ERZIEHUNG

Ein Mensch lernt in der Kinderzeit,
Des Lasters Straßen seien breit,
Jedoch der Tugend Pfade schmal
In diesem irdischen Jammertal.
Der Mensch, bei seinem Erdenwandern,
Geht einen Holzweg nach dem andern,
Weil er auf Straßen, breit gebaut,
Sich einfach nicht mehr gehen traut.

MANAGER

Ein Mensch wird alle Tage kränker:
Nur noch Betriebs- und Wagenlenker,
Lebt er dahin, teils seelenhastig,
Teils leibträg, ohne Heilgymnastik.
Was hat er Wichtigs zu erledigen!
Vergebens Frau und Freunde predigen,
Daß er auf die Gesundheit seh
Und, wenn schon nicht in Urlaub geh,
Ein bißchen laufe, schwimme, turne –
Zu spät: der Rest kommt in die Urne;
Der Schlag, just vor der Unterschrift
Des letzten Briefs den Menschen trifft.
Die Sekretärin, noch hienieden,
Schreibt drunter: Nach Diktat verschieden.

O TEMPORA

Ein Mensch, der eine Freundin hatte,
Ist jetzt, seit Jahren schon, ihr Gatte.
Er hats mit diesem Weibe schwer:
Es redet nämlich dumm daher.
Er meint, es werde täglich schlimmer –
Doch nein – so dämlich war sie immer.
Es liegt nur an der Jugend Schwund:
Süß klang Geschwätz aus süßem Mund.

Frau Welt

Ein Mensch bezahlt – und wird verlacht! –
Oft Zechen, die er nicht gemacht.
Ein Unmensch – der damit noch prahlt! –
Macht Zechen, die er nicht bezahlt.
Frau Welt davon Notiz nicht nimmt:
Hauptsache, daß die Kasse stimmt!

Zeit heilt...

Ein Mensch, der stark schon in Gefahr,
Daß er ein Unmensch würde, war,
Hat sich mit knapper Not gerettet
Und bis ins Alter durchgefrettet.
Hinunter ist die Zeit geflossen –
Mit ihr die Zeit- und Streitgenossen,
Die damals, liegend auf der Lauer,
Das Üble wußten, viel genauer.
Jetzt steht, die Haare silberweiß,
Der Mensch als edler, hoher Greis
Inmitten all der jüngern Leute,
Die gelten lassen nur das Heute
Und nichts mehr wissen von dem Lästern
Von gestern, ja von vorvorgestern
Ein Wicht selbst wird zum Ehrenmann –
Sofern ers nur erleben kann.

ABDANKUNG

Ein Mensch, als junger Feuergeist,
Der Lügen warmes Kleid zerreißt
Und geht – welch herrlicher Charakter! –
Kühn durch die Welt nun als ein Nackter.
Der Mensch wird alt, die Welt wird kalt:
Die Zeit zeigt ihre Allgewalt.
Der Mensch hälts, frierend, nicht mehr aus –
Froh wär er um den alten Flaus.
Doch hat er den nicht nur zerrissen,
Nein, auch die Fetzen weggeschmissen.
Mit Müh erwirbt er, so im Zwange,
Sich Weltanschauung von der Stange
Und geht nun, bis zu seinem Tode,
Gleich all den andern, nach der Mode.

DER FREIGEIST

Ein Mensch warf Gott zum alten Eisen,
Um sich als Freigeist zu erweisen.
Ein Unmensch aber, aus dem Schrott,
Zog den verworfnen lieben Gott
Und machte daraus tausend Gottchen,
Im Auto baumelnd als Maskottchen.
Der Mensch vertraut auf dies nun frech,
Daß *ihn* es schütze – und sein Blech.

JURISTISCHES

Ein Mensch sieht nie mehr auf der Bühne
Das alte Stück von Schuld und Sühne;
Es herrscht auf dem Justiztheater
Schon längst nur noch der Psychiater,
Sich grabend bis zur Wurzel tief:
Nur kleptomanisch-depressiv
Und zur Bewährung drum empfohlen
Wird jeder fast, der was gestohlen;
Und geistgestört, nur partiell,
War noch der schlimmste Mordgesell.
Was schiert, weiß einer um die Mittel,
Ihn noch das Staatsanwalt-Gekrittel?
Es lächelt, vor dem Schwurgericht
Verteidigers Augur-Gesicht.
Verstand? Das wäre ja zum Lachen!
Der *Sachverständige* wirds machen!
Nichts freut an solcherlei Prozessen –
Nur für die Presse ists ein Fressen!

KROKODILSTRÄNEN

Ein Mensch – und solch ein Mensch ist rar! –
Hilft gegen Tränen rasch und bar!
Ein Unmensch gibt nicht einen Pfennig,
Doch weint er dafür mit ein wenig.

STADT-EINSAMKEIT

Ein Mensch lebt stumm – daß ein Trappist
Dagegen noch ein Schwätzer ist –
Ganz einsam in der Riesenstadt,
In der er keinen Menschen hat.
Und das inmitten von Millionen,
Die neben-, unter-, überwohnen.
Vergebens sucht bei Hoch und Niedern
Der arme Mensch sich anzubiedern,
Doch keiner der An-sich-nur-Denker
Ist hilfsbereit als Wortverschenker.
Zuletzt spricht nachts ein Weib er an –
Von dem man *alles* haben kann.
Er bietet ihr die Sündengabe,
Nur, daß er eine Ansprach habe,
Ein Viertelstündchen als Begleiter –
Er wolle, fleht der Mensch, nichts weiter.
Doch die, mißachtend den Gewinst,
Entflieht voll Angst: »Ich glaub, Du spinnst!«

ABSAGE

Ein Mensch zählt nicht zu den Bewertern
Des Ruhms nach Eichenlaub und Schwertern.
Doch auch durch Nichtbesitz von diesen
Ist nichts Entscheidendes bewiesen.

EINBILDUNG

Ein Mensch hält sich, wie viele Männer,
Für einen großen Frauenkenner:
Nicht wegen allzureicher Ernte –
Nein, weil er *keine* kennen lernte!

ARS AMANDI

Ein Mensch, der wüst ein Weib zertrümmert
Und sich nicht um die Scherben kümmert,
Ist zwar, als Mensch, oft minderwertig,
Doch schnell mit solchen Sachen fertig.
Und hat ein Herz er glatt gebrochen,
Dann heilts auch, oft schon nach vier Wochen.
Ein andrer Mensch, der nicht so roh,
Macht es im Grunde ebenso,
Doch drängts ihn seelisch, bei den Frauen,
Von Zeit zu Zeit noch nachzuschauen,
Wie großen Schaden sie gelitten.
Das Herz vermag er nicht zu kitten –
Nur dies erreicht der, ach, so Gute:
Daß immer frisch es wieder blute.
Der Mensch wirkt ärger, als ein frecher
Doch wohlgeübter Herzensbrecher.
Drum raten wir, daß er sich hüte
Vor Güte, die nur zweiter Güte.

BEGRÄBNIS

Ein Mensch, der, wie gelebt zu haben,
Man wünscht, gelebt hat, wird begraben. –
Und zwar bei zwanzig Grad, im Jänner:
Der Frost steigt in die Knie der Männer.
Der Pfarrer sagt, ein schlichter Greis,
Was er seit gestern flüchtig weiß.
Die Männer wissens lange schon –
Auch stehts in jedem Lexikon.
Ein alter Freund, ein beinah blinder,
Liest mühsam ab aus dem Zylinder
Samt den Verdiensten, den erworbnen,
Die nähern Daten des Verstorbnen.
Die Liebe höret nimmer auf:
Ein dritter gibt den Lebenslauf.
Ein völlig unbekannter Mann
Spricht lang, obwohl er es nicht kann.
Ihm folgt ein weitrer Wortewürger
Aus Tupfing, für den Ehrenbürger.
Ein Dichter, ohne Gnade, spricht
Ein lang nicht endendes Gedicht.
Noch länger spricht ein Mann, der klagt,
Vorredner hättens schon gesagt.
Und viele stehn noch da mit Kränzen,
Bereit, rhetorisch hier zu glänzen.
Sein Leben lang geliebt, wird fast
Der Mensch im Grabe jetzt gehaßt.

UNERWÜNSCHTE BEGEGNUNG

Ein Mensch trifft auf der Straße wen,
Der hocherfreut ist, ihn zu sehn,
Und herzlich schüttelt ihm die Hand,
Noch eh der Mensch zurecht sich fand.
Nur heimlich überläufts ihn heiß:
Er weiß doch, daß er da was weiß ...
Jäh fällt, erinnerungsentnebelt,
Ihm ein, daß der einst feldgewebelt
Und daß er schwur, ein solcher Schuft,
Sei fürder einfach für ihn Luft.
Jetzt kreuzt er seinen Lebenspfad
Als alter Weltkriegskamerad ...

ENTOMOLOGISCHES

Ein Mensch, als Ehemann sonst bräver,
Geriet an einen netten Käfer,
Mit dem er sich, moralgekräftigt,
Aus reinem Wissensdrang beschäftigt.
Er glaubt' denn auch, er hätt entdeckt,
Ein neues, reizendes Insekt.
Doch leider wars nur eine Wanze,
Die beutegierig ging aufs Ganze.
Der Mensch bezahlte nun sein Wissen
Noch lange mit Gewissensbissen.

ENTWICKLUNG

Ein Mensch, der beste Mensch der Welt,
Wird eines Tages angestellt
Und muß – er tuts zuerst nicht gern –
Laut bellen nun für seinen Herrn.
Bald wird er, wie es ihm geheißen,
Die Zähne zeigen, ja, gar beißen.
Er wird sein Amt – im Bild gesprochen –
Wild fletschend, wie der Hund den Knochen,
Den einer ihm mißgönnt, verteidigen –
Ein schiefer Blick kann ihn beleidigen.
Dann wird er milder: Zahn um Zahn
Wird stumpf und fängt zu wackeln an –
Bis schließlich er, als Pensionist,
Fast wieder Mensch geworden ist.

WISSEN IST MACHT

Ein Mensch, der dummerweis gedacht,
*Mit*wissen erst sei wirklich Macht,
Hat zu beweisen nichts vermocht
Und wurde deshalb eingelocht.
Von Stund an nicht mehr klatschbeflissen,
Beschloß er, nie mehr was zu wissen.

SENSATION

Ein Mensch, sein Leben schroff zu kürzen,
Will sich von einer Brücke stürzen –
Als sich ein Unmensch eilig naht:
Nicht, wie man hofft, zur Rettungstat, –
Mit Blitzlicht knipst er das Gespringe,
Verkaufts für dreißig Silberlinge,
So rasch, daß schon im Morgenblatt
Die Welt es zu begaffen hat.
Der Mensch, vielleicht, wär noch am Leben,
Hätt *ihm* wer dreißig Mark gegeben.
Der Unmensch schwärmt noch lang vom Glücke,
Das ihm begegnet an der Brücke ...

ÜBERLEGUNG

Ein Mensch, der kindlich, ohne Spott,
Gefürchtet sich vorm lieben Gott,
Weil dessen Auge, Tag und Nacht,
Ihn unerbittlich streng bewacht: –
Jetzt, als Erwachsner, sich gesteht:
Der liebe Gott ist indiskret!

Falsche Rechnung

Ein Mensch, in siebzig Arbeitsstunden,
Ja, selbst am Sonntag einst geschunden,
Hat diese Sklaverei gebrochen:
's gibt nur noch Vierzigstundenwochen!
Was einem recht, sei andern billig:
Schon ist kein Mensch mehr arbeitswillig.
Wer soll die Freizeit *nicht* genießen?
Dienststellen und Geschäfte schließen,
Die Post steht fast nicht mehr in Frage;
Gaststätten haben Ruhetage.
Der Bäcker kommt auf den Geschmack,
Daß er frühmorgens nicht mehr back',
Der Wächter selbst, der bisher brave,
Besteht drauf, daß des Nachts er schlafe;
Um zehn Uhr schließt das Kabarett:
Die Mädchen wollen auch ins Bett!
In einer Welt, so aufgeweicht,
Macht sich der Mensch das Leben leicht –
Bis er dann doch merkt, mehr und mehr:
Er macht sich nur das Leben schwer.

Zwischen den Zeiten

Ein Mensch Vergangenheit bewältigt –
Die Zukunft sich verhundertfältigt!

Das Böse

Ein Mensch – was noch ganz ungefährlich –
Erklärt die Quanten (schwer erklärlich!).
Ein zweiter, der das All durchspäht,
Erforscht die Relativität.
Ein dritter nimmt, noch harmlos, an,
Geheimnis stecke im Uran.
Ein vierter ist nicht fernzuhalten
Von dem Gedanken, kernzuspalten.
Ein fünfter – reine Wissenschaft –
Entfesselt der Atome Kraft.
Ein sechster, auch noch bonafidlich,
Will die verwerten, doch nur friedlich.
Unschuldig wirken sie zusammen:
Wen dürften, einzeln wir verdammen?
Ists nicht der siebte erst und achte,
Der Bomben dachte und dann machte?
Ists nicht der Böseste der Bösen,
Ders dann gewagt, sie auszulösen?
Den Teufel wird man nie erwischen:
Er steckt von Anfang an dazwischen.

Denker

Ein Mensch ist sonst ein Denk-Genie.
Nur eins: an andre denkt er nie!

ENTWICKLUNG

Ein Mensch kriegt' einst (und fands zu teuer!)
Ein wahres Schnitzel-Ungeheuer.
Dann wards allmählich immer kleiner,
Dann zahlte zwei Mark er statt einer.
Dann schrumpfte neuerdings es stark.
Dann wieder stieg es auf drei Mark.
Dann wars nur noch ein Gaumenkitzel.
Dann kostete vier Mark dies Schnitzel.
Das Wechselspiel geht immer schneller:
Fünf Mark für beinah leeren Teller.
Von Wirtschaftswunder-Schmus umgaukelt,
Wird es dem Nichts so zugeschaukelt.
Zuletzt – der Himmel mög uns schonen! –
Gibts wieder gar keins – für Millionen!

IMMER...

Ein Mensch erklärt, es sei im Leben
Das Klügste, *immer* nachzugeben.
Ein andrer Mensch ihm widerspricht
Und meint, bescheiden: immer nicht!
Nur so von Fall zu Fall, beliebig –
Jedoch der Mensch bleibt unnachgiebig.

DAS OPFER

Ein Mensch sitzt still ... still ruht der See.
Dem Menschen tut das Herz so weh,
Weil Liebesleid und Radioklimpern
Oft treibt die Tränen in die Wimpern ...
Doch horch! da naht sich eine Schnake,
Setzt sich dem Menschen auf die Backe,
Der höchst gespannt und voller List
Nun harrt, bis sie am Werke ist.
Dann schlägt er zu, sich selbst nicht schonend
Und siehe, dieser Schlag war lohnend.
Der Mensch, der heiter das Insekt
Zerquetscht an seiner Hand entdeckt,
Nun obendrein noch wüst beschimpft
Das Vieh, das schmerzhaft ihn geimpft. –
Obgleich er einzig *ihm* verdankt,
Daß er nicht seelisch schwer erkrankt:
Die Untat nämlich, blutig-roh,
Die macht ihn wieder lebensfroh.

DER WELTFLÜCHTIGE

Ein Mensch verkündet, gramzerrissen:
Nichts woll' er von der Welt mehr wissen.
Doch rasch erliegt er altem Zwang:
»Wo bleibt die Zeitung heut so lang?!«

VERGEBLICHER WUNSCH

Ein Mensch wird krank am Wunsch, dem einen:
Nur einmal laut *hinaus*zuweinen!
Das wär ihm eine rechte Lust –
Doch, ach, es fehlt dazu die Brust.
So bleibt es bei der alten Pein:
Er weint nur still in sich *hinein*.

DER MAHNER

Ein Mensch, der lange schon, bevor
Das Unheil kam, die Welt beschwor,
Blieb leider völlig ungehört ...
Jetzt kommts! Und jeder schreit empört:
Schlag doch zuerst den Burschen tot –
Er hat schon lang damit gedroht!

ENTTÄUSCHUNG

Ein Mensch, der nicht mehr daran dachte,
Daß sich ein Weib was aus ihm machte,
Fand doch noch eins, verdächtig lieb:
Es rühmte ihn als Herzensdieb.
Doch bald hat er sich schlicht empfohlen:
Das Weib war völlig ausgestohlen.

VARIATIONEN

Ein Mensch bei Weibern nichts erreicht. –
Ein zweiter meint: »... und ist so leicht!«
Der wiederum, so weiberstark,
Müht sich vergebens um zehn Mark.
Der Mensch, nicht in der Gunst der Weiber,
Verdient die leicht, als Zeitungsschreiber.
Nun kommt ein Fall, besonders bitter:
Ganz geld- und weiblos bleibt ein dritter.
Ein vierter prahlt mit üblen Siegen:
Mit Geld sind Weiber leicht zu kriegen.
Der fünfte ist der wahre Held:
Durch Weiber erst kommt er zu Geld!

ZU SPÄT

Ein Mensch zertritt die Schnecke, achtlos.
Die Schnecke ist dagegen machtlos.
Zu spät erst kann sie, im Zerknacken,
Den Menschen beim Gewissen packen.

WACHET UND BETET!

Ein Mensch lebt brav als Mensch und Christ
In dieser Welt voll Teufelslist.
Der Christ in ihm schläft langsam ein. –
Wird er da lang ein Mensch noch sein?

RUHIGE ZEITEN

Ein Mensch sieht rings nur brave Leute:
Verschwunden ist die wilde Meute.
Nach Adam Riese zählt ein Kind,
Daß es die gleichen Leute sind.

DER GESCHÄFTIGE

Ein Mensch, der sich im Ruhm gefällt,
Er kenne Gott und alle Welt,
Wird bald am Überflusse leer:
Gott kennt er heute längst nicht mehr.

DER KREISEL

Ein Mensch hat einen Kreisel, rund,
Bemalt in sieben Farben, bunt.
Er peitscht ihn an, der Kreisel schwirrt,
Bis schneller er – und *grauer* wird ...
Soll unser Leben bunter bleiben,
Darf mans nicht allzu munter treiben.

Am Strom der Zeit

Ein Mensch – gewiß, der Mensch tat übel! –
Trägt seinen kleinen Unratkübel
An das Geländer einer Brücke;
Doch geht der Kübel dran in Stücke.
Der Mensch, mit Jauche arg begossen,
Bleibt Abscheu aller Zeitgenossen.
Ein Unmensch geht zum gleichen Zwecke
Zur Brücke hin mit seinem Drecke
Und siehe da, die Tat gelingt –
So, daß der Unmensch nicht mehr stinkt.
Er stellt sich dreist zu all den Leuten,
Die strafend auf den Menschen deuten.

Nachsicht

Ein Mensch erblickt ein Weib, bepelzt,
Das stolz an ihm vorüberstelzt.
Der Pelz, mit Leopardentupfen,
Ist freilich nur ein bessrer Rupfen;
Doch lebt das Weib im holden Wahn,
Man säh ihm dies nicht weiter an.
Und in der Tat: obgleich im Bilde,
Schaut drüber weg der Mensch voll Milde.
Ein Beispiel, auch für Lebenslügen:
Laßt doch den Leuten ihr Vergnügen!

IRONIE

Voreiliges Mitleid

Ein Mensch, dem Großstadtlärm und -stank
Entflohn, setzt sich auf eine Bank,
Wo, als auf einer Insel, grün,
Rings Bäume rauschen, Blumen blühn.
Ein andrer Mensch, erschöpft, verhetzt,
Hat sich daneben hingesetzt.
Wie gut wird es dem Ärmsten tun –
So denkt der Mensch – hier auszuruhn.
Gleich wird er jetzt die Augen schließen,
Das Glück der Stille zu genießen.
Doch der, mit dem er Mitleid hat,
Schlägt auf voll Gier das Abendblatt
Und liest, mißachtend die Natur,
»Im Mordfall Nuschke erste Spur!«

ÖFFENTLICHE MEINUNG

Ein Mensch, der aus der Zeitung hört,
Er sei aufs äußerste empört
Und schreie, in bewußter Sache,
Als Mann des Volkes laut nach Rache,
Behorcht sich tief und ist erstaunt,
Daß nichts in ihm, selbst leis nur, raunt
Und daß von Freunden, gleichgestimmt,
Er auch nicht einen Ton vernimmt.
Derselbe Mensch, ein andermal,
Tobt über einen Mords-Skandal
Und glaubt nun fest, aus allen Blättern
Werd das Signal zum Angriff schmettern.
Doch wird, ganz ohne Rache-Rasen
Zum Rückzug überall geblasen.
Wozu regt er sich auf? Wozu?
Weiß er denn gar nichts von tabu?
Es gibt doch, was er nicht vergesse,
Nicht nur das höhere Intresse,
Nein, auch – wenn er die Welt verstünde –
Die tief- und tiefern Hintergründe.

ERLEBNIS

Ein Mensch hat von der Tür gewiesen
Ein Weib, das ihm was angepriesen –
Und obendrein den Schlaf vergällt,
Den er um diese Stunde hält.
Man sollt die Leut mit Hunden hetzen,
Die so die Mittagsruh verletzen!
Doch sieh, schon tuts dem Menschen leid:
Es regnet draußen, ja, es schneit!
Das Weiblein, sollt man nicht vergessen,
Hat vielleicht Mittag nicht gegessen
Und muß nun, um geringen Nutzen
Im Umkreis Klink um Klinke putzen.
Ganz sicher findets in der Regel,
So denkt er, lauter solche Flegel.
Der Mensch, beschimpfend seine Schmach,
Läuft trotz des Sturms dem Weiblein nach –
Was, nebenbei, mit nassen Füßen
Und Schnupfen er noch lang muß büßen –
Und heut noch trägt er daran schwer:
Er fand die arme Frau nicht mehr!

DER ZUFRIEDENE

Ein Mensch fährt glücklich zu den Toten:
Ihm reichts, was ihm die Welt geboten.
Nie dacht' er dran – was wir ihm gönnen! –
Was sie ihm hätte bieten *können!*

ÜBERSCHÄTZUNG

Ein Mensch bewertet sich nicht schlecht:
Er hält sich durchaus für gerecht.
Nie merkt er, daß er nur, voll List,
Gerecht in allen Sätteln ist.

UNERFREULICHE ZEITGENOSSEN

Ein Mensch sieht just die größten Nieten,
Die selbst nicht das Geringste bieten,
Am allerschärfsten darauf passen,
Daß sie sich auch nichts bieten lassen.

Wer weiss?

Ein Mensch schreibt feurig ein Gedicht:
So, wies ihm vorschwebt, wird es nicht.
Vielleicht hat Gott sich auch die Welt
Beim Schöpfen schöner vorgestellt.

Je nachdem

Ein Mensch sagt bitter: »Weiß Gott, wo!«
Ein andrer, milde: »Gott weiß, wo!«
Durch sprachlich kleinsten Unterschied
Getrennt man ganze Welten sieht.

Zweierlei

Ein Mensch weist durchwegs schroff zurück
Die Meinung: »Unverdientes Glück«.
Doch gerne zollt er seine Huld
Der Fassung: »Unglück ohne Schuld«.

DICHTERLOS

Ein Mensch schreibt, ohne zu erlahmen,
Nur, sich zu machen einen Namen.
Der glänzt denn auch in Goldbuchstaben,
Doch dort bloß, wo er eingegraben.

GEWISSENSERFORSCHUNG

Ein Mensch, statt daß er sich beklag
Darüber, daß kein Mensch ihn mag,
Prüf, als Gerechter, vorher sich:
»Genau genommen – wen mag ich?!«

PHILOSOPHISCHER DISPUT

Ein Mensch verteidigt mit viel List:
Die Welt scheint anders, als sie ist!
Sein Gegner aber streng verneint:
Die Welt ist anders, als sie scheint.

Verkehrte Welt

Ein Mensch auf Sauberkeit besteht,
Obwohls ihm ziemlich dreckig geht.
Ein Unmensch zieht – oh Widersinn! –
Aus Schmutzgeschäften Reingewinn.

Lob und Tadel

Ein Mensch weiß aus Erfahrung: *Lob*
Darf kurz und bündig sein, ja grob.
Für *Tadel* – selbst von milder Sorte –
Brauchts lange, klug gewählte Worte.

Unterschied

Ein Mensch sieht staunend, wie das »Heute«
Verschiedenes der Welt bedeute:
Den einen bleibts des »Gestern« Duft –
Die andern wittern Morgenluft.

Ein Beispiel

Ein Mensch, der an der Spritze steht,
Bekämpft den Brand, so gut es geht,
Bis er zuletzt nur noch zur Not
Entrinnt dem eignen Feuer-Tod.
Ein Unmensch, der am Stammtisch sitzt,
Hätt weitaus tapferer gespritzt.
Er überzeugt nun, gar nicht schwer,
Sogar den Menschen, hinterher,
Mit prahlerischen Redeflüssen,
Daß er hätt besser spritzen müssen.
Und aus dem Menschen wird zuletzt
Ein Feigling gar, der pflichtverletzt.
Und alle rühmen um die Wette,
Wie gut gespritzt der Unmensch *hätte*.

Zivilcourage

Ein Mensch erfährt, daß unsre Zeit
Voll sei von Rücksichtslosigkeit.
Doch sieht aus Feigheit, aus bequemer,
Er ringsum lauter Rücksichtnehmer.
Die Freiheit geht wohl doch im Grunde
Aus solcher Rücksicht vor die Hunde.

Der Zauderer

Ein Mensch wollt gern mit vollen Händen
Sein Dasein an die Welt verschwenden;
Er war auch durchaus zahlungswillig –
Doch schien ihm hier ein Witz zu billig
Und viel zu teuer dort ein Spaß –
Kurz, jedesmal mißfiel ihm was.
Noch eh er richtig es begehrt,
Fand ers der Mühe nicht mehr wert.
Sollt er aufs Glück zu bieten wagen?
Schon wards Entschloßnern zugeschlagen:
Kurz, er verpaßte mit der Zeit
Gelegen- um Gelegenheit.
Der Mensch, als Greis, sich selber grollte,
Weil er sich doch verschwenden *wollte*.
Zum Schlusse hat auch er sein Leben
Dem lieben Gott zurückgegeben:
Zwar arg verstaubt und geizverschmutzt,
Sonst aber völlig unbenutzt.

Empfindlich

Ein Mensch möcht, wie heut alle Welt,
Verdienen möglichst leicht sein Geld.
Doch wird er wild, bezweifelts wer,
Daß ers verdien besonders schwer.

DER HARMLOSE

Ein Mensch von glücklicher Natur
Zeit seines Lebens nicht erfuhr,
Daß der und jener Mensch ihm grollte
Und heimlich Böses antun wollte.
Die Welt, die grause Schlangengrube,
War ihm wie seine gute Stube.
Selbst wenn sichs rund um ihn geringelt
Von Nattern, die ihn wüst umzingelt,
Blieb, nur durch eigne Heiterkeit,
Er gegen jeden Biß gefeit. –
Es sollen, als man ihn begraben,
Geweint sogar die Schlangen haben.

TEST-SUCHT

Ein Mensch weiß, von Verstand gesund,
Längst, wo begraben liegt der Hund.
Ja, selbst die dümmsten Menschen haben
Seit je gewußt, wo er begraben.
Und alle Welt kennt das Ergebnis
Von dieses Hundes Erbbegräbnis.
Doch jetzt erst wird, was lang erhärtet,
Streng wissenschaftlich ausgewertet
Und jeder Zweifel dran besiegt,
Daß hier der Hund begraben liegt.

VERHINDERTER WOHLTÄTER

Ein Mensch im Rundfunk eben hört:
»Sturmflut hat eine Stadt zerstört!«
Schon reift sein Mitleid zum Entschluß,
Daß hier geholfen werden muß.
Doch wie? Die Welt hilft ohnehin
Weit mehr als nötig, ohne ihn.
Derselbe Mensch hört wenig später,
Ein Werk der Nächstenliebe tät er,
Gäb er ein Scherflein einem Mann,
So arm, daß kaum er leben kann.
Er ist auch diesmal sehr gerührt
Und fast zur guten Tat verführt.
Doch wie? Sollt er sein Geld verzetteln,
An Schnorrer, die die Welt bebetteln? –
Der Mensch wär gut – das Unglück bloß
War hier zu klein, war dort zu groß.

DAS NETZ

Ein Mensch sieht nichts so fein gesponnen,
Daß es nicht käme an die Sonnen;
Den größern Vorteil drum gewinnt,
Wer gleich von Anfang gröber spinnt,
Weil wenigstens das Netz dann hält,
Das er den andern schlau gestellt.

VERGEBLICHE JAGD

Ein Mensch ist rastlos auf der Jagd
Nach rarstem Wild: nach einer Magd!
Er inseriert in Blatt und Blättchen –
Doch suchen Hunderte ein Mädchen.
Er fragt Bekannte, späht und horcht.
Die erste, sichtlich schon bestorcht,
Spricht vor – und sie will wiederkommen –
Vermutlich nur zum Niederkommen.
Die zweite möcht – und tut noch gnädig –
Mitbringen gleich zwei Kinder, ledig.
Die dritte zeigt sich gern bereit
Zu allem – nur nicht Hausarbeit!
Die vierte muß er rasch entlassen:
Sie hat im Schrank nicht alle Tassen.
Und das hat auch die fünfte nicht, –
Die nur, weil alle sie zerbricht.
Die sechste, grad erst frisch vom Land,
Verlangt vierhundert, auf die Hand.
Die siebte, alt und, scheints, bewährt,
Hat gleich die Ihren miternährt.
Die achte muß der Schutzmann holen,
Sie hat den Menschen ausgestohlen.
Wegjagen muß er auch die neunte,
Weil Nacht für Nacht sie draußen streunte.
Nun seufzt der Mensch: »Dann lieber keine!
Wir machen jetzt den Dreck alleine!«
Die Reu ist lang nach kurzem Wahn –
Dann geht die Jagd von vorne an ...

Partys

Ein Mensch war überall dabei,
Wos galt, zu hörn den letzten Schrei.
Dem Klüngel er sich stets gesellte,
Der allerjüngste Kunst ausstellte,
Man sah zu jedem Geist-Verzapfen
Sogar durch Schnee und Eis ihn stapfen.
Es waren immer nur die Gleichen
Beim Pfötchen- und beim Brötchenreichen.
Doch plötzlich hat der Mensch entdeckt:
Er will ja gar nicht Schmus mit Sekt!
Er ließ sich nicht mehr überlisten,
Zu machen andern den Statisten,
Die nur bedürfen all der vielen,
Damit sie große Rollen spielen.
Der Mensch ist nun daheimgeblieben –
Ein Jahr, dann war er abgeschrieben.
Er schmollt, er grollt, er ärgert sich:
Kein Mensch mehr kümmert sich um mich!

Gegenseitig

Ein Mensch beklagt das Widerstreben
Der andern, ganz (sich) hinzugeben.
Er müßt zur Frage sich bequemen:
War *er* bereit, ganz hinzunehmen?

OHNE GLÜCK

Ein Mensch, der im Gewühl der Stadt
Lang auf die Tram gewartet hat,
Bei Wind und Regen obendrein,
Steigt schon mit einem Fuße ein –
Da fleht ihn an ein fremder Herr:
»Wo Hoffbräu, sagen, bitte serr!?«
Dem Menschen ist, obwohl er eilig,
Die Gastpflicht über alles heilig,
So daß er rasch – schon sprachlich schwierig! –
Den Herrn belehrt, der wissensgierig,
Mit Hilfe manches Händewinks:
»Gerade aus, dann zweite links!«
Der Mensch hat Glück, steigt ein noch, knapp –
Die Türe schließt, die Tram fährt ab.
Beinah hätt man ihn eingezwickt!
Der neue Schirm, der ist geknickt –
Ein Opfer menschlicher Verpflichtung! – –
Der Herr enteilt – in falscher Richtung ...

UNTERSCHIED

Ein Mensch knirscht zornig, weil besiegt,
Daß Recht stets der Gewalt erliegt.
Derselbe Mensch, als Sieger, spricht:
Recht kommt doch immer noch ans Licht!

Der unerwünschte Bundesgenosse

Ein Mensch besucht, zwecks Geist-Erhellung,
Die jüngste Malerei-Ausstellung.
Doch statt erhellt, wird er verdüstert –
So daß er ziemlich hörbar flüstert,
Dies geh zu weit: dies wilde Kritzeln,
Dies Kleben, bloß aus Abfallschnitzeln!
Dies Farben-nur-aus-Tuben drücken
Zähl zu den frechsten Bubenstücken.
Schon hat an ihn, der laut gedacht,
Ein Unmensch sich herangemacht:
»Aufhängen sollt man das Gesindel
Anstatt der Bilder! Terror!! Schwindel!!
Gottlob, es gibt noch deutsche Männer!
Ich sehe schon, Sie sind ein Kenner!«
Der Mensch, von Schrecken ganz gelähmt,
Entfernt sich wortlos und beschämt,
Weil er die Schleusen selbst erschlossen
Des Unrats, der ihn jetzt begossen.

Umgekehrt

Ein Mensch wird »Pessimist« geschmäht,
Der düster in die Zukunft späht.
Doch scheint dies Urteil wohl zu hart:
Die Zukunft ists, die düster starrt!

Sport

Ein Mensch weiß noch aus Kindertagen
Vom Glanz der alten Heldensagen.
Nur Siegfried hat er nicht gemocht,
Von kleinauf, weil der unfair focht.
Und immer hat ihn schon erzürnt,
Daß der getarnt war und gehürnt.
Sich solcher Finten zu erdreisten,
Dürft heut kein Kämpfer mehr sich leisten.
Er würde *dis-* (mit einem Wort!)
*Quali*fiziert in jedem Sport
Und alle Blätter würden melden
Die Schande so entlarvter Helden.
Den Vorteil hat die Gegenwart:
Die Gleichberechtigung beim Start.
Obwohl der Mensch sich oft ertappt
Beim Wunsch, *er* wäre tarnbekappt,
Sah er moralisch sich verpflichtet,
Daß er auf solchen Trick verzichtet.

Lieblos

Ein Mensch erblickt, auf magrer Erde
Ein Kraut, sich mühend, daß es werde.
Er hofft, es werd vielleicht einst blühn –
Auf jeden Fall ist es schon grün.
Ein Unmensch kommt und reißt es aus:
Es wird ja doch nur Unkraut draus!

FREUNDSCHAFTEN

Ein Mensch, im Freundesbund der dritte,
Stand schön und arglos in der Mitte.
Da schreibt der erste, aufgebracht,
Daß mit dem zweiten er verkracht,
Der sich als Schuft erwiesen habe:
Drum sei hier Feindschaft, bis zum Grabe.
Und auch der Mensch müßt sich entscheiden
Und künftig diesen Burschen schneiden.
Des Menschen sich nun Zorn bemächtigt,
Daß Eintracht also einbeträchtigt;
Er schwört, wieviel er auch dran büßt,
Daß er den Lumpen nicht mehr grüßt.
Jedoch – er meint, ihn trifft der Schlag! –
Er sieht bereits am Nachmittag,
Als ob geschehn nichts weiter sei,
Lustwandeln Arm in Arm die zwei.
Der Mensch, mit beiden jetzt als Feinden,
Läßt sich nicht wieder eingemeinden.

ÜBERFORDERUNG

Ein Mensch bemerkt mit stillem Grollen:
Selbst Leute, die sein Bestes wollen –
Mißt er es nur mit strengem Maß –
Sie wollen was, sie wollen was!

UNBILDUNG

Ein Mensch liest nun seit Jahren schon
Das Schlagwort: Integration.
Der Mensch ist sonst ein geistig reger
Und, wie er glaubt, bisher integer –
Und weiß doch nicht, was allen Leuten
Geläufig scheint, so recht zu deuten.
Wie? denkt der Mensch, das wär noch schöner:
Wozu gibt es denn Lexiköner?
Und wirklich sucht er nicht vergebens:
»Sinnheit reellen Geisteslebens«
Als »Ganzheit«, »Kollektivsystem«
Wirds angewendet, je nachdem.
Der Mensch vermeint nun, sehr viel schlauer,
Er wüßt es jetzt auf Lebensdauer.
Doch bald er allen Mut verliert:
Es wimmelt nur von »integriert...«
Kaum daß er denkt, daß es wo paßt,
Sieht ers schon anders aufgefaßt.
Statt sich noch weiter drum zu kümmern,
Zählt schlicht der Mensch sich zu den Dümmern.

AUFPASSEN!

Ein Mensch sollt immer auf der Hut sein:
Es trügt der Schein – sogar der Gutschein!

Das Wiedersehen

Ein Mensch, im Anzug, seinem guten,
Steht schon im Regen, zehn Minuten
Und harrt auf seine Straßenbahn:
Die Linie drei kommt, endlich!, an.
Hinein! Doch sieh, wer steigt da aus? –
»Ja, servus, grüß Dich, altes Haus!« –
Ein Freund aus fernen Jugendjahren...
Wen läßt der Mensch nun besser fahren?
Die Straßenbahn, nach langem Hoffen?
Den alten Freund, den er getroffen??
Der Mensch, obgleich es stärker gießt,
Zur Freundestreue sich entschließt.
Doch eh die zwei der uralt-jungen
Gemeinsamen Erinnerungen
Sich zu entladen nur beginnen –
Ist schon der gute Freund von hinnen:
»Ein andermal!« ruft der und lacht, –
»Verzeih, da kommt grad meine Acht!«

Alter Trick

Ein Mensch braucht alle Seelenkraft,
Daß er sein Mensch-Sein selber schafft.
Ein Unmensch kennt den Trick, den kleinen:
Auf andrer Kosten Mensch zu scheinen.

So kommts

Ein Mensch steht, nur als Publikum,
Mit tausend andern dumm herum,
In Sonnenglut und Regenschauer,
Seit drei, vier Stunden auf der Lauer
Mit heißem Herzen, kalten Füßen,
Den großen Staatsmann zu begrüßen.
Er brüllt im Massen-Jubelschrei –
Wie? Wo? Der Zug ist schon vorbei.
Der Mensch nun denkt, was viele dachten:
Derlei im Fernsehn zu betrachten,
Wo hundertäugig, was geschieht,
Die Kamera für ihn besieht.
Hier Zukunft deuten, ist nicht schwer:
Die Straßen bleiben menschenleer,
Weil niemand mehr gesonnen ist,
Herumzustehen als Statist.
Zwar unumjubelt, aber schneller
Fährt durch die Stadt der Hauptdarsteller –
Wodurch, das sei schon heut betont,
Sich selbst das Fernsehn nicht mehr lohnt.

Grenzfall

Ein Mensch sieht nur ein bißchen scharf –
Schon sieht er schärfer, als er darf!

GROSSE ERWARTUNGEN

Ein Mensch vom großen Cäsar hörte:
Der konnte, ohne daß ihns störte,
Um weiter Zeit nicht zu verlieren,
Gleichzeitig schreiben und diktieren:
Triumph der Konzentration!
Viel weiter bringts des Menschen Sohn,
Der unterm Essen Zeitung liest,
Derweil ein Bach durchs Radio fließt,
Und der, indes das Fernsehn flimmert,
An seinen Basteleien zimmert
Und obendrein von Gott und Welt
Mit einem Freund sich unterhält.
Ja, zwischendurch macht dieser Knabe
Sogar noch seine Hausaufgabe.
Der Mensch darf drum als Vater hoffen:
Wer jung schon Cäsarn übertroffen,
Wird, ein Genie ganz ohnegleichen,
Im Leben allerhand erreichen.

FÜR EDELMÜTIGE

Ein Mensch ist edel, hilfreich, gut,
So daß er viel für andre tut –
Auch noch, nachdem er festgestellt:
Es gibt nur »andre« auf der Welt.

DIE PRÜFUNG

Ein Mensch sieht sich auf dieser Welt
Vor mehr als ein Problem gestellt.
Der liebe Gott, ein strenger Lehrer,
Macht ihm die Schule täglich schwerer.
Der Mensch meint oft, daß er es spürt,
Wie über ihn wird Buch geführt
Und wie im Himmel hoch ein Engel
Notiert die Leistung wie die Mängel –
Und wie wohl auch der Teufel schreibt,
Was alles er an Unfug treibt.
Wie gern möcht er – doch ists verboten! –
Nur einmal spitzen in die Noten:
Ob er ein Einser-Schüler sei,
Ob höchstens Durchschnitt, so um drei?
Ob er das Klassenziel erreicht,
Erfährt er, nach dem Tod, vielleicht!
Doch Reue keinen Sinn dann hat:
Die Prüfung fand auf Erden statt.

DER ERFOLGREICHE

Ein Mensch – ein Unmensch mehr, vielleicht,
Hat wirklich allerhand erreicht.
Die Welt nimmts hin und sie fragt nie,
Wie er es wohl erreicht hat, *wie!?*

Die Unvergesslichen

Ein Mensch, den man sonst immer sah,
Ist eines Tages nicht mehr da.
Und jetzt erst merkt man, seit er fehlt,
Wie er die andern mitbeseelt.
Familie, Freunde und Verehrer
Beklagen, daß die Welt nun leerer;
Und trauernd wird der Mensch gepriesen:
Nie mehr sehn einen wir wie diesen.
Die Welt ist rund und dreht sich schnell
Und der Ersatzmann ist zur Stell.
Macht ers nicht grad besonders schlecht,
Ist er den Leuten auch ganz recht:
Am schnellsten sind (am Wert gemessen!)
Die Unvergeßlichen vergessen!

Bestimmung

Ein Mensch, der einsieht, mit der Zeit
Man bringe es als Mensch nicht weit,
Ist, bisan brav und unverdrossen,
Zum Nicht-mehr-Menschsein wild entschlossen.
Doch Mensch-sein ist, wie er erkennt,
Ein unauslöschlich Sakrament.

ENTWICKLUNGEN

Ein Mensch, der Willkür knapp entronnen,
Freut sich der Freiheit, frisch gewonnen.
Doch schon wirds ihm zum Ärgernis:
Die Welt braucht ihre Freiheit miß.
Der Mensch, mit nüchternem Verstand,
Ruft deshalb nach der festen Hand.
Da ist sie schon! – Der Mensch schreit: »Halt!«
Zu spät – sie ist zur Faust geballt.
Das ganze Spiel von vorn beginnt –
Ob noch einmal der Mensch entrinnt?

BEFÜRCHTUNG

Ein Mensch – trotz Schiller! – muß entdecken:
Der Mensch wächst *nicht* mit größern Zwecken.
Vielmehr, die Sorge ist zunächst,
Zumal, da sich, in feigem Flüchten
Die Menschen ihn im Treibhaus züchten.
Zwar bleibt er niedrig und gestrüppig,
Doch in die Breite geht er üppig:
Der *Mensch,* voreinst der Menschheit Stolz,
Kommt nicht mehr durch das Unterholz.

DER KUNSTFREUND

Ein Mensch – kein Unmensch, Gott bewahre! –
Rauft sich vor Kummer schier die Haare,
Wenn er bedenkt, daß – nicht zu fassen! –
Van Gogh man hat verhungern lassen,
Daß Sisley – schrecklicher Gedanken! –
Ein Bild hergab für zwanzig Franken,
Daß viele arm, verkannt gestorben,
Jetzt hochbezahlt und heiß umworben.
Der Mensch hätt damals wollen leben,
Begeistert alles hinzugeben.
Hingegen den versoffnen Lumpen,
Der jüngst gewagt, ihn anzupumpen,
Den Schmierer unterstützen? Nein!
So blöd wird er ja doch nicht sein!

REUE

Ein Mensch in Reuequalen schrie:
»Oh hätt ich nie, oh hätt ich nie!«
Dann wieder, und gar wilder noch:
»Oh hätt ich doch, oh hätt ich doch!«
Zu spät! Doch oft wie Scherben passen
Zusammen falsches Tun und Lassen!

UNGEDULD

Ein Mensch, genötigt, Rat zu holen,
Wird einem Mächtigen empfohlen
Und wartet nun, geduldig-lange,
Daß dieser gnädig ihn empfange.
Doch sieht er dreist ins Zimmer treten
Unmenschen, gar nicht hergebeten;
Jetzt endlich, an der Reihe ist er –
Da heißts: »Der Herr muß zum Minister!«
Er kommt zurück – doch wie zum Hohn
Geht endlos jetzt das Telefon.
Der Mensch, sonst Warten nicht gewohnt,
Harrt aus, weil sich Geduld hier lohnt.
Doch plötzlich wird er wild und schreit,
Man glaube wohl, daß seine Zeit –
Schon eine Stunde! – er gestohlen?
Er werd beim Teufel Rat sich holen!
Der unberatne Mensch verläßt
Das Haus mit flammendem Protest.
Dies freilich blieb der einzige Rat,
Den ihm der Teufel geben tat.
Der Mensch muß Wochen nun verzetteln,
Ein zweites Treffen zu erbetteln,
Um zu erfahren, kühl empfangen:
»Tja, damals wärs wohl noch gegangen!«

Die lieben Nachbarn

Ein Mensch aus allen Wolken fällt:
Die Magd hat jahrlang ihn geprellt,
Ihn angelogen und bestohlen.
Er läßt drum einen Schutzmann holen,
Der dieses Mädchen nimmt in Haft.
Wie freut das rings die Nachbarschaft.
Vom sechsten Stock bis zum Parterr'
Wird hohn-beklagt der arme Herr,
Der – alle wußtens ja schon lange –
Genährt am Busen eine Schlange.
Es nimmt des Hauses Meisterin
Die Nachricht ganz begeistert hin,
Daß man das Miststück noch erwischt –
Sie hab sich bloß nicht eingemischt.
Die Milchfrau allen Kunden kündet,
Wie lang schon ihr Verdacht begründet
Und freudig-laut rühmt sich der Bäcker
Als frühesten Betrugs-Entdecker.
Gewarnt hat auch die Krämrin immer
Vor dem verdruckten Frauenzimmer,
Das sich so frech verlegt aufs Stehlen. –
Kurzum, es jauchzen alle Seelen.
Der Mensch, der magdlos, voll Verdruß,
Nun selbst sein Sach besorgen muß,
Ahnt nichts von solchen Wissens Macht:
»Kein Mensch«, heißts, »hätte das gedacht!«

LAUTER BEKANNTE

Ein Mensch, bei einem Stehempfang,
Schwätzt herzlich, viertelstundenlang,
Mit einem zweiten, den er kennte,
Wenn der nur seinen Namen nennte.
Ein dritter heimlich ihn beschleicht:
»Verzeihn Sie, wissen *Sie* vielleicht?«
Der Mensch kennt dunkel nur den dritten;
Ein vierter, fünfter, sechster bitten,
Zu sagen ihm, mit wem er spricht.
Doch kennt der Mensch auch diese nicht.
Ein siebenter mischt ohne Zaudern
Sich mit in das vertraute Plaudern,
Ein achter gleichfalls nun so tut,
Als kennt' er all die Herren gut.
Ein neunter, der den Saal durchstreunt,
Begrüßt den Menschen: »Alter Freund!«
Dem zehnten flüstert zu der elfte,
Bekannt komm vor ihm kaum die Hälfte.
Nun ist ein Dutzend schon vereint,
In dem von jedem jeder meint,
Er könnt ihm, wer die andern wären,
Auf das genaueste erklären.
Doch, ohne daß sich wer entpuppe,
Zerstreut sich wiederum die Gruppe,
Sich neu zu ballen, neu zu trennen –
Und lauter Leute, die sich kennen!

Falsche Verbindung

Ein Mensch, am Abend, gegen zehn,
Just im Begriff, ins Bett zu gehn,
Wird angerufen, und sofort,
Eh selbst er sagen kann ein Wort,
Mit Redeschwällen, weibgesüßt,
Als wer, der er nicht ist, begrüßt.
Der Mensch vernimmt, noch ganz benommen,
Er werde doch kein Kind bekommen, –
Geängstigt hab sie sich genug –
Und noch im gleichen Atemzug
Wird er gemahnt, mehr aufzupassen,
Mit Urschi sich nicht einzulassen,
Dem Edi nichts davon zu sagen,
Sich nicht so komisch zu betragen,
Wie bei dem blöden Ausflug neulich –
»Jaja, da warst Du ganz abscheulich!«
Und ob er wieder lieb sein wolle
Und wann sie morgen kommen solle.
Der Mensch, von solchem Schwall bedrängt,
Hat ohne Antwort eingehängt.
Doch hat ihm in der Nacht geträumt,
Er hab sein großes Glück versäumt.

EINLADUNGEN

Ein Mensch in Wurmesqual sich windet,
Weil er, wie seine Gattin findet,
Die Schnacks – welch widriger Entschluß! –
Zum Sonntagsbraten bitten *muß:*
»Du weißt, seit fast zwei Jahren schon...«
Wild geht der Mensch ans Telefon –
Doch horcht!, wie jäh die Stimm er modelt
Und hocherfreut Frau Schnack bejodelt.
Auch diese, innerlich entgeistert,
Die Schrecksekunde kunstvoll meistert:
Ganz reizend! Nur, um zuzusagen,
Müßt sie doch ihren Mann erst fragen.
Herr Schnack, nach wilden Wutergüssen,
Knurrt: Nichts zu machen, Frau, wir müssen.
Frau Schnack spricht also wieder fern:
»Natürlich – wirklich rasend gern!«
Zwei Paare schätzen nun die Posten
Der mit dem Scherz verbundnen Kosten:
Hier sinds das Essen und der Wein,
Doch auch die andern sind nicht klein:
Die Blumen, Taxi hin und her,
Trinkgeld, Friseuse und noch mehr –
Nur zu dem Zwecke, daß man lügt
Und der Gesellschaftspflicht genügt.
Doch man versichert sich beim Gehn:
»Man sollte sich viel öfter sehn!«

Zu wenig und zu viel ...

Ein Mensch, sonst feind dem Massenwahn,
Fährt eines Sonntags mit der Bahn.
Und sieh, es ist ein Mordsgeplärre
Und wüstes Drängen an der Sperre.
Der Mensch, zu stolz, sich zu beteiligen,
Wird weggestoßen von den Eiligen
Und obendrein noch roh bemängelt
Durch die Behauptung, daß er drängelt;
Just er, der fruchtlos Anstand predigt,
Wird selbst mit Rüpelei erledigt.
Der Mensch, in seiner Absicht löblich,
Erkennt, der Pöbel bleibt stets pöblich:
Der bisher Feine kommt in Zorn
Und knufft sich rücksichtslos nach vorn.
Vor Angst, nicht mitzukommen, blind,
Schont er jetzt weder Weib noch Kind,
Und rennt bei seinem Amoklaufen
Wild Greis und Säugling übern Haufen.
Er hat nun, was ihn selber schmerzt,
Sein Recht auf Vornehmheit verscherzt.
Ein Mensch sei – eine alte Regel –
Nicht unter Flegeln Oberflegel:
Er sei ein mäßiger Grobian,
Doch zielbewußt, von Anfang an!

Die Stubenfliege

Ein Mensch, von einem wilden Brummer
Gekitzelt aus dem Mittagsschlummer
Kriegt auf das Mistvieh eine Wut –
Doch er bedenkt – der Mensch ist gut! –
Daß dieses Tier an sich nicht schuldig:
Und darum fängt er es geduldig,
Wie frech's auch zwischen seiner Nase
Hintaumelt und dem Fensterglase.
Den unerwünschten Zimmergast
Läßt er ins Freie, zärtlich fast
Und ist von Herzen überzeugt,
Daß Gott, der doch die Welt beäugt,
Für gute Tat ihm dankbar sei. –
Doch sieh! Ein Vogel schwirrt vorbei
Und hascht, ganz selbstverständlich-roh,
Den Brummer, der so lebensfroh.
Der Mensch erkennt, daß gute Taten
Durch Gottes Ratschluß oft mißraten.

Zeitmangel

Ein Mensch hat, obzwar hilfsbereit,
Für seinen Nächsten nicht mehr Zeit.
Denn diese Zeit stiehlt ihm der Frechste –
Auch wenn er erst der Übernächste.

Nach Jahr und Tag

Ein Mensch begegnet, nach Jahrzehnten,
Dem Weib, dem brünstig einst ersehnten
Und, angesichts der Fleischesmassen,
Kann er es einfach nicht mehr fassen,
Daß so die Knospe aufgeblüht,
Die einst beunruhigt sein Gemüt,
Doch sieh! Die damals, ach, so kühle,
Schwimmt, schwelgt und schwärmt im Hochgefühle
Von süßen, unvergeßnen Stunden –
Die seinerzeit nicht stattgefunden.

Auch ...

Ein Mensch hat, immer hilfsbereit,
Dem guten Freund in schlechter Zeit
Den Weg zu einem Herrn vermittelt,
Der einflußreich und hochbetitelt.
Der Freund, gefördert unermeßlich,
Zeigt undankbar sich und vergeßlich.
Er rühmt dem Menschen stolz und gern,
Wie gut er kenne jenen Herrn –
Nur sei's, das woll' er nicht verhehlen,
Sehr schwer, ihm andre zu empfehlen.
Da trifft ihn jäh Erinnerungshauch:
»Ach so«, sagt er, »den kennst Du auch!?«

DER FEHLSCHUSS

Ein Mensch, beim Wein, wird stumm und stummer.
Der Freund bemerkt, der Mensch hat Kummer.
Bemüht, ihm diesen zu entlocken,
Bleibt still der Freund am Anstand hocken:
Das trauerträumrische Weheh
Tritt aus dem Walde wie ein Reh.
Der Freund, der oft genug aufs Blatt
Mit scharfem Witz getroffen hat,
Schießt auf den scheuen Seelenschmerz
Und trifft ihn – aber nicht ins Herz.
Der Mensch – der Seelenschmerz – das Reh –
Wie sag ichs, daß man's recht versteh? –
Hat gramvoll, blutend sich gewendet
Und ist im Dickicht still verendet.

MENSCH UND UNMENSCH

Ein Mensch, der leicht zu kränken ist,
Wird rasch das Opfer roher List:
Ein Unmensch hats drauf angelegt,
Daß er des Menschen Zorn erregt,
Bis der, infolge schwacher Nerven,
Bereit ist, alles hinzuwerfen.
Der Unmensch brauchts nur aufzuheben,
Um ganz vergnügt davon zu leben.

UNVERHOFFTER ERFOLG

Ein Mensch, zum Wettlauf mitgestartet,
Hat Sieg und Ruhm sich kaum erwartet.
Was soll von sauerm Schweiß er triefen?
Genügt ihm doch ein »Ferner liefen...«
Schon hat er – und kanns selbst nicht fassen –
Die meisten hinter sich gelassen.
Nun strengt, am Ende fast der Bahn,
Verzweifelt er die Kräfte an:
Nur einer, aus dem Startgedränge,
Rennt ihm voraus, um Nasenlänge.
Vermutlich wär, noch als der letzt',
Der Mensch, der nichts auf sich gesetzt,
Gelassen blieben, neidlos-heiter:
Jetzt weint er schier – er ward nur Zweiter!

SELBSTLOSER RAT

Ein Mensch, ganz scheußlich abgehetzt,
Schwört, in den Urlaub fahr er jetzt –
Wozu auch jeder Kunde rät:
Vielleicht schon morgen seis zu spät.
Sofort – schließt jeder seine Predigt –
Wenn *meine* Sache Sie erledigt,
Dann müssen Sie, mags schlecht auch passen,
Entschlossen alles liegen lassen!

Schicksal

Ein Mensch, aus Angst, er könnt den Schrecken,
Den Drachen, aus dem Schlafe wecken,
Den Lebensatem schier verhält:
Auf Zehen schleicht er durch die Welt.
Nur einmal er daneben tappt:
Schon hat das Scheusal ihn geschnappt.
Ein Unmensch trampelt dreist und dumm
Dem Schicksal auf dem Bauch herum:
Das rührt sich höchstens, um den Rachen
Einmal zum Gähnen aufzumachen,
Schläft weiter, schon vom Menschen satt,
Dens grade aufgefressen hat.
Der Unmensch treibst noch Jahr um Jahr –
Ganz ohne Ahnung der Gefahr.

Vorsicht!

Ein Mensch, bei Nacht und Nebel hätte
Geraucht gern eine Zigarette –
Doch es gelingt ihm nicht – verdammt! –
Daß er das Zündholz recht entflammt.
Fort wirft ers und fängt an, zu fluchen:
»Der Teufel!« ruft er, »mags versuchen!«
Flugs zeigt der Teufel seine Kunst:
Den Wald verschlingt die Feuersbrunst.

Am Tisch des Lebens

Ein Mensch tät sich noch gerne gütlich,
Doch wirds am Tische ungemütlich:
Auf seinen Eßplatz wartet schon
Die nächste Generation,
Mit großem Löffel, spitzer Gabel,
Das Messer wetzend wie den Schnabel.
Der Mensch, der – was noch unvergessen! –
Manch zähes Zeug hineingefressen
Und der es oft schon satt gehabt,
Hätt zwar grad jetzt sich gern gelabt,
Wo es vorübergehend besser –
Doch schaut er sich die neuen Esser
Nicht ohne tiefe Rührung an:
Er sieht den holden Jugendwahn,
Der zu verspeisen sich getraut,
Was er, als Greis, nicht mehr verdaut.
Freiwillig rückt er sich ins Eck
Und trinkt sein letztes Schöpplein weg.
»Denn«, sagt er sich, bescheiden-klug:
»Viel oder wenig war – genug!
Auch diesen wird nicht ungemischt
Des Lebens Freude aufgetischt.
Geb Gott nicht allzu grobe Brocken –
Laß munter sie beisammenhocken,
Bis auf den Platz die nächsten kommen,
Den ich auch – zeitweis – eingenommen.
Gespeist – gezahlt: nun bin ich quitt
Und wünsche Guten Appetit!«

Der Wunderdoktor

Vorwort

Klar steh am Anfang des Gedichts:
Von Medizin versteh ich nichts!
Der Leser sei vor dem gewarnt,
Was hier sich wissenschaftlich tarnt,
Denn es ist bestenfalls zum Lachen –
Nie, um davon Gebrauch zu machen.
Mein Blick ist leider gar nicht klinisch,
Ich geb mich hier nur medi-zynisch.
Erschien doch zu der Menschheit Fluch
Manch närrisch-ernstgemeintes Buch:
Da werd auch ich, statt tief zu schürfen,
Zum Spaß wohl Unsinn bringen dürfen.
Mit ihren Lesefrüchten treiben
Obsthandel viele, die da schreiben;
Nun – da erhofft von mir man kaum
Nur Früchte vom Erkenntnisbaum.
Und scheints euch oft, ich hätt kein Herz
Und triebe mit Entsetzen Scherz –
Besänftigt den Entrüstungssturm:
Auch ich hab oft mich wie ein Wurm
Gekrümmt vor Schmerzen, Tag und Nacht,
Und schließlich hab ich *doch* gelacht.
Die Welt, sie ist im Grunde roh,
Und trotzdem sind die Menschen froh.
Drum lest und lacht – denn, Gott sei Dank,
Es lacht so leicht sich keiner krank.
Doch freuen sollt michs, wenn durch Lesen
Und Lachen mancher wollt genesen!

LOB DER HEILKUNST

Zwar Handwerk oft und nur zum Teil Kunst
Ist doch das Wichtigste die Heilkunst.
Gäb sonst ein Künstler so bescheiden
Sich ab mit kleinen Erdenleiden?
Unsterblichkeit ist Künstlers Ziel –
Heilkünstler wollen nicht so viel:
Sie sind zufrieden, kommts so weit,
Daß nachläßt nur die Sterblichkeit.
Die andern Künste sind im Grunde
Doch nur Genüsse für Gesunde:
Mitunter mehr als ein Gedicht
Den Kranken ein Rezept anspricht,
Und mehr als ein Gemäld ihm gilt
Ein wohlgetroffenes Krankheitsbild,
Weil ihm vor allem daran liegt,
Daß selbst er wieder Farbe kriegt.
Hörst du vor Schmerz die Engel singen,
Der Doktor zwingt ihn, abzuklingen.
So ist im Arzte Blüt und Kraft
Vereint von Kunst und Wissenschaft.

DIE ÄRZTE

1.

Die Ärzte sind verschiedner Art;
Ich schildre den zuerst, der zart:
Oft ist er wie ein Lämmlein sanft,
Noch spielend an des Todes Ranft,
Erzählt uns muntre Anekdötchen,
Macht Männchen oder gibt uns Pfötchen.
Er zwitschert fröhlich wie ein Schwälbchen
Und er verschreibt ein harmlos Sälbchen,
Tablettchen oder bittre Pillchen
Und funkelt schalkhaft durch sein Brillchen
Mit Äuglein, frömmer als ein Rehlein –
Selbst Darmkrebs nennt er noch Wehwehlein.
Froh ist am Schluß das arme Kränkchen,
Wenn er nun fortgeht, Gott sei Dänkchen.

2.

Wenn ich den Läppischen nicht lobe,
Ist doch auch unerwünscht der Grobe.
Er mustert streng uns, herzenskalt:
»Was, über Sechzig sind Sie alt?
Da wird es sich wohl nicht mehr geben –
Nun ja, wer will denn ewig leben?«
»Gelebt, geliebt, geraucht, gesoffen –
Und alles dann vom Doktor hoffen!«
So etwa spricht er, grimmig barsch:
»Nicht zimperlich jetzt. Ausziehn, marsch!«
»Im Kopf fehlts? Nun, das dacht ich gleich –
Da ist ja das Gehirn schon weich!«
Holt er den Nagel von der Zeh
Und man erklärt, das tue weh: –
»Wenns wohl tät, wärt ihr da in Haufen,
Und ich käm gar nicht mehr zum Schnaufen.«
Er knurrt wohl auch, ein wüster Spaßer:
»Sie stehn ja bis zum Hals im Wasser!«
Auch sagt er, statt uns Trost zu gönnen:
»Viel wird man da nicht machen können!«
Scheint er als Mensch auch nicht vergnüglich,
Ist er doch meist als Arzt vorzüglich.

3.

Sag ich zu beiden Fällen nein –
Fragt ihr: »Wie soll der Arzt denn sein?«
Die Antwort hab ich da geschwind:
So, wie gottlob fast alle *sind!*
Der gute Arzt ist nicht zu zärtlich,
Doch ist er auch nicht eisenbärtlich.
Nicht zu besorgt und nicht zu flüchtig,
Er ist, mit einem Worte, tüchtig.
Er ist ein guter Mediziner,
Erst Menschheits-, dann erst Geldver-Diener.
Gesunde fühlen sich wie Götter
Und werden leicht am Arzt zum Spötter.
Doch bricht dann eine Krankheit aus,
Dann schellen sie ihn nachts heraus
Beim allerärgsten Sudelwetter
Und sind ganz klein vor ihrem Retter.
Der kommt – nicht wegen der paar Märker,
Die Nächstenliebe treibt ihn stärker,
(Schlief er auch noch so süß und fest)
Zu kriechen aus dem warmen Nest.
Behandelt drum den Doktor gut,
Damit er euch desgleichen tut!

DER ZAHNARZT

Nicht immer sind bequeme Stühle
Ein Ruheplatz für die Gefühle.
Wir säßen lieber in den Nesseln,
Als auf den wohlbekannten Sesseln,
Vor denen, sauber und vernickelt,
Der Zahnarzt seine Kunst entwickelt.
Er lächelt ganz empörend herzlos
Und sagt, es sei fast beinah schmerzlos.
Doch leider, unterhalb der Plombe,
Stößt er auf eine Katakombe,
Die, wie er mit dem Häkchen spürt,
In unbekannte Tiefen führt.
Behaglich schnurrend mit dem Rädchen
Dringt vor er bis zum Nervenfädchen.
Jetzt zeige, Mensch, den Seelenadel!
Der Zahnarzt prüft die feine Nadel,
Mit der er alsbald dir beweist,
Daß du voll Schmerz im Innern seist.
Du aber hast ihm zu beweisen,
Daß du im Äußern fest wie Eisen.
Nachdem ihr dieses euch bewiesen,
Geht er daran, den Zahn zu schließen.
Hat er sein Werk mit Gold bekrönt,
Sind mit der Welt wir neu versöhnt
Und zeigen, noch im Aug die Träne,
Ihr furchtlos wiederum die Zähne:
Die wir – ein Prahlhans, wers verschweigt –
Dem Zahnarzt zitternd nur gezeigt.

WUNDERMÄNNER

Aufs Zeil-Eis führt man keinen mehr –
Doch kommt halt immer wieder wer,
Gesendet, daß er nebenbuhle
Der starren Medizin der Schule,
Die gegenüber solchen Tröpfen
Versucht, sich frostig zuzuknöpfen.
Wie zwischen Waiblingern und Welfen
Hebt drüber, inwieweit sie helfen,
Bald an ein heftiges Gezeter:
Hie Ärzte, hie Erfolgsanbeter!
Dann trüben rasch die Strahlenkräfte
Des Wundermanns sich zum Geschäfte.
Eh er geheilt die letzten Blinden,
Wird wieder spurlos er verschwinden.
Ans Stanniol glaubt keiner mehr –
Doch kommt halt immer wieder wer ...

WERTBEGRIFFE

Der eigne Herd ist Goldes wert.
Doch nicht so ists beim Krankheitsherd,
Da bringt der *fremde* Gold allein
Dem Arzt und Apotheker ein.

CHIRURGIE

Wenn wer (damit es sich nicht sträubt)
Sein Opfer erst einmal betäubt,
Sich Geld verschafft dann mit dem Messer,
So ist das sicher ein Professer.
Die Operation gelingt
Dem Arzt von heute unbedingt.
Kommt gar der Patient davon,
Ists für den Doktor schönster Lohn –
Weil beiden Freude dann gebracht
Der gute Schnitt, den er gemacht.

SCHNITTIGES

Wir scheuen alle zwar das Messer –
Doch Scherereien sind nicht besser.

EINEM BERÜHMTEN

Wenn du auch noch so gut chirurgst,
Es kommt der Fall, den du vermurkst.

WANDLUNGEN DER HEILKUNST

Es wechseln ärztliche Methoden
Beinah so wie die Damenmoden:
Klistieren, Schröpfen, Hygiene,
Schilddrüse, Blinddarm, Mandeln, Zähne –
Auf all das stürzt sich voller Kraft
Der Reihe nach die Wissenschaft.
Was gestern galt, das wird als Wahn
Gewiß schon heute abgetan.
Doch glücklich, wer, eh es zu spät,
Was morgen Mode wird, errät.
Nur ist vergeblich alle Müh,
Errät es einer – allzufrüh.

ÄRZTLICHES ZEUGNIS

Der Arzt bezeugt, je nach Befund,
Daß du a) krank bist, b) gesund.
Ein klarer Fall, wenn ohne List
Du wirklich sein willst, was du bist.
Doch meistens suchst du nur den *Schein*.
Will dir der Arzt gefällig sein.
Stellt er – denn darauf läufts hinaus –
Sich selbst ein Armutszeugnis aus...

Klare Entscheidung

Ja, der Chirurg, der hat es fein:
Er macht dich auf und schaut hinein.
Er macht dich nachher wieder zu –
Auf jeden Fall hast du jetzt Ruh.
Wenn *mit* Erfolg, für längere Zeit,
Wenn *ohne* – für die Ewigkeit.

Homöopathie

Leicht läßt Gesundung sich erreichen,
Wenn einer Gleiches heilt mit Gleichem.
Zu der Behandlung braucht man nur
Zwei Dutzend Fläschchen, eine Uhr
Und die Geduld, daß man bestimmt
In jeder Stund drei Tropfen nimmt.

Honorarisches

Es lehrt uns Hahnemann, es habe
Die größte Wirkung kleinste Gabe.
Und mancher Arzt hält das für wahr,
Wenns nicht betrifft sein Honorar.

LAUTER DOKTOREN

Ein kleiner Unfall ist geschehn:
Rasch heißts nach einem Doktor sehn!
Das ist nicht schwer – die Welt ist klug,
Doktoren gibt es grad genug!
Der erste den man rufen will,
Ist leider nur ein Dr. phil.
Der zweite, welcher helfen soll,
Ist ausgerechnet ein rer. pol.
Der dritte, dem man auf der Spur,
Stellt sich heraus als Dr.jur.
Der vierte ist ein Dr.-Ing.,
Der fünfte, endlich, medizin'sch.
Doch schlimmer als ein Erzquacksalber:
Er ist nur Dr. ehrenhalber!

DER STABSARZT

Der Stabsarzt sieht, als Optimist,
Dich viel gesünder, als du bist.

Der rechte Arzt

Fehlt dirs an Leber, Lunge, Magen,
Mußt du es den Bekannten sagen,
Damit sie, die dir Heilung gönnen,
Dir ihren Arzt verraten können.
Ist deine Krankheit eine schwierige,
Kann keiner helfen als der *ihrige*.
Sie möchtens schriftlich dir bescheinigen,
Daß du verratzt bist mit dem deinigen.
Herr Meier, der sich unterfing
Und nicht zu *ihrem* Doktor ging –
Es fehlte ihm wie dir das gleiche –
War nach sechs Wochen eine Leiche.
Herrn Schmidt, der auch es ausgeschlagen,
Den hat man bald hinausgetragen,
Den braven Mann, den unermüdlichen,
Er liegt im Friedhof jetzt, im südlichen.
Doch Schneckenbeck, für dessen Leben
Kein Mensch ein Fünferl mehr gegeben,
Dem gab *ihr* Doktor eine Salbe:
Jetzt trinkt er täglich siebzehn Halbe!
Drum, willst du sinken nicht ins Grab,
Dann laß von deinem Doktor ab
Und lasse nur noch einen holen,
Der von Bekannten dir empfohlen,
Weil du nur dann – wenn doch du stirbst –
Ein Recht auf Mitleid dir erwirbst.
Sonst sagen sie nur, tief empört:
Er hat ja nie auf uns gehört!

Neue Heilmethoden

Berühmt zu werden, liegt an dem:
Du mußt begründen ein System!
Such was Verrücktes und erkläre,
Daß alles Heil im Kuhmist wäre,
Dem, auf die Wunde warm gestrichen,
Noch jede Krankheit sei gewichen
Und den, nachweislich, die Azteken
Geführt in ihren Apotheken ...
Hält man dich auch für einen Narren,
Du mußt nur eisern drauf beharren,
Dann fangen immer einige an,
Zu glauben, es sei doch was dran,
Und du gewinnst dir viele Jünger,
Die deine Losung: »Kraft durch Dünger!«
Streng wissenschaftlich unterbauen
Und weiterkünden voll Vertrauen.

Orthopädie

Die Kniee knickt nicht nur das Laster –
Nein, auch das harte Straßenpflaster
Führt brave Jünglinge und Mädchen
In die Gewalt des Orthopädchen.
Auslagen sind dann immer groß,
Einlagen häufig wirkungslos.

LEGENDE

Zu einem wackern Gottesknecht,
Der durch Arzneikunst schlecht und recht
Sein nicht zu üppig Brot erwarb,
Sprach einst ein Kranker, eh er starb,
Verärgert durch die letzten Qualen:
»Laß dir zurück dein Schulgeld zahlen!«
Der Arzt, der recht sich überlegt,
Was er fürs Studium ausgelegt,
Fand diesen Vorschlag gar nicht dumm
Und lief nun überall herum
Bei hohen und bei niedern Stellen,
Bei den Dekanen und Pedellen,
Berief sich auf des Sprichworts Macht –
Doch wurde er nur ausgelacht.
Man nannte schließlich ihn verrückt
Und keinesfalls ists ihm geglückt,
Obwohl ers trieb bis zur Ermattung,
Zu finden Lehrgeldrückerstattung.
Wär schwach die Welt in *einem* Falle,
Dann kämen sie ja alle, alle,
Und möchten fröhlich leben später
Vom Geld, das zahlten ihre Väter.

APOTHEKER

Ein Glück, daß wir der Medizinen
Nicht völlig gratis uns bedienen,
Nein, daß das Schicksal, mild und weise,
Schuf hohe Apothekerpreise.
Nicht immer ist ein Arzt dein Retter,
So er dein Schwager oder Vetter
Und ringsum an beherzte Huster
Umsonst verteilt die Ärztemuster.
Im Kostenlosen liegt ein Reiz:
Man frißts hinein aus purem Geiz.
Ja, würden nach gehabten Proben
Die Leute wenigstens noch loben!
Doch sagen sie, es sei ein Dreck
Und habe alles keinen Zweck!
Der hohe Preis als höherer Wille
Schlägt ab den Sturm auf die Pastille.
Denn noch ein jeder hat bedacht sich,
Wenns heißt: »Macht fünf Mark dreiundachtzig.«
Es lobt darum ein weiser Seher
Der Säftleinmischer, Pillendreher
Uraltes, heiliges Geschlecht,
Das zwar nicht billig – aber recht!

BLINDDARM

Der Blinddarm lebt im dunkeln Bauch,
Ist nicht nur blind, ist taubstumm auch,
Ein armer Wurm, unnütz und krumm
Und, höchstwahrscheinlich schrecklich dumm,
Infolgedessen leicht gereizt,
Sobald sich irgend etwas spreizt.
Wir merkens leider meist zu spät,
Wenn dieser Wurm in Wut gerät.
Denn, ach, er kanns nicht anders künden
Als durch ein heftiges Sich-entzünden.
Wie wollt man ihn um Ruhe bitten? –
Kurzweg wird er herausgeschnitten.
Und ohne Wurmfortsatz wird jetzt
Das Leben einfach fortgesetzt.

STEINLEIDEN

Ein Nieren- oder Gallenstein
Mag ungeheuer schmerzhaft sein.
Wer aber redet von den Schmerzen,
Die oft ein Stein macht auf dem Herzen?
Das ist der beste Arzt der Welt,
Der macht, daß er herunterfällt!

HAUTLEIDEN

Oft führ man gern aus seiner Haut,
Doch, wie man forschend um sich schaut,
Erblickt man ringsum lauter Häute,
In die zu fahren auch nicht freute.
Hätt sich auch einer selbst erspürt
Als Narr, wo ihn die Haut anrührt,
Er bleibt, nach flüchtigem Besinnen,
Doch lieber in der seinen drinnen!

HYGROMETRIE

Unmittelbar hat ein Erlebnis
Oft tiefe Rührung zum Ergebnis
Und den Entschluß, ganz sicher nun
Sofort die gute Tat zu tun.
Jedoch der aufgewallten Rührung
Folgt Zeit zuerst, dann Nichtausführung.
Die Welt bleibt deshalb voll von Tränen
Und genialen Trocknungsplänen.
Vermutlich braucht sie jederzeit
Ihr gleiches Maß an Feuchtigkeit.

HERZ

Leicht fiel' das Herz uns in die Hosen
Würd es nicht auf das Zwerchfell stoßen.
Gefährlich, gar in unsern Tagen,
Ists, auf der Zunge es zu tragen.
Man lasse es noch bestenfalls,
Aus Angst wohl klopfen bis zum Hals
Und nehms, wenn man das nötig fände,
Mit Vorsicht fest in beide Hände!
Doch hat dies alles wenig Zweck:
Man laß es auf dem rechten Fleck!

HERZKLAPPE

Oft klappen Herzenssachen nicht,
Wobei das Herz meist nicht gleich bricht.
Herzklappenfehler heilt man wohl
Im ersten Schmerz mit Alkohol.
Dreht sichs, wie meist, um Frauenzimmer,
Ist einer leicht geheilt für immer.

AUGENLEIDEN

Schlecht sehn – ein Glas hilft da fast immer,
Doch *nur* das Schlechte sehn ist schlimmer.
Scharf zuzusehn empfiehlt sich nicht,
Denn es zerstört die Zuversicht.
Sehschärfe schadet dem Gemüte,
Wenn wir sie mildern nicht durch Güte.
Rezept: Vertrau dich dem Geschick
Des Optikers für inneren Blick!

SCHWINDEL

Zur *Ohnmacht* kann der Schwindel führen,
Bis das Bewußtsein wir verlieren.
Das Selbstbewußtsein, wie bekannt,
Hält auch dem ärgsten Schwindel stand.
Im übrigen nehmt euch in acht:
Oft führt der Schwindel auch zur *Macht!*

AUF DER REISE

Schon schlimm genug, wenn sich daheim
Entwickelt einer Krankheit Keim,
Wo du, um etwas auszubrüten,
Das eigne Bett nur brauchst zu hüten. –
Doch scheußlicher, wenn in der Fremden,
Wo du beschränkt an Geld und Hemden,
in, beispielsweise, Wolfenbüttel,
Dich jäh erfaßt ein Frostgeschüttel,
Wenn dir in Schneizelreuth, in Krün,
Wird gar der Lebensfaden dünn;
Vielleicht fällts grad in Schwarzenstein
Der häßlichsten der Parzen ein,
Dir – Gottlob ohne langes Leiden –
Besagten Faden abzuschneiden.
Vergebens du dem Schicksal grolltest,
Liegst du nun, wo du gar nicht wolltest,
Jetzt unterm Marmor oder Tuffstein
In Berchtesgaden oder Kufstein.
Darum, mein Lieber, überlegs
Und werde krank nicht unterwegs!

GEMÜTSLEIDEN

Es können die Gemütskrankheiten
Nur, wo Gemüt ist, sich verbreiten;
Drum gehen auch, zu unserm Glück,
Gemütskrankheiten stark zurück.

ÜBELKEIT

Du magst der Welt oft lange trotzen,
Dann spürst du doch: es ist zum –.
Doch auch wenn deine Seele bricht,
Beschmutze deinen Nächsten nicht!

BRÜCHE

So mancher geht, zwar unter Schmerzen,
Noch aufrecht mit gebrochnem Herzen.
Doch nicht, wer Arm und Bein gebrochen:
Das Herz hat eben keine Knochen!

FUSSLEIDEN

Auf Freiersfüßen langsam gehe,
Denn auf dem Fuße folgt die Ehe.

REIZTHERAPIE

Gereizte Menschen gnug ich find.
Doch wo sind die, die reizend sind?

SONNENBRAND

Auch in der Sonne höchster Gnaden
Lernt, Freunde, richtig sonnenbaden!

SONDERBAR

Am ärgsten fällt der Größenwahn
Oft grad die kleinen Leute an.

Schwacher Magen

Ein Jüngling, einen frohen Abend
Im Freundeskreis genossen habend,
Belügt sich, schon ins Bett gesunken,
Er habe gar nicht viel getrunken.
Doch schon erfaßt ihn wild und schnell
Das sogenannte Karussell.
Er bittet Gott in seiner Pein,
Nachsichtig noch einmal zu sein,
Und nun bekennt er, reueoffen:
»Jawohl, ich hab zuviel gesoffen.
Ich tu es nie mehr, werde brav –
Nur heute gönne mir den Schlaf!«
Nun, es kann sein, er kommt hinüber,
Doch meistens endet sowas trüber. –
Der Wein gilt zwar als Sorgenbrecher,
Doch oft ist halt der Magen schwächer.

Rezept

Die Vorsicht ist auch dann noch gut,
Wenn man was nicht aus Rücksicht tut.

SCHNUPFEN

Beim Schnupfen ist die Frage bloß:
Wie kriege ich ihn – wieder los?
Verdächtig ists: die Medizin
Sucht tausend Mittel gegen ihn,
Womit sie zugibt, zwar umwunden,
Daß sie nicht eines hat gefunden.
Doch Duden sei als Arzt gepriesen,
Der Nießen milderte zu Niesen.
Der bisher beste Heilversuch
Besteht aus einem saubern Tuch,
Zu wechseln un-ununterbrochen
Im Lauf von etwa zwei drei Wochen.
Zu atemschöpferischer Pause
Bleibt man am besten still zu Hause,
Statt, wie so häufig, ungebeten
Mit bei Konzerten zu trompeten.
Rezept: Es hilft nichts bei Katarrhen
Als dies: geduldig auszuharren.
Der Doktor beut hier wenig Schutz –
Im besten Fall nießt er nur Nutz.

NEUER BAZILLUS

Es fanden die Bazillen-Jäger
Den neuen Ärgernis-Erreger!
Derselbe kündet andern laut,
Wie trüb er in die Zukunft schaut
Und wie es demnächst auf der Erde
Bestimmt ganz scheußlich zugehn werde.
Die andern davon überzeugt,
Stehn kummervoll und tief gebeugt.
Doch der Bazill, persönlich heiter,
Wirkt, überaus befriedigt, weiter!

I.G.-FARBEN

Mit Recht nennt, wer es nimmt genau,
Der Heilkunst Vorzeit trüb und grau:
Es gab noch keine I.G.-Farben,
Die Menschen wurden krank und starben.
Sie sterben heute noch mitunter,
Doch erstens später, zweitens bunter!

Durchfall

Wenn einer viele Wochen lang
Den Prüfungsstoff, den er verschlang
Und der, zumal er schlecht gekaut,
Ihm liegt im Magen, unverdaut,
Nun plötzlich, ausgequetscht wie toll,
Durch Reden von sich geben soll:
Was Wunder, daß sein Hirn verstopft,
Das Herz ihm klopft, der Schweiß ihm tropft!
Zum Munde kommt ihm nichts heraus,
Doch irgendwo muß es hinaus –
Wild rast es in ihm eingeweidlich
Und Durchfall ist dann unvermeidlich!

Merkwürdig

Viel Weisheit braucht es meist, zu tragen
Den leeren, allzu leichten Magen.
Zu schleppen selbst den schwersten Bauch,
Genügt mitunter Dummheit auch.

SPRITZIGES

Die Medizin wird mehr und mehr
Jetzt zur Gesundheitsfeuerwehr.
Hat irgendwo was weh getan –
Gleich rückt sie mit der Spritze an,
Seis um des Fiebers Glut zu dämpfen
Und rasch den Brandherd zu bekämpfen,
Seis, zu vermeiden Infektion:
Der Arzt macht eine Injektion.
Gut, daß der Mann da an der Spritze
Gelernt hat, wo das Übel sitze,
Denn träfe er die Krankheit nicht,
Er *löschte* leicht das Lebenslicht!

VORBEUGUNG

Daß es nicht komme erst zum Knaxe,
Erfand der Arzt die Prophylaxe.
Doch lieber beugt der Mensch, der Tor,
Sich vor der Krankheit, als ihr vor.

BLUTDRUCK

Obzwar wir sonst es gar nicht schätzen,
Wenn andre uns heruntersetzen,
So sind wir doch dem Arzte gut,
Der solches mit dem Blutdruck tut.

ERKENNTNIS

Zwei Dinge trüben sich beim Kranken:
a) der Urin, b) die Gedanken.

GESCHWÜLSTE

Für einen, der geschwollen tut,
Ist Kälte ganz besonders gut.

UNTERSCHIED

Müßt, was er liest, so mancher essen –
Ihm grauste wohl vor solchem Fressen!

LEBENSANGST

Oft hat man schrecklich Angst vorm Leben,
Doch mit der Zeit wird sich das geben!
Das Leben ist ein alter Brauch
Und andere Leute leben auch,
Obwohl sies eigentlich nicht können –
Rezept: Der bösen Welt nicht gönnen,
Daß sie verächtlich auf uns schaut!
Nur frisch der eignen Kraft vertraut!
Am Leben krankt nur, wer gescheit –
Gesunde Dummheit, die bringts weit!

BÄDER

Wenn sie als Kind zu heiß uns baden,
So merkt man später wohl den Schaden.
Doch kann man auch mit kalten Duschen
Uns unsre Jugend arg verpfuschen.

REKORDSUCHT

Der Patient es gerne sieht,
Wenn für sein Geld auch was geschieht,
Und daß, gar wenns die Kasse zahlt,
Man oft ihn badet und bestrahlt,
Ihm Tränklein massenhaft verschreibt,
Ihm Salben in den Rücken reibt.
Ja, selbst wenn er vor Schmerzen winselt,
Will er den Hals gern ausgepinselt.
Er wird die Ärzte tüchtig preisen,
Die ihn dem Facharzt überweisen.
Sei es bewußt, seis unbewußt –
Das Wandern ist des Kranken Lust.
Erschöpfen würde er die Kraft,
Wenns ging, der ganzen Wissenschaft,
Nicht um gesund zu werden, nein –
Nur, um der kränkste Mensch zu sein.

BILLIGER RAT

Zum Doktor du nicht gehen brauchst
Solange du noch trinkst und rauchst.
Wozu sich lang verschreiben lassen,
Was man doch selbst weiß: Bleiben lassen!

UNTERSUCHUNG

Der ärgste Schmerz uns manchmal tratzet,
Denn: medico praesente tacet.
Auf deutsch: Es hat uns bis zum Wahn
Noch eben etwas weh getan –
Doch fragt der Doktor: Wo? Wie? Wann?
Nichts Rechtes man ihm sagen kann.
Der Schmerz, er ist wie weggeblasen
Um unverzüglich neu zu rasen
Mit deutlich feststellbarer Pein,
Kaum, daß wir wieder ganz allein.

SELBSTERKENNTNIS

Beliebt ist stets der Patient,
Der seine Leiden selbst erkennt
Und nun den Doktor unterrichtet,
Zu welchen Mitteln er verpflichtet.
Tut der jedoch dergleichen *nicht*,
Nein, eigensinnig seine Pflicht,
Hat er sichs selber zuzuschreiben,
Wenn solche Kranke fern ihm bleiben
Und künftig nur zu Pfuschern gehn,
Die sie (und ihr Geschäft) verstehn.

LOB DES SCHMERZES

Es sagt der Arzt euch klar und klippe,
Daß längst Freund Hein mit seiner Hippe
Hätt manchen von uns weggemäht,
Käm er nicht meistens viel zu spät,
Indem der Mensch, vom Schmerz gewarnt,
Noch eh das Schicksal ihn umgarnt,
Sowohl die eigne Lebenskraft
Als auch den Mann der Wissenschaft
(Soferne er nicht ganz verblendet)
An die Gefahrensstelle sendet.
Tritt wirklich dann der Tod uns nah,
Sieht er, der Doktor ist schon da,
Der leicht ihm macht die Sense schartig –
Und er entfernt sich wieder, artig.

STÖRUNGEN

Herzklopfen bessern Hoffmannstropfen.
Doch nichts hilft gegen Teppichklopfen.

Kranke Welt

Nicht nur du selber kannst erkranken,
Die Leidgewalt kennt keine Schranken.
Auch was du hieltst für rein mechanisch,
Erkrankt oft depressiv und manisch.
Oft schleicht die Straßenbahn bedrückt,
Ein Telefon schellt wie verrückt,
Fährst du grad bei dem Schutzmann vor,
Stirbt untern Händen dein Motor.
Befällt der Brechreiz das Geschirr,
Saust es hinunter mit Geklirr.
Schifahrern beispielsweis tuts weh,
Zu laufen auf dem kranken Schnee.
Und selbst das sichre Flugzeug schwankt,
Sobald der Luftweg wo erkrankt.
Kurzum, die Welt, wohin du schaust,
Ist so voll Krankheit, daß dir graust.

Das grössere Übel

Es sei der Mensch (in seinem Wahn)
Zu allem fähig, nimmt man an.
Doch was viel tiefer an uns frißt:
Daß er zu gar nichts fähig ist.

MARKTSCHREIEREIEN

Gern lassen wir uns durch Broschüren
Ins Wunderreich der Krankheit führen
Und holen uns aus bunten Heften
Die Kenntnis von geheimen Kräften.
Beschlossen liegt der Stein der Weisen
In Büchern, nicht genug zu preisen.
Hört! – Und ihr werdet nicht mehr säumen:
Wie deut ich Zukunft aus den Träumen?
Wie bleib ich trotz zwölf Halben nüchtern?
In einer Stunde nicht mehr schüchtern ...
Vorm anderen Geschlecht nicht schaudern!
Sie lernen unbefangen plaudern!
Befreiung von nervösem Kichern!
Die Kunst, sich den Erfolg zu sichern.
Nicht unbeholfen mehr beim Tanzen!
Die Radikalkur gegen Wanzen.
Wie fühle ich mich neugeboren?
Sie brauchen nicht mehr Nase bohren.
Wie kann Millionen ich erlottern?
Das sichre Mittel gegen Stottern.
Nichtraucher werden in drei Tagen.
Antworten auf diskrete Fragen. –
Drum macht nur schleunig den Versuch
Und kauft ein solches Wunderbuch!
Ein einziges Rezept daraus
Zahlt hundertfach die Kosten aus!

DRECKAPOTHEKE

Nimm Schadenfreude, völlig rein,
Vom Schweinehunde lös das Schwein,
Dann kommst du völlig auf den Hund;
Von diesem nimm ein Achtel Pfund,
Jedoch misch auch vom Schweinegrunzen
In deinen Heiltrunk sieben Unzen,
Vom Krokodil erpresse Tränen,
Misch sie mit ungelöschtem Sehnen,
Vergiß nicht etwas von der Spucke,
Mit der Geduld sich fängt die Mucke.
Nimm auch des Fuchses saure Traube,
Ein Lot vom Pyramidenstaube,
Vom Dreck, mit dem man dich bewarf,
Ein Quentchen nur, sonst wirds zu scharf.
Drei Skrupel von der Dummheit bloß,
Denn sie allein wär grenzenlos;
Den Angstschweiß eines Doktoranden
Meng mit dem Mief von alten Tanten.
Von Hexenkraut und Bibergeil
Und Rattenschwanz nimm je ein Teil –
Dann hast du aus dem Kern der Welt
Den besten Theriak hergestellt.
Wer sich denselben einverleibt,
Jenseits von Gut und Böse bleibt.

HAUSAPOTHEKE

Krank ist im Haus fast immer wer –
Mitunter muß der Doktor her.
Der Doktor geht dann wieder fort,
Die Medizinen bleiben dort
Und werden, daß den Arzt man spare,
Nun aufgehoben viele Jahre.
Unordnung ist ein böses Laster:
In einem Wust von Mull und Pflaster,
Von Thermometern, Watte, Binden
Liegt, oft nur schwer herauszufinden,
Inmitten all der Tüten, Röhren,
Die eigentlich nicht hergehören,
Das, wie wir hoffen, richtige Mittel
Mit leider höchst verzwicktem Titel:
Was von den ... in und ... an und ... ol
Tät unserem Wehweh wohl wohl?
Nur Mut! Was etwa gegen Husten
Im vorigen Jahr wir nehmen mußten,
Wir schluckens heut bei Druck im Bauch –
Und – welch ein Wunder! – da hilfts auch!
Wenn überhaupt nur was geschieht,
Daß uns der Schmerz nicht wehrlos sieht –
Er wird nicht alles sich erlauben,
Stößt er auf unsern festen Glauben!
Von dem bewahrt euch drum ein Restchen
In eurem Apothekerkästchen!

TELE-PATHIE

Fand einer Heilung rasch, der krank war,
Ist er natürlich riesig dankbar.
Er schreibt der Firma ganz freiwillig,
Die Tee versendet, gut und billig.
Dankschreiben finden in der Zeitung
Mit Recht in Wort und Bild Verbreitung.
Da sehn wir eine Frau aus Sachsen
Seit siebzehn Jahren darmverwachsen,
Wie blickt sie uns jetzt rüstig an:
Der Tee, der hat ihr gutgetan.
Des weitern schreibt ein Herr aus Danzig,
Dort wohnhaft Schillerstraße zwanzig,
Daß er sich wieder glänzend fühlt:
Der Spulwurm ist hinweggespült.
Ein Mann, dem Kalk in ganzen Quadern
Gebröckelt schon in seinen Adern,
Schreibt, daß sein Blut jetzt dünner rönne
Und daß er wieder schlafen könne.
Durchs Leben jeder gerne wandelt,
Mit Tee ganz schmerzlos fernbehandelt.

WARZEN

Die Warze widersteht mit Kraft
Selbst allerhöchster Wissenschaft.
Doch eine Schnecke, eine schwarze,
Heilt, aufgelegt, dir jede Warze,
Auch Schlüsselblumen, Rettichscheiben,
Sie können das Gewächs vertreiben.
Hilft dies auch nicht, verzage nie:
Noch bleibt dir ja die Sympathie!
Ein Mittel von besondrer Güte
Ist eine sandgefüllte Tüte,
Die du so hinlegst, daß sie sieht,
Wer demnächst diese Straße zieht,
Sag: »Rechter Mann und linker Mann,
Ich häng dir meine Warzen an!«
Schon hemmt ein Wandrer seinen Lauf
Und hebt die volle Tüte auf.
Und eh er merkt, daß es nur Sand,
Klebt ihm die Warze an der Hand.
Die Neugier rächt sich an ihm schmerzlich –
Du bist von Stund an nicht mehr wärzlich.

Altes Volksmittel

Wer Gelbsucht hat, der heilt sie bald:
Er gehe in den nächsten Wald
Und schau (und glaube fest daran!)
Durchdringend einen Grünspecht an.
Nur reden darf er keine Silben!
Der Grünspecht wird sofort vergilben.
Der Kranke aber, kerngesund,
(Sofern er diesen Vogel fund,
Der ihm gegangen auf den Leim)
Geht mir nichts, dir nichts, wieder heim.

Entdeckungen

Seit alters schon wird unentwegt
Auf Wunden heilend Kraut gelegt.
Jedoch die reine Wissenschaft
Glaubt nicht an solche Wunderkraft,
Eh sie erprobt ihr Medizinchen
Exakt an Mäusen und Kaninchen.
Dann wird, was längst schon kräuterweiblich,
Auf einmal wichtig unbeschreiblich
Und durch die Welt gehts mit Gebrüll:
Heilkraft entdeckt im Chlorophyll!

MITLEID

Das Mitleid kann, selbst echt und rein,
Mitunter falsch am Platze sein.
Mit Takt gilt es zu unterscheiden,
Was jeweils heilsam für ein Leiden,
Ob Händedruck, aufmunternd, stark,
Ob in die Hand gedrückt zehn Mark.

GESUNDLESEN

Man kennt die Heilkraft warmer Tücher:
Genauso helfen warme Bücher!
Wer wäre nicht schon krank gewesen
Und hätt sich nicht gesund gelesen?
Denn Goethe, Keller oder Stifter
Sind wahre Tröster und Entgifter.

VORURTEIL

Auch Medizin kann uns nicht frommen,
Voreingenommen eingenommen.

SCHÖNHEIT

Die Welt, du weißts, beurteilt dich,
Schnöd wie sie ist, nur äußerlich.
Drum, weil sie nicht aufs Innere schaut,
Pfleg du auch deine heile Haut,
Daß Wohlgefallen du erregst,
Wo du sie auch zu Markte trägst.
Die Zeitung zeigt dir leicht die Wege
Durch angepriesene Schönheitspflege.
Durch Wässer besser als mit Messer
Hilft dir ein USA-Professor,
Und ein Versandgeschäft im Harze
Hat Mittel gegen Grind und Warze
Und bietet dir für ein paar Nickel
Die beste Salbe gegen Pickel.
Sie macht die Haut besonders zart,
Ist gut auch gegen Damenbart,
Und ist, verändert kaum im Titel,
Auch ein erprobtes Haarwuchsmittel,
Soll gegen rote Hände taugen
Und glanzbefeuern deine Augen
Und wird verwendet ohne Schaden
Bei Kropf und bei zu dicken Waden,
Ist aber andrerseits bereit,
Zu helfen gegen Magerkeit
Und ist, auf Ehre, fest entschlossen,
Zu bleichen deine Sommersprossen.
Sie wird sich weiterhin entpuppen
Als Mittel gegen Flechten, Schuppen,

Ist, was besonders angenehm
Für Frauen, gut als Büstencrem
Verwendbar, und zwar, wie man wolle,
Für schwache Brust und übervolle.
Sofern du Glauben schenkst dem Frechen,
Hast nichts zu tun du, als zu blechen.
Die Salbe selbst wird, nachgenommen,
Und wohntest du am Nordpol, kommen.

KÖPFLICHES

Der Kopf muß wohl das Beste leisten –
Ihn gut zu schützen, gilts am meisten:
Den Eisenkopf vor frühem Rost,
Den Wasserkopf vor starkem Frost,
Den Feuerkopf vor großer Hitze,
Den Schlaukopf vor dem eignen Witze.
Der Dummkopf nur, der keinem nützt,
Gedeiht auch völlig ungeschützt.

KURMITTEL

Verdienst du dir, gar auf die Dauer,
Dein bißchen täglich Brot zu sauer,
Stört bald der Säure-Überschuß
Dir deines Lebens Vollgenuß.
Gar viele Heilung schon erfuhren
Durch sogenannten Sine-Kuren.
Doch die sind meist – so ist das Leben –
An andre Leute schon vergeben.

LEHMKUR

Die *Lehmkur* hat schon viel erreicht,
Doch auch *ver*patzt wird manches leicht.

KNOBLAUCH

Zu rüstigem Alter führt der Lauch.
Bleibt treu ihm – bis zum letzten Hauch.

HEILSCHLAF

Die meisten Menschen harren still,
Was wohl das Leben weiter will.
Nur, wer nicht willens, abzuwarten,
Erwägt verschiedne Todesarten:
Doch laß er raten sich in Güte,
Daß er vor raschem Schritt sich hüte!
Zum Sterben braucht der Mensch nur wenig,
Zum Beispiel kaum ein Gramm Arsenik.
Jedoch, wenn dann der Grund nicht triftig,
Blieb das Arsenik trotzdem giftig.
Was nützt es, wenn er meint, ihn reuts,
Und hängt dann schon am Fensterkreuz?
Was, wenn er anders sich entschlossen
Und liegt schon da und ist erschossen?
Was, wenn er mitten im Ertrinken
Doch plötzlich säh noch Hoffnung winken?
Was, wenn er unterwegs zur Tiefe,
Den raschen Vorsatz widerriefe?
Rezept: Hat wer dergleichen vor,
Leg er sich nochmals erst aufs Ohr:
Es braucht nicht jeder Menschenkummer
Zur Heilung gleich den *ewigen* Schlummer.

WASSERHEILKUNDE

Soll eine Pflanze richtig sprießen,
Dann muß man sie bekanntlich gießen.
Dies brachte Kneipp schon zu dem Schluß:
Die wahre Heilkraft liegt im Guß.
Ihn preist die Welt – und nur der Pudel
Nennt unser Lob bloß ein Gehudel,
Weil ihn schon immer sehr verdrossen
Laut Volksmund, wenn man ihn begossen.
Doch nie hält auf das arme Vieh
Den Sieg der Hydrotherapie!

ESSIGSAURE TONERDE

Du denkst, wenn dich die Wespe sticht,
Die schlechtsten Früchte sind es nicht.
Vergebens wirst im ersten Schrecken
Du wider diesen Stachel lecken.
Jedoch die Erde, feucht und kühl,
Verringert bald dein Schmerzgefühl.
Und bist du ein besonders Schlauer,
Nimmst du die Erde essigsauer.
Doch bebst du lang noch gleich der Espe
Beim bloßen Blick auf eine Wespe.

ATEMGYMNASTIK

Im Grunde glaubt zwar jedermann
Dies, daß er richtig atmen kann.
Jedoch, das geht nicht so bequem:
Gleich bringt ein Mensch uns sein System!
Erklärt, daß unsrer Atemseele
Der gottgewollte Rhythmus fehle,
Auch hätten wir, so sagt er kühl,
Noch keinen Dunst von Raumgefühl
Und wüßten unsre Atemstützen
In keiner Weise auszunützen.
Er lockert uns und festigt uns,
Kurzum, der Mensch belästigt uns
Mit dem System, dem überschlauen,
Bis wir uns nicht mehr schnaufen trauen.

VERGEBLICHE MÜHE

Dem Kinde, wie's auch heult und stöhnt,
Wird wohl die Flasche abgewöhnt.
Jedoch das ewige Kind im Mann
Gewöhnt sie sich dann wieder an.

ÄUSSERER EINDRUCK

Willst du als Kranker Eindruck schinden,
Mußt du dir schon den Kopf einbinden.
Du kannst nur rechnen auf Erbarmen
Mit kompliziert gebrochnen Armen.
Jedoch mußt du bei Magenkrämpfen
Schon ziemlich zäh um Mitleid kämpfen.
Und gar bei Rheuma oder Gicht
Verabreicht mans grundsätzlich nicht.
Bei Seelenleiden noch so groß,
Ist deine Mühe aussichtslos,
Es müßte denn grad Tobsucht sein:
Die glaubt man dir – und sperrt dich ein!

UNTERSCHIED

Bekanntlich kommt das Kind im Weib
Durch das Gebären aus dem Leib.
Da aber sich das Kind im Mann
Nicht solcherart entfernen kann,
Ist es begreiflich, daß es bleibt
Und ewig in ihm lebt und leibt.

Gegen Aufregung

Wen Briefe ärgern, die er kriegt,
Dem sei, auf daß sein Zorn verfliegt,
Genannt ein Mittel, höchst probat,
Das manchem schon geholfen hat.
Er suche sich aus alten Akten
Die schon erledigt weggepackten
Droh-, Schmäh-, Mahn-, Haß- und Liebesbriefe,
Die schliefen in Vergessenstiefe:
Beschwichtigt alles und berichtigt,
Entzichtigt, nichtig und entwichtigt!
So wird die Zeit mit dem bald fertig,
Was gegen-, vielmehr widerwärtig.
Ad acta wirst auch du gelegt
Samt allem, was dich aufgeregt.

Atemnöte

Kaum hat sie einen Schnaufer 'tan,
Hält neu die Welt den Atem an.

BEHANDLUNG

Oft weiß zum Beispiel deine Frau
Bei Magenbluten ganz genau,
Was sie zu tun hat, was zu lassen,
Um richtig auf dich aufzupassen –
Um dir dann doch bei Seelenbluten
Das Wunderlichste zuzumuten.

EIN GLEICHNIS

Die Frau, das weiß ein jeder, sei
Behandelt wie ein rohes Ei!
Sie ist ihr eignes Gleichnis so:
Empfindlich, aber selber – roh.

DAS BESTE ALTER

Das beste Alter für den Mann:
Wo er schon weiß, wo er noch kann!

Ein Versuch

So jemand leidet bittre Pein,
So flusse er sich selbst beein,
Versuche, wie uns Weise lehren,
Durch Willen Zahnweh abzuwehren.
Ob Wille siege oder Zahn,
Kommt mehr wohl auf den letztern an.

Heilmittel

Der Weise, tief bekümmert, spricht:
An guten Mitteln fehlt es nicht,
Zu brechen jeden Leids Gewalt –
Nur kennen müßte man sie halt!

Kosmetik

Die allerwichtigsten Haare fast
Sind, die du auf den Zähnen hast.
Zu suchen wären neue Wege
Zu kühn verschmolzner Haarzahnpflege.

BESUCHE

Liegst du in deinem Krankenzimmer,
Dann freun Besuche dich fast immer.
Du harrst von Stund zu Stunde still,
Ob einer zu dir kommen will:
Just, wenn des Hemdes du ermangelst,
Nach der bewußten Flasche angelst,
In heißen Fieberträumen flatterst,
In einem kalten Wickel schnatterst,
Das Thermometer stumm bebrütest,
In jähem Schmerzensanfall wütest –
Dann, für Sekunden unerbeten,
Wird einer an dein Lager treten
Und gleich, errötend, wieder gehen
Ganz leise, taktvoll auf den Zehen ...
Ein andermal an deinem Lager
Stehn grade Bruder, Schwester, Schwager:
Nach leeren Wochen plötzlich drei –
Als vierter kommt der Freund vorbei.
Er kündet jedem, der erbötig:
»Besuche hat der gar nicht nötig!«
Und wieder liegst in dumpfer Pein
Du lange Tage ganz allein.

UNTAUGLICHER VERSUCH

Ist wer von Wesensart bescheiden,
Muß er verzichten, dulden, leiden;
Indes er sieht, daß es die Flegel
Zu etwas bringen in der Regel.
Nun, er besinnt sich seiner Kraft
Und gibt sich einmal flegelhaft.
Doch das war falsch: Die Höflichkeit
Kann einer lernen mit der Zeit;
Doch sonst bleibt alle Müh verloren –
Der echte Flegel wird geboren!

HERZENSWUNDEN

Die Medizin hat längst gefunden:
Rein halten gilts bei allen Wunden.
Gern sieht ein braver Mensch das ein
Und hält sein Herz drum möglichst rein.
Er hat dazu auch allen Grund:
Ein gutes Herz ist immer wund!

WELTANSCHAUUNG

Wie kräftig fühlen sich die Heiden,
Die nicht an Gallensteinen leiden.
Doch diese wie auch Milzbeschwerden
Sind leicht ein Grund zum Christlichwerden.
So führt oft nichts als Säftestauung
Zur Änderung der Weltanschauung.

ANTIKE WEISHEIT

Im Altertum schon steht geschrieben,
Daß jung stirbt, wen die Götter lieben –
Womit sie nicht gleich jeden hassen,
Den sie noch länger leben lassen.

LETZTES MITTEL

Der, dem die Zeugungskraft erschlafft,
Versuchts mit Überzeugungskraft.

FÖHN

Uns quält, wer weiß warum und wie,
Oft plötzliche Melancholie.
Es hat uns niemand was getan,
Doch wehts wie Wind uns traurig an:
So eine Art von Seelenföhn –
Dabei scheints wolkenlos und schön.
Und doch, wir haben ihn gespürt,
Den Dämon, der sich heimlich rührt.

ABERGLAUBEN

Ein Mindestmaß an Aberglauben
Ist medizinisch zu erlauben
Und nicht ganz auszurotten, denn:
Wer *aber* glaubt, der glaubt auch *wenn*.

RAT

Schau in die Welt so vielgestaltig,
Sorgfältig, doch nicht sorgenfaltig!

EINFACHE DIAGNOSE

Willst wissen du, was einer ist,
Ob Opti- oder Pessimist,
So sag zu ihm, daß trüber Mut
Doch besser sei als Übermut.
Er lehne ab, er pflichte bei –
Du hast erfahren, was er sei.

ANTISKEPSIS

Wenn man den Zweifel nicht kuriert,
Gar leicht daraus Verzweiflung wird.

NEUES LEIDEN

Kopfschüttelfrost stellt leicht sich ein,
Sagst du zu allem eiskalt »Nein!«

LEBENSLAUF

Die letzte Kinderkrankheit wich:
Die Altersleiden melden sich!

ENTWICKLUNGEN

Verschieden ist der Menschen Art:
Die einen, in der Jugend zart,
Sind oft im Laufe weniger Jahre
Schon zähe, morsche Exemplare.
Doch andre, ungenießbar jung,
Gewinnen durch die Lagerung
Und werden in des Lebens Kelter,
Wie Wein, je feuriger, je älter.

VITAMIN

Ein Vitamin ist das Gemüt,
Das schwindet, wenn es abgebrüht.
Solls kräftig bleiben, lebensfroh,
Laß mans getrost ein bißchen roh.

WARNUNG

Daß von der Welt Besitz er nehme,
Erfand der Teufel das Bequeme.

FORTSCHRITT

Wir hören gern, daß es bei Früchten,
Gelang, sie ohne Kern zu züchten.
Denn ihre Ernten sind ergiebig,
Verwenden kann man sie beliebig.
Der Fortschritt, lange schon ersehnt,
Wird immer weiter ausgedehnt:
Gelangs doch schon, nach sichern Quellen,
Auch Menschen kernlos herzustellen.

GIFT UND GALLE

Es muß den Ärger allen meiden
Wer etwa neigt zu Gallenleiden:
Ein Rat so gut wie Medizin!
Doch – meidet auch der Ärger ihn?

HARMVERHALTUNG

Der Harm stört, täglich ausgeschieden,
Nicht allzusehr den Seelenfrieden.
Gelingt es nicht mehr, ihn zu triften,
Kann man sich schauerlich vergiften.

BEHANDLUNG

Wenn eine Krankheit selbst beherzten
Und klugen Feld-, Wald-, Wiesenärzten
Sich nicht ergibt, dann ist es rätlich,
Man komme ihr kapazi-tätlich.
Bleibt sie selbst dann, trotz hoher Kosten,
Noch unerschüttert auf dem Posten,
So läßt sichs leider nicht vertuschen:
Jetzt wird es Zeit, um Kur zu pfuschen.
Doch pfeift auch da die Krankheit drauf,
Dann lasse man ihr freien Lauf.
Vielleicht, sie geht, sobald sie sieht,
Daß gar nichts mehr für sie geschieht.

EIWEISS

Vom Eiweiß liest man mancherlei,
So, daß es manchmal schädlich sei.
Jedoch vom Dotter keine Spur
In medizinscher Litratur!
Drum frei heraus und ohne Stottern
Sag ich: das Heil liegt in den Dottern.

PFUNDIGES

Die Bibel rät, die weisheitsvolle,
Daß mit dem Pfund man wuchern solle.
Kann sein. Doch weh, wenn ohne Grund
Ins Wuchern kommt von selbst das Pfund,
Seis, daß an Mädchen jung und nett,
Es ansetzt unerwünschtes Fett,
Seis, daß der Leib von braven Rentnern
Hinauf sich wuchert zu drei Zentnern.
Dies muß zum Widerspruche reizen:
Der Mensch soll mit dem Pfunde geizen!

FINGERSPITZENGEFÜHL

Gefühl kann ganz verschieden sitzen:
Der hat es in den Fingerspitzen,
Bei jenem aber ists verzogen
Hinauf bis an die Ellenbogen.
Es ist zwar dann nicht mehr ganz fein,
Doch soll es sehr von Vorteil sein.

ROH-KÖSTLICHES

Die Rohkost macht durchaus nicht roh,
Sie macht uns frisch und frei und froh,
Nicht grade fromm, doch ziemlich frömmlich,
Und sie ist ungemein bekömmlich.
Vereint mit Kulten, rein und östlich,
Macht sie das Seelenleben köstlich,
Nur oft ein bißchen flügellahm,
Zwar dulderisch, doch unduldsam
Teils gegen männlich frohe Taten,
Teils gegen Schweins- und Kälberbraten.

LETZTE MÖGLICHKEIT

Wen nichts zu rühren sonst vermag,
Den rührt vielleicht einmal der Schlag.

FÜR NOTFÄLLE

Das Fluchen ist an sich nicht schicklich –
Doch manchmal hilft es, augenblicklich.

EINSICHT

Gar manchem Süßes nicht mehr schmeckt,
Ders, als er jung war, gern geschleckt.
Anstatt nun ohne Neid zu sagen:
»Ich, leider, kanns nicht mehr vertragen«,
Gibt er die weise Meinung kund,
Das süße Zeug sei ungesund.
Rezept: Auch was wir nicht mehr können,
Das sollten wir der Jugend gönnen.

DUMMHEIT

Dummheit ist chronisch meist, latent,
So daß man sie oft kaum erkennt.
Nur manchmal wird sie so akut,
Daß man den reinsten Blödsinn tut,
Jedweglichen Verstand verlierend:
Dann ist die Dummheit galoppierend.

ERNÄHRUNG

Sofern du auf- und abgeklärt,
Hast du, rein seelisch, dich bewährt.
Jedoch die seelische Bewährung
Hilft meistens wenig zur Ernährung.
Im Gegenteil, die tausend Listen,
Durch die wir unser Dasein fristen,
Verlangen, daß man seine Seele
Der Welt, so gut es geht, verhehle;
Denn, da der Seelenvorrat knapp,
Kauft leicht die Welt dir deine ab.
Rezept: Benutze deine Hand
Und, wenn es nottut, den Verstand,
Um was zum Leben zu erwerben.
Die Seele brauchst du noch zum Sterben.

UNTERERNÄHRUNG

Wenn eine Hungersnot sich naht,
Ist Vorrat wohl der beste Rat.

GEGEN SCHWIERIGKEIT

Wir kennen Dichter oder Maler
Und andre solche Seelenprahler,
Die auf den eitlen Ruhm begierig,
Sie seien ungeheuer schwierig,
Und alle Kunst- und Menschheitsflüche
Beschwerten ihre arme Psyche.
Rezept: Des Künstlers Nöte merke
Man nicht am Reden, nur am Werke;
Und hier auch zeig die dunklen Stunden
Er uns am besten – überwunden!

NEUERES LEIDEN

Wir alle lasen in der Bibel
Als von dem ersten Menschenübel
Vom Schweiße unsres Angesichts.
Vom Fußschweiß aber steht dort nichts.

EMPFINDLICHKEIT

Leicht überwinden wir den Schmerz,
Trifft er das leidgewohnte *Herz*.
Mühselger schon ists zu ertragen,
Wenn etwas schwer uns liegt im *Magen*.
Am schlimmsten scheint es, Geld verlieren – –
Das geht empfindlich an die *Nieren*.

HOLDE TÄUSCHUNG

Bei Nikotin und Alkohol
Fühlt sich der Mensch besonders wohl.
Und doch, es macht ihn nichts so hin,
Wie Alkohol und Nikotin.

PUNKTION

Was man auch redet, schreibt und funkt:
Unheilbar bleibt der wunde Punkt.

WUNDERBALSAM

An erster Stelle zu erwähnen
Als Wunderbalsam sind die *Tränen*.
Sie lösen, sparsam *selbst* geweint,
Das eigne Herz, schon ganz versteint.
Jedoch mit Vorsicht zu genießen
Sind die, die *andere* vergießen.

VORSICHT

Durch ständiges Radiogelausche
Verfällt der Mensch dem Ätherrausche.

GEFÄHRLICHE SACHE

Ein Ferngespräch reißt manchmal Wunden.
Oft wird man auch noch falsch verbunden.

UNTERSCHIED

Das Kopfzerbrechen bleibt Versuch –
Ernst wird es erst beim Schädelbruch.

Offene Füsse

Obgleich sie stets nur wohlgetan,
Trifft selten offne Hände man.
Doch offne Füße, wie ich seh,
Sind ziemlich häufig und tun weh.

Guter Zweck

Man sagt auch sonst bei jedem Dreck,
Die Mittel heilige der Zweck.
Drum Freunde, laßt mir das Gekrittel:
Zweck heiligt auch die *Abführmittel.*

Traurige Wahrheit

Oft geht uns was durch Mark und Knochen,
Das Rückgrat selbst wird uns gebrochen.
So was trifft andre nicht so schwer:
Sie haben längst kein Rückgrat mehr.

RELATIVITÄT

Wer Hunger spürt, der ißt sich satt,
Vorausgesetzt, daß er was hat.
Wer Liebe fühlt, zeigt sich als Mann,
Vorausgesetzt, daß er das kann.
Wer Wahrheit liebt, der urteilt scharf,
Vorausgesetzt, daß er das darf.
Wer Ruhe sucht, verhält sich still,
Vorausgesetzt, daß er das will.
Wer Geld möcht, schuftet mit Verdruß,
Vorausgesetzt, daß er das muß.
Wer sterben soll, stirbt wie ein Christ,
Vorausgesetzt, daß er das ist.
Kurz, was uns auf der Welt gelingt,
Ist leider ungemein bedingt.

JUGEND

Die Jugend neigt in schlimmen Zeiten
Oft stark zu Pubertätlichkeiten.

SCHLAF

Es, sagt man, sei ein gut Gewissen
Das sanfteste der Ruhekissen;
Doch finden wir, daß ein Gerechter
Mitunter schläft bedeutend schlechter
Als einer, der von Grund auf bös:
Das macht, der Gute ist nervös!
Es stellt sich leider bald heraus:
Er schläft nicht richtig ein und aus.
Fremd sind ihm, in der Morgenkühle,
Die baumausreißrischen Gefühle,
Wo einer aufwacht, ganz entrostet,
Und fragt, was heut die Welt wohl kostet.
Die Welt ist viel zu teuer, drum
Dreht er sich lieber nochmals um,
Und wenn er aufsteht, tut ers nur
In Hinblick, schließlich, auf die Uhr.

JUGEND UND ALTER

Da liegt ein tiefer Schmerz darin:
Die Jugend wußte nicht, wohin
Mit all dem, wovon mehr und mehr
Das Alter wüßte gern, woher ...

WINDIGES

Ach, welcher unverdienten Schmähung
Ist ausgesetzt die arme Blähung!
Da sie, zwar schuldlos, sich nicht schickt,
Lebt sie in tragischstem Konflikt
Und zweifelnd zwischen Tun und Lassen
Hat sie sich heimlich anzupassen
In einem Kampf, der voller Pein
Dem, der gern kinder-stubenrein.
Wie glücklich doch der Grobe prahlt:
»Heraus, was keinen Zins bezahlt!«
Der Feine hat sich abzufinden,
Er muß die Winde über-winden!

VERSTOPFUNG

Man kann mit ethischen Entschlüssen
Zum Dürfen wandeln sonst das Müssen.
Nur die Verstopfung schafft Verdruß:
Man darf: – Was hilfts, wenn man nicht muß?

BEDRÄNGNIS

Oft hat – ich hoffe nur, es führe,
Daß ich den heiklen Punkt berühre,
Nicht mit den Lesern zum Zerwürfnis –
Ein Mensch ein menschliches Bedürfnis.
Anstalten trifft man oft nicht an,
Woselbst man solche treffen kann.
Drum ist es gut, wenn unverweilt
Der so Bedrängte heimwärts eilt.
Auch achte er, indes er rennt,
Zu treffen keinen, der ihn kennt
Und ihn, der nichts will als verschwinden,
Ausführlich fragt nach dem Befinden.
Er sei in solchem Fall zwar höflich,
Doch *kurz* – sonst endets kataströphlich.

SELBSTTÄUSCHUNG

Wir alle wären gern gesund
Und, selbstverständlich, kerngesund!
Noch einmal so, wie wir vor Jahren –
Bei näherm Zusehn gar nicht waren!

DIÄT

Gern hört man, abends eingeladen,
Daß gute Dinge uns nicht schaden.
So will der Hausherr, dieser Schurke,
Uns überzeugen, daß die Gurke,
Wie er sie anmacht, leicht verdaulich,
Die Hausfrau teilt uns mit, vertraulich,
Wie sie an Magensäure litte;
Sie wolle uns nicht drängen, bitte,
Das sei gewiß nicht ihre Art –
Doch diese Tunke sei soo zart ...
Auch wird uns dringend angeraten
Der fast nicht fette Schweinebraten.
Der Weißwein kann, im allgemeinen
Seis zugegeben, schädlich scheinen.
Doch dieser, ein gepflegter Franke,
Sei grade gut für Magenkranke.
Der also überzeugte Gast
Hätt es auch gut vertragen – *fast!*

MISSGEBURT

Sehr lang lebt oft – und frißt sich satt! –
Was weder Hand noch Füße hat ...

VERÄTZUNG

Gar häufig gibt es Schwerverletzte
Durch allzuscharfe Vorgesetzte.
Wir müssen ohne Wimperzucken
Die Lauge ihrer Launen schlucken.
Und das verätzt uns, auf die Dauer.
Rezept: man reagiere sauer –
Doch nicht zu laut und nicht zu plötzlich,
Nein, nur ganz leise und er-götzlich.

ERFAHRUNG

Den Jahreswechsel kaum man spürt,
Bis er zu Wechseljahren führt.

UNTERSCHIED

Der Aussatz wütete einst schwer.
Den Einsatz fürchten heut wir mehr ...

GEHVERSUCHE

Weil man als Kind das Gehn gelernt,
Meint man, man kann es. Weit entfernt!
Wie schwer, zu gehn zur rechten Zeit!
Wie oft geht einer auch zu weit!
Wie selten Leute, die's verstehn,
Uns auf die Nerven *nicht* zu gehn!
Wie mancher zeigt sich völlig blind
Bei Schritten, die entscheidend sind!
Nicht allen ist es wohl gegeben,
Aufrecht zu gehen durch das Leben.
Ja, wenn man nur, nach Schuld und Sünde,
In sich zu gehen gut verstünde,
Hingegen dort, wo es vonnöten,
Beherzt aus sich herauszutreten.
Es schreiten viele gleich zur Tat,
Statt erst mit sich zu gehn zu Rat.
Natürlich geht da mancher ein. –
Wer mit der Zeit gehn kann, hats fein.
Hingegen muß man jene hassen,
Die einfach alles gehen lassen.

Urteil der Welt

Ein Fieberkranker hat voll Kraft
Sich aufgerafft und hats geschafft:
Er ging, trotz bösem Fieberrest,
Höchst lebenslustig auf ein Fest
Und tanzte dort und trank sich frei –
Am andern Morgen wars vorbei.
Er galt von nun an aller Welt
Als ausgemachter Willensheld!
Mit Fieber von dem gleichen Grade,
Auch überzeugt, daß es nichts schade,
Durch innres Schweinehund-Bekämpfen
Des Fiebers letzte Glut zu dämpfen,
Ging, gradso zuversichtlich-heiter
Auf dieses selbe Fest ein zweiter.
Doch hatte dieser wenig Glück:
Am andern Morgen fiel er rück.
Er galt der Welt nun (wenn auch tot)
Als ausgemachter Idiot!
Bei allem, selbst bei Fieberleiden,
Wird stets nur der Erfolg entscheiden.

GEHABTE SCHMERZEN

Vier sitzen kreuzvergnügt beim Tee –
Dem fünften tut ein Stockzahn weh
Und er erlaubt sich ganz bescheiden,
Zu reden von dem bösen Leiden.
Doch öffnet er noch kaum die Lippe,
Spricht schon der erste von der Grippe,
Die jüngst ihn schauerlich gequält.
Der zweite von der Gicht erzählt,
An der ganz grausam er gelitten –
Was wiedrum Anlaß gibt dem dritten,
Gleich klar zu schildern seinereits
Den – längst vergangnen – Nierenreiz.
Der vierte überspielt sie alle;
Er spricht von seinem seltnen Falle:
Als Kind – 'ist vierzig Jahre her –
Erkrankte er an Typhus schwer ...
So drücken an die Wand sie glatt
Den, der die Schmerzen wirklich hat,
Um am Bewußtsein sich zu laben,
Noch ärgere gehabt zu haben.

ENTWICKLUNGSKRANKHEITEN

Die Frau, solang sie unvermählt,
Tut, was ihr gut steht – auch wenns quält.
Sie drängt das überflüssige Fett
Ganz unbarmherzig ins Korsett.
Halbblind, trägt sie doch niemals Brillen,
Ihr Bildungsdurst ist nicht zu stillen.
Sie zeigt sich sportlich oder fraulich
Just, wies dem Männchen scheint erbaulich.
Im Haushalt ist sie riesig tüchtig
Und sie ist gar nicht eifersüchtig.
Sie schwärmt dem Mann vor, wie sie künftig
Recht lieb sein wolle und vernünftig.
Jedoch, kaum ist vermählt sie glücklich,
Zeigt sie sich plötzlich rückentwicklich
Und ist, nach einem halben Jahr,
Schon wieder, wie sie immer war:
Halbblind, sieht sie bebrillt jetzt scharf,
Was sie will und was *er* nicht darf.
Von Bildung fällt nicht mehr ein Wort,
Dahin sind Tüchtigkeit und Sport.
Die Träne quillt, es schwillt das Fett:
Sie ist in keinster Weise nett.
Rezept: Der Jüngling darauf sehe,
Daß er erfahre *vor* der Ehe,
Was *in* der Ehe sie verrät
Zwar früh genug – und doch zu spät.

Geteiltes Leid

Ein Leiden ist schon halb geheilt,
Hat man es andern mitgeteilt:
»Und dieses Drücken, links im Bauch?« –
Der andere jubelt: »Hab ich auch!«
»Und oft im Kreuze so ein Stich?«
»Genau wie ich, genau wie ich!«
Wir sprechen bildlich: die zwei Därme
Gerührt sich fallen in die Ärme.
Im Fasching selbst und in Kostümen
Die Menschen sich der Leiden rühmen
Und steigern sich zu Ballgesprächen,
Daß sie sich manchmal stark erbrächen.
So leidgeteilt und lustgedoppelt
Hat sich schon manches Paar verkoppelt
Zu einer Ehe gut und still –
Denn Amors Pfeil trifft, wo er will.

Das Leben

Das Leben wäre doppelt schwer,
Käms einfach nicht von selbst daher.
Eh wir recht ahnen, was es sei,
Geht es zum Glück auch selbst vorbei ...

TRÜBSINN

Es gibt so Tage, wo die Welt
Dir, ohne Anlaß, arg mißfällt.
Selbst über Goethe oder Schiller
Denkst du an solchen Tagen stiller.
Auch schaust du einen Tizian
Ganz ohne innere Rührung an
Und meinst, bei einem Satz von Bach:
»Im Grunde einfallslos und schwach!«
Kurz, nicht in Worten, Bildern, Tönen
Spricht zu dir dann die Welt des Schönen.
»Dies«, fragst du – und du siehst nicht ein –
»Soll höchste Kunst der Menschheit sein?
Dies jene vielgerühmte Grenze,
An der Unsterblichkeit erglänze?«
Wir hoffen nur, dein wahnsinnstrüber
Unkunstsinnsanfall geh vorüber.
Wo nicht, so fahre zu den Toten –:
Mehr wird auf Erden nicht geboten!

DER EINGEBILDET KRANKE

Ein Griesgram denkt mit trüber List,
Er wäre krank. (was er nicht ist!)
Er müßte nun, mit viel Verdruß,
Ins Bett hinein. (was er nicht muß!)
Er hätte, spräch der Doktor glatt,
Ein Darmgeschwür. (was er nicht hat!)
Er soll verzichten jammervoll,
Aufs Rauchen ganz. (was er nicht soll!)
Und werde, heißt es unbeirrt,
Doch sterben dran. (was er nicht wird!)
Der Mensch könnt, als gesunder Mann
Recht glücklich sein. (was er nicht kann!)
Möcht glauben er nur einen Tag,
Daß ihm nichts fehlt. (was er nicht mag!)

LEHRSATZ

Der Laie selbst sich nicht verhehlt,
Daß, wenn er krank ist, ihm was fehlt.
Den Satz hebt niemand aus der Angel:
Des Leidens Vater ist der Mangel.

Die guten Vierziger

Das Leben, meint ein holder Wahn,
Geht erst mit vierzig Jahren an.
Wir lassen uns auch leicht betören,
Von Meinungen, die wir gern hören,
Und halten, längst schon vierzigjährig,
Meist unsre Kräfte noch für bärig.
Was haben wir, gestehn wirs offen,
Von diesem Leben noch zu hoffen?
Ein Weilchen sind wir noch geschäftig
Und vorderhand auch steuerkräftig,
Doch spüren wir, wie nach und nach
Gemächlich kommt das Ungemach
Und wie Hormone und Arterien
Schön langsam gehen in die Ferien.
Man nennt uns rüstig, nennt uns wacker
Und denkt dabei: »Der alte Knacker!«
Wir stehn auf unsres Lebens Höhn,
Doch ist die Aussicht gar nicht schön,
Ganz abgesehn, daß auch zum Schluß –
Wer droben, wieder runter muß.
Wer es genau nimmt, kommt darauf:
Mit vierzig hört das Leben auf.

Schütteln

Auf Flaschen steht bei flüssigen Mitteln,
Man müsse vor Gebrauch sie schütteln.
Und dies begreifen wir denn auch –
Denn zwecklos ist es *nach* Gebrauch.
Auch Menschen gibt es, ganz verstockte,
Wo es uns immer wieder lockte,
Sie herzhaft hin- und herzuschwenken,
In Fluß zu bringen so ihr Denken,
Ja, sie zu schütteln voller Wut –
Doch lohnt sich nicht, daß man das tut.
Man laß sie stehn an ihrem Platz
Samt ihrem trüben Bodensatz.

Tropfglas

Beim Tropfennehmen darauf schau,
Daß du die Tropfen zählst genau:
Ein Tropfen schon, zuviel geträuft,
Macht, daß die Welt gar überläuft.

Versicherung

Unsicher ists auf dieser Erden,
Drum will der Mensch versichert werden.
Hat er die Zukunft nicht vertraglich,
So wirds ihm vor ihr unbehaglich.
Das Leben, ständig in Gefahr,
Zahlt er voraus von Jahr zu Jahr,
Daß auch an unverdienter Not
Er was verdient, selbst durch den Tod.
Die Krankheit wird schon halb zum Spaße,
Weiß man: das zahlt ja doch die Kasse!
Und wär das Leben jäh erloschen,
Gäbs hundert Mark für einen Groschen.
Ja, so ein Bursche spekuliert,
Daß durch Gesundheit er *verliert!*
Der Teufel aber höhnisch kichert:
»Wie seid ihr gegen mich versichert?«
Ja, stellt der Teufel uns ein Bein,
Springt die Versicherung meist nicht ein.
Der allzu Schlaue wird der Dumme:
Zum Teufel geht die ganze Summe,
Und wirklich wertbeständig bliebe
Auch hier nur: Glaube, Hoffnung, Liebe!

AUSGLEICH

So mancher hat sich wohl die Welt
Bedeutend besser vorgestellt –
Getrost! Gewiß hat sich auch oft
Die Welt viel mehr von ihm erhofft!

NUR

Wir lassen gern als Wahrheit gelten,
Dies sei die beste aller Welten.
Nur mit dem Platz, der uns beschieden,
Sind wir fast durchweg unzufrieden.

SCHMERZEN

Der Weise sagt uns unerbittlich,
Der Schmerz veredle und sei sittlich.
Jedoch er straft sich Lügen glatt,
Sobald er selber Bauchweh hat.

Je nachdem

Romantisch klingt es aus der Fern:
»Der Mensch ging unter wie sein Stern!«
Jedoch betrachtet aus der Näh,
Geht so was langsam und tut weh.

Theorie und Praxis

Wir hörens allenthalben preisen:
Das wahre Glück blüht nur den Weisen.
Die Folgerung daraus ist die:
Man werde weise! – Aber wie?

Scheintote

Lang lebt noch, rüstig und betagt
Manch einer, den man totgesagt.
Doch nicht so leicht mehr hochzukriegen
Ist einer, den man totgeschwiegen.

NÄCHSTENFURCHT

Was immer einer denk und tu,
Das trau er auch dem andern zu.
Und er beherzige, vorsichtshälber:
»Fürcht deinen Nächsten wie dich selber!«

GASTMAHL DES LEBENS

Am Ende hats fast jeder satt;
Nur, was geschmeckt am besten hat,
Äß man noch gern, das Leibgericht –
Doch nachgereicht wird leider nicht.

VERSCHIEDNE EINSTELLUNG

Als man zu Massen, wüst und dumm,
Zerrieb das Individuum,
Hat sich die Welt nicht sehr gekümmert.
Doch jetzt, wo man Atom zertrümmert, –
Im letzten Grund nur folgerichtig –
Nimmt sie das ungeheuer wichtig!

BEHERZIGUNG

Krank sein ist schlimm – ihr sollts bedenken
Und möglichst keinen Menschen kränken.

LEBENSGEWICHT

Leicht gebt den Rat ihr, den bequemen,
Das Leben nicht so schwer zu nehmen.
Doch scheint mir oft, daß ihr nicht wißt,
Wie schwer das Leben wirklich ist!

NICHT ZIMPERLICH

Oft tut was weh, ganz sanft berüht,
Was man bei kräftigem Druck kaum spürt.
So ist im Leben vieles schmerzhaft,
Bis man es angreift, frisch und herzhaft.

SCHICKSAL

Ein echter Mensch hat sein Geschick:
Dem bricht's das Herz, dem das Genick.
Nur die sehn meistens wir verschont,
Für die ein Schicksal sich nicht lohnt.

FRAGE

Wir nehmen gern die Weisheit an:
Was Gott tut, das ist wohlgetan!
Nur ist uns häufig nicht ganz klar,
Ob Er es denn auch wirklich war!

WICHTIGER

Im Alter werden Freunde selten:
Drum, die du hast, die lasse gelten!
Recht kannst du manchmal leicht behalten,
Doch schwer den Freund, den guten, alten!

SCHMERZKONSERVEN

Als Abenteuer, frisch gepflückt,
Uns manches keineswegs beglückt.
Jedoch, wer hätte nicht entdeckt
Wie, als Erinnerung eingeweckt,
Uns schmeckt, erzählt nach manchem Jahr,
Was damals ungenießbar war!

LETZTE EHRE

Die erste Ehre ist es meist,
Die man als letzte uns erweist:
Wer klug ist, freut sich drum beizeiten
An künftigen Fried-höflichkeiten.

WARNUNG

Die Hybris sitzt im Wesen tief
Dem, der (ger-)manisch-depressiv.

Radio-Aktivität

Behandelt wirst du früh und spät
Mit Radio-Aktivität.
Oft geht sie durch das ganze Haus
Und sendet dauernd Strahlen aus.
Sie holt Musik aus aller Welt,
Die, keineswegs von dir bestellt,
Auf Wellen von verschiedner Länge
Gehör- sowie Gedankengänge
Durchkreuzt mit martervollem Wühlen:
Ja, wer *nicht* hören will, muß fühlen.
Rezept: Sich wehren, wäre Wahn –
Schaff selbst so einen Kasten an,
Sing laut, daß alle Wände beben,
Just, wenn Gesang dir nicht gegeben;
Spiel schlecht Klavier, lern Posthorn blasen,
Kurz, bring die andern du zum Rasen.
Dann sind wohl schon nach kurzer Zeit
Zum Waffenstillstand sie bereit.

Fieber

Das Rüstungsfieber zu bekämpfen,
Muß mans mit kühlen Pressen dämpfen.
Die Angst – fast durchwegs sein Erreger! –
Steckt leicht auch an die Krankenpfleger.

WARNUNG

Des lieben Gottes Möglichkeiten,
Uns Schmerz und Ängste zu bereiten,
Seis eingeweidlich, gliedlich, köpflich,
Sind wahrlich reich, ja unerschöpflich.
Gefährlich ists, sich zu beklagen,
Das Leben sei nicht zu ertragen.
Denn er beweist es dir im Nu:
Du trägsts – und Zahnweh noch dazu –
Und fühlst erlöst dich ganz bestimmt,
Wenn er es wieder von dir nimmt.
Es scheint dir nunmehr leichte Last,
Was vordem du getragen hast.
Rezept: Trag lieber gleich mit Lust,
Was du doch schließlich tragen mußt.

GUTE VORSÄTZE

Den guten Vorsatz, sich zu bessern,
Muß mancher manchmal arg verwässern.
Die so erzielte Wasserkraft
Treibt dann den Alltag fabelhaft.

LEBENSLEITER

Wir sehen es mit viel Verdruß,
Was alles man erleben muß;
Und doch ist jeder darauf scharf,
Daß er noch viel erleben darf.
Wir alle steigen ziemlich heiter
Empor auf unsrer Lebensleiter:
Das Gute, das wir gern genossen,
Das sind der Leiter feste Sprossen.
Das Schlechte – wir bemerkens kaum –
Ist nichts als leerer Zwischenraum.

ZEIT HEILT

Zwei Grundrezepte kennt die Welt:
Zeit heilt und, zweitens, Zeit ist Geld.
Mit Zeit, zuvor in Geld verwandelt,
Ward mancher Fall schon gut behandelt.
Doch ist auch der nicht übel dran,
Der Geld in Zeit verwandeln kann
Und, nicht von Wirtschaftsnot bewegt,
Die Krankheit – und sich selber – pflegt.
Doch bringts dem Leiden höchste Huld,
Verwandelst Zeit du in Geduld!

Neue Rezepte vom Wunderdoktor

Der Humorist, meist selbst nicht heiter,
Gibt Frohsinn nur an andre weiter.
Die Wissenschaft, die kaum je irrt,
Nennt so was einen Zwischenwirt.

HALALI

Der Krankheit wird gewaltig jetzt
Vermittels Treibjagd zugesetzt.
Höchst logisch wird von allen -logen
Was irgend möglich, einbezogen.
Der Psycho-, Uro-, Bakterio-,
Laryngo-, Neuro-, Röntgeno-
Und viele andere beäugen
Die Fährte, sich zu überzeugen,
Daß, immer enger schon verbellt,
Die Krankheit ausweglos umstellt.
Zuletzt wird sie, auf Tod und Leben,
Dem Chef zum Abschuß freigegeben.

MENSCH UND UNMENSCH

Wer tiefer nachdenkt, der erkennt:
Mensch sein ist fast schon: Patient.
Doch sind wohl aus demselben Grund
Unmenschen durchwegs kerngesund.

WARTEZIMMER

Der Hausarzt kommt nicht mehr wie früher.
Du bist ein Selbst-Dich-hin-Bemüher.
Im Wartezimmer – lang kanns dauern! –
Mußt Du auf den Herrn Doktor lauern,
Der, wie's der Reihe nach bestimmt,
Den einen nach dem andern nimmt –
(Soferne Du nicht wöhnest arg,
Daß er noch viele schlau verbarg
In Nebenräumen, Küch' und Keller,
Um sie dann vorzulassen, schneller.)
Dortselbst, in schweigend stumpfem Ernst,
Du warten kannst – wenn nicht, es lernst.
Dann endlich trifft Dich ein beseeltes:
»Der Nächste, bitte! Na, wo fehlt es?«
Nun gibts von Leidenden zwei Sorten:
Den einen fehlts zuerst – an Worten.
Den andern fehlts gleich überall:
Sie reden wie ein Wasserfall.
Der Doktor, geistesgegenwärtig,
Wird leicht mit beiden Sorten fertig.
Maßgebend ist ihm ja im Grund –
Nicht Dein Befinden – sein Befund.

JUNG UND ALT

Hie jung – hie alt! Zu wem von beiden
Gehn lieber wir mit unserm Leiden?
Bald sind wir vom Gefühl durchdrungen:
»Das Neueste wissen nur die Jungen!«
Bald wieder sind wir überzeugt:
»Die Ältern haben mehr beäugt!«
Bald sagen wir, als Kosten-Scheuer:
»Ein Titel macht die Sache teuer!«
Bald singen wir das alte Lied:
»Ich, statt zum Schmiedel, geh zum Schmied!«
Bald kriegen wir ins Ohr getuscht:
»Selbst Große haben schon gepfuscht!«
Bald heißts: »Wer zum Professor rennt – –
Und dann machts doch der Assistent!«
Kurzum, wir armen, armen Kranken
Oft wie das Rohr im Winde schwanken –
Bis dann ein Zufall es entscheidet,
Wer aus dem Rohr sich Pfeifen schneidet.

ÄRZTLICHE BEMÜHUNG

Der Doktor greif im Notfall ein –
Es muß nicht gleich ein Eingriff sein!

AUSSICHTEN

Schon will der Arzt – wer könnts vertuschen? –
Dem lieben Gott ins Handwerk pfuschen.
Er bringt zu künstlich neuer Blüte
Die uralt schauerliche Mythe –
Vorerst an hündischen Geschöpfen –
Von jenen arg vertauschten Köpfen.
Uns bangt, ob ers nicht so weit treib,
Daß er den abgenutzten Leib
Ritsch-ratsch ersetzt durch einen jungen.
Und ist erst das einmal gelungen,
Wird sich der Frevel ganz entpuppen:
Der Mensch vereinigt sich zu Gruppen,
Die Köpfe, Herzen, Nieren, Nerven
In einem Leib zusammenwerfen
Zu frisch gezellter Lebenswonne –
Der Rest kommt in die Abfalltonne.
Die Leute laufen dann herum,
Nicht mehr als Individuum, –
Weil ja natürliche Personen
Dann ohnedies sich nicht mehr lohnen –
Nein – mit geballter Leistungskraft
Als rechtsgebundne Körperschaft.

Der Unentwegte

Du kommst zum Doktor als ein Mann,
Der allerhand erzählen kann.
Du bist an Nerven recht zerrüttet:
Zweimal warst Du im Krieg verschüttet.
Er hört kaum hin und sagt: »Jawohl –
Doch wie stehts mit dem Alkohol?«
Du schwörst: Kein Tröpfchen mehr seit Jahren
Doch Deine Ehe sei verfahren:
Drei Kinder krank, die Frau sehr bös –
Vielleicht macht dies Dich sehr nervös?
»Hum«, brummt der Doktor, »ich versteh –
Wie aber ists mit dem Kaffee?«
Seit Wochen, schwörst Du, keinen Schluck
Und wenn, dann höchstens Muckefuck.
»Ja«, sagt der Doktor, »immerhin –
Doch wie stehts mit dem Nikotin?«
Du schwörst – und flehst, daß er Dir glaubt:
Nichtraucher seist Du überhaupt.
»Dann!« sagt der Doktor, »ist kein Grund
Zur Krankheit – Mann, Sie sind gesund!«

KONGRESSITIS

Mißtrauisch sehn wir den verstärkten
Auftrieb zu Mediziner-Märkten:
Anstatt wie früher, still daheim
Der jüngsten Forschung süßen Seim
Zu saugen aus der Fachzeitschrift,
Die Ärzteschaft sich heute trifft
In Tokio und in Daxelburg,
Wo Internist sich und Chirurg
Bereden teils und teils belauschen,
Das neuste Wissen auszutauschen.
Kaum sind sie, wunderbar gespeist,
Nach Köln und Hamburg heimgereist,
Nach München, Tübingen und Gött-,
Schon ist das Neuste ein Gespött
Und wieder müssen Räder rollen,
Weil sie noch Neueres wissen wollen.
Der Arzt des Fortschritts sei gepriesen
Im Gegensatz zum Feld- Wald- Wiesen-,
Der, fern der jüngsten Wissenschaft,
Zu Hause Krankenscheine rafft.
Doch *einen* Vorteil hat auch *der:*
Er kann gleich kommen, ruft ihn wer.

OHNE MICH!

Du führst – gesund, schier neiderregend –
Den Hund spazieren in der Gegend
Und liest, am nächsten Straßeneck,
Ein Schild, daß zu der Heilkunst Zweck
Sich kürzlich nieder hat gelassen
Ein Arzt, vertretend alle Kassen.
Drei Häuser weiter – und schon wieder
Ließ praktisch sich ein Arzt hier nieder.
Du wanderst friedlich hundert Schritte:
Sieh an! Da ist ja schon der dritte!
Gleich nebenan schwingt ein Professer
Als vierter sein Chirurgenmesser.
Ein fünfter treibts hals-nasen-öhrlich,
Und noch ein sechster Röntgen-röhrlich.
Ein siebter operiert nur plastisch,
Ein achter machts mehr heilgymnastisch. –
Wobei wir *die* gar nicht erwähnen,
Die helfen möchten Deinen Zähnen. –
Du gehst – wie schon bemerkt, gesund –
Nach Hause still mit Deinem Hund
Und schließt, im Bett noch abends spät,
Sie alle in Dein Nachtgebet:
Sie möchten – *Dich* nur ausgenommen! –
Zu Patienten reichlich kommen.

STREUUNG

»Nur um die Zähne oder Mandeln
Kann sichs, wenn Sie so müd sind, handeln.
Sie werden wieder heiter werden
Nach ausgeräumten Eiterherden!«
Der Doktor sprichts und räumt nun rüde;
Wir aber bleiben sterbensmüde.
Da wird er aber bitterbös:
»Ihr ganzes Leiden ist nervös!«

ERMUNTERUNG

Scheint auch Dein Zustand aussichtslos,
Halt durch – und wärs für Tage bloß!
Nur Mut! Die Rettung ist schon nah –
Sie kommt bestimmt aus USA,
Wo, wie man liest, beinahe stündlich
Die Heilkunst umgewälzt wird, gründlich.
Und wäre auch Dein Fall der schwerste,
Bist Du vielleicht der allererste,
Den, durch die Luft herbeigeeilt,
Von drüben ein Professor heilt!

GLEICHGEWICHT

Was bringt den Doktor um sein Brot?
a) die Gesundheit, b) der Tod.
Drum hält der Arzt, auf daß *er* lebe,
Uns zwischen beiden in der Schwebe.

EINSICHT

Der Kranke traut nur widerwillig
Dem Arzt, ders schmerzlos macht und billig.
Laßt nie den alten Grundsatz rosten:
Es muß a) wehtun, b) was kosten.

DIENER UND HERR

Ist auch an sich der Mediziner,
Wie sonst kaum wer, der Menschen Diener,
So ist er doch der Herr zugleich;
Und willig beugen arm und reich,
Ablegend Hemd und Rang und Titel,
Sich vor dem Mann im weißen Kittel.

WETTRÜSTEN

Die fürchterlich das Land durchschnaubt,
Manch blühend Leben uns geraubt:
Die finstre alte Drachenbrut –
Weiß man jetzt auszuschwefeln gut!
Denn kommt man ihr sulfonamidlich,
Dann wird sie harmlos, friedlich-niedlich.
Doch leider hat der Therapeut
Sich des Erfolgs zu früh gefreut:
Die Keime, mit modernsten Mitteln
Vertrieben, scheinbar, aus den Spitteln,
Sie lassen sich nicht fürder locken.
Geharnischt warten Viren, Kokken
Und brechen plötzlich, mit Gewalt,
Hervor aus ihrem Hinterhalt.
Mit panzerbrechend-neuen Waffen
Hofft wieder es der Arzt zu schaffen.
Und Niederlagen gibts und Siege,
Abwechselnd in dem zähen Kriege.
Gut, wenn wir an der Reihe sind,
Wenn grad die Wissenschaft gewinnt!

UNDANK

Ein guter Arzt weiß gleich oft, wo.
Statt daß man dankbar wär und froh,
Ist man so ungerecht und sagt:
»Der hat sich auch nicht arg geplagt!«
Ein andrer tappt ein Jahr daneben –
Mild heißts: »Müh hat er sich gegeben!«

VERTRAUENSARZT

Du sollst dem Arzt vertraun – gewiß!
Nur dem Vertrauens- traust Du miß,
Weil er bestellt, zu schauen scharf,
Ob man Dir selbst vertrauen darf.

ZUM TROST

Leicht sieht ein jeder, der nicht blind,
Wie krank wir, trotz der Ärzte, sind.
Doch nie wird man die Frage klären,
Wie krank wir ohne Ärzte wären.

SELBSTBEDIENUNG

Man weiß, das Personal wird rar –
Doch Rettung wächst mit der Gefahr.
Statt daß man schon in aller Frühe
Die brave Schwesternschaft bemühe,
Schiebt man dem Kranken an sein Bett
Ein automatisch Wunderbrett,
Das sich, mit Hilfe vieler Schalter,
Als Wärter zeigt und Unterhalter.
Beim Druck auf ein bestimmtes Knöpfchen
Reicht es ihm Pillen zu und Tröpfchen.
Licht an – Licht aus; den Vorhang auf! –
Wie mans grad wünscht im Tageslauf.
Der Kranke wird gekämmt, gewaschen,
Versehn mit jeder Art von Flaschen;
Des Zimmers Wärme wird gesteuert,
Selbsttätig der Verband erneuert.
Auch Zuspruch ist zu haben, seelisch –
Nach Wahl: katholisch – evangelisch.
Punkt fünf – sollt ers auch selbst vergessen –
Wird seine Tempratur gemessen.
Den Puls erfühlt ein eigner Zähler. –
Nur: schleicht sich technisch ein ein Fehler,
Bleibt hilflos liegen man wie gestern:
Vergebens ruft man nach den Schwestern. –
Zu sparen ihre Liebeskraft
Hat man das Brett ja angeschafft!

ZWEIFACHE WIRKUNG

Das ist der Krankenhäuser Sinn,
Daß man – wenns geht – gesund wird drin.
Doch wenn mans ist: dann schnell heraus!
Ansteckend ist das Krankenhaus.

SO UND SO

Man hört jetzt mit dem Schlagwort werben:
»Wer arm ist, der muß früher sterben!«
Doch oft ist auch nicht zu beneiden
Der Reiche: er muß länger leiden!

SO UND SO

Gesunde quält oft der Gedanke:
Wohin sie schauen – lauter Kranke!
Doch blickt ein Kranker in die Runde,
Sieht er nur unverschämt Gesunde.

»SCHEIN«-BEHANDLUNG?

Scheinkranke stellen gern sich ein,
Genügt dazu ein Krankenschein.

PSYCHOSOMATISCHES

Weil Leib und Seel gehörn zusammen,
Muß auch manch Körperleiden stammen
In magischem Zusammenwirken
Aus unsern seelischen Bezirken.
Doch nicht nur, daß die eigne Seel'
Wir unbewußt oft halten fehl:
Schuld trägt auch häufig die Familie,
Die manche hoffnungsvolle Lilie
Noch eh sie recht erblüht ist, knickt:
Die Freude wird im Keim erstickt.
Aus gegenseitgem Sich-erbosen
Entwickeln sich die Herzneurosen.
Nachts kommt besoffen heim der Vater,
Die Mutter schwärmt nur fürs Theater,
Die Schwiegermutter ist recht zänkisch,
Die Tante eingebildet kränkisch,
Am Marke der Familie saugen
Auch noch zwei Brüder, die nichts taugen.
Da spricht der Seelenkundler weise:
Kein Wunder, wenn in solchem Kreise
Bei dergestalten Lebensläufen
Sich, seelenleiblich, Schäden häufen.
So war das freilich immer zwar,
Doch jetzt machts Wissenschaft erst klar:
Sie bringt auf neue, stolze Höh
Die alte Lehre vom Milieu.

ARZTWECHSEL

Der Hausarzt, tüchtig und bescheiden,
War einst der Hüter unsrer Leiden.
Er ward uns Helfer, ward uns Freund. –
Jetzt wird nur noch herumgestreunt.
Half nicht der erste Herr Professer,
Dann ist gewiß der zweite besser,
Und bald – das ist bei uns so Sitte –
Denkt man, der beste sei der dritte.
Ein jeder fängt von vorne an,
Tut, was die andern schon getan:
Sollt er sich fremder Einsicht beugen?
Nein, er muß selbst sich überzeugen!
Er läßt den ganzen Heiltumsschatz,
Vom EKG bis Grundumsatz,
Frisch auf uns los; und wenig gilt
Das jüngst erstellte Röntgenbild.
Nach mancher Messung und Verbuchung
Sind wir jetzt reif zur Untersuchung,
Bei der wir wieder neu erfahren,
Was man uns schon gesagt vor Jahren,
Und wofür wir auch danken, kindlich:
Daß unsre Galle reizempfindlich,
Und unser Herz ein bißchen groß –
Daß aber sonst nicht recht viel los.
Wir tragen leichter unsre Qual
Ein Jahr lang – bis zum nächstenmal ...

PRIVATPRAXIS

Der Arzt heißt herzlich Dich willkommen,
Was Dir auch fehlt – Geld ausgenommen!

ARZTFRAUEN

Die Doktorsfrau ist übel dran:
Der sonst gewissenhafte Mann
Versäumt an ihr just seine Pflicht –
Und »freie Arztwahl« hat sie nicht.

WANDLUNG

Daß wir den Arzt nicht fürchten dürfen,
Ist klar – doch wenn wir tiefer schürfen,
So kommen wir auf den Gedanken:
Heut fürchtet mehr der Arzt die Kranken!

DER LANDARZT

Des Landarzts Mühsal, oft geschildert,
Hat sich zur »Spritztour« jetzt gemildert.

DIAGNOSE

Höchst ratsam ist die mitleidlose
Und äußerst düstre Diagnose,
Die nie des Doktors Ruf verdirbt:
Gesetzt den Fall, der Kranke stirbt –
Am Schrecken gar, ihm eingejagt –
Heißts: »Ja, der Arzt hats gleich gesagt!«
Jedoch, wenn er ihn retten kann,
Dann steht er da als Wundermann ...

WUNDEN

Wenn Dir der Doktor, gar noch barsch,
Reißt den Verband vom Wundenharsch,
So gibt er nichts auf Dein Gestöhn. –
Ganz glücklich sagt er: »Ei, wie schön!«
Was, schmerzverwirrt, Du noch nicht siehst,
Er siehts: daß sich die Wunde schließt.

ERSATZ

Wer nicht mehr traut auf Gottes Willen,
Ersetzt sein Nachtgebet durch Pillen.

SEELEN-SANITÄTER

Der Arzt als Freund – das läßt man gelten.
Der Freund als Arzt behagt uns selten.
Mit Heilstoff, wenn auch ziemlich bitter,
Versorgt uns immer gern ein Dritter.
Er tuts aus reiner Nächstenpflicht:
Die milden Salben helfen nicht!
Schmerzhaft aus uns zu ziehn das Laster,
Streicht er uns seinen Senf aufs Pflaster;
Geschickt sucht er was hinzureiben,
Um falsche Hoffnung auszutreiben.
Die Liebeswunde schmerzt verteufelt –
Schon hat er sie mit Jod beträufelt.
Was an uns selbst wir überschätzen,
Weiß er mit Höllenstein zu ätzen.
Besonders gern sticht er den Star
Und sagt, was traurig, aber wahr.
Kurz – er ist oft nicht sehr bequem.
Doch wir vermissen ihn trotzdem,
Seit wir so einsam sind zu Haus:
Hausfreund, wie Hausarzt, sterben aus.

GESCHÜTTELTES

Du sollst Dein krankes Nierenbecken
Nicht mit zu kalten Bieren necken.

Auch müßtest Du bei Magenleiden
Den Wein aus sauren Lagen meiden.

Glaub nicht, daß alle Zungen lügen,
Die warnen vor den Lungenzügen.

Auf Pille nicht noch Salbe hoff,
Wer täglich dreizehn Halbe soff.

Wer kann mit frohem Herzen schmausen,
Wenn tief im Stockzahn Schmerzen hausen?

Du spürst der ganzen Sippe Groll
Die pflegen Dich bei Grippe soll.

Statt jeden, der noch lacht, zu neiden,
Am Neid dann Tag und Nacht zu leiden,
Sich Kummer, weil man litt, zu machen:
Ists besser, selbst gleich mitzulachen.

FLUCHT

Wir haben einst als kleine Knaben
Aus lauter Angst vor Schulaufgaben
Die Influenza selbst erzeugt.
Voll Mißtraun wurden wir beäugt;
Und doch – es reichte zur Begründung
Des Hausarzts: »Leichte Halsentzündung!«
Wir lagen in den saubern Kissen
Mit nicht ganz sauberem Gewissen –
Nichts wissend von den psychosomen
Streng wissenschaftlichen Symptomen.
Wir freuten uns der Anwartschaft
Auf Bilderbuch und Himbeersaft.
Je nun, wir wurden älter – und,
Selbst wenn wir wirklich nicht gesund,
Hielt eisern aufrecht uns die Pflicht:
Man stirbt, doch man ergibt sich nicht!
Nur manche, kindhaft lebenswierig,
Die werfen, kaum wirds etwas schwierig,
Daß Leiden sich des Leids erbarme,
Der Krankheit feig sich in die Arme –
Natürlich nicht grad Magenkrämpfen! –
Sie suchen, aus den Daseinskämpfen
Geflüchtet, sich die Krankheit nett aus. –
Und sind erst wieder kühn, vom Bett aus.

GESCHENKE

Wenn bummelnd durch die Stadt Du gehst
Und müßig vor Geschäften stehst,
Schau in die Läden nicht zu scharf,
Die zeigen »Krankenhausbedarf«.
Sie preisen zwar mit milden Worten
Das Folterwerkzeug aller Sorten,
Doch Dich ergreift ein eisiger Schreck –
Am besten schaust Du schleunig weg.
Nicht freilich so zur Weihnachtszeit,
Wo auch der Bandagist bereit,
Zu fördern liebreich den Gedanken,
Wie man erfreu die armen Kranken.
Er schmückt, (statt's gar nicht herzuzeigen)
Ein »Entlein« grün mit Tannenzweigen;
Um medizinisch ernste Spritzen
Läßt hold er goldne Sternlein blitzen
Und ein begehrenswertes Bruchband
Versieht er fromm mit einem Spruchband,
Das von der Zeit, so gnadenvoll,
Die Menschen überzeugen soll,
Sofern sie guten Willens sind –
Und etwas Passendes sich find.

EINSCHÜCHTERUNG

Von Wechseljahren weiß der Kenner,
Daß sie gefährlich auch für Männer.
Schon naht – sonst abhold der Verrohung –
Der Fachmann mit massiver Drohung:
Sie haben Sand in den Gelenken!
Sie können nicht mehr richtig denken!
Sie haben Kribbeln in den Beinen!
Sie fangen grundlos an zu weinen!
Sie sind versucht, sich selbst zu töten,
Sie leiden unter Atemnöten,
Schweiß rinnt von Ihnen, ganze Bäche!
Sie fürchten sich vor Mannesschwäche!
Sie haben Angst vor Frauenzimmern!
Sie leiden unter Augenflimmern,
Schlaflosigkeit und Nervenzucken,
Fußkälte, Kopfweh, Schwindel, Jucken,
Ihr Herz beginnt zu klopfen, jagen,
Müd sind Sie, nieder-, abgeschlagen!!
Der Ärmste, der dies schaudernd liest,
Kriegts mit der Angst und sagt: »Na, siehst!«
Und nimmt – das war der Warnung Willen –
Ab heut die guten Knoblauch-Pillen!

ZUVERSICHT

Am Abend sieht man manchen Kranken
Gewaltig Medizinen tanken:
Für Herz und Magen, Kopf und Nerven
Füllt er sich an mit Heilkonserven;
Er hofft, daß morgen früh die Gaben
Gewirkt beim Aufstehn werden haben.
Und gläubig schließt er seinen Pakt
Schon jetzt mit dem Futur exakt.

SALBEN

Die beste Wirkungskraft verliert
Die Salbe, die zu dick geschmiert.
Auch Zuspruch, wenn er heilen soll,
Sei darum nicht zu salbungsvoll.

VORSICHT!

Du kriegst, wenn Du sie nicht schon hast,
Gastritis leicht als Wirtshaus-Gast.

LEGENDENBILDUNG

Drei Tage lang war einer krank, –
Dann hüpft' er wieder, frisch und frank.
Jedoch schon bei den ersten Fragen
Sprach er von acht, ja vierzehn Tagen.
Ward späterhin der Fall besprochen,
Erzählte er von drei, vier Wochen.
Dann gab er an, daß letztes Jahr
Er schwerkrank, siebzehn Wochen war.
In der Erinnrung, längst genesen,
Ist jahrelang er siech gewesen.

ÄRGER

Es gilt, just bei nervösen Leiden,
Aufregung aller Art zu meiden;
Besonders, wie der Doktor rät,
Vorm Schlafengehen, abends spät.
Noch mehr fast, fleht er, gib Dir Müh,
Dich nicht zu ärgern in der Früh.
Und, bitte, ja nicht zu vergessen:
Niemals, vorm, beim und nach dem Essen.
Wer streng zu folgen ihm, bereit,
Hat, sich zu ärgern, kaum mehr Zeit.

AUFSCHUB

Der Tod hat es in unsern Tagen
Nicht mehr so leicht, er muß sich plagen!
Die Medizin, die meisterliche,
Kommt mehr und mehr ihm auf die Schliche.
Er kann, selbst wenn es Gott befohlen,
Uns nicht, so mir nichts, Dir nichts, holen.
Der Mensch fuhr früher rasch dahin –
Jetzt bremst man mit Penicillin.
Und einer, der vor Gottes Stufen
Bereits so gut schien, wie gerufen:
Der Arzt, wer weiß, ob auch zum Glück,
Ruft in das Leben ihn zurück.
Und doch, mag man ihn manchmal stoppen,
Läßt sich der Tod am End nicht foppen;
Und mehr als einem tats schon leid,
Daß er nicht ging – zur rechten Zeit.

DIE STÜTZE

Gesunde stürzen ohne Halt –
Wer kränkelt, wird gar achtzig alt.
Sein Leiden wird zum festen Stab,
Dran er sich schleppt bis an das Grab.

BILLIGER RAT

Wenn ein Bekannter, schwer erkrankt,
Ob er sich schneiden lasse, schwankt,
Rät gern zu heldischem Entschluß,
Wer ihn nicht selber fassen muß;
Ihm fehlts an Gründen nicht, an seichtern,
Den Schritt dem andern zu erleichtern
Und noch viel weniger an tiefern,
Ans Messer herzlos ihn zu liefern:
Ich bitte Dich, in unsrer Zeit
Ist so was eine Kleinigkeit!
Ich wollt mich keine Stund besinnen,
Denn frisch gewagt heißt halb gewinnen!
Die jetzigen Chirurgen machen
Doch spielend noch ganz andre Sachen!
Wer also spricht, hat nichts gewagt:
Denn wenn des Arztes Kunst versagt,
Kann sich, wer tot, nicht mehr beschweren;
Wenns glückt, dann kommt man hoch zu Ehren,
Als der, der zu entschlossnen Taten
Mit Recht dem Zaudernden geraten!

HOFFNUNGEN

Nicht nur die stolze Firma Bayer,
Nein, auch der Apotheker Mayer
Und Hinterhuber, der Drogist,
Sehn, was die Welt an Pillen frißt
Und nähren die Hoffnung drum im Busen,
Daß sie, schier so wie Leverkusen
Und andere Erzeugungsstätten,
Glück mit dergleichen Sachen hätten.
Soll er denn, fragt sich jeder Brave,
Für ewig sein der Handelssklave
Der Firmen all, der reichen, großen?
Kann er nicht selbst noch Pulver stoßen
Und Pillen drehn, wie es der Ahn
Jahrhunderte hindurch getan?
Der Anfang ist oft klein, ja winzig,
Knoblauchig oder pfefferminzig,
Doch Kühnere voll Tatkraft werfen
Sich schon auf Kreislauf, Herz und Nerven
Und, leicht durchsetzt mit Weltanschauung,
Auf die geregelte Verdauung.
Im Laden ein Plakat schon prunkt:
»Erkennst Du Deinen dunklen Punkt??
Er wird durch Mittel prompt erhellt,
Von mir persönlich hergestellt!«
Und vor des Schöpfers innerm Blick
Steht schon, gewaltig, die Fabrik.

Schwierige Operation

Nur sehr Geschickte sollten wagen,
Sich Wünsche aus dem Sinn zu schlagen.
Steckt so ein Wunsch erst richtig drin,
Trifft man statt seiner just den Sinn
Und läuft, was ärgerlich und dumm,
Statt wunschlos – sinnlos nur herum.

Patent

Der Kranke greift zur Medizin,
Froh überzeugt, sie heile ihn.
Doch ist sie leider, gleich der Nuß,
Gebannt in den Patentverschluß.
Der Ärmste plag sich, wie er mag:
Geheimnisvoll am lichten Tag
Läßt sich mit Hebeln nicht und Schrauben
Die Büchse ihren Inhalt rauben.
Hätt er die Medizin genommen,
Der Kranke wär davon gekommen.
Doch starb er noch in selber Nacht:
Er hat das Dings nicht aufgebracht.

HEILUNGSPROZESS

Was jeder Mensch wohl wissen dürft:
Daß man, wenn man sich aufgeschürft,
Geritzt, gestochen, sonst verletzt –
Und 's hat sich Wundharsch angesetzt,
Die ganze Sache nur verpatzt,
Wenn man voreilig zupft und kratzt.
Auch sieht man aus den kleinsten Pickeln
Sich scheußlich ein Geschwür entwickeln,
Weil man gesucht, noch eh es Zeit,
Nach einer – Ausdrucksmöglichkeit.
Was eben werden wollte heil,
Verwandelt sich ins Gegenteil.
Was ist am Weltenleiden schuld?
Die Ungeduld, die Ungeduld!

VERPASSTE ZEIT

Sobald Dir Dein Gewissen rät,
's wär höchste Zeit – ists schon zu spät!

STOFFWECHSEL

Höchst unterschiedlich im Vertragen
War auch seit je der Seelenmagen,
So daß ein chronisch-milder Gram
Dem einen gar nicht schlecht bekam,
Der reagierte andrerseits
Schlecht auf akuten Ärger-Reiz.
Ein zweiter, ohne jede Störung,
Nährt sich von Jähzorn und Empörung,
Wogegen jede Art von Stauung
Sich schlüge bös auf die Verdauung.
Man sieht, auch seelisch schmeckt dem Esser
Hier dies und dort das andre besser.

LEBER

Das Dasein ist dem nicht erhebend,
Der leberleidend, leider, lebend.
Wer kerngesund, weiß bis zum Grabe
Kaum, daß er eine Leber habe.
Doch sind, kommts erst einmal zum Klappen,
Nicht mehr Lappalien die paar Lappen.

ERHÖHTE ANSPRÜCHE

Der Arzt ist heut dazu verpflichtet,
Daß höchst modern er eingerichtet.
Einst hat genügt für solche Zaubrer
Ein weißer Mantel schon, ein saubrer,
Ein Stethoskop als Zauberstecken,
Und, nur um heilsam zu erschrecken,
Ein reinlich präparierter Tod,
Ein bißchen Watte, Mull und Jod,
Ein paar Rezept- und Zauberbücher –
Zufrieden waren die Besücher.
Doch heut braucht er zu seinen Taten
Ein Arsenal von Apparaten.
Auch wenn die Dinger gar nicht gehn –
Sie müssen in der Praxis stehn.

UNTERSCHIEDLICH

Schwer ists mitunter zu entscheiden:
Ein Leid wiegt mehr als hundert Leiden.
Doch ist auch manchmal, umgekehrt,
Ein Leiden hundert Leide wert.

Vergebliche Warnung

Der Leib sagt es der Seele oft,
Daß er auf ihre Bessrung hofft;
Er fleht, das Rauchen einzudämmen,
Ihn nicht mit Bier zu überschwemmen,
Ihm etwas Ruhe doch zu gönnen –
Bald werd ers nicht mehr schaffen können.
Die Seele murrt: »Laß Dein Geplärr!
Du bist der Knecht – ich bin der Herr!«
Der Körper, tief beleidigt, schweigt –
Bis er dann eines Tages streikt:
Die Seele, hilflos und bedeppt,
Den kranken Leib zum Doktor schleppt.
Und was, meint Ihr, erfährt sie dort?
Genau dasselbe, Wort für Wort,
Womit der Leib ihr Jahr und Tag
Vergeblich in den Ohren lag.

Schlafmittel

Der süße Schlaf, naturgesteuert,
Wird, ach! jetzt barbiturgesäuert.
Das muß sich rächen auf die Dauer:
Das Aufstehn, morgens, fällt uns sauer!

DER KINDERARZT

Der Kinderarzt lebt nicht so sehr
Vom Kind, das krank ist, wirklich schwer –
Das sind die Fälle nur, die seltern –
Als von der Angst der lieben Eltern.
Sie ist es, die er heilt im Grund –
Das Kind wird meist von selbst gesund.
Postscriptum: Trotzdem sei doch lieber
Der Arzt geholt, beim kleinsten Fieber,
Wenns sein muß, selbst um Mitternacht –
Denn einmal nur die Angst verlacht,
War diesmal sie nicht unbegründet:
Hellauf schon brennt, was sich entzündet!

HYDROBIOLOGIE

Geboren wird der Mensch als nasser:
Ein Säugling ist fast durchwegs Wasser –
Bis er, obwohl er saugt und säuft,
Auf dieser Welt sich trocken läuft.
Erst wird ers, meistens, hinterm Ohr –
Zuletzt vergeht ihm der Humor.
Und, leider, bis ins Mark verdorrt,
Lebt er Jahrzehnte lang noch fort.

ÜBERGESCHEIT

Klug maßt ein Psychologe mut,
Warum man dies und jenes tut.
Und er sucht Gründe, immer tiefer,
Als wohlgeübter Seelenschliefer.
Wie er sich auch den Kopf zerbricht:
An schlichte Dummheit denkt er nicht.

PSYCHOANALYSE

Ein kluger Seelen-Wurzelgraber
Weiß viel ans Licht zu bringen – aber
Vergeßt dabei das eine nicht:
Die Wurzeln sterben ab im Licht!

FORSCHUNG

Oft denkt zwar einer Tag und Nacht –
Und hat sich nichts dabei gedacht.
Erst jetzt forscht Physiologie
Nicht, *was* der Mensch denkt, sondern *wie*.

RÖNTGENBILD

Ein Meister allen Jüngern riet,
Nur das zu glauben, was man sieht.
Und doch – der Einwand sei erlaubt,
Daß mancher das sieht, was er glaubt.

KUNST

Mitunter fälscht wer, gar nicht schlecht,
Ein Krankheitsbild, als wär es echt.
Dann wird, es richtig zu bewerten,
Der Doktor gar zum Kunstexperten.

DARUM!

Damit man doch zum Doktor geh,
Schuf Gott den Schmerz – denn, täts nicht weh,
Dann säß der erste Arzt noch immer
Allein in seinem Wartezimmer.

WOHLFAHRT

Was ist gar vieler Menschen Traum?
Die Rentenfrucht am Leidensbaum.

AUGEN

Man hält sogar jetzt Augenbanken
Bereit zum Austausch für die Kranken.
Sie schaun – und freuen sich daran –
Die Welt mit andern Augen an.

BLUTÜBERTRAGUNG

Wir sind auf unsre Ahnen stolz:
Ihr Blut, in unsern Adern rollts!
Jetzt kreist oft Blut in unsern Bahnen,
Von Leuten, die wir gar nicht ahnen.

GEGEN MÜDIGKEIT

Bei Müdigkeit wär zu erproben:
Laß a) den Kranken selbst sich loben,
b) äußern seine Weltbeschwerden –
Und sieh, er wirds nicht müde werden!

HÖFLICHE BITTE

Die Welt ist ungemein empfindlich:
Wer Wunden schlägt, sei auch verbindlich!

VORSCHLAG

Auch Röntgenbilder, schön geblitzt,
Kann, wer sie schwarz auf weiß besitzt,
Gestrost und stolz nach Hause tragen.
Er zeigt den Seinen Herz und Magen,
Läßt Leute tun, die ihm fast fremd,
Die tiefsten Blicke unters Hemd,
Wo's jenseits weit von männlich-weiblich,
Ganz keusch wird, knie- und bänderscheiblich.
Schon hört den Wunsch man allenthalben
Nach Röntgenbild-Familienalben.

LUFTKUR

Den Kranken bringt mit gutem Grund
Man dorthin, wo die Luft gesund.
Doch schon sind allzuviele dort
Und es entsteht ein Luftkurort:
Die Luft, beansprucht allzusehr,
Erholt sich alsbald selbst nicht mehr.

REISKUR

Der Patient hat fest versprochen,
Nur Reis zu essen, sieben Wochen.
Erst tut ers streng: salzlos, gewässert,
Dann insgeheim schon leicht verbessert;
Dann in der Form des süßen Breis;
Dann Reis mit Huhn; dann Huhn mit Reis –
Um im Gefühle eines Helden
Beim Doktor wieder sich zu melden.
Und sieh! Der Patient hat Glück:
Der hohe Blutdruck ging zurück
Und beide singen Lob und Preis
Dem wundertätig-edlen Reis.

FIEBER-FANTASIE

Manch einer hat im Leben nie,
Selbst nicht bei Fieber, Fantasie.
Vielleicht, daß es ein bißchen blitzt,
Wird er auf vierzig Grad erhitzt.
Doch häufig tötet dann den Kranken
Sein erster feuriger Gedanken.

GUTER ZUSPRUCH

Wenn sonst ein Gatte an was litt,
Beleidete die Frau ihn mit.
Doch trifft man auch das Gegenteil –
Die Frau nur schimpft: »Natürlich, weil:
Du einfach nie zum Doktor gehst;
Barfuß auf kalten Böden stehst,
Nie pünktlich nimmst die Medizin,
Hinarbeit'st selbst auf den Ruin,
Beim Baden immer untertauchst,
Den ganzen Tag Zigarren rauchst,
Hineinfrißt, was Du nicht verträgst,
Am Ast, auf dem wir sitzen, sägst,
Zu jeder Warnung blöd nur lachst,
Nie ernstlich Dir Gedanken machst – –
Das würde Dir vielleicht so passen,
Als Witwe mich zu hinterlassen!«
So schlägt sie nieder ihn mit Keulen
Und jetzt fängt sie gar an zu heulen.
Der Mann, gelockert und bewässert,
Verspricht, daß er sich schleunig bessert. –

ZEIT HEILT

Wenn ihn nicht gleich der Tod ereilt,
Hat manchen schon die Zeit geheilt.
Den einen, der beim Scheiterspalten
Die große Zeh für Holz gehalten;
Den andern, den vor Zeit ein Schaf
Knie-scheibenschießend übel traf;
Den dritten, der sich schon wollt morden,
Weil nicht bekommen er den Orden;
Den vierten, der an einer stolzen
Wunschmaid in Tränen schier zerschmolzen;
Den fünften, der mit Schreck vernommen,
Daß ihm die Felle weggeschwommen;
Den sechsten, der voll Gram gewesen,
Weil keiner sein Gedicht gelesen. –
Lang, lang ists her; es wird die Qual
Zum Märchen schon: es war einmal ...
Und alle leben so ganz friedlich –
Nur ein klein bißchen invalidlich.

KASSENHASS

Ein Mann, der eine ganze Masse
Gezahlt hat in die Krankenkasse,
Schickt jetzt die nötigen Papiere,
Damit auch sie nun tu das ihre.
Jedoch er kriegt nach längrer Zeit
Statt baren Gelds nur den Bescheid,
Nach Paragraphenziffer X
Bekomme vorerst er noch nix,
Weil, siehe Ziffer Y,
Man dies und das gestrichen schon,
So daß er nichts, laut Ziffer Z
Beanzuspruchen weiter hätt.
Hingegen heißts, nach Ziffer A,
Daß er vermutlich übersah,
Daß alle Kassen, selbst in Nöten,
Den Beitrag leider stark erhöhten
Und daß man sich, mit gleichem Schreiben,
Gezwungen seh, ihn einzutreiben.
Besagter Mann denkt, krankenkässlich,
In Zukunft ausgesprochen häßlich.

MAHNUNG

Die Welt, bedacht auf platten Nutzen,
Sucht auch die Seelen auszuputzen;
Das Sumpf-Entwässern, Wälder-Roden
Schafft einwandfreien Ackerboden
Und schon kann die Statistik prahlen
Mit beispiellosen Fortschrittszahlen.
Doch langsam merkens auch die Deppen:
Die Seelen schwinden und versteppen!
Denn nirgends mehr, so weit man sieht,
Gibt es ein Seelen-Schutzgebiet:
Kein Wald, drin Traumes Vöglein sitzen,
Kein Bach, drin Frohsinns Fischlein blitzen,
Kein Busch, im Schmerz sich zu verkriechen,
Kein Blümlein, Andacht draus zu riechen.
Nichts, als ein ödes Feld – mit Leuten
Bestellt, es restlos auszubeuten.
Drum, wollt Ihr nicht zugrunde gehn,
Laßt noch ein bißchen Wildnis stehn!

ANGSTTRÄUME

Wen hätt nicht schon der Traum gepackt,
Daß er dahinläuft, splitternackt,
Sich furchtbar schämt – und doch so tut,
Als liefe er recht frohgemut,
Ganz ohne Angst vor all den Leuten,
Die schon mit Fingern auf ihn deuten.
Wer reicht ihm einen Lendenschurz?
Wer gräbt ihm frei des Traumes Wurz?
Hats einen Sinn, nach dem Erwachen
Der Welt den Traum bekanntzumachen?
Wird seine Frau ihn recht verstehn?
Soll er zum Therapeuten gehn?
Soll er bei Freud und Adler schürfen,
Ob wir dergleichen träumen dürfen?
Vielleicht verrät der Mensch, als nackter,
Den baren Mangel an Charakter?
Eh dies entschieden, sinkt zum Glück
Der böse Traum ins Nichts zurück.
Beim ersten Blick auf Hemd und Hosen
Verschäumt er leicht im Wesenlosen.

ZAHNWEH

Bescheiden fängt ein alter Zahn,
Der lange schwieg, zu reden an.
Entschlossen, nicht auf ihn zu hören,
Tun wir, als würd uns das nicht stören.
Der unverschämte Zahn jedoch
Erklärt, er hab bestimmt ein Loch
Und schließlich meint er, ziemlich deutlich,
Daß ihm nicht wohl sei, wurzelhäutlich.
Wir reden dreist ihm ins Gewissen:
»Wenn Du nicht schweigst, wirst Du gerissen!«
Doch wie? Der Lümmel lacht dazu:
»Das fürcht ich lang nicht so wie Du!«
Wir suchen mild ihn zu versöhnen:
»Ließ ich Dich golden nicht bekrönen?
Schau, haben nicht wir beiden Alten
Zusammen jetzt so lang gehalten?
So manchen guten Biß geteilt?«
Es ist umsonst, er bohrt und feilt
Und sieht nicht ein, wie es verwerflich,
Uns völlig zu zersägen, nervlich.
Wir werden stark! (In Wahrheit: schwach!)
Am nächsten Morgen kommts zum Krach.
Der Zahn wehrt sich mit Löwenmut;
Doch übersteht ers schließlich gut.
Uns aber bangt schon – Zahn um Zahn –
Bald kommt vielleicht der nächste dran!

DAS HAUSBUCH

Mehr Geld-verdienstlich wirkt, als rühmlich,
Wer Wissenschaft macht volkestümlich;
Als fleißiger Zusammenschmelzer
Bringt er in einen dicken Wälzer,
Teils, was die Welt gewußt seit Jahren,
Teils, was sie eben erst erfahren,
Teils, was sie – bis auf einen Kreis
Von Fachgelehrten – noch nicht weiß.
Vielseitig macht der Wicht sich wichtig:
Wie geht, steht, schnauft und schneuzt man richtig?
Das Fenster, offen sonst bei Nacht,
Bei Lärm und Frost sei's zugemacht.
Doch kann er auch bei schwerern Fällen
Sein Wissen zur Verfügung stellen,
Denn er beherrscht den jüngsten Markt:
Bandscheiben, Stress und Herzinfarkt.
Wie sonst die Leute Schweine mästen,
So nährt er seine Zettelkästen,
Um das, was andre vor ihm dachten,
Zur rechten Stunde auszuschlachten.
Sein Werk empfehl ich im besondern
Der Hausfrau – und den Hypochondern.

INSERATE

Selbst Blätter, die sonst ernst zu nehmen,
Sich nicht der ganzen Seiten schämen,
Darauf sie, dienstbar dem Gesindel,
Anpreisen jeden Heilungsschwindel.
Das aufgeklärte Publikum
Ist heut ja noch genau so dumm,
Wie in der Zeit der Wunderkuren,
Zahnbrecher und Geheimtinkturen.
Ja, es vertraut, so blind wie nie,
Dem Teufelsspuke der Chemie.
Muß man sich dem Erfolg nicht beugen,
Wenn Frauen schockweis ihn bezeugen,
Die alle, hergezeigt in Bildern,
Eingehendst die Verdauung schildern,
Die sie, durch das besagte Mittel,
Abmagern ließ um gut ein Drittel?
Der Gatte, Jugendglanz im Blicke,
Nennt sie nun nicht mehr »meine Dicke«,
Er sagt: »Mein Mädchen!« zu der Stolzen,
Bewundernd, wie sie hingeschmolzen.
Die Welt wird mager – nur die Blätter,
Die werden durch die Firma fetter,
Die weiter nichts braucht abzuführen,
Als ihre Inserat-Gebühren.

BEINAHE

Ein Reisender in Afrika
Zwar Löwen weit und breit nicht sah,
Doch gierig, selbst sich zu verhelden,
Will er zu Hause trotzdem melden,
Ihn hätten – was ihm alle gönnen –
Leicht echte Löwen fressen können.
Der Kranke, dem fast nichts gefehlt,
Ist oft vom gleichen Drang beseelt;
Und er erzählt voll Schauderwonnen,
Wie knapp er nur dem Tod entronnen.
Der Arzt hats selbst ihm angedeutet:
Fast hätt man ihn zu Grab geläutet.
In diesem würde er jetzt liegen,
Wärs Fieber *noch* zwei Grad gestiegen.
Und seine Grabschrift könnt man lesen,
Wär nicht sein Herz so stark gewesen.
Man hätte ihn hinausgetragen,
Hätt Gelbsucht sich dazugeschlagen.
Und längst läg er im kühlen Bette,
Wenn gar versagt die Niere hätte.
Er hätte müssen in die Erden,
Wärn auch gekommen Milzbeschwerden ...
Wir schmunzeln nur in diesem Falle:
So beinah starben wir schon alle!

Principiis obsta!

Machthunger heilt und Tatendurst
Ihr nie und nimmer mit der Wurst,
Um die's dann geht! Nein, ehs zu spät,
Verordnet äußerste Diät!

Hoffnung

Die einen jubeln: Wirtschaftswunder!
Die andern schrein: Schon glimmt der Zunder!
Doch jeder hofft, mit heilem Hintern
Auch diesmal noch zu überwintern.

Trübe Erfahrung

Als Kind schon wir zu hören kriegen,
Daß wir, wie wir uns betten, liegen.
Doch dann sehn anders wirs verkettet:
Wer richtig liegt, wird gut gebettet.

Kontaktarmut

Daß er an Spannung nichts verliert,
Lebt heute jeder isoliert.

AUSFLÜCHTE

Zum Werke der Barmherzigkeit
Ist stets ein guter Mensch bereit:
Er wird mit Blumen, Obst und Kuchen
Demnächst den kranken Freund besuchen!
Doch weicht die erste zarte Regung
Der Übermacht von Überlegung:
Zeit kostets, Geld und Überwindung...
Die schlechte Straßenbahnverbindung...
's ist erst die Frage, ob und wann
Man ihn besuchen darf und kann...
Vermutlich ist der Arzt dagegen...
Wie häufig kommt man ungelegen...
Er braucht die Schüssel grad – wie peinlich...
Am liebsten schläft er, höchstwahrscheinlich.
Vielleicht ist arg er überlaufen,
Hat Blumen, Bücher schon in Haufen.
Ich frag doch vorher den Professer...
Die nächste Woche läg mir besser.
Die Luft im Krankenhause haß ich –
Ich glaub, das Ganze unterlaß ich...
Vielleicht kommt demnächst er heraus
Und ich besuch ihn dann zu Haus... –
Heraus nun kommt der Kranke zwar,
Doch leider auf der Totenbahr.
Die Frage bleibt sich schier die gleiche:
Ob er wohl geht mit seiner Leiche?

DER HERRENFAHRER

Solang Dein Motor richtig läuft,
Machts nichts, wenn Widrigkeit sich häuft:
Du kommst – und wärs durch dicksten Dreck –
Mit rücksichtsloser Kraft vom Fleck,
Du überfährst die Welt mit Wucht
Und rettest Dich durch Fahrerflucht.
Doch eines Tags, nach goldnen Jahren,
Hast Du den Karrn kaputt gefahren
Und schmerzhaft kommts Dir in den Sinn,
Was in dem Motor alles drin
An Röhren, Strängen, Leitern, Klappen,
An Linsen, Trommeln, Filtern, Lappen,
An Deckeln, Pumpen, Netzen, Kammern:
Erbärmlich fängst Du an zu jammern.
Der kundige Mechanikus,
Der Doktor sagt: Jetzt ist es Schluß!
Auch wenn er, besten Falls, geschickt
Den ärgsten Schaden nochmal flickt,
Mußt Du für immer Dir versagen,
Dein altes Tempo anzuschlagen.
Just Du schimpfst nun ganz weheleidig
Auf andre, die noch fahren, schneidig
Und hast den Übermut vergessen,
Mit dem am Steuer *Du* gesessen.

ANTHROPOLOGIE

Die Wissenschaft noch heute fabelt,
Wann Mensch und Affe sich gegabelt
Und, ohne weiter Zeit zu schonen,
Wirft sie herum mit Jahrmillionen.
Es waren unsre frühsten Ahnen
Die Untermenschen, Subhumanen.
Dann, kurze Zeit und reichlich spät,
Drang beinah durch Humanität,
Indes das Prähumane, (Vor-)
Unendlich langsam sich verlor.
Schon aber rückten, schrecklich schnell,
Posthominiden an die Stell,
Nachmenschen also, sozusagen,
Wie wir sie sehn in unsern Tagen.
Der Mensch, der Menschheit alter Traum,
Trat somit in Erscheinung kaum.
Ihn gabs – fällt auch die Einsicht schwer –
Noch nicht: da gabs ihn schon nicht mehr.

FRISCHE LUFT

Schwer ists mitunter, Luft zu kriegen,
In der nicht schon Gedanken liegen.

LETTERITIS

Ganz plötzlich wird es Dir bewußt:
Erkrankt ist Deine Leselust!
Nach welchem Buche Du auch faßt,
Keins, das zu Deiner Stimmung paßt!
Du gibst nichts hin – es gibt nichts her:
Bald ists zu leicht, bald ists zu schwer.
Mit leerem Herzen und Verstand
Starrst Du auf Deine Bücherwand:
Die altbewährte, edle Klassik
Ist Dir auf einmal viel zu massig
Und über die moderne Lyrik
Denkst Du schon beinah ehrenrührig.
Der Reißer selbst, in dessen Flut
Du sonst gestürzt voll Lesewut,
Wirft heut Dich an sein Ufer, flach;
Dein Drang zur Wissenschaft ist schwach;
Und das gar, was sich nennt Humor,
Kommt Dir gequält und albern vor.
Geduld! Laß ab von aller Letter!
Es wird sich ändern, wie das Wetter:
Schon morgen, unverhofft genesen,
Kannst Du dann lesen, lesen, lesen!

SKRUPEL

Schärf ständig frisch Dein stumpf Gewissen –
Doch laß die Vorsicht nicht vermissen,
Auf daß es noch, nicht allzuscharf,
Taugt für den täglichen Bedarf!

PHYSIOGNOMIK

Vermessen wärs, wolltst Du ihr Wesen
Den Leuten vom Gesicht ablesen.
Darf es doch fast als Grundsatz gelten:
So, wie sie ausschaun, sind sie selten.

WEISSAGUNG

Erhaltet Euch, auch metaphysisch,
In alter Frische, tränendrüsisch.
Denn leider Gottes wills so scheinen,
Als käm noch allerhand zum Weinen.

KUNST DES SCHENKENS

Verschenken kannst Du viele Sachen,
Doch nur mit wenigen Freude machen.

Der Fürsorgliche

Nicht, weil er bös ist, nein: zu gut –
Quält uns oft einer bis aufs Blut.
Selbst Wünsche, die wir gar nicht hatten,
Erfüllt er, ohne zu ermatten,
In einem Übermaß von Hulden
Und: ohne Widerspruch zu dulden.
Ach, seine Sorge, ob er täglich
Uns recht umsorgt, wird unerträglich:
Mild fragt, in unserm ersten Schlafe,
Ob wir gut zugedeckt, der Brave;
Früh will er uns gewiß nicht stören –
Nur, ob wir wohl geschlummert, hören.
Die Frühstückspfeife froh zu schmauchen
Vergällt sein Vortrag übers Rauchen.
Grad was wir äßen mit Vergnügen,
Gibts nicht, weil wir es schlecht vertrügen.
Daß er vor rauher Luft uns schütze,
Drängt er uns Wollschal auf und Mütze,
Ja, Regenschirm und Überschuhe,
Im Fall nur, daß es regnen tue.
Auf leises Räuspern bringt bereits
Ein Säftlein er für Hustenreiz;
Und sollten etwa gar wir niesen,
Ist unser Tod ihm fast bewiesen.
Und teuflisch martert er uns Armen,
Erbarmungslos – nur aus Erbarmen.

GUTER WILLE

Gern – etwa im Familienbad –
Sehn wir die turnerische Tat!
Erfreulich sind die jungen Mädchen,
Die munter schlagen ihre Rädchen,
Und die mit Kerzen oder Brücken
Von ganzem Herzen uns entzücken.
Wir freun uns auch des jungen Manns,
Der eitel prahlt: Schaut her, ich kanns!
Doch wahrhaft rührend und begeisternd
Wirkt erst ein Greis, den Leib bemeisternd:
Ein dürrer, daß er sich verjünge,
Macht, wie ein Känguruh, drei Sprünge
Und ist gewiß, daß nun für Wochen
Geschmeidig wieder seine Knochen.
Ein Fettwanst, der die Kniee beugt,
Ist nun von Grund aus überzeugt,
Er dürft nun lang, bei Bier und Braten,
Ausruhn von solchen Heldentaten.
Wie aber muß uns erst erschüttern
Der Drang von Groß- und Schwiegermüttern,
Durch Seehund-gleiches Leibeswälzen
Zu Jugendschlankheit hinzuschmelzen!
Wer dies belächeln wollt, der wisse:
In magnis sat est, voluisse!

SELBSTTÄUSCHUNG

Manch einer meint – und glaubt die Lüge –
Daß er das Große groß ertrüge,
Weil er sich – wie er dreist sich brüstet –
Ganz anders für den Ernstfall rüstet,
Und kühn dem Tod ins Auge blickt.
Bloß jetzt, wo ihn nur Bauchweh zwickt,
Auf Seelengröße er verzichtet –
Er fühlt sich nicht zu ihr verpflichtet.

WELTSCHMERZ

Mit Recht des Volkes Weisheit meint,
Ein Schmerz gehöre ausgeweint.
Nur Weltschmerz, der sich wichtig macht,
Gehört am besten ausge*lacht.*

MANAGER

Beklagenswert, wer sich verschworen,
Er hab noch niemals Zeit *verloren.*
Bekenn er lieber, unumwunden:
Er hab noch niemals Zeit *gefunden.*

Lebe Gefährlich!

Die Welt geht morgen vielleicht unter.
Wir sind, verhältnismäßig, munter –
Vielmehr, ganz unverhältnismäßig!
Vergnügungssüchtig und gefräßig,
Neugierig, harmlos, guter Dinge –
Als ob die Welt *nicht* unterginge.
Der Nachwelt ist dann unerklärlich,
Wie wir, gefährdet und gefährlich,
Geschritten, doch wohl ahnungslos,
Durch diese Zeiten, riesengroß.
Nichts da! Wir habens schon gewußt! –
Wir haben leider halt gemußt;
Und mit der größten Zeit verweben
Die kleinsten Zeiten sich zum Leben.
Doch wie, im Kampf an allen Fronten,
Wir trotzdem uns behaupten konnten,
Wird – suchts auch mancher zu beschreiben –
Ein ewiges Geheimnis bleiben!

Dringender Wunsch

Just heut, wo schon das All bedroht,
Tät uns ein All-Heilmittel not.

BESTÄTIGUNG

Noch heut gilt als der Heilkunst Fels
Der große Meister Paracels.
Er sprach, als Mann von Ruhm und Titel:
Heilmittel sei'n auch Nahrungsmittel,
Wie wechselweis im Gegenteil
Die Nahrungsmittel sei'n auch Heil. –
Ein Wort, das heut erst sich bewährt,
Da alles sich von Pillen nährt.

JE NACHDEM

Bald siehts ein Kind, woran wir leiden,
Bald kanns der Facharzt kaum entscheiden.
Bald wähnen, krank, wir uns gesund;
Bald leidend, scheinbar ohne Grund.
Bestimmt weiß Gott nur, was uns fehlt
Und auch, warum ers uns verhehlt.

SCHEINBARER WIDERSPRUCH

Hochherzigen nur kanns gelingen,
Das Schwerste übers Herz zu bringen.

LEBENSMUT

Meist bleibts dem Menschen unbewußt,
Wie stark sein Herz schlägt in der Brust.
Er würde nicht das Grausen los,
Wie's Blut pumpt, hämmernd, pausenlos,
Und nicht allein zur Sommerszeit,
Nein, auch im Winter, wenn es schneit,
Jahrein, jahraus, jahraus, jahrein –
Doch dürft noch größres Wunder sein,
Wie er das Wissen mit sich trägt,
Daß eines Tags es nicht mehr schlägt.

SCHEIN-HEILUNG

Wenn einer, der seit manchem Jahr
Ans (Ehe-)Bett gefesselt war,
Nun kurz entschlossen sich erhebt,
Ge- und entschieden weiter lebt
Und prahlt, er sei jetzt ein Gesunder,
Nimmt leicht die Welt das für ein Wunder.
Nicht jeder – was zu fürchten bleibt –
Hat sich ermannt, der sich entweibt.

WARNUNG

Manch einer, der so hingelebt,
Schreckt aus dem Schlummer auf und bebt:
Ihm ist, als hört' er, voll Entsetzen,
Den grimmen Tod die Sense wetzen!
Schon zwickts ihn hier, schon zwackts ihn dort:
Er muß was tun – und zwar sofort!
Angstwinselnd er um Aufschub fleht,
Schwört, daß er gleich zum Doktor geht,
Daß er verzichtet, wenns sein muß,
Auf Rauch- und Alkoholgenuß,
Ja, Sanatorien besucht,
Statt weiter schnöden Mammon rucht.
Doch andern Morgens, beim Erwachen,
Wagt er, sich selber auszulachen:
So, spricht er dreist, kann man sich täuschen:
Nichts mehr von Sensen-Wetz-Geräuschen!
Doch eines Tags ists dann zu spät:
Der Tod hat lautlos ihn gemäht.

BEHERZIGUNG

Im Seelenkampf mit allzu Schwierigen
Schon *Deine* Nerven – nicht die ihrigen!

VERWICKLUNGEN

Verstopfung in den Eingeweiden
Gilt als die Mutter vieler Leiden.
Es bringt dich schier um den Verstand,
Prüfst Du, wie Du mit ihr verwandt.
Hast Du die Leiden selbst erzeugt,
Die sie Dir jetzt als Mutter säugt? –
So daß sie eheliche Kind'
Von Dir und der Verstopfung sind??
Hat sie sie nicht von Dir empfangen –
Mit wem ist sie dann fremd gegangen?
Bist etwa gar, oh Rätselrater,
Du selber der Verstopfung Vater?
Sind Deine Leiden Deine Enkel?
Du kriegst die Sache nicht beim Henkel.
Doch mußt Du, bleibts Dir auch verborgen,
Für Mutter wie für Kinder sorgen.

DIE HAUPTSACHE

Früh aufstehn tuts noch nicht im Leben –
Man muß auch seelisch sich erheben!

Seelen-Heilkunde

Der Leib, erkrankt, gibt Schmerz-Alarm –
Doch hilflos, meistens, schweigt der Harm,
So daß er chronisch schon verstockt,
Eh man der Seele ihn entlockt.
Und liegt der Mangel gar an Glück,
Wie häufig, Jahre weit zurück,
So ist das Leiden arg verschleppt.
Zwar gibts manch prächtiges Rezept,
Das jeder Doktor gern verschriebe:
Es brauchte weiter nichts als *Liebe*.
Doch fehlts an Apotheken dann,
Wo man es machen lassen kann.
Denn Liebe just wird auf der Welt
Noch nicht synthetisch hergestellt.

Das Opfer

Just einer, der entrüstet schreit,
Er hab zum Kranksein keine Zeit,
Ist scharf drauf, daß bei jedem Drecke
Den andern in das Bett er stecke.
Er bietet – heimlich glaubt er dran –
Dem Schicksal ihn als Opfer an.

Fremdkörper

Es muß im Aug kein Balken sein –
Ein fremder Körper, splitterklein
Und, was noch ärger, splitternackt,
Hat oft schon Ehen pie-gesackt,
Ja, manche gar daran zerbrach,
Weil er dem Mann ins Auge stach.
Wir geben hier den Eheweiben
Den alten Rat: Nur nicht dran reiben!
Nicht gleich mit zu viel Eifer suchen
Und gar den Doktor anbespruchen!
Ein Tuch, nicht allzu tränenfeucht,
Den Kenner schon von Vorteil deucht.
Dann stellt, wirds auch sofort nicht sein,
Der klare Blick sich wieder ein.

Vorteil

Die Frau mit *schwachen* Nerven kann,
Was nicht mit *starken* glückt dem Mann.

KONSULTATION

Wird ein Familienmitglied kränklich,
So zeigt sich jedermann bedenklich
Und – was auch ganz vernünftig – rät,
Zum Arzt zu gehen, ehs zu spät.
Man gibt so lange keine Ruhe,
Bis jener schwört, daß er es tue.
Man fragt ihn sanft, man fragt ihn grob,
Zum Schluß fragt man ihn nur noch: »ob?«
Er kann dann schon Gedanken lesen:
Ob nämlich er beim Arzt gewesen?
Je nun, er geht denn auch zum Schluß,
Weil er doch einmal gehen muß.
Fragt dann der Arzt schon in der Türe
Ihn höflich, was ihn zu ihm führe,
Kann er es sagen ganz genau:
»Nur der Befehl von meiner Frau!«

BLUTUNG

Ein kluger Mann wird stets vermeiden,
Das Wort dem Schwätzer abzuschneiden.
Denn jetzt erst blutets endlos fort,
Just aus dem abgeschnittnen Wort.

AUSWEG

Wer krank ist, wird zur Not sich fassen,
Gilts, dies und das zu unter*lassen*.
Doch meistens zeigt er sich immun,
Heißt es, dagegen was zu *tun*.
Er wählt den Weg sich, den bequemen,
Was *ein-* statt was zu *unter*nehmen!

LEBENSSAFT

Einst glaubte man, ein eigner Saft
Bewirke unsre Lebenskraft;
Doch hat die Forschung dann bewiesen,
Man lebe einfach, ohne diesen.
Nur kommts uns neuerdings so vor,
Als wärs – gewesen! – der Humor.

MÜDE WELT

Den Müden sei es angenehm
Zu hören, daß sie Weltproblem!
Die erste Krankheit unsrer Zeit
Ist: allgemeine Müdigkeit.

WITZ

Der Witz ist Würze und nicht Speise;
Nie reiche man ihn löffelweise!
Zuträglich – gar bei scharfem Witze –
Ist höchstens eine Messerspitze!

SCHULMEDIZIN

Den Durchfall finden wir in Massen,
Besonders bei den *untern Klassen,*
Wo er befällt oft gleich ein Drittel.
Fleiß wäre hier das beste Mittel.
Das Leiden ist nicht tödlich zwar,
Doch brauchts zur Heilung rund ein Jahr.

ZUSAMMENHÄNGE

Beweis, wie nah verwandt sie sind:
Man stillt sie beide – Schmerz und Kind!

SCHÖNHEITS-CHIRURGIE

Sei's, daß Du nur ein Wimmerl hast,
Sei's, daß Dir Deine Nas nicht paßt,
Daß Kinn und Wange Dir zu faltig,
Daß Dir Dein Busen zu gewaltig –
Kurz, daß Natur Dir was verweigert,
Beziehungsweise grob gesteigert,
Brauchst, in der Neuzeit, der bequemen,
Du das nicht einfach hinzunehmen.
Es bleiben schließlich nur die Affen
So häßlich, wie sie Gott erschaffen –
Die Ärzte so *uns* modeln sollen,
Wie Gott uns hätte schaffen *wollen*.

ZAUBERVORSTELLUNG

Der Psychotherapeut machts fein:
Erst fragt er viel in Dich hinein,
Dann holt er, wie's der Zaubrer tut
Mit dem Kaninchen aus dem Hut,
Die Fragen wieder aus Dir raus –
Und dankt vergnügt für den Applaus.

WICKEL

Schon seinen Lebenslauf beginnt
Höchst ungern man als Wickelkind.
Und jeder weiß von den Gefahren,
Die drohn in den Entwicklungsjahren.
Jedoch, selbst wenn man diese glatt
Schon lange überwunden hat,
Stellt sich noch spät der Alpdruck ein:
Nur ja in nichts verwickelt sein!

FÜR KAHLKÖPFE

Als sichres Mittel gegen Glatze
Ist folgendes Rezept am Platze:
Man laß, im Lauf der nächsten Jahre
Sich einfach wachsen graue Haare –
Wozu der Grund sich leicht ergibt –
Die färbe man nun, wie's beliebt.

SCHÄDLICH

Nicht stets die kalte Schulter zeigen,
Wenn wir zum Rheumatismus neigen!

DER STÄRKERE

Kein Seelenschmerz und keine Trauer
Schert Deinen Magen – auf die Dauer.
Mag Gram und Groll das Herz Dir pressen,
Der Bauch, der Lümmel, will sein Fressen.
Er hat die Pflicht, nicht nachzugeben –
Denn schließlich mußt Du weiterleben!

MAGENBESCHWERDEN

Wohl dem Gesunden, ders verträgt,
Daß er sich wüst den Bauch vollschlägt.
Doch hat selbst der nicht immer Glück,
Denn manchmal schlägt der Bauch zurück.

NICHTS ÜBERTREIBEN!

Dem Rauschgift Kampf – und seinen Süchtern!
Doch, bitte, auch nicht allzu nüchtern!

GUTER RAT

Liegt wer im Bett, ist schlimm er dran –
Schon weil er nirgends hingehn kann;
Es sei denn – Leid macht innerlich –
Er ginge ausnahmsweis in sich.
Hier aber wurde viel versäumt:
Kalt ist es und nicht aufgeräumt.
Drum sorg, daß Du Dein Innres immer
Auch brauchen kannst als Krankenzimmer.

EINER FÜR ALLE

Kraft *aller* Nerven ist vonnöten,
Will *einen* uns der Zahnarzt töten.

ERNSTER FALL

Zur Hoffnung bleibt noch immer Grund,
So lang die Krankheit selbst – gesund.
Doch wehe, alle Heilkunst wankt,
Sobald die Krankheit auch erkrankt.
Dann kommst Du nicht so leicht davon:
Der Arzt nennts: Komplikation.

MELANCHOLIE

Mit nichts ist Schwermut so zu lindern,
Als wie mit einer Schar von Kindern:
Der Ärger, wenn sie tobt und schreit,
Läßt Dir zum Trübsinn keine Zeit.
Du mußt, verstrickt in Seelenqualen,
Dem Stefan dringend gleich was malen:
Die Sonne, einen Baum, ein Haus,
Die Straßenbahn, den Nikolaus.
Der Thomas, Deinen Schmerz zu stören,
Will unbedingt ein Märchen hören,
Und Du erzählst vom Menschenfresser –
Und schau – schon gehts Dir wieder besser!

HOMO LUDENS

Der homo faber, homo prudens,
Gilt mehr uns, als der homo ludens,
Der scheinbar unnütz faule Bruder. –
Gar, wenn er noch ein armes Luder.
Und doch ist der, oh Mensch, erkenn's!,
Der wahre homo sapiens,
Der, bis zum letzten Tag ein Kind,
Des Lebens ernstes Spiel gewinnt.

AUTOSUGGESTION

Ein Kranker spürt, trotz der Behandlung,
In seinem Zustand keine Wandlung;
Ja, es werd schlechter, möcht er denken. –
Jedoch, um nicht den Arzt zu kränken,
Sagt er bescheiden: »Herr Professer,
Es wird wohl stimmen, – mir gehts besser!«
Und sieh – das tuts auch, mit der Zeit:
Welch ein Triumph der Höflichkeit!

MAHNUNG

Nehmt Euch der Römer weise Lehre
Zum Ziel: Quieta non movere!
Wenn wirs in deutsche Worte fassen:
Was ruht, auf sich beruhen lassen.
Gerade das oft, was im Leben
Längst scheint vergessen und vergeben,
Bleibt, wie auch rasch die Stunde rennt,
In tiefster Seele virulent.

ANFÄLLIGKEIT

Gefallsucht hat, oft über Nacht,
Schon manche Frau zu Fall gebracht.

Das Geld

Daß unser Geld nicht bleibt gesund,
Hat, wenn man nachdenkt, guten Grund:
Unschuldig selbst, wirds arg mißbraucht:
Versoffen wirds, verlumpt, verraucht;
Mit Aderlaß und Währungsschnitt
Spielt mancher Pfuscher bös ihm mit.
Bald wird es fiebernd heiß begehrt,
Bald kalt verachtet, weil nichts wert.
Leichtsinnig auf den Kopf gehauen,
Verliert es bald sein Selbstvertrauen.
Oft zwischen Erd und Himmel bang
Schwebt es, als Kaufkraftüberhang.
Dann wirds gedrosselt von den Banken –
Der ganze Kreislauf kommt ins Wanken.
Hier wirds zum Fenster nausgeschmissen,
Dort alle Welt mit ihm besch . . . . . .
Im Kampf ums Dasein wirds zerrieben,
Als Steuer herzlos eingetrieben.
Auch macht es glücklich nicht allein;
Als Mitgift gar kanns giftig sein!
Man will mit ihm bestechen, schmieren –
Und dann solls noch die Welt regieren!
Das alles, wie's auch wirkt und schafft,
Geht schließlich über seine Kraft!

ZEITRECHNUNG

Mit Weltgeschichte sind wir reichlich
Versorgt und darum gar nicht weichlich.
Wir durften, wenn auch unter Beben,
Schon manche *große* Zeit erleben.
Doch unsre Daten, ganz persönlich,
Die richten trotzdem wir gewöhnlich
Nach *kleinen* Zeiten, nach wie vor:
Damals, als Hans den Fuß erfror,
Als unser Bruder, Vater, Gatte
Die schwere Halsentzündung hatte,
Als – unvergeßlich bleibt der Tag! –
Der Fritz auf Tod und Leben lag;
Wir werden sagen: in dem Jahr,
In dem Marie den Max gebar,
Der Franz die Masern sich erworben,
Der Onkel Florian gestorben,
Die Olga operiert ward – kurz,
Nicht Weltkrieg und Regierungssturz,
Nicht Wirtschafts- und nicht Währungskrisen
Sind als kalenderfest erwiesen.
Auch künftig rechnen wir die Jahre
Nur von der Wiege bis zur Bahre.

THEORIE

Heil dem, der rundherum gesund,
Auch seelisch ohne Klagegrund,
Nach einer wohldurchschlafnen Nacht,
Springt aus dem Bette, daß es kracht!
Die Sonne scheint, es ist halb sechs –
Der Mensch, das herrliche Gewächs,
Sich fühlend als der Schöpfung Krone,
Treibt froh, mit Rundfunk oder ohne,
Den Frühsport, duscht im kalten Strahl,
Verzehrt vergnügt ein reichlich Mahl,
Liest seine Zeitung sorgenfrei,
Legt pünktlich auch sein Morgenei
Und eilt, der eignen Spannkraft froh,
In Werkstatt, Schule und Büro,
Wo, bis ihn wieder Nacht umhüllt,
Er weit mehr als sein Soll erfüllt.
Verdrossen liest man dies Gedicht:
So müßt es sein – so ist es nicht!

TEMPERATUR

Dem Ofen gleich sei Dein Gefühl:
Bei Kälte warm, bei Hitze kühl.

GEGENPROBE

Der raschen Hoffnung traue nicht,
Meinst Du, daß alles dafür spricht.
Noch scheint die Vorsicht angezeigt,
Zu prüfen, was dagegen schweigt.

FEIGHEIT

Wir fühlen, daß die eigne Seele
Recht gut es wüßte, was uns fehle.
Doch da wir, feige, es nicht wagen,
Sie unerbittlich drum zu fragen,
So trägt sie das Geheimnis stumm
Mit sich (das heißt, mit uns!) herum.

HYGIENE

Der bösen Taten gutes Ende:
Man wäscht in Unschuld sich die Hände.
Der wahre Weise bleibt da skeptisch:
Auch Unschuld ist nicht antiseptisch.

GUTMÜTIGKEIT

Wir nennen einen Menschen gut,
Der, was wir von ihm möchten, tut
Und drum – erbost zwar oft im stillen –
Verzichtet auf den eignen Willen.
Es sind gerade die Gefälligen,
Die wir mit jedem Dreck behelligen.
Sie werden, weich und ungeschützt,
Von jedem schamlos ausgenützt.
Sie wähnen sich geheilt für immer
Oft nach Erfahrung, allzu schlimmer;
Ja, sie bekennen selber frei,
Daß ihre Dummheit sträflich sei.
Und doch: sehn sie auch alles klar, –
Gutmütigkeit ist unheilbar!

SAVOIR VIVRE

Oft hat wer sterben früh gemußt,
Der wohl zu leben hätt gewußt.
Ein andrer quält sich noch als Greis,
Weil er nicht recht zu leben weiß.

Gesunde Umwelt

Gewiß, wir haben allen Grund
Zu lachen, wenn wir selbst gesund.
Doch sei auch innig Gott gedankt,
Wenn niemand sonst im Haus erkrankt,
Wenn Weib und Kind und Ingesind
Wohlauf und ganz in Ordnung sind,
Verwandte, Freunde sich nicht legen –
Gar mit dem Anspruch, sie zu pflegen;
Wenn Milchmann, Krämer, Schneider, Schuster,
Nicht bettgefesselt sind als Huster,
Die Zeitungsträgrin jederzeit
Von Kraft erstrahlt und Rüstigkeit.
Nur eins: halt Deine frommen Triebe
Nicht gleich für reine Nächstenliebe:
Gesundheit wünschst Du allen ihnen,
Damit sie Deinem Wohlsein dienen!

Ausgleich

Je leichter 's wird, sich was zu gönnen –
So schwerer, sich dran freun zu können!

HALTUNG

Wir halten kaum uns auf den Beinen –
Doch möchten rüstig wir erscheinen.
Sogar als müde, alte Knacker,
Marschieren mit der Zeit wir wacker,
Damit es ja kein andrer merke,
Wie schlecht es steh um unsre Stärke.
Der andre gleichfalls, statt zu jammern,
Gibt sich als einen noch viel strammern,
Bis wiederum nun *wir* uns schämen
Und uns an ihm ein Beispiel nehmen.
Wir sehen die im Grunde kranken
Empor sich aneinander ranken.
Nur dürfen, wie wirs auch ersehnen,
Wir nie uns an den andern lehnen.
Sonst stürzt das wacklige Gebäude
Von vorgetäuschter Lebensfreude.

ZU SPÄT

Durch Jahre um sein Glück bestohlen,
Sucht mancher jetzt, es nachzuholen.
Und doch kann nie genug mans predigen:
Man schädigt sich durch Sich-entschädigen.

STICHVERLETZUNGEN

Ein ganz besonders wilder Schmerz
Ist jener jähe Stich ins Herz
Beim Anblick einer Ungetreuen –
Und gar bereits am Arm des Neuen.
Statt daß nun wir, um uns zu rächen,
Der Falschen stolz ins Auge stächen,
Gehn wir, geknickt, ja ganz gebrochen,
Weil uns ein andrer ausgestochen.

INKUBATION

Die Krankheit, statt sogleich zu wüten,
Läßt uns meist Zeit, sie auszubrüten.
Zum Beispiel mancher sich nichts denkt,
Im Augenblick, wo ihn wer kränkt.
Erst nachts dann, wenn er schlaflos liegt,
Merkt er, daß er was abgekriegt
Und ist auf einmal so erbittert,
Daß ihm vor Zorn die Nase zittert.
Die Kränkung, jetzt erst ausgebrochen,
Bedarf zur Heilung vieler Wochen;
Vergebens feilt er nun am Wort,
Das ihm geholfen hätt – sofort.

BITTE

Der Alltagsmensch ist schwer erkrankt
Am Leben, öd und unbedankt.
Ich bitt Euch herzlich: lobet ihn!
Lob ist die beste Medizin.

STOSSSEUFZER

Ein hohes Lob für Zeitgenossen
Ist heute, daß sie aufgeschlossen.
Wir aber wüßten manchmal gern:
Wie wärn sie wieder zuzusperrn?

AUFHEITERUNGEN

Der erste Schmerz ist, wie der letzt',
Zum Grenzpfahl dieser Welt gesetzt.
Dazwischen freilich kanns auf Erden
Mitunter auch recht lustig werden.

KOCHREZEPT

Auch wenns Dich treibt, vor Wut zu kochen,
Sei Dir empfohlen: gut zu kochen!

SCHEINTOD

Im Lauf der Zeit wird man oft mürbe,
So daß man gar nicht ungern stürbe
Und, ohne weitre Schicksalsschläge,
Nun mausetot im Sarge läge.
Doch ist das Nicht-Gefühl von Leichen
Im voraus niemals zu erreichen.
Nicht mausetot, nur mäuschenstill,
Lieg wer im Bett, so steif er will,
Such seinen Atem anzuhalten
Und alles Denken auszuschalten –
Es ist umsonst: denn er erkennt,
Wie streng sich Sein und Nichtsein trennt,
Weil man, um in des Tods Genuß
Zu kommen, wirklich sterben muß.
Und doch, in Zeiten, also trüben,
Sollt man das Tot-sein manchmal üben,
Und sich erfreun am Konjunktive,
Wie's wäre, wenn man ewig schliefe.
Denn, wer sich richtig totgestellt,
Lebt wieder freier auf der Welt.

LEBENSRECHNUNG

Leicht ändern wir die Einzelposten. –
Im Ganzen nie die Lebenskosten.
Wir zahlen drauf, genau genommen,
Grad, wo wir billig weggekommen.

TEMPO

Wie schauderschnell rast doch die Zeit!
Kaum sind wir der Vergangenheit
Mit einem blauen Aug entronnen –
Heißts, daß die Zukunft schon begonnen.

FALSCHE DIAGNOSE

Es ist oft die Gerechtigkeit
Schwer unterscheidbar nur vom Neid.
Denn weil vom Unrecht, arg gehäuft,
Auch ihr die Galle überläuft,
Sieht die Symptome man, dieselben,
Mitunter, wie beim Neid, dem gelben.

BEGEGNUNG

Zwar fragen uns Bekannte stets,
Wenn sie uns treffen: »Na, wie gehts?«
Doch warten sie so lange nie,
Bis wir es sagen könnten, wie.
Wir stellen drum statt langer Klage,
Sofort die kurze Gegenfrage.
Dann ziehen höflich wir den Hut
Und sagen beide: »Danke, gut!«
Wir scheiden, ohne uns zu grollen –
Weil wirs ja gar nicht wissen wollen.

KREISLAUFSTÖRUNG

Das ist der Kreislauf dieser Welt:
Mit sauerm Schweiß verdient man Geld,
Mit süßem Leichtsinn wirds verlumpt –
Das beste Herz uns nichts mehr pumpt.
Im Kreise laufen wir verstört,
Bald stockt das Blut, bald wallts empört.
Unlustgefühle aller Art,
Selbst Schwindel bleibt uns nicht erspart.
Man trifft – was leicht wär zu beweisen –
Die Störung in den besten Kreisen.

DAS MUSTER

Man kennt im Gasthaus die Besteller,
Die schaun erst auf des Nachbarn Teller:
Und äße der den Bart Jehovas,
Sie sprächen: »Ober, mir auch so was!«
Dieselbe Sorte Mensch erwählt
Die Krankheit, die grad wer erzählt
Und kriegt, in des Berichts Verlauf,
Erst richtig Appetit darauf.

KLATSCHSUCHT

Wer Dir vom Nachbarn häßlich spricht,
Erfreut durch Witz – doch trau ihm nicht:
Meinst Du, er würde über jeden –
Nur über Dich nicht! – Böses reden?

ZUGLUFT

Red Dich nicht allzusehr in Hitzen –
Wo Windige beisammen sitzen!

VERFOLGUNGSWAHN

Ein Zweck, der recht sich überlegt,
Daß er verfolgt wird, unentwegt,
Fängt langsam sich zu fürchten an
Und leidet an Verfolgungswahn;
Beginnt auch, an sich selbst zu kritteln:
Ob er, verfolgt mit allen Mitteln,
Nicht an dem Unrecht selbst beteiligt,
Daß er, als Zweck, die Mittel heiligt?
Und tief durchfährt ihn da ein Schreck:
Am End ist er kein guter Zweck?
Vergebens, daß er – schon umgarnt –
Sich selbst als völlig zwecklos tarnt,
Versucht, sich höher stets zu recken:
Der Mensch wächst *auch* mit größern Zwecken.
Und eines Tags der Zweck erbleicht:
Es war umsonst – er ist erreicht!

SPORTLICHES

Bei Lebensläufen sehn wirs klar:
Wer läuft, der läuft auch schon Gefahr!

EINBILDUNG

Wir sehn mit Grausen ringsherum:
Die Leute werden alt und dumm.
Nur wir allein im weiten Kreise,
Wir bleiben jung und werden weise.

AM TISCH DES LEBENS

Wünsch nicht nur »Guten Appetit!«
Wirk auch als Wirt ein wenig mit!
Zu spät für den, den wir begraben,
Das: »Wünsche, wohl gelebt zu haben!«

TAUBHEIT

Kaum, daß wir einen Freund beschwören:
»Gelt, wenn Sie einmal etwas hören!?« –
Schon hören – darauf ist Verlaß –
Wir von ihm selbst nie wieder was.

UNNÖTIGE BELASTUNG

Wer wem was nachträgt, tut nicht klug:
Trägt jeder selbst doch schwer genug!

Fünftagewoche

Wie wär geblieben alles gut,
Hätt Gott am sechsten Tag geruht!
Er wär nur kommen bis zum Affen –
Der Mensch wär blieben unerschaffen!

Freizeitgestaltung

Die Frei*heit* – da ist keine Not:
Wohin man schaut, schlägt sie wer tot.
Doch, wie die Frei*zeit* totzuschlagen,
Muß man den Leuten eigens sagen.

Erste Hilfe

Man liest zwar deutlich überall:
Was tun bei einem Unglücksfall?
Doch ahnungslos ist meist die Welt,
Wie sie beim Glücksfall sich verhält.

Höhere Mathematik

Der Freunde Zahl berechnet keiner;
Auf alle Fälle ist sie – kleiner!

Gute Reise

WELT AUF REISEN

Die Sonne tönt nach alter Weise
Und ihre vorgeschriebne Reise
Vollendet sie mit Donnergang,
Bereits Milliarden Jahre lang.
Mal zwischendurch kommt ein Komet,
Der seine eignen Wege geht
Und doch, weil er nur scheinbar irrt,
Vom Menschen schlau berechnet wird.
Ja, überhaupt die Wissenschaft
Hat, sich entwickelnd fabelhaft,
Ein neues Weltbild uns gewonnen:
Es reisen Millionen Sonnen,
Und Sterne, die als fixe galten,
Sind wissenschaftlich nicht zu halten.
Das »πάντα ῥεῖ« ist letzter Schluß:
Das Weltall selbst ist stets im Fluß. –
Noch deutlicher als wie am Himmel
Sehn wir auf Erden das Gewimmel:
Kaum brauchts noch einzeln des Belegs
Dafür, daß alles unterwegs.
Die Gletscher wandern und die Dünen,
Von Wanderpreisen, Wanderbühnen,
Von Wanderlebern oder -nieren
Muß weiter man kein Wort verlieren.
Es reist der Lachs, es reist der Aal,
In ganzen Schulen zieht der Wal,
Der Hering wandert massenweise,
Man kennt des Thunfischs nasse Reise;
Die Wandervögel, Wanderratten –
Zu Hause bleiben nur die Satten –,
Die Wanderraupen und Ameisen:
Wohin wir blicken, – alle reisen –
Und oft zu ganz gemeinen Zwecken:

Der Heuschreck ist der ärgste Schrecken.
Zum Meere reist ein jeder Strom,
Die Glocken reisen selbst nach Rom –
So sagt der Volksmund – am Karfreitag.
Der Mensch reist etwa zum Parteitag,
Zu Sängerfesten, Fußballspielen,
Ausstellungen und Fachkonzilen,
Frankfurter oder andern Messen –
Und Zielen, die ich grad vergessen.
Kurzum, es reist die ganze Welt!
Besonders wandert auch das Geld –
Oft rasch zu unserm Überraschen
Fliegts gradezu aus unsern Taschen,
Ganz ohne daß wirs rausgeschmissen:
Wohin? Das mag der Teufel wissen!
Was brauchts noch weiterer Beweise?
Wir wünschen allen: Gute Reise!

GETÄUSCHTE HOFFNUNGEN

Oft hat der Gast – und ward verlacht! –
Die Rechnung ohne Wirt gemacht.
Doch macht, wer weiß? noch öfter fast
Der Wirt die Rechnung ohne Gast.
Altrenommierte Häuser stehn
In Alpentälern wie an Seen,
Die – jeden Wirt macht das verdrossen –
Dem Kraftverkehr noch nicht erschlossen.
Radfahrer, Wandrer – ach, an ihnen,
So hieß es, ist nichts zu verdienen.
Nun sind die Straßen frei, gottlob!
Wild rast *vorbei* der Automob –
ilisten mörderische Schar,
Nimmt kaum im Flug das Wirtshaus wahr,
Denn all die Lärm- und Staubverbreiter,
Die wollen heut ja noch viel weiter,
Bis zu dem weltberühmten Punkt,
Mit dem, als Ziel, ein jeder prunkt.
Der Autler, mit viel Müh geworben,
Hat nur die Gegend rings verdorben.
Doch nein! Die Sache kommt in Fluß:
Da hält ein Riesenomnibus!
Und Gäste gibt es jetzt in Masse;
Schon scheint der Schwarm die Seeterrasse
Erfrischungsfroh zu überfluten.
Wie sich die Kellnerinnen sputen!
Nicht weiter der Bedienung achtend,
Das Panorama nur betrachtend,
Die Menge schlendernd sich zerstreut.
Der Wirt hat sich umsonst gefreut.
Es frägt kein Mensch nach Tisch und Betten;
Umdrängt sind einzig die Toiletten,
Und kurz entschlossne Herren –

Gleich in den nächsten stillen Winkeln.
Die Damen plündern rasch den Flieder,
Dann heißt es: »Los, wir fahren wieder!«
Trotzdem verstummt nicht das Geschrei:
»Dem Kraftverkehr die Straßen frei!«

AUTOS ÜBERALL!

Du schimpfst mit Recht auf diese Welt,
Daß sie mit Autos ganz verstellt.
Der schönste Blick ist für die Katz –
Zum *Parkplatz* werden Park und Platz.
Bis zu den letzten Straßenkanten
Stehn Omnibusse-Elefanten,
Vorm Rathaus, um den Brunnen, frech
Drängt sich das buntlackierte Blech.
Und was tust Du? Trotz dem Gestöhne,
Daß also sterben muß das Schöne,
Zwängst Du, bezahlend ein paar Nickel,
Auch in die Herde Dein Vehikel!

AUTO-MOBILMACHUNG

Kraftfahrer sind ein Teil der Kraft,
Die Gutes will und Böses schafft.
Der beste Vorsatz wird zum Pflaster
Der Straße, führend *doch* zum Laster.
Wir schwörn, zu fahren, jetzt und später,
Nie mehr als sechzig Kilometer,
Zu *schauen*, ja, gar auszusteigen,
Sollt unterwegs sich Schönes zeigen –
Doch, statt wie wirs uns vorgenommen,
Schaun wir nur, daß wir weiter kommen,
Und lernen alsbald, nolens – volens,
Die heikle Kunst des Überholens;
Rasch haben wir uns angewöhnt,
Was wir doch anfangs so verpönt.
Das Auto? Einfach unentbehrlich!
Zu leben »ohne«? Kaum erklärlich!
Wie ist es fein, zu sagen: »Ja!«
Wenns heißt: »Sind Sie im Wagen da?«
Wir sind dem Pöbel nicht mehr ähnlich,
Der arm sich frettet, straßenbähnlich.
Wer erst die Macht hat, Gas zu geben,
Hat auch natürlich mehr vom Leben:
Kunststätten kann, wer fix und fleißig,
An einem Tage an die dreißig
Mitsamt den Kilometern fressen
Und gleich an Ort und Stell – vergessen.

UNTERWEGS

Kaum hat das Auge was entdeckt,
Schon ist es tief im Imperfekt:
»Das war doch ..?« – Ein Begeistrungsschrei! –
»Nichts mehr zu machen. Schon vorbei.«
»Blick hin, der Mondsee!« »Sieht man den?«
»Ja, eben hättst Du ihn gesehn!«
Oh Fahrer, schau gerade aus!!
»Sieh da, ein altes Bauernhaus!«
Wohl ist es wert, daß mans bewundert:
Noch gotisch, gegen fünfzehnhundert.
Fahr zu und wend nicht das Genick:
Zum letzten wird der erste Blick!

DER HERRENFAHRER

Ein Mensch ist, wie heut viele Männer,
Ein Fachmann und Motorenkenner.
Gleich macht er Sorgen sich, wenns klopft,
Obs tropft, ob wo wie was verstopft,
Obs fehlt an Kerzen, Drähten, Schrauben. –
Ein andrer Mensch hat *bloß* den Glauben,
Daß es, sobald er draufdrückt, geht:
Er fährt, *nur* weil er nichts versteht.
Gewiß, der Fachmann ist gescheiter –
Doch oft bringts blinder Glaube weiter!

Auf der Strasse

Die Straße glatt und schnurgerade,
Daneben Rad- und Wanderpfade
Und alles leer, so weit Du schaust –
Drum gibst Du kräftig Gas und braust.
Berg – Kurve – plötzlich ein paar Gänse,
Ein Bauer, radelnd mit der Sense,
Ein Langholzfuhrwerk in der Beuge,
Vor, hinter Dir die Kraftfahrzeuge,
Die, auch die Straße leer vermutend
Und jetzt aus vollen Hälsen tutend,
Mit Mühe ihre Schwungkraft stoppen –
So kann es uns mitunter foppen.
Leicht könnt ein Kind von sieben Jahren
Oft hundert Kilometer fahren,
Bei freier Sicht, auf glatter Bahn –
Dann kommts auf Zentimeter an!

Glossen

Dem Auto gilt der Auto – chthon,
Heufahrend, als Verbrecher schon.

*

Als Wandrer tät, bei *dem* Verkehr,
Ein Gott sich selbst, wie Wotan, schwer.

ÜBERFÄLLE

Wie liegt so friedsam treuer Sitten
Ein liebes Nest in Deutschlands Mitten:
Schon rücken von der Autobahn
Kunst-Überfallkommandos an:
Die Wagen halten, Hornruf gellt.
Schlagartig wird der Ort umstellt.
Der Kirche gilt der erste Stoß:
Ein Trupp stürmt lärmend auf sie los,
Und drängt durch die romanische Pforte.
Ein Tonband schnarrt Erklärungsworte,
Ein Bild, von Grünewald gemalt,
Wird scharf elektrisch angestrahlt
Und Kunstbegeistrung, ohne Zügel,
Schwenkt des Altares schwere Flügel.
Schon ist der ganze Ort beschlagnahmt:
Beim Zuckerbäcker wird geschlagrahmt
Und alles schreit – wie eine Waffe
Das Schlagwort schwingend – »Káffe, Káffe!«
Gefüllt sind alle Mördergruben:
Die Imbißhütten, Trachtenstuben,
Die Ansichtskartenausstoß-Stellen,
Die Bier- und Coca-Colaquellen.
Dann endets jäh, wie Zauberschlag:
Posaunen, wie am Jüngsten Tag,
Wie wilden Jägers Horridoh,
Zerreißen alle Freuden roh:
Signale schmettern, Rufe tönen,
Laut hört man die Motoren dröhnen.
Der Spuk zerstiebt, der Ort ist leer –
Papiere liegen weit umher ...
Doch siehe da, am Horizont
Entwickelt sich die neue Front:
Mit frischen Rundreisregimentern,

Bereit, das Kirchenschiff zu entern,
Kommt nicht beglückend, doch beglückt –
Die nächste Truppe angerückt,
Den Ort im Sturm zu überlaufen. –
Papier türmt sich bereits zu Haufen ...

DIE MOTORISIERTEN

Die Götter setzten, wie man weiß,
Vor jede Tugend erst den Schweiß.
Doch Leute, die im Auto sitzen,
Die wollen heute nicht mehr schwitzen.
Da siehst Du vier mit starren Hälsen
Emporstarrn zu des Schlosses Felsen.
Den hochberühmten Bau zu sehn,
Beschließen sie, *hinaufzugehn!*
Am Burgtor ächzen sie und schnappen
Aus einem Mund (statt Tor und Wappen
Auch nur den kleinsten Blick zu gönnen):
»Da hätt man auch rauf *fahren* können!«

DOLOMITENGRUSS

Drei Tage kam die Nässe pur –
Mit Müh sah man die Pässe nur.
Kein Denken an Gekletter war,
Solange nicht das Wetter klar.
Der Franz den Bauch voll Wut sich aß.
Doch wie noch ohne Mut ich saß
Bei meinem Teller Suppe grad –
Sich auf die Sella-Gruppe tat:
Den Wolkenvorhang Stürme teilten –
Wie da empor die Türme steilten!
Was Wunder, daß bei Sonne, Wind,
Wir plötzlich *eine* Wonne sind!

*

Nie zeig, oh Mensch, im Felse Hast –
Uns kostete's die Hälse fast!
Noch habe zwei am Seile ich,
Als auch schon durch die Eile sich
Der größte aller Steine löst
Und schmetternd auf die Leine stößt.
Ich ruf den beiden unter mir:
»Halloh, seid Ihr noch munter, Ihr?«
Zweistimmig hör ich herrlich klingen
Den Gruß des Götz von Berlichingen.

KRIEGSFAHRTEN

So mancher, dem es nicht beschieden,
Zu reisen durch die Welt im *Frieden,*
Kam durch den Krieg, höchst unfreiwillig,
Oft weit herum und zwar recht billig,
Weil ihm der gute Vater Staat
Die Hinfahrt gern bezahlen tat.
»Fahrkarte« hieß der Heimatschuß,
Was schaudernd man vermerken muß,
Im ersten Weltkrieg zwar, beim Barras,
Kam wer, wenns schlecht ging, nur bis Arras
Und blieb, statt groß herumzuwandern,
Vier Jahre lang im Schlamm von Flandern.
Im zweiten aber, anfangs heiter,
Kam einer schon bedeutend weiter!
Es wanderte auf Schusters Rappen
Der deutsche Landser zu den Lappen,
Bezog des Nordlands letzte Almen
Und wandelte selbst unter Palmen –
Nicht ungestraft, wie wir gesehen:
Denn teuer kams just *ihn* zu stehen,
Der nichts getan als seine Pflicht
Und der – doch leider durft er nicht! –
Zu Fuß wär heimgewandert gern,
Statt »unrasiert, der Heimat fern«
Durch Libyens Sommer, Rußlands Winter
Zu ziehn, und bis zum Nordpol hinter.
Wenn wir ihn auch als Helden preisen –
Er hat genug von solchen Reisen!

FALSCHE EINSTELLUNG

Vom Krieg verderbt, schaut mancher Mann
Die Landschaft nur als Landser an;
Und, stehen bleibend auf dem Wege,
Zeigt er sich plötzlich als Stratege.
Er blickt ins Land, erinnrungsschwer:
»Da stellt ich meine Mörser her!«
Ein Hohlweg steigt durch Felsenspalten:
»Mit zwei MG's wär er zu halten!«
Und ernsthaft vor des Südens Pinien
Entwickelt er die Schützenlinien.
Sein Innenleben ist ein Graus,
Denn statt zu schwärmen, schwärmt er aus!

HÖFLICHKEIT

»Nie frag den Gast – er wär gekränkt! –,
Wie lang zu bleiben er gedenkt!«
So galts bisher als Anstandsregel;
Doch ich frag, zeitgemäß ein Flegel,
Sofort (natürlich herzhaft-bieder!):
»No, sag einmal, wann fährst Du wieder?«
Nicht, um den Gast gleich einzuschüchtern;
Nein, aus Erwägungen, ganz nüchtern:
Dem Langgast kann, mich anzupassen,
Ich Zeit – die er an sich hat – lassen.
Dem Kurzgast sie noch mehr zu kürzen,
Muß ich sofort mich auf ihn stürzen.

DAHEIMBLEIBEN

Die Welt ist toll vor Reisewut,
Indes zu Haus der Weise ruht
Und lächelnd – oft auch leicht verschroben –
In das Gewühl blickt: »Laßt sie toben!«
So ist *Spinoza* nie gereist –
Und doch: welch weltenweiter Geist!
Auch *Kant*, der wunderliche Zwerg
Kam nie heraus aus Königsberg.
»Die Welt geht« – sagte *Pascal* immer –
»Zugrund dran, daß in seinem Zimmer
Der Mensch nicht sitzen bleiben will!«
In Frankfurt lebte deshalb still
Der *Schopenhauer* samt dem Pudel;
»Wer Geist hat, liebt nicht das Gehudel.«
Von *Shakespeare* weiß man nichts Genau's,
Doch offenbar blieb er zu Haus –
Und zeigte allerdings auch nie
Sich stark in der Geographie,
Wußt' nicht, was jedes Kind heut wüßte:
Und schreibt ganz dreist von Böhmens Küste.
Und wo kam *Schiller* denn schon hin?
Die weiteste Reise war Berlin!
Die Schweiz, die er so schön beschrieben,
Zu sehn, ist ihm versagt geblieben.
Die »ökonomische Verfassung«
Zwang ihn zur Reise-Unterlassung.
Die Kleinen auch, wie Vater *Gleim*,
Sie blieben lebenslang daheim.
Der *Mörike* kam nie aus Schwaben,
Wo er geboren und begraben.
Bemerkenswert auch, daß man *Swift*
Persönlich nur in England trifft,
Von wo aus er den Gulliver

Auf weite Reisen schickt' umher.
Auch *Defoe*, der als Jüngling zwar
In Frankreich und in Spanien war,
Blieb dann daheim (laut Lexikon)
Und schrieb dort seinen Robinson.
Als weitgereist denkt gleichfalls gern
Der Leser sich wohl den *Jules Verne*,
Der, selbst meist lebend in Paris,
Nur andre weltumreisen ließ.
Und ebenso war der *Karl May*
Wie man ihm nachwies, nicht dabei.
Er machte große Reisen zwar:
Nachträglich erst, vom Honorar.
Der größte Maler, *Rembrandt*, kam
So gut wie nicht aus Amsterdam.
Noch könnt ich glänzen als Beschreiber
Der klassischen Zuhausebleiber,
Die, wie der *Papst* im Vatikan,
Nicht einen Schritt hinausgetan,
Und die oft weltfremd nur geschienen:
Die Welt kam, umgekehrt, zu ihnen!
Der cherubinische *Wandersmann*
Fing erst auf Erden gar nicht an:
Hoch überm lauten Weltgewimmel
Zog er geradewegs zum Himmel.

FANTASIE

Wer durch die Welt reist, fantasielos,
Wird die Enttäuschung leider nie los:
Dem ist die Schweiz nicht kühn genug,
Die Steiermark nicht grün genug,
Das ewige Rom nicht alt genug,
Spitzbergen selbst nicht kalt genug.
Neapel ist nicht arm genug
Und Capri ihm nicht warm genug,
Marseille ist nicht verderbt genug,
Pompeji nicht zerscherbt genug,
Paris ist ihm nicht toll genug –
Kurzum, die Welt nicht voll genug
Von Wundern, die es lohnen würden,
Sich Reisemühsal aufzubürden.
Zeig ihm, Du machst ihn nicht zufrieden –
Den Parthenon, die Pyramiden,
Ja, laßt ihn Indiens Zauber wählen:
Was wird er, heimgekehrt, erzählen?
Daß überall die böse Welt
Ihn um sein gutes Geld geprellt.

Ein Mensch, mit Fantasie-Belebung
Weltreisen macht – in die *Umgebung:*
Er kann, um ein paar Straßenecken,
Terra incognita entdecken,
Und wird, in nächsten Flusses Auen,
Den Urwald und das Dschungel schauen.

FLÜCHTIGE ZEIT

Oh Ferienzeit! Oh kurzer Wahn:
Der erste Urlaubstag bricht an, –
Doch damit sind auch die drei Wochen –
Unmerklich erst – schon angebrochen.
Rasch folgt der zweite Tag, der dritte,
Und unversehens ist Urlaubsmitte
Und zum Galopp schier wird der Trab:
Es geht verzweifelt schnell bergab.
Die Stunde, die sich leicht verwischt
Dem Glücklichen, der sommerfrisch,
Sie schlägt dann plötzlich hart genug:
Um acht Uhr, morgen, geht der Zug!
Das letzte Glück, den letzten Tag
Erfährt, daß ichs mit Goethe sag,
Der Mensch, was er auch immer sei.
Und morgen schon steht: »Zimmer frei!«
Am Haus, noch eh Du an der Bahn. –
Leb wohl! Nun ist der Nächste dran!

GRUSS VOM FLUGPLATZ

Ich möcht nicht alte Streite wecken:
Das Fliegen taugt für *weite* Strecken!
Von etwa tausend Meilen an,
Kann wie ein Vogel eilen man.
Sonst muß zu lange warten still,
Wer landen oder starten will.

WUNDERLICHE WELT

Kennzeichen dieser unsrer Zeit
Ist, wie man weiß, die Flüchtigkeit.
Doch wen traf schon das Wort mit Wucht:
Wer flüchtig ist, ist auf der Flucht?
Der Mensch – wie ist er wunderlich! –
Hat knapp ein Dach erst über sich,
Hat kaum gerettet seine Laren –
Und schon läßt er sie wieder fahren!
Ist nicht die Bombe grad gesaust?
Schon ist er wieder »unbehaust«;
Noch krank von Schrecken, jüngstverwichen,
Und noch nicht lastenausgeglichen,
Rückt er schon aus – mit *freiem* Willen! –
Um seine Reisesucht zu stillen.

NEUER TEXT

»Weiß nit woher, weiß nit wohin –
Mich wunderts, daß ich fröhlich bin!«
So sagte einst der Wandersmann. –
Wer heute reist, oft sagen kann:
»Weiß nit, ›woher‹, weiß nit, wozu –
Mich wunderts, daß ichs trotzdem tu!«

EINBILDUNGEN

Das Schicksal, grausam, ohne Ruhn,
Kann doch nicht allen alles tun;
Ja, staunend stellt man endlich fest,
Wie viele es zufrieden läßt.
Zufrieden? Durchaus *unzufrieden!*
Denn jedem ist sein Los beschieden.
Was einer nicht *erlebt* an Pein,
Stellt dann als Angstkomplex sich ein.
Des Reisens Glück er nie sich gönnt,
Aus Furcht, was ihm geschehen *könnt!*
Was es nur gibt an Reiseschrecken,
In seiner Brust muß ers entdecken:
Vom Zugversäumen, Kofferstehlen
Zum Paß-verlieren, Ziel-verfehlen,
Kein Zimmer-kriegen, schwer-Erkranken
Erlebt er alles – in *Gedanken!*

In Köln der Dom! Nicht Zeit genug:
In einer Stunde fährt sein Zug!
Einbildung spielt ihm tausend Possen:
Hat er zu Haus die Tür verschlossen?
Versorgt die Licht- und Wasserleitung?
Rechtzeitig abbestellt die Zeitung?
Er sieht im Geiste durch drei Wochen
Daheim inzwischen eingebrochen. –
Jetzt nagt – er nährte sie schon lange! –
Am Busen ihm die Heimwehschlange:
Vernunft ermahnt ihn, auszuharren,
Doch Skrupel halten ihn zum Narren:
In Hellas, beispielsweis Mykenä,
Bekommt er Angst bis zur Migränä,
Auf Romas zeitlos ewigen Trümmern
Muß jäh ihn ein Termin bekümmern,

Es überfällt ihn in Venedig,
Wie vieles wart, daß mans erledig –
Und, zugesperrt schon längst die Seele,
Folgt er dem innersten Befehle,
Und mit dem nächsten Bummelzug –
Nur daß er rollt, ist ihm genug –
Fährt er nach Haus, bei Tag und Nacht,
Von Sorgen völlig mürb gemacht.
Ein Meister im sich-selbst-bereiten
Von ungeahnten Schwierigkeiten,
Spürt Glück er *einmal* nur, ganz groß:
Er kommt zurück – es war nichts los!

ZWEI SEELEN

Zwei Seelen wohnen in der Brust:
Die hohe, kunst- und pflichtbewußt,
Rät, auszuharren in Museen –
Die niedre möcht ins Wirtshaus gehn.
Selbst Dürer wird zum Schluß verraten
Um einen guten Schweinebraten!

Fahrtberichte

Mein Urgroßvater war einst schon
In Rußland mit Napoleon
Und sagte – neunzig Jahre alt –,
Gefragt, wies war, ein Wort nur: »*Kalt!*«
Genau genommen war das klug:
Es wußte jedermann genug.
Auch wir sind ähnlich eingestellt.
Und schon, daß man der schnöden Welt
Die Neugier einmal abgewöhn',
Erklärn wir kurz und bündig: »*Schön!*«
Und sehn, daß Freund und Weib und Kind
Vollauf damit zufrieden sind.
Klingt auch das Fragen oft beflissen:
Kein Mensch will es im Grunde wissen.

Aufschneidereien

Der Sonne ganz verschworen, märzlich
Im Schnee hier, ziemlich mohrenschwärzlich
Die wunderschönsten Hasen laufen.
Gleich bei der Hütte lasen Haufen
Wir auf, die leicht sich fangen lassen,
Sollt einen das Verlangen fassen.
Worauf man, trotz der Wonne, seh:
Die Lippen sind von Sonne weh!
Mein Häschen, reizend keilgehost,
Hab ich schon wieder heilgekost!

Kunst des Reisens

Was heißt schon: Reiselust entfalten?
Hauptsache ist: auch durchzuhalten!
Man überschau zu diesem Zwecke
Die ganze, vorgefaßte Strecke:
In Rothenburg frißt man vor Gier
Sich über an Romantik schier,
In Würzburg ist man auch noch munter,
Banz schluckt man kaum mehr ganz hinunter,
Um sich bereits an Vierzehnheiligen
Nur äußerst mühsam zu beteiligen.
Wenn dann, als letzter Höhepunkt,
Das beispiellose Bamberg prunkt,
Kann man, zu Tod erschöpft, nur sagen:
»Sehr schön! – Ich kann nichts mehr vertragen!«
Der Klügre läßt sich, ob der Tauber,
Nicht ganz betäuben von dem Zauber,
Daß er auch noch in Dinkelsbühl
Den Reiz des stillen Winkels fühl,
Daß er in Creglingen noch kregel –
Einteilen! heißt die erste Regel.

Bequem

Wie heut bequem das Reisen geht:
Du wirst verschickt wie ein Paket
Und brauchst nur, statt was zu erleben,
Ganz einfach – selbst Dich aufzugeben!

SPIESSEREI

So mancher reist nur zur Kontroll',
Ob auch die Welt erfüllt ihr Soll.
Er ist zufrieden, wenn es stimmt,
Wovon er den Bestand aufnimmt:
So hat zu lächeln Mona Lisa,
So schief zu stehn der Turm von Pisa,
Pflichtmäßig-überraschend klein
Hat der Laokoon zu sein.
Und, wie aus dem Gedächtnis-Silo
Genau, die Venus steht von Milo.
So blau hat man, laut Ansichtskarten,
Italiens Himmel zu erwarten;
Er sitzt in tredeci communi
Und siehe da: es schneit im Juni!
Was schreib ich, denkt er ganz entsetzt,
Nur heim vom sonnigen Süden jetzt?
Die Berner Alpen hat der Gast
Gefunden nach der Vorschrift – fast.
Er kommt nach Haus, ein strammer Melder:
»In Ordnung Hollands Tulpenfelder!«
Das »tote Brügge« mußt enttäuschen –
Lebendig war es von Geräuschen.
Daß nackt ins Meer die Schwedin steige –
Er sahs nicht; daher: Fehlanzeige!
Daß es hochnördlich meistens regnet,
Gottlob, es ist auch ihm begegnet.
Und freudig, obzwar ganz durchnäßt,
Stellt er, daß alles richtig, fest.

VOR DER REISE

Wächst Dir die Frau zum Hals heraus,
Hältst Du die Kinder nicht mehr aus,
Macht Dich der Chef – und, bist Du's selber,
Der Stift – vor Ärger täglich gelber,
Wird Dir der Stammtisch, treu und bieder,
Ganz plötzlich, Kopf an Kopf, zuwider,
Kannst Du Dein Zimmer nicht mehr sehn –
Wirds Zeit, zum in den Urlaub gehn.
Du freilich, voll Verblendung, klammerst
An Deinen Alltag Dich und jammerst;
Ausreden hast Du eine Masse,
Daß es gerade jetzt nicht passe.
Dir wird mit jedem Tage mehr
Das Herz vor Reise-Unlust schwer.
Noch nicht ganz fort – nicht ganz mehr hier:
Qualvolle Spannung zerrt an Dir.
Der Zug fährt ab – und wie vom Beil
Getroffen, reißt das zähe Seil
Und jäh von Reiselust geschwellt,
Braust froh und frei Du in die Welt.

BADEAUFENTHALT

Auszukurieren meine Weichteile,
Auch heuer wieder ich am Teich weile.
Vom Leib wie von der Seele weicht Eile,
Bis ich, auf Frieden nur geeicht, weile.

Einst und heute

Hört Großpapa und Großmama,
Wir wärn gewesen da und da
Zum Wochenend – wo sie vor Jahren
Nur auf der Hochzeitsreise waren,
Dann sagen vorwurfsvoll die beiden:
»Mein Gott, was waren wir bescheiden!«
Gewiß! Jedoch, auch umgekehrt:
Wie waren sie beneidenswert!
Wo heute fährt die Straßenbahn,
Da krähte bunt der Bauernhahn,
Und dort, wo jetzt, so weit wir blicken,
Zinshäuser stehen und Fabriken,
Da gingen friedlich sie zu zweit –
Rings nichts als gute alte Zeit!
Nicht nur in Bayern, auch in Preußen
Kam man mit dicken Blumensträußen
Und ganz erfüllt von Wanderglück
Von einem Gang vors Tor zurück:
Ohn' einen Pfennig auszugeben!
Wir brauchten, gleiches zu erleben,
Je eine Stunde Bahngerase
Und zehn Mark mindestens pro Nase.
So ist oft nur erzwungne Flucht,
Was ausschaut, als wärs Großmannssucht.

EINFÖRMIGKEIT

Wie fängt die Welt an, sich zu glätten!
Statt in historisch-fremden Städten
Voll Kirchen, Türmen, Toren, Wappen
Noch abends lang herumzutappen,
Ist gleich der Reisende zu Haus:
'S schaut eine wie die andre aus.
Die Bahnhofsanschrift zeigt allein,
Ob es Hannover, Frankfurt-Main,
Ob München, Augsburg, Düsseldorf –
Sonst, zwischen grauem Trümmerschorf
Hochhäuser samt den Kaufhausnamen,
Vertraut bis in die Lichtreklamen.
Wo diese Bauten stehn, man siehts
Nicht an dem Karstadt und dem Tietz,
Ob diese Stadt gegründet Welf,
Nicht kündets 4711,
Nicht braucht man zu vermissen meist
Den Klosterfrau-Melissengeist.
Der Fremde sieht, wohin er fuhr,
Ganz sicher aus dem Fahrplan nur:
Weil pünktlich, wie's in diesem steht,
Der Schnellzug wieder weiter geht.
Mitunter, wenn der Gast dann bleibt
Und tags sich durch die Straßen treibt,
Dann sieht er doch, zu seinem Glücke,
Noch hier den Dom und dort die Brücke –
Es weicht von ihm der Alpdruck da,
Er wär schon in Amerika!

SCHLOSSFÜHRUNG

Was ist doch so ein Fremdenführer
Oft feinsten Unterschieds Erspürer!
Fast stets trifft er den Ton, den richtigen:
»*Herrschaften*, die das Schloß besichtigen,
Bitt höflich ich, mit mir zu gehn.
Die *Leute*, die es nicht ansehn,
Die können hier inzwischen warten!«
Und schon verteilt er Eintrittskarten.
Bewehrt mit Filzpantoffeln dürfen
Wir nun durch die Gemächer schlürfen,
Und schlittschuhfahrend probt die Glätte
Der Gast vergnügt auf dem Parkette.
»Erbaut im Dreißigjährigen Kriege,
Die Marmor- oder Kaiserstiege,
Die zu den obern Räumen führt!«
Das »Ah!« ertönt, das ihr gebührt.
»Rechts sehn Sie –« alle Hälse recken
Sich gleich gehorsam nach den Decken –
»Ein Bild der Venezianer Schulen:
Zeus mit der Nemosine buhlen –
Erkennbar an dem großen Busen –,
Sie gilt als Mutter der neun Musen!«
Neun Töchter, denkt man, alle Achtung –
Doch mitten unter der Betrachtung
Reißt schon, vermöge seines Winks,
Der Führer jeden Kopf nach links
Und ruft: »Bestaunt hat dies schon Goethe,
Flora begrüßt die Morgenröte!«
Auch treten wir, auf seine Bitte,
Andächtig in des Raumes Mitte:
»Der Sieg der Weisheit übers Laster,
Gemalt von Zacharias Zaster
Und hier dazu das Gegenstück:

Die Weisheit wird verhöhnt vom Glück!...
Als ersten Prunkraum sehen Sie
Die sogenannte Galerie.
Der Lüster, allgemein bewundert,
Setzt sich aus über vierzehnhundert
Kristallglastäfelchen zusammen;
Ist jetzt elektrisch zu entflammen –
War aber dazumal noch nicht
Und man benützte Kerzenlicht.
Es folgt das grüne Kabinett,
Mit dem berühmten Hochzeitsbett!
Links: Füllungen, vergoldet Eiche,
Venus belächelt Amors Streiche!
Rechts: Venus raubt dem Mars die Waffen!
Der Künstler – sehen Sie den Affen –
Hat hier sich einen Scherz erlaubt:
Wo der Betrachter steht, er glaubt,
Daß grad auf ihn der Affe schaue.
Das Fürstenzimmer, auch das blaue,
Nach seiner Farbe so benannt,
Original-Damast-bespannt.
He, dort die Dame, nichts berühren!
Wir sind zum Ende mit dem Führen.
Beteiligen sich entsprechend viele,
Zeig ich nun noch die Wasserspiele!«
Wir freilich zählen zu den Eiligen,
Die sich an gar nichts mehr beteiligen.
Befürchtend, daß noch wasserwogisch
Man uns beschütte, mythologisch,
Entfliehn wir, zahlend unsern Zoll:
»Recht vielen Dank, war wundervoll!«
Vermutlich bis ins Greisenalter
Verfolgt uns noch der Schloßverwalter.

REGENVERSICHERUNG

Ein Sommerregen ist erfreulich,
Ein Regensommer ist abscheulich.
Doch jetzt schaut jeder 'naus und kichert:
»Nur zu, nur zu! Ich bin versichert!«
Er wirds dem Petrus nicht verübeln,
Gießt er das Wasser wie aus Kübeln.
»Laß regnen!« fleht er untertänig,
»Doch bitte, bitte, nicht zu wenig!«
Der Prämie verlustig geht er,
Fehlt bloß ein einziger Millimeter.
Ein Sonnenstrahl kanns ihm verscherzen –
Drum hat er Sonne *nur* im Herzen,
Wenn, bis zum End der Urlaubszeit,
Es draußen regnet, stürmt und schneit.

KARTENGRÜSSE

AM KÖNIGSSEE

Hierher, wo einst die Stille wob,
Zehntausendfacher Wille stob;
Fußgänger, Autos fahren wall
So wild, daß (hör den wahren Fall!),
Die sich in Wagenschlangen wagen,
Voll Streitlust auf die Wangen schlagen.
Kaum an den Schiffahrtskassen man
Erwehren sich der Massen kann.
Ich, der ich sonst die Leute meid,
Tu mir in dieser Meute leid,
Auch bin ich müd der steten Pose
Des Manns mit dem Trompetenstoße:
Das Echo von den Wänden schallt.
Die Einsamkeit zu schänden, wallt
Ein Heerwurm rings am Ufer rum. –
Die Stille bringen Rufer um.
Man sollte nur die leisen Rassen
Und nicht die lauten reisen lassen!

STOSS-SEUFZER

Wer hier herauf im Winter wallt,
Fällt in der Wirte Hinterhalt.
Auch sommers, dafür halten wir,
Nur Wegelagrer walten hier.
Man macht vor dem, der hinter wallt,
Im Sommer nicht, noch Winter halt!

HALTUNG

Weh dem, der unterwegs geneppt,
Den Ärger ständig mit sich schleppt!
Was Du bezahlt, verdau's auch seelisch,
Statt daß Du's wiederkäust, krakeelisch.
Im Omnibus von Tegernsee
Dem schlechten, teueren Kaffee
Noch nachzuzählen seine Bohnen
Bis München, dürfte kaum sich lohnen;
Die schöne Strecke Innsbruck-Wörgel
Sich zu verderben durch Genörgel:
»Zwölf Schilling für *den* Schlangenfraß!«
Ist auf die Dauer auch kein Spaß.
Seht dort die Landschaft: wie im Märchen!
Drin – offenbar! – ein Liebespärchen.
Oh dürften wir den Worten lauschen,
Die diese zwei – vermutlich – tauschen!
Doch nein! der Mann verdrossen spricht:
»Gut war die Wurst in Garmisch nicht!«
Drauf sie, ins Farbenspiel versunken,
»Die hat ja beinah schon gestunken!«
Nun beide, dumpf ins Abendfeuer:
»Und dabei unverfroren teuer!«
Der Mann, bezwingend sich mit Mühe,
Stellt fest, wie schön es alpenglühe.
Doch sie, nicht zum Verzeihn noch willig:
»Hier kriegt man überhaupt nichts billig!«
An Wurstvergiftung geht zugrunde
Die große Sonnen-Abschieds-Stunde.

REALITÄTEN

Ach, hoch am Berg die armen Bauern!
So sagt wohl mancher mit Bedauern,
Und doch, das macht sie grade grantig:
Für sie ists Not, für uns Romantik.
Es weiß, wer die Entwicklung kennt:
Wo Geld hinkommt, kommt auch Zement.
Drum wünscht sich der historische Schwärmer,
Die Leute blieben besser ärmer.
Der graue halbverfallne Stadel,
Uns scheint er nur von altem Adel,
Die düster hingeduckte Stube,
Die malerische Odelgrube,
Die Holzwand von erlesner Bräune,
Das Schindeldach, die Steckenzäune,
Uns Fremde werden sie beglücken,
Daß wir den Farbfilm auf sie zücken.
Der Bauer denkt: Mit tausend Kilo
Würd ich mir bauen einen Silo!
Und für das teure Holz ists schad:
Dachplatten her und Stacheldraht!

Idyllisch ist es, zuzusehn,
Wie Bauern in die Kirche gehn
Vom Berg gewandert, Stunden weit:
Die alte Zeit, die hat noch Zeit!
Doch anders denkt der Bauernsohn.
Er fährt mit seinem Traktor schon
Und, heimzuholen seinen Vorrat,
Wenns irgend geht, mit dem Motorrad.
Schön ist Alt-Innsbruck, Sterzing, Klausen.
Doch möchtst Du, Fremder, selbst so hausen?
Im Baedeker steht viel von Goten –
Doch hygienisch ganz verboten

Ists in den Häusern, schon gerüchig
Die Treppen morsch, die Mauern brüchig.
Und fürs Inferno der Aborte
Fänd Dante kaum die rechten Worte.

Wie malerisch das alte Nest,
Engbrüstig an den Fels gepreßt!
Wie echt, wie alt ists überall –
Uns freut, ästhetisch, der Verfall,
Solange er gewillt, zu schonen
Die Häuser, die wir selbst bewohnen.
Vor unseren Augen geht zur Stunde
Der Rest der alten Welt zugrunde
Die freilich lange schon im Kränkeln.
Nicht viel wird bleiben unseren Enkeln.
Was schadets wohl? Sie denken schon
In Glas voraus und Stahlbeton!

FORTSCHRITT

Rückständigen Schwärmern nur gefällt
Der Anblick der *geschlossnen* Welt.
Fortschrittlich, prächtig *aufgeschlossen* –
So lieben wir den Zeitgenossen!
Ihn, der die Landschaft erst erschließt
Und dann sich wild in sie ergießt.
Er braucht, nach unsern letzten Moden,
Kaum mehr betreten ihren Boden:
Das *Fließband* seine Segnung lieh
Längst auch der Fremden-Industrie,
Und direkt aus dem Omnibus
Setzt in die Bergbahn man den Fuß,
Aus dieser geht man möglichst schnell
Am Gipfel in das Berghotel,
Wo Raum ist für die ganze Herde.
Längst tritt, mit zürnender Beschwerde
Kein Geist mehr aus der Felsenspalte.
Und käm er doch, der Bergesalte,
Dann nur, ums Fernrohr zu vermieten
Und Enzianfläschchen anzubieten.

VERDORBENE WINTERREISE

Erst war in Krimml Harsch und Firn,
Jetzt regnets: »Himmel, ...!«

ZWECKLOSER STREIT

Was nützt ein Berg, wenn Du nicht weißt,
Wie er mit seinem Namen heißt?
Sieh dort den Reigen stiller Strahler:
Ein Herr schwört auf die Zillertaler.
Und er zitiert sogar den Götz **mal**,
Sofern der andre mehr fürs Ötztal.
»Sehn Sie das weiße Spitzchen? Nein??
Das müßte der Großglockner sein!«
Und bis zur Tobsucht schwillt sein Zorn,
Sag ich, es sei das Wiesbachhorn!
Tagtäglich vor den Panoramen
Kommts dergestalt zu wilden Dramen.

ALPENGLÜHEN

Kein Wunder beut der Menge Halt:
Das Alpenglühn die Hänge malt,
Das Licht strahlt immer reiner aus –
Und doch, es schaut nicht *einer* raus;
Natur kann nicht mehr heute locken:
Beim Nachtmahl alle Leute hocken,
Ich steh noch traumvergessen, eh –
Ich auch hinein zum Essen geh!

HISTORISCHE GLOSSEN

Ägypten man sich sparen kann,
Die Sphinx schaut überall uns an.

*

Dem Theseus dankt man nie genug,
Daß den Prokrustes er erschlug,
Den Wirt mit den verdammten Betten.
Wenn wir nur auch Heroen hätten!

*

Heimweh ward durch die Odyssee
Zu einem weltberühmten Weh.

*

Hält man sich nur an das Historische:
Die erste Wanderung war die *dorische*,
Ein Völkerfrühlings-Schulausflug,
Der ungeahnte Früchte trug!

*

Sehr weit herum der *Abraham*
Als ein noch wilder Zeltler kam;
Doch *Moses* legte umgekehrt
Auf strengstes Camping großen Wert.

*

Es folgten die drei weisen Herrn
Vertrauend ihrem guten Stern
Und brachten, ohne abzuirren,
Dem Kindlein Weihrauch, Gold und Myrrhen.
Von Reiseonkeln, also frommen,
Hat *einmal* nur die Welt vernommen.

Rom kannte kaum die Wander-Regung.
Dort galt die *Eigenheim*-Bewegung
Und im Albaner- wie Sabiner-
Gebirge hatten Großverdiener
Ihr Häusl oder Tusculum.
Dabei hat es im Altertum,
Um sich zu Hause auszuleben,
Rundfunk und Fernsehn nicht gegeben!

※

Des Mittelalters deutsche Kaiser
Und Ritter waren große Reiser:
Sie fuhren ihre Eisen-Bahn –
Und hatten selbst die Schienen an –,
Sie zogen Kreuz, sie zogen quer:
Bis einer hinfuhr, fuhr er Heer!

※

Als Luther reiste gegen Worms,
War zwar sein Tempo kein enorms,
Und doch ist er, genau genommen,
Mit dieser Reise weit gekommen.

※

Die Post romantisch nachgenießt,
Wer Eichendorff und Lenau liest.
Doch einig sind sich alle Zörne
Der Heine, Lichtenberg und Börne,
Daß schaudervoll war in der Praxis
Die alte Post von Thurn und Taxis.

KARTENGRÜSSE

NORDLANDREISE

Vor Zeiten kaum ein spleeniger Lord nannt'
Als Reiseziel das graue Nordland,
Weil wüst umher die Kunde hallt',
Es sei nur feucht und hundekalt.
Doch ich leg, seit ich dorten war,
Die Schönheit heiß in Worten dar,
Falls wer, wie der Verfasser, wall
Von Wasserfall zu Wasserfall,
Nicht düstrer Fjorde Frieden scheu,
An Gletschern sich entschieden freu.
Er meint, daß – ohne Singerei! –
Im Nibelungen-Ring er sei,
Falls Fantasie ihn rühren kann:
Gleich reiten die Walküren ran!
P.S. Spar nicht als Dummer hier,
Man bietet Lachs und Hummer Dir!

WALLFAHRTSORT

Das Händlervolk verläßt sich keck drauf,
Daß hier der Pilger jeden Dreck kauf.
Als »souvenir« nur Schund erwart',
Wo sich die Welt um Wunder schart.

Der Unschlüssige

Ein Mensch, zum Bahnhof dauerlaufend,
Mit Seitenstechen, mühsam schnaufend,
Sieht auf die Uhr, es wird zu knapp –
Und augenblicklich macht er schlapp:
Enthoben seinem höhern Zwecke,
Schleicht er jetzt lahm wie eine Schnecke;
Nimmt immerhin sich seine Karte,
Daß er den nächsten Zug erwarte.
Und sieht – und meint nicht recht zu sehn –
Den Zug noch auf dem Bahnsteig stehn.
Mit seinen letzten Lebensgeistern
Hofft er nun, doch es noch zu meistern,
Setzt an zum Endspurt im Galoppe;
Voll Angst, daß doch das Glück ihn foppe,
Läßt jäh er sinken Mut und Kraft. –
Bis er sie wieder aufgerafft,
Vergehn Sekunden, tödlich tropfend.
Der Mensch, mit wilden Pulsen klopfend,
Fragt sich im Laufen, ob er träumt:
Der Zug, den er, an sich, versäumt,
Steht noch – gesetzt den Fall, er sei's! –
Ganz ungerührt auf seinem Gleis.
Doch eh der Mensch sich noch im klaren,
Beginnt der Zug jetzt, abzufahren.
Der Mensch kann noch die Tafel lesen:
Jawohl, es wär sein Zug gewesen.

DAS KURSBUCH

Ein Mensch ist der Bewundrung voll:
Nein, so ein Kursbuch – einfach toll!
Mit wieviel Hirn ist das gemacht:
An jeden Anschluß ist gedacht:
Es ist der reinste Zauberschlüssel –
Ob München–Kassel, Bremen–Brüssel,
Ob Bahn, ob Omnibus, ob Schiff –
Man findets leicht – auf einen Griff!
Dabei sind auch noch Güterzüge
In das verwirrende Gefüge
Des Fahrplans ständig eingeschoben!
Die Bahn kann nicht genug man loben!
Der Mensch, in eitlem Selbstbespiegeln,
Rühmt sich, dies Buch mit sieben Siegeln
Zu lesen leicht, von vorn bis hinten,
Trotz seiner vielbesprochnen Finten.
Schon fährt der Mensch nach Osnabrück
Und möcht am Abend noch zurück:
Und sieht, gedachten Zug betreffend,
Erst jetzt ein kleines f, ihn äffend;
Und ganz versteckt steht irgendwo:
»f) Zug fährt täglich, außer Mo.«
Der Mensch, der so die Bahn gelobt,
Sitzt jetzt im Wartesaal und tobt.
Und was er übers Kursbuch sagt,
Wird hier zu schreiben nicht gewagt.

VOREILIGER DANK

Ein Mensch, ein fremder, läßt sich gern
Belehrn im Zug von einem Herrn,
Wie er, in Duisburg ausgestiegen,
Nach Hamm den Anschluß könnte kriegen.
Der Herr erscheint dem Menschen englich,
Er dankt ihm heiß und überschwänglich
Und denkt in Duisburg, ganz verliebt:
Was es doch nette Menschen gibt!
Er eilt – noch immer dankend froh –
In Duisburg auf den Bahnsteig zwo
Und harrt, vertrauensvoll und stramm
Auf den versprochnen Zug nach Hamm.
Ein Schaffner, endlich doch befragt,
Schaut groß den Menschen an und sagt,
a) ob er denn nicht könne lesen,
b) wer denn dieser Herr gewesen,
Und c) es sei ein rechter Jammer,
Grad sei davon der letzte Hammer
Und zwar auf Bahnsteig Nummer sieben.
Und sieh: Das Bild des Herrn, des lieben,
Ertrinkt in Wut und Rachedurst:
Ein Trottel ist er, ein Hanswurst,
Und vieles noch, was jedermann
Aus eignem Vorrat schöpfen kann.
Der Mensch denkt Jahre lang des Duis-
Burg-Bahnhofs noch und dieses Pfuis.

DER ABSCHIED

Ein Mensch, der fort muß – was oft schmerzlich,
Nimmt von dem Freunde Abschied, herzlich.
Sie drücken mannhaft sich die Hände;
Fast werden beide weich am Ende,
Indem sie auseinander gehen:
»Wann werden wir uns wiedersehen?«
Noch Jahr und Tag, in fernem Land?
Nein – gleich am nächsten Zeitungsstand!
Sie ziehen, schon verschämt, den Hut:
»Nochmals ade – und mach es gut!«
Und gehn, der hierhin und der dort,
In ganz verschiedner Richtung fort.
Doch ists damit nicht abgetan:
Man trifft sich in der Straßenbahn,
Woselbst man sich, quer durch die Stadt,
Im Grund nichts mehr zu sagen hat.
Der Mensch, bevor er nun verreist,
Hätt gern noch irgendwo gespeist.
Doch, wie er so den Raum durchstreunt, –
Wer sitzt dort schon? Sein guter Freund!
Der Mensch, davon nicht sehr entzückt,
Hat still und grußlos sich gedrückt,
Und hat, nur durch die Flucht, vermieden
Sich noch einmal verabzuschieden.
Moral: Wenns schon, mit Schmerz, sein muß,
Dann *einmal* Lebewohl und Schluß!

DER GESCHÄFTSREISENDE

Schön ists, zu reisen in Geschäften,
Fährt man, mit eignen Pferdekräften,
An einem schönen Tag im Lenz los,
Mit Waren, welche konkurrenzlos!
Doch wer, um irgendwelche Nieten
In kleinsten Nestern anzubieten,
Als unwillkommener Vertreter
Herunterhaut die Kilometer,
Fast ohne Hoffnung, daß es glückt:
Der sitzt im Zuge, schwer bedrückt.
Das Reisen selbst? Du liebe Zeit!
Da weiß er alles weit und breit:
Er hat schon jeden Wartesaal
Erfüllt mit seiner Öde Qual,
Kennt, kaum daß er ins Kursbuch blickt,
Anschlüsse, wie sie auch verzwickt,
Und alle schlechten Betten rings. –
Als er noch jünger war, da gings,
Da hat er sich als Schimmerfädchen
Ins Grau gewebt ein Zimmermädchen,
Da kannten sie den lustigen Herrn
Und seine Witze nah und fern.
Jetzt aber – täglich auf der Bahn ...
Er kann nicht mehr – es kotzt ihn an!
Doch drohend sieht ers vor sich stehn:
Er kann nur fahren – oder gehn.

Das Zauberwort

Ein Mensch sitzt in der Eisenbahn
Und schaut sein Gegenüber an,
Ein Mädchen, das ihm, scheinbar kühl,
Verbietet jegliches Gefühl.
So schweigend fahren, das ist bitter –
Da steigt ganz plötzlich zu ein Dritter,
Kennt alle beide gut und stellt
Gewandt sie vor, als Mann von Welt.
Gleich bricht der lang gestaute Schwall,
Sie reden wie ein Wasserfall,
Auch, als sich jener längst entfernt,
Durch den sie kennen sich gelernt.
Den fremden Herrn, die fremde Dame,
Erlöst ein Zauberwort: Der Name!
Der Sitte Fesseln jäh zerreißen
Wenn beide wissen, wie sie *heißen*.
Vertrauen fassen sie geschwind
Und fragen kaum noch, wie sie *sind*.

Für Wankelmütige

Die besten Reisen, das steht fest,
Sind die oft, die man unterläßt! –
Nur, daß man *rasch* entscheiden muß,
Damit man nicht lang leiden muß,
An Reisefieber, Tag und Nacht,
Um Reisen, die man gar nicht macht!

DER BUMMELZUG

Ein Mensch, wie aus dem Ei gepellt –
Man sieht sofort, ein Mann von Welt –,
Steht nun, seit fünf Minuten schon,
Auf einer kleinen Station,
Und denkt, voll Zorn bis in die Nas':
»Ha! Nur in Bayern gibts so was!«
Jetzt endlich streckt, auf sein Geklopf,
Der Mann zum Schalter raus den Kopf.
»'s pressiert net!« sagt er zu dem Herrn.
»Der Zug? Nach sechse kommt er gern.«
Und rät ihm, menschlich, voll Vertrauen,
Derweil die Gegend anzuschauen.
Der Mensch, zur Wut selbst zu verdutzt,
Hat unversehns den Rat genutzt
Und sieht, als wärs zum erstenmal,
Im Abendglühen Berg und Tal;
Er sagt, vergessend seine Eile
Zum schönen Augenblick: »Verweile!«
Und schaut sogar der braven Kuh
Voll Andacht bei verschiednem zu ...
Von fern Geschnauf und Ratter-Ton –
Der Mensch denkt ganz verzaubert: »Schon?«
Und nimmt kaum wahr, geschweige übel,
Die Trödelei der Millikübel.
Ein letzter Blick – ein Pfiff – und munter
Gehts weiter, wald- und nachthinunter.
Der Mensch, gezwungen so zum Feiern,
Träumt oft noch von dem Tag in Bayern.

PROBLEME

Ein Junggeselle, hartgesotten,
Kann leicht der weichern Menschen spotten,
Die, büßend ihre Fleischessünden,
Nachgeben und Familien gründen.
Allein reist einer unbehindert;
Doch was tut einer, der bekindert?
Leicht wär es, sie daheim zu lassen –
Hätt man nur wen, drauf aufzupassen!
Entschließt man sich, sie mitzunehmen,
Gibts eine Fülle von Problemen,
Wie man es geldlich macht und nervlich.
Und Wankelmut ist ganz verwerflich.
Ja, wer gebunden kind- und keglich,
Braucht Schwung – sonst wird er unbeweglich.

REISEPECH

Muß ich auch, unsrer Lage wegen,
Den Pfennig auf die Waage legen,
Wir heute doch, im Liegewagen,
Dem Kind gleich in der Wiege, lagen.
Schwer muß in solchen Lagen wiegen:
Ich ließ den Paß im Wagen liegen!

PLATZANGST

Ein Mensch, beim Neon-Lampenschein,
Im Eilzug sitzt er, ganz allein,
Dem billigst-besten Zug der Welt,
Den je die Bahn in Dienst gestellt.
Stumm flehen hundert leere Plätze,
Daß irgendwer sich auf sie setze,
Weil dieses a.) der Plätze Sinn
Und b.) der Eisenbahn Gewinn.
Jedoch der Zug, der leere, bleibt
Ganz unbemannt und unbeweibt;
Die Mitternacht ins Fenster schaut –
Es braust und saust gespensterlaut!
Der Mensch, nun schon von Angst getrieben,
Steht auf von seinem Platze sieben
Und setzt sich, reihum wechselnd fleißig,
Hier auf Platz zwölf, dort auf Platz dreißig
Und wandelt überall herum,
Um vorzutäuschen Publikum.
Der Mensch, der sieht, daß ers nicht schafft
Mit seiner einen schwachen Kraft –
Fängt bitterlich zu weinen an,
Aus Mitleid mit der Bundesbahn.

GEGENSÄTZE

Ein Mensch, zu reisen um halb zehn,
Beschließt, um sechs Uhr aufzustehn,
Damit er sich nicht hetzen muß:
Gemütlichkeit ist ihm Genuß!
Er blödelt hier, er trödelt dort –
Er braucht ja lange noch nicht fort!
Er trinkt Kaffee und liest in Ruh
Sein Blättchen – er hat Zeit dazu!
Zeit? Höchste Zeit, daß er sich schleune:
Denn plötzlich sieht er, fast ists neune!
Doch wie er sich auch jetzt noch tummelt –
Zu spät: er hat den Zug verbummelt!
Ein andrer Mensch, der leider glatt
Die Aufstehfrist verschlafen hat,
Wacht auf, sieht auf den ersten Blick
Das äußerst drohende Geschick,
Reißt sich zusammen, und geschwind
Braust auf die Bahn er, wie der Wind,
Erwischt den Zug, wenn auch nur knapp,
Und fährt, ein Sieger, glücklich ab.
Wir hoffen, daß Ihr selbst es wißt,
Daß dies ein Lebens-Gleichnis ist.

PLATZWAHL

Ein Mensch, am Zuge vor der Zeit,
Trifft leere Wagen weit und breit.
Er setzt sich hier, er setzt sich dort
Und geht dann zögernd wieder fort.
Bald ist ihm dies, bald das nicht recht:
Der beste Platz ist ihm zu schlecht.
Nachdem er alles scharf beäugt,
Ist er nun gramvoll überzeugt –
Und auf der ganzen Fahrt gequält –,
Er habe doch nicht gut gewählt.
Ein andrer Mensch kommt spät, verhetzt:
Der Zug ist übervoll besetzt.
Doch sieh: ein Plätzchen ist noch frei!
Der Mensch tut einen Jubelschrei
Und zwängt, durchströmt von solchem Glücke,
Sich kurzentschlossen in die Lücke.
Er freut sich auf der ganzen Fahrt,
Daß Gott sie für ihn aufgespart.

ABSCHIED

Schon in der Schule lernten wir:
»Partir – toujours un peu mourir!«
Am schlimmsten sind die zehn Minuten,
Wo wir am Bahnsteig uns verbluten.

ERFAHRUNG

Fahr kreuz und quer und grad und krumm
Im deutschen Vaterland herum,
Besuchs an allen End- und Ecken:
Es bleiben ein paar blinde Flecken,
Wohin Du einfach nie gekommen,
Wie fest Du dirs auch vorgenommen.
Bereits im Gasthof abgestiegen,
Fandst Du ein Telegramm dort liegen
Und mußtest weiter, fünf Uhr früh. –
Es hilft nichts, mach Dir keine Müh:
Schön wärs gewesen – gib Dich drein! –,
Doch hat es halt nicht sollen sein!

KURZE SAISON

Ach, von der Volksschul bis zur Uni
Hat niemand Zeit im Mai, im Juni!
Dafür entläßt dann, Mitte Juli,
Geballt die Stadt den Arbeitskuli.
Noch im August, mit einem Schlag,
Ist Schluß, am ersten kalten Tag.
Wie wär, gar im Gebirg, bei Föhn
Doch der September wunderschön!
Vergeblich – nichts zu retten mehr:
Schon stehn die meisten Betten leer.
Und traurig schleicht der letzte Ober
Um Gartentische im Oktober. –

Ein Hilfsmittel

Ein Mann, heißts, der aus Eigensinn
Noch nie gereist war aus Berlin,
Bekam Befehl vom Alten Fritzen –
Der sich gefreut an solchen Witzen, –
Er dürfe (und man werd' drauf passen)
Die Stadt bei Strafe nicht verlassen.
Der Mann, der nie daran gedacht,
Wird reiselustig über Nacht
Und fleht von Stund an, untertänig,
Ihn rauszulassen, nur ein wenig!
So etwas gibt es nicht mehr, heute?
Oh doch! Wer kennte nicht die Leute,
Die man, je mehr man in sie dringt,
So weniger zum Reisen bringt.
Der einzig mögliche Versuch
Ist, zu erwecken Widerspruch.
Zu sagen: »Ja, Du bist zu alt!
Es ist zu weit, es ist zu kalt!
Ja, Du hast recht, bleib nur daheim!«
Das weckt – vielleicht – den schwachen Keim.
Der nie Dir's hätt als Wunsch erfüllt,
Tuts jetzt aus Trotz: der Löwe brüllt:
»Was, ich zu alt? Den möcht ich sehn,
Der mich dran hindert, fortzugehn!«

Die Zugverspätung

Ein Mensch im Zug nach Frankfurt (Main) –
Um vierzehn-vier sollt er dort sein –
Wird schon in seinem Hoffen schwach:
Er ist noch nicht in Offenbach!
Verspätung – eine Viertelstunde!
Des Menschen Plan geht vor die Hunde!
Er kriegt den Anschluß nicht nach Wimpfen.
Gewaltig fängt er an zu schimpfen.
Ein andrer Mensch, zum Bahnhof laufend,
In Offenbach, zerschwitzt und schnaufend,
Verliert den letzten Hoffnungsschimmer:
Den Zug nach Frankfurt kriegt er nimmer!
Doch wie Musik tönts an der Sperr':
»Heut ists nicht eilig, lieber Herr!
Der Zug kommt heute später an!«
Der Mensch lobt laut die Eisenbahn.
»Des einen Eul«, gilts wieder mal,
»Ist oft des andern Nachtigall!«

Volle Züge

Ein Mensch, der sonst zwar das Vergnügen
Recht gern genießt in vollen Zügen,
Legt just beim Reisen, umgekehrt,
Auf volle Züge wenig Wert.

REISEGENOSSEN

Es ist ein wirklich großer Kummer:
Die Welt wird lauter – und doch stummer.
Wo spricht, selbst in der Eisenbahn,
Ein Mitmensch Dich noch herzhaft an?
Die Dame setzt, gleich der Mimose,
Mit Strafblick sich in Abwehrpose,
Der Herr, mit schmetternd knappem Gruß,
Zieht ein den vorgestellten Fuß
Und alles schweigt, höchst abgeneigt, –
Das Thermometer sinkt und steigt,
Doch kommt in einem feinen Pullman
Nur äußerst selten über Null man.
Daß heute in der ersten Klasse
Ein Mensch noch mit sich reden lasse,
Wird, man erlebts, allmählich selten:
Es will kein Mensch als »unfein« gelten.
Die übertünchte Höflichkeit
Europens trifft man weit und breit
Und meistens halten diese Tünchen
Selbst von Hannover bis nach München.
Ists da wohl falsch, sich einzubilden:
Doch bessre Menschen sind wir Wilden,
Die, ärmlich fahrend in der zweiten
Noch Menschlichkeit um sich verbreiten,
Ja, selbst die Illustrierten tauschen
Und, streckenweis, ein bißchen plauschen,
Mit nötigem Respekt, natürlich. –
Oft freilich auch, höchst ungebührlich,
Stürzt, wie mit Zähnen sich und Messer
Auf Dich ein wilder Menschenfresser
Und eh sich noch die Wege zwieseln,
Gelangs ihm, rein Dich abzufieseln:

Bis auf die Knochen, ganz genau,
Kennt er so Dich, wie Deine Frau,
Indes er selbst, ganz unbenagt,
Kein Sterbenswort von sich gesagt.
Im allgemeinen ist noch größer
Die Zahl der schön-sich-selbst-Entblößer
Die Dir erzählen, noch vor Mering,
Ihr Reisezweck sei Bismarckhering,
Der heut noch seinen Mann ernähre –
Ja, wenn nicht das Finanzamt wäre ...
Und zwischen Ulm und Stuttgart brausend
Kommt er vom Hundert schon ins Tausend,
Vom Fußball spricht er und vom Toto,
Er zeigt Dir Weib und Kind im Foto
Und schreibt Dir auf gleich die Adresse,
Damit man ja nicht sie vergesse. –
Kurzum, zu wenig und zu viel
Ist auch der Narren *Reiseziel.*

Zu leicht befunden

Wird Reisen leicht – vergeßt das nicht!,
Verlierts auch inneres Gewicht!

GEPÄCK

Verschieden war zu jeder Zeit
Der Anspruch auf Bequemlichkeit.
Und auch, was gelten kann als reinlich,
Zeigt Grenzen, die ganz unwahrscheinlich.
Mit nichts als einem zweiten Hemde
Zieht mancher fröhlich in die Fremde,
Um sich, im warmen wie im kalten,
Dortselbst acht Wochen aufzuhalten.
Ja, selbst ganz ohne weiteres Hemd,
Die Zahnbürst in ein Buch geklemmt,
Geht einer wohl auf weite Reisen,
Sich unabhängig zu erweisen.

Am ganzen Leib kein trocknes Fädchen
Kam jüngst zu uns als Gast ein Mädchen,
Mit zuversichtlichem Gemüte,
Ihr Handgepäck in einer Tüte.
Gleich nach dem Krieg war im Hotel
Ein edler Greis mein Schlafgesell,
Der nichts sonst abzulegen hatte,
Als sein Gebiß und die Krawatte.
Diogenes bekanntlich fand,
Zu trinken aus der hohlen Hand
Genüge auch und sei bequem.

Je nun, zum anderen Extrem
Scheint uns die beste Weiserin
Eugenie, die Kaiserin:
Sie nahm, nach Sues, seinerzeit,
Als den Kanal man eingeweiht,
Zweihundertfünfzig Roben mit,
Wobei sie an der Angst noch litt,
Sie habe gar nichts anzuziehn –

Und wem das übertrieben schien',
Der denke an die Mistinguette,
Die, daß sie was zum Wechseln hätt',
Sich Schuhe mitnahm, tausend Paar,
Als sie auf Gastspielreisen war.

*

Wer reist, der hab wohl leichten Sinn,
Doch Leichtsinn bringt ihm nicht Gewinn.
Der eine meint, daß kühner Mut
Genüge und ein grüner Hut,
Der andre schleppt, um nicht zu fasten,
Durch das Gebirge Riesenlasten:
»Die rechte Tour, wenn ein Tourist,
In einer Tour auf Touren ißt!« –
Doch sollte er nicht ganz vergessen,
's gibt auch auf Hütten was zu essen!
Der Rucksack ist des Menschen Freund,
Der ziellos durch die Alpen streunt –
Doch ist es falsch, das werd hier deutlich,
Nach Rom zu pilgern, rückenbeutlich.
Muß man drum gleich mit Bügeleisen
Zur Stadt der sieben Hügel reisen?
Man sieht, zu wenig und zu viel
Ist wieder mal das Narrenziel!

GUTE RATSCHLÄGE

Der beste Rat schier, den wir kennen:
Nie sollst Du vom Gepäck Dich trennen!
Hast Du nur Deine Siebensachen,
Kannst Du Dich unabhängig machen,
Aufbrechen, nie von Angst durchgraust,
Den Koffer eisern in der Faust.
Mit einem Wort: So mache fortan's
Als omnia tua tecum portans!
Genau so gut nun ist Rat zwei:
Mach vom Gepäck Dich möglichst frei!
Im Augenblick brauchst Du nur wenig:
Wer ohne Koffer reist, ist König!
Machs wie Du willst – denn, hast Du Glück,
Dann kehrst Du überzeugt zurück,
Du habest glänzend es geschafft,
Mit Körper- *oder* Geisteskraft.
Gehts schief, wirst jedenfalls Du grollen:
»Ich hätt dem Narrn nicht folgen sollen!«

VERKEHRSVEREIN

Oft kommt der Gast nicht von allein –
Darum sorgt der *Verkehrsverein*,
Daß Gäste er wie Freizeit lenke.
Er stellt Programme auf und Bänke.
Allwöchentlich läßt er ein Fest los
Und er verbraucht das Brauchtum restlos.

KARTENGRÜSSE

AM GLETSCHER

Es krachte dumpf im Eise: Wum!
Wir kehrten klugerweise um,
Als in dem grausen Faltenspiel
Fast einer in die Spalten fiel.
Ihr könnt Euch Eure Witze sparen,
Daß wir nicht auf der Spitze waren:
Hat einer echten Mut, beweist er'n
Oft mehr durch Gipfelwut-bemeistern!

NORDSEE

Du wähnst uns hier auf Sylt in Wonne
Zum Urlaubsglück gewillt in Sonne?
Sähst Du des Kinnes Lade beben –
Und so was nennt man Badeleben!
Am Abend ich bei Greisen hock'
Und trinke einen heißen Grog.
Nach Weibern ich, nach faden, schiel' –
Wodurch ich jüngst in Schaden fiel:
Ich schüttete die Hummersoß
Auf meine neue Summerhos!

ZWISCHENFALL

Ein Mensch erspäht zu seinem Glücke
Im Jahresablauf eine Lücke,
In die er, hart terminbedrängt,
Kühn vierzehn Tage Urlaub zwängt.
Und er bestellt, zum festen Preise,
Sich fix und fertig eine Reise.
Nun heißt es schuften, überlegen,
Heißt es, bestricken den Kollegen,
Daß er den Rest noch übernimmt.
Und endlich ists soweit: es stimmt!
Ganz abgekämpft von all der Müh,
Denkt stolz der Mensch: »Bis morgen früh!«
Der Jahre lang nicht weh getan,
Jetzt rührt er sich, der Backenzahn!
Und er tut weh und immer weher:
Der Mensch, ein düstrer Zukunftsseher,
Sieht sich, die Backe hochgeschwollen,
Durchs zahnarztarme Spanien rollen,
Hofft wieder mutig, früh um viere,
Daß doch noch sich der Schmerz verliere,
Und weiß, im Wechsel der Entschlüsse,
Um sechs, daß er zum Doktor müsse.
Der Omnibus fährt ab um sieben:
Ein Platz ist darin leer geblieben.

VERÄNDERUNGEN

Wir wissens zwar mit dem *Verstand:*
Geändert hat sich allerhand!
Jedoch im *Herzen*, ganz verstockt,
Noch tief das alte Weltbild hockt,
Träg wie der Frosch in seinem Pfuhle,
So wie wirs lernten in der Schule:
Mohr, Krokodil und Elefant
War uns als *Afrika* bekannt,
Und wenn man Wolkenkratzer sah,
Wußt' man, das ist *Amerika.*
Im Glanz von Tausendeiner-Nacht
Erglühte *Asiens* Märchenpracht.
Der Türke, rauchend, trank Kaffee
Und der Chinese seinen Tee.
Die Russen waren groß und bärtig. –
Und so scheints uns noch gegenwärtig.
Das meiste, was wir so erträumt,
Ist leider längst schon weggeräumt.
Hochhäuser gibts und Autostraßen,
Wo jüngst die Hottentotten saßen.
Und wo wir noch in tiefster Seele
An Büffel glauben und Kamele,
An Riesenschlangen, Löwen, Tiger,
Ist das Atomzeitalter Sieger.
Trotzdem: wir wollen nicht erwachen –
Die Träume sinds, die glücklich machen!

RESIGNATIO

Wer sechzig Jahre wird und älter,
Der denkt in mancher Hinsicht kälter,
Nach Resignatio sich bewegend,
Das leider »keine schöne Gegend«.
Er weiß, daß er ja nur noch träumt –
Das meiste hat er doch versäumt.
Nie wird er sehn mehr die Oasen,
Wo Stuten und Kamele grasen,
Nie wird er, auch nur ein klein bißgen
Noch scherzen mit den Odalisken
Im Zelte, wo, umschränkt von Nacht
Still rechnend der Armenier wacht.
Von Nippons Kirschenblütenzauber
Bleibt ihm erst recht der Schnabel sauber.
Die Lust nach nackten Negerstämmen
Gilt es entschieden einzudämmen,
Und wenn er überhaupt noch reist,
Tut ers am besten – nur im Geist.
Die Mühn und Kosten sind geringer,
Bei Atlas-Reisen, mit dem Finger.
Hat er ein bißchen Fantasie,
Kann er die Welt sehn wie noch nie
Und bleibt auf seinem Platz gebannt,
Als quasi innrer Emigrant.

JE NACHDEM

Verschieden ist, je nach den Szenen,
Das Ziel, das Reisende ersehnen:
Die Griechen, in Kleinasiens Wüsten
»Thalatta!« froh das Meer begrüßten.
Columbus, als er sah den Strand,
»Tierra!« rief er jauchzend, »Land!«
Der Mensch nach einem Menschen schreit,
Erblickt er keinen weit und breit;
Ein andrer, mitten aus dem Trubel,
Begrüßt die Einsamkeit mit Jubel.
Wer hungrig stapft durch Sturm und Frost,
Träumt, wie behaglich in der »Post«
Er vor der warmen Suppe säß –
Indes ein zweiter, sinngemäß,
Vor Sommersglut schier am Ermatten,
Vom frischen Trunk schwärmt, kühl im Schatten.
Ein Mensch, der sich im Fels verstiegen,
Sieht drunten schön die Almen liegen;
Und einer, bergwärts keuchend schwer,
Denkt sich: »Wenn ich erst droben wär!«
Kurz, jeder ist vom Drang beseelt,
Das zu erreichen, was ihm fehlt.

ARME REISENDE

Wir kleinen Reisenden von heute,
Was sind wir doch für arme Leute!
Genötigt, durch die Welt zu rennen,
Von der uns meistens Welten trennen!
Ein Handbuch ist dann besten Falles
Auch wirklich unser Ein und Alles;
Im Ausland gar stehn dumm und stumm
Als wahrhaft Fremde wir herum;
Von Kellnern einzig angesprochen,
Verbringen wir die Reisewochen
Mit »Bitte!« »Danke!« – in der Früh:
»Kaffee«! und mittags bloß »Menü!«
Dem Hausknecht sagen wir nur knapp
Und mühsam: »Morgen reise ab!«
Einst zog man aus des Koffers Tiefe
Die prächtigsten Empfehlungsbriefe!
Ach, hätt man heut die Briefe auch:
Man machte kaum davon Gebrauch!
Gesetzt, daß der Geheimrat Goethe
Uns ehrenvollen Willkomm böte
Und ins Hotel uns ließe sagen,
Bei ihm zu essen, in drei Tagen –
Wir gäben Antwort: »Keine Zeit,
Da sind wir schon, weiß Gott, wie weit!«
Für Weimar sind – würd er's verstehn?
Ja nur zwölf Stunden vorgesehn!
Wir reisen in der Welt herum,
Als wär sie ein Panoptikum.

Verwehte Spuren

Nach wochenlangem Weltdurchschweifen
Bräucht manches Zeit, um nachzureifen,
Was, grün gepflückt vom Urlaub-Baum,
Getrieben hat die Blüten kaum,
Geschweige denn die süße Frucht.
Doch in des Jahres rascher Flucht
Verwelkt der Reise frisches Reis –
Vergebens legst Du es aufs Eis,
Begießt es mit Erinnerung –
Im Alltag wirds nicht wieder jung.
Du machst verzweifelte Versuche,
Aus Deinem Reisetagebuche
Noch köstlichen Gewinn zu ziehn. –
Die Tage, Wochen, Monde fliehn.
Hast Du nicht *Bilder* auch gemacht
Und schwarz auf weiß nach Haus gebracht,
Ja, selbst in Farben bunt getaucht,
Was man nur zu entwickeln braucht?
Du schwörst, die längst zu viel gewordnen
Aufnahmen demnächst schön zu ordnen –
Jedoch Du findest keine Ruh:
Schon treibst Du neuen Reisen zu!
Ein Umbruch kommt, ein Krieg dazwischen,
Die Einzelheiten sich verwischen –
Als letzten Rest wirst Du bewahren:
»Da war ich auch – vor dreißig Jahren!«

Ein Geheimnis

Unheimlich – doch wer merkt das schon? –
Ist oft des Reisens Präzision.
Genau, wie Du's vorausgesehn,
Am dritten Mai, um sechs Uhr zehn
Steigst Du, in München etwa, ein,
Um mitternachts in Rom zu sein.
Und so gehts weiter, Schlag auf Schlag,
Programmgemäß, von Tag zu Tag.
Du bist erstaunt, wie alles klappt,
Sobald Du nur Dein Geld berappt.
Auf keine Schwierigkeit Du stößt:
Dein Reisescheck wird eingelöst,
In Ordnung ist Dein Schiffsbillett,
Bereit das vorbestellte Bett,
Der Omnibus fährt pünktlich so,
Wie mans versprochen im Büro,
Und wer sich nicht grad saudumm stellt,
Kommt ohne Stocken durch die Welt.
Halt, halt! Nur nicht zu früh frohlocken:
Just in Trapani bleibst Du hocken,
Doch eingeholt noch vom Geschick!
Schief geht – ab diesem Augenblick –
Jetzt alles, ebenso exakt ...
Ein Dämon bracht Dich aus dem Takt.
Vielleicht geschahs zu unserm Heil:
Denn just der zweite Reiseteil,
Den durchzustehn mitunter gräßlich,
Bleibt uns fürs Leben unvergeßlich!

KARTENGRÜSSE

All Heil!

Heut schwelgt, scheints, in Rekorden man,
Wie man uns Radler morden kann!
Der Herrenfahrer wie der Fern-Last –
Sorgt, daß man Radellust verlern fast;
Wollt jeder Haltung wahren, fair,
Noch immer schön zu fahren wär.
Wann wohl der Chor der Tadler ruht,
Daß Unrecht *nur* der Radler tut?
Wie oft sein Brot mit Harm er aß,
Unschuldig schuldig armer Has!
Aufs Fell wird ihm jetzt gleich gerückt –
Einst fuhr dahin er, reich beglückt.
Benutzung eines Rades heißt
Schon fast, daß man zum Hades reist!

Rundfunkplage

Wer möchte nicht, in freiern Lagen,
Sich auch einmal im Freien lagern?
Doch Mädchen rings mit Freiern lagen,
Die, nicht nur an den Feiertagen,
Mit Radio ihre Tage feiern,
Und nicht ihr Ohr den Fragern leihen,
Die, ob erlaubt dies Leiern, fragen.

UNDANKBARE AUFGABE

Ein Mensch, im Dorfwirtshaus zur Rast,
Fühlt schlecht behandelt sich als Gast;
Er merkt auch bald, daß noch ein andrer,
Ja, noch ein dritter, vierter Wandrer
Längst heimlich von Empörung klirrt:
So unverfroren ist der Wirt.
Der Mensch macht, sonst gewiß kein Frecher,
Für alle Gäste sich zum Sprecher,
Und weist den Burschen in die Schranken:
Gewiß wirds jedermann ihm danken.
Doch nein, im wilden Wortgetümmel
Siegt, wie so oft, der größere Lümmel:
»Was«, schreit der Wirt, »wem es nicht paßt,
Der war die längste Zeit hier Gast!«
Im Hinblick auf bestellten Braten
Hält es nun jeder für geraten,
Daß er sich drücke und verstumme.
Und stolz – und hungrig! – geht der Dumme.

STROHWITWER

Der Urlaub ist erholsam meist
Nicht nur für den, der in ihn reist;
Auch den, der dableibt, freut die Schonung,
Die er genießt in stiller Wohnung.
So zählen zu den schönsten Sachen
Oft Reisen, die die andern machen!

STAMMTISCHGESPRÄCHE

Gesprächsstoff, gar nicht auszuschöpfen,
Wird selbst den allerklügsten Köpfen
Der Austausch jeglicher Erfahrung
Bezüglich ihrer *Urlaubsnahrung*.
Der Virtuos, sonst Töne meisternd,
Erzählt begeistert und begeisternd,
Wie er am Würmsee, in Leoni
Zuerst bekommen Makkaroni
Und nachher, für zwei Mark, man denke,
Geschmort in Butter, eine Renke,
Die – doch, schon wird er unterbrochen
Vom Maler, der, erst vor vier Wochen, –
»Ich sage Ihnen, meine Herrn,
Zu übertreiben, liegt mir fern –«
In Glonn aß eine Haxen – soo!
»Wie die verzehrt war, war ich froh!«
Doch eh er sich in Einzelheiten,
Wie er gern möchte, kann verbreiten,
Berichtet laut schon der Verleger,
In Köln bei Schmitz zu essen pfleg' er
Sooft er hinkomm, jedesmal,
Den hochberühmten rheinischen Aal –
Ihn wiederum setzt außer Kraft
Der Mann der Geisteswissenschaft,
Der, gradezu mit Akribie,
Erzählt von einer Radpartie,
Bei der er, mit noch zwei Gesellen,
Gegessen dreizehn Bachforellen,
Um achtzig Pfennige das Stück –
Und ganz verklärt schaut er zurück
In jene Zeiten, längst verschollen ...
Doch aus der Gegenwart, der vollen,
Formt nun der Holzbildhauer plastisch

Die Gans (mit Händen rundend, drastisch),
Die, mit den Seinen, vor drei Wochen,
Er abgenagt bis auf die Knochen. –
Im Lauf der Schildrung wächst die Größe
Der Gans, wie der Kartoffelklöße,
Bis, unterm wilden Zuruf: »Schluß!«
Der Märchen-Fresser schweigen muß.
Dafür steigt jetzt, als große Nummer,
Des Doktors sagenhafter Hummer,
Der, wenn auch oft und oft serviert,
Doch seine Zugkraft nie verliert.
Der einzige, wie er sonst auch dichtet,
Der Dichter, hier auf Ruhm verzichtet
Und er bekennt, bescheiden-klein:
»So oft ich ausgeh, geh ich ein!«

MELANCHOLISCHER ANFALL

Bei tausend Reisen hast Du Glück,
Von einer kehrst Du nicht zurück.

INDIVIDUALISTEN

Willst widern (Fremden-)Strom Du schwimmen?
Träumst Du vom Reisen-Selbstbestimmen?
Willst Du nicht mit der Herde blöken?
Ja, möchtst Du widern Stachel löken? –
Heut ists so weit: wer einzeln reist,
Wird abgeschubst und abgespeist,
Zur *Hochsaison* die ganze Welt
Scheint hoffnungslos vorausbestellt:

»Hier! Platz!!« ruft in der Bahn man freudig,
Doch wird man fortgejagt, wie räudig,
Weil, wie man jetzt erst merkt, die Wagen
Geheimnisvolle Zeichen tragen,
Draus man ersieht, es säße hier
Nur Reisegruppe Käsebier.
Dasselbe man erfahren muß
Bei Bergbahn oder Omnibus.
Man schlägt vor uns die Türe zu,
Wir sind nicht von der »Reiraru«,
Der Gilde »Reise rasend rund« –
Die Abfuhr ist uns nur gesund!

Nach Hirschbühl bist Du oft gefahren. –
Dort steht, Dir schon aus Kinderjahren
Bekannt und seither unvergessen,
Ein Wirtshaus – recht zum Mittagessen.
Du sitzt und Du bestellst auch schon –
Da fragt der Kellner nach dem *Bon*
Und eh Du recht begriffen hast,
Wieso, bist Du schon nicht mehr Gast;
Und grimmig schaut Dich jedermann
Für einen dreisten Burschen an,
Der hinzusetzen sich erkeckt,

Wo für den Stammgast schon gedeckt!
Du wanderst, wie ein Handwerksg'sell,
Demütig schon: – »Vertragshotel!«
»Werkheim!«... und selbst die »Alte Post«
(Jetzt »Stafag«) nimmt Dich nicht in Kost
Und gibt nur mürrische Belehrung:
»Für Freitouristen keine Zehrung!«
Wann gibst Du's auf wohl, Du Verwegener?
Ein Ort grüßt jetzt, ein schön gelegener,
In Ruhdorf, endlich, hast Du Ruh –
Ja, lieber Wandrer, das meinst Du!
Doch fragend, wo man übernachtet,
Hörst Du, der Ort sei ganz verpachtet!
Und bis in den November sei
Hier überhaupt kein Zimmer frei.
Drum lasse Dir geraten sein,
Mensch, reise nur noch im Verein,
Als Mitglied, Kunde, Stamm, Belegschaft,
Damit man Dich nicht einfach wegschafft
Als störenden Allein-Touristen,
Der nirgends steht auf ihren Listen.

GASTFREUNDSCHAFT

Wie oft – und nicht erst heutzutage –
Hört aufgeworfen man die Frage:
»Soll man die Gastfreundschaft verachten
Und im Hotel nur übernachten?
Soll man, sein gutes Geld zu schonen,
Bei Freunden und Verwandten wohnen?«
Natürlich: *Not* kennt kein Gebot –
Wenn eine Nacht im Freien droht,
Stellt wohl selbst ein Prinzipienreiter
Ins nächste Ställchen seinen Heiter.
Auch stärkt es den Familiensinn,
Hast Du im Beutel nichts mehr drin.
Die Tante Lina, vor dem Kriege
Weitum verschrien als »alte Ziege«,
Zu einer Frau ward, einer prächtigen –
Denn schließlich mußt man ja wo nächtigen

Doch wie sollst Du aus freien Stücken
Den andern auf die Bude rücken
Mit Händeschütteln, treu und innig.
»Grüß Gott, Ihr Lieben, seht, da bin ich!«?
Wie? Sollst Du Dich durch kein Erblassen
Beirren in der Absicht lassen
Und durch kein stammelndes Erröten,
Man sei grad heute selbst in Nöten,
Den Sofaplatz, den unbequemen,
Mit frohem Danke anzunehmen?,
Hier scheiden sich die Geister stark:
Der eine schon mehr seine Mark,
Der andre seine Freiheit mehr –
Und ob der recht hat, oder der,
Entzieht sich durchaus meinem Reim.
'S kommt ganz drauf an – ich stell' anheim.

Wohl dem, der, von der Welt verschont,
Weitab in einer Kleinstadt wohnt:
Ihn freut der seltene Besuch!
Jedoch die Wohltat wird zum Fluch
Für einen, der, verkehrsumbraust,
In, beispielsweise, München haust.
Natürlich, einzeln nur genommen,
Ist jeder Gast ihm hochwillkommen,
Doch kann, zusammen mit den andern,
Er unsre Ruhe unterwandern.
Er kommt nicht nur zur Sommerzeit,
Nein, auch im Winter, wenn es schneit.
Ein Stützpunkt sind wir allen Guten
Beim Hinwärts- oder Rückwärtsfluten,
Und selbst die ganz Bescheidnen dachten,
Sie könnten hier wohl übernachten.
Ein Mensch – und wär er noch so gastfrei –
Fühlt sich doch meist von einer Last frei,
Ruft ihn ein Zugereister an
Und sagt: »Ich wohn gleich an der Bahn!«
Jedoch, daß das nicht einer liest
Und tief betroffen denkt: »Na siehst!«
Erklär ich gleich mit aller Kraft:
Ich selber bin für Gastfreundschaft!
Hat wer zu tun, will wer was sehn
Und wüßt es sonst nicht hinzudrehn,
Der ist willkommen jederzeit,
Käm er selbst nachts hereingeschneit
Und auf dem Sofa schlief' schon wer –
Ein Notbett bringt man immer her!
Und jedenfalls hat mans bequemer
Als Quartiergeber, denn als Nehmer.

SINN DES REISENS

Die Meinung von den Reisezwecken,
Wird sich durchaus nicht immer decken,
Wie große Zeugen uns beweisen:
Man reise wohl, nur um zu reisen,
Meint Goethe, *nicht* um anzukommen.
Begeistrungskraft, genau genommen,
Sei der ureigenste Gewinn.
Montaigne sieht des Reisens Sinn
Nur darin, daß man wiederkehrt.
Darauf legt auch Novalis Wert;
Er drückt es ungefähr so aus:
Wohin wir gehn, wir gehn nach Haus!
Doch Seume, der – und zwar zu Fuß! –
Spazieren ging nach Syrakus,
Sah geistig, sportlich an die Dinge:
»'S würd besser gehn, wenn man mehr ginge!«

GLÜCKSSACHEN

Hier steht ein Wanderer und flucht:
Er hats im »Roß«, im »Lamm« versucht,
Hat sich erkundigt, ob im »Bären«
Noch Zimmer zu vermieten wären,
Hat seine Koffer, schlecht und recht,
Geschleppt zum »Adler« und zum »Hecht«,
Ihm schwants, daß man wohl auch im »Schwan«
Ihm kein Quartier mehr biete an.
Nun sehn wir den schon nicht mehr wirschen
Heran sich an den »Hirschen« pirschen –
Umsonst die Müh des armen Manns:
's war eine »Ente« mit der »Gans«!
Ein andrer Gast tritt vor der »Gemse«
Ganz selbstverständlich auf die Bremse
Und fragt, ob hier ein Zimmer frei,
Und man sagt freundlich: »Ja, das sei!«
Leicht hört man die Moral hier traben:
»Glück muß man auch auf Reisen haben!«

KARTENGRUSS

Kirchtürme, zwiebelhaubenglatt,
Bezeugen, daß man Glauben hat –
Doch fragt man in Touristenkreisen,
Ob wir noch unter Christen reisen?

Vom Schlafen

Wohl dem, der in der fremden Stadt
Ein heimeliges Zimmer hat,
In einem Gasthof, klosterstill:
Er kommt nach Hause, wann er will
Und schläft dafür, so lang er mag –
Wenns regnet, gleich den ganzen Tag.
Mitunter gibt es Wunderbetten,
Wie wir sie gern zu Hause hätten,
So weich, so weiß, so leicht wie Schnee,
Als wiegt' im Arm uns eine Fee.
Nun zählts wohl zu den ärgsten Strafen,
In guten Betten schlecht zu schlafen,
Indes ein schlechts den Trost uns gönnt,
Daß hier ein Gott nicht schlafen könnt.
Nun, wie gesagt, wir schlummern gut.
Nie waren wir so ausgeruht,
So säuglingsrosig-neugeboren,
Wie beispielsweis in den »Drei Mohren«,
Im »Fürstenhof«, im »Goldnen Anker«,
Den man verläßt als stiller Danker,
Ja, wie ein Mann, der gramgestimmt
Von seiner Teuren Abschied nimmt.
Man schaut, mit einem Blick voll Liebe –
Und auch, daß ja nichts liegen bliebe –,
Ein Weilchen traurig noch herum –
Dann dreht man hart den Schlüssel um,
Und stürzt – denn einmal muß es sein –
Ins wilde Leben sich hinein ...

VORURTEILE

Begriffe, die sich eingefressen,
Sind schwer mitunter zu vergessen.
So etwa gilt als fester Satz:
»In Kufstein kriegt man keinen Platz!«
Und deshalb meidet man den Ort –
Auch tausend andre bleiben fort;
Der alte Satz, er gilt nicht mehr:
Dort stehen alle Betten leer.
Es schwuren viele Geld-Bereuer,
In Armenzell sei's scheußlich teuer.
Inzwischen ist man längst dort willig,
Zu nähren Fremde gut und billig. –
Wer einmal neppt, dem glaubt man nicht
Und wenn ers halb umsonst verspricht!
Ein Lehr-Satz hat erst seinen Wert,
Gilt er auch gradso, umgekehrt:
Man weiß, in Passau kriegt man immer,
Auch spät am Abend noch, ein Zimmer.
Und zieht dann sehr bedeppt von dannen:
»Besetzt bis auf die Badewannen!«
Seit Vaterzeiten glaubt man fest:
»Sankt Veit? ein billigs Bauernnest!« –
Und sieht verdutzt an Ort und Stell
Ein neues, teures Kurhotel.
Moral: Verlaß, zu Deinem Heil,
Dich nie auf altes Vorurteil!

MUT

Wie sind die Menschen doch verschieden:
Die einen, ängstlich, sind zufrieden,
Wenn sie (und das in einer Zeit,
Wo kaum ein Gast kommt, weit und breit)
Nur überhaupt ein Zimmer kriegen –
Sollts zwischen Lift und Abtritt liegen.
Und höchstens dann folgt neuer Schrecken
Wenn sie, zu spät, den Preis entdecken. –
Doch nehmen sie ihn hin mit Schweigen ...
Und andre lassens sichs erst zeigen
Und sprengen zehnmal dreist und munter
Den Zimmerkellner nauf und runter.
Dies ist zu teuer, das mißfällt,
Sie wolln die Möbel umgestellt;
Das beste sie vielleicht noch nähmen,
Wenn sie's als billigstes bekämen –
Nein? Auch gut! Ohne weiteres Schwanken,
Sich lang Entschuldigen und Danken
Ergreifen sie die Koffer, heiter,
Und wandern seelenruhig weiter –
Bis sie, und wär es erst nach Stunden,
Das für sie Passende gefunden –
Was wir von Herzen ihnen gönnen –
Denn, Freunde, so was muß man *können!*

HOCHBETRIEB

Urahn', Großmutter, Mutter, Kind
In dumpfer Stub' beisammen sind –
Dem letzten Raum, der sich noch bietet:
Denn alles andre wird vermietet!
Quer durch die Alpen gellt ein Schrei:
Zimmer frei!

BERGBAHN-GRUSS

Nicht Kranken will und Schwachen mehr
Man heut die Bergfahrt machen schwer.
Von Mitleid strotz die ganze Welt –
Der Schrei der Hüttenwanze gellt,
Bis auch den letzten Kogel man
Erreichen durch Gemogel kann,
Und jeder seinen Sessel find'
Bis frei wir von der Fessel sind!
Die Bahn dem Skitouristen paßt,
Wie dem, der nur durch Pisten rast.
Drum fallen tausend Wipfel gut
Zum Opfer unsrer Gipfelwut.
Das Übel wird in Kauf genommen:
Auch ich bin *fahrend* naufgekommen.

MÜNCHEN

Wie der Ägypter vormals viel,
Ja, alles sich versprach vom Nil, –
Daß jährlich er, kraft Überschwemmung,
Das Land befruchte durch Verschlämmung,
So hoffts, nach gleichfalls altem Brauch,
Vom *Fremdenstrom* der Münchner auch.

REKORDE

»Die Fremden« – legt der eine dar –
»Verschlechtern sich von Jahr zu Jahr!«
Der andre: »Heuer, scheints beinah,
Sind die vom nächsten Jahr schon da!«
So geht es, wie man deutlich sieht,
Im Grunde abwärts, ganz rapid,
Doch kann, und kaum wo wie in Bayern,
Triumphe die Rekordsucht feiern,
Die ungeheure Zahlen nennt:
Vermehrung stündlich zehn Prozent!
Es kommen – amtlich festgestellt –
Mehr Gäste jetzt mit weniger Geld.
Das aber wär der Werbung Krone:
Sie kommen wurzweg *alle* – ohne!
Ja, dann noch spräch man stolzen Mutes:
»Welch ein Erfolg – die Menge tut es!«

RUNDFAHRT

Wohl dem, der durch das Unbekannte
Geführt wird, wie zum Beispiel Dante
Durch Höll und Himmel von Vergil!
Uns freilich würde das zu viel,
Wir hätten heut nicht mehr die Ruh
Und drum auch wenig Lust dazu,
Geführt zu werden so beflissen:
Wir wollens so genau nicht wissen!
Uns dauert schon ein Stadtrundgang
Und gar per pedes! viel zu lang.
Einst wurde Eiligen vorgeschlagen:
»Besichtigt München in zwei Tagen!«
Wir haben längst uns abgefunden,
Es zu erledigen in zwei Stunden.
Was wollt Ihr? Ist ja alles da!
Dom, Rathaus und Bavaria,
Hofbräu und Maximilianeum,
Deutsches und Nationalmuseum,
Schackgalerie und Haus der Kunst –
Hineingehn auch noch? Keinen Dunst!
Die Residenz, die Feldherrnhalle,
Der Königsplatz im Zweifelsfalle –
»Ach, hier stand Hitlers Braunes Haus!?«
Sehr interessant – und damit aus.
Das, notabene, sind die Guten –
Der Böse machts in zehn Minuten!

VERGEBLICHE MÜHE

Wie müht der Münchner sich, den Gast –
Obwohl es Landsverrat schon fast –
Nach Schleißheim, Blutenburg zu kriegen,
Ihm Schönes weisend, mehr verschwiegen.
Der Fremdling (eigentlich zum Glück!)
Weist jeden Vorschlag schroff zurück:
»Noch nie davon gehört, ach nee,
Da fahrn wa lieber Tejernsee!«
Der Münchner, selbst begeistert manisch,
Rühmt ihm den Garten, der botanisch.
Dem Gast ist Grünzeug nur ein Graus:
»Da jehn wa besser Hofbräuhaus!«
Amalienburg! Ganz unerhört!!
Jedoch, wie er ihn auch beschwört,
Er bringt ihn hin nicht mit zwölf Rössern:
Der fährt *doch* nach den Königsschlössern!
So liegt ein großer Trost darin:
Wo Fremde sind, gehn Fremde hin!

SOMMERFRISCHEN-GRUSS

Ich lausch Dir voll Ekstase, Grill!
Ich lieg im grünen Grase still.
Doch packt den Bauern Riesenwut,
Wenn wer in seinen Wiesen ruht
Entfliehend seinen Steckenhieben,
Seht mich durch Zaun und Hecken stieben!

STILLES DORF

»Will einer bauen an der Straßen,
Muß er die Leute reden lassen!«
So liest man wohl am Dorfwirtshaus.
Das *Reden* hielte man noch aus –
Solangs nicht wüste Schimpferei
Der Bauern in der Nacht um zwei:
»No ja, mir hamm a bisserl g'stritten,
Da brauchts koa... Wasser abaschittn!«
Doch, an die Straße dicht gebaut,
Wird unentwegt mit Licht und Laut
Dein Zimmer durch die Fern-Last-Kraft-
Nachtfahrer einfach schauderhaft
Durchpflügt, mit Blitz und Donnerkrachen,
Als tät sich auf der Höllenrachen.
Nun ist es wieder zauberstill –
Der Schlummer, fühlst Du, kommen will.
Nacht ist um Dich und Sternenschein –
Jetzt wieder, jäh, Laternenschein
Und ungeheueres Gepolter:
So folgt auf Folter neue Folter,
Bis Du, erschöpft schon beinah tödlich,
In Schlaf fällst, endlich, morgenrötlich.
Die Sonne steht noch kaum am Himmel,
Beginnt der Mesner das Gebimmel.
Hell kräht der Hahn, die Kuh brüllt laut.
Fahr aus dem Bett – nicht aus der Haut!
Unschuldig dran sind ja die Braven,
Daß Du die Nacht so schlecht geschlafen!

Ein Erlebnis

Ein Mensch, der kürzlich ganz privat
Spazieren gehn in München tat,
An Leute aus Versehn geriet,
Die standen wo, in Reih und Glied.
Der Mensch wollt ahnungslos vorbei –
Doch schon erhob sich ein Geschrei
Und drohend wurde er gebeten,
Bei seiner Gruppe einzutreten.
»Wie?« denkt der Mensch, »das ist mir schnuppe,
Ich? Ich gehör zu keiner Gruppe!«
Er protestierte – doch vergebens:
Schon ward, trotz seines Widerstrebens,
Der Mensch mit abgezählt zu vieren
Und – Zeit war keine zu verlieren –
Nach Berchtesgaden abgerollt – –
Wo er ja gar nicht hingewollt.
Dort ward er pausenlos und stramm
Mit abgewickelt im Programm,
Mit allen Sorten von Vehikeln,
Daß, selber sich herauszuwickeln,
Der Mensch nicht fand den rechten Kniff:
Er fuhr mit Bahn, Bus, Lift und Schiff;
Und hat zum Schluß, schon halb betäubt,
Sich auch nicht länger mehr gesträubt.
Als unfreiwilliger Ersatzmann
Sah er den Königssee und Watzmann
Und ward auch, gegen Mitternacht,
Nach München heil zurückgebracht.

Ein Beispiel

Wie alles kam? Wer daran schuld?
Fragt nicht und tragt es in Geduld!
Die Menschen werden immer mehr,
Zu viele sinds – da kommt es her!
Vernunft wird Unsinn, Wohltat Plage:
Erlaubt, daß ichs im Beispiel sage!
Es lebte, fern vom Großstadtqualm –
Den's kaum erst gab! –, auf einer Alm
Ganz einsam eine Sennerin;
Den Sommer lang kam kaum wer hin,
Als wie ein Jäger oder Hirt,
Bis eines Tages, mehr verirrt,
Der erste Städter vor sie trat
Und sie um Milch und Butter bat.
Ein Jahr darauf schon warens zwanzig,
Darunter auch ein Herr aus Danzig,
Der diese »Bergfee« kaum verstand
Und unverhohlen ulkig fand.
Die Sennrin, die sie freundlich stärkte,
Unmerklich ihren Vorteil merkte,
Indes die Fremden gar noch prahlten,
Wie leicht sie die paar Groschen zahlten.
Sie tat ein Schild hin, daß hier billich
Zu kriegen gute Alpenmillich.
So harmlos fing es also an –
Nichts Unrechts wurde dort getan.
Auf der Hocheckalm, weiter hinten,
Weiß man noch nichts von solchen Finten
Und hat drum einen heiligen Zorn
Auf die Hallodri, weiter vorn.
Hingegen spannt der Tupfersepp
In dunklem Drange was von Nepp
Und eilt herbei mit seiner Zither.

Milch-Umsatz schon zwei Hektoliter!
Leut kamen massenweis herauf:
Drum schlug man Tisch und Bänke auf,
Und baute, daß man besser saß,
Auch einen Kasten vor aus Glas.

Das ganze hieß jetzt »Almwirtschaft«.
Ein Fernrohr wurde angeschafft,
Damit die Gäste, die sich sonnten,
Dabei auch Gemsen sehen konnten,
Leicht fiels den Alpentöchtern, -söhnen,
An den Verdienst sich zu gewöhnen
Und dementsprechend umzusatteln:
Statt Vieh zu züchten, schuhzuplatteln.
Und schnell gelangs, ein Heer von »Seppeln«
Und »Gaudiburschen« herzupäppeln.
Längst steht jetzt an der schönen Stell,
Voll »Hoamatkunst«, ein *Berghotel*;
Bereit ist auch die Alm, die hintre,
Daß dort der Sportler überwintre,
Und auf den einst so stillen Triften
Von Bahnen schnurrts und Sessel-Liften.
Die alte Traumwelt ist versunken –
Milch wird nur wenig mehr getrunken.

Neue Kartengrüsse

Aus München

Beim Wiesenfest in München hier
Behagts bei Bier und Hühnchen mir.
Als wir zu einem Bummel rieten,
Schrie man: »Was kann der Rummel bieten?«
Das Bier, das schmeckt dem Haufen sehr –
Man kommt nur noch zum Saufen her!

Aus dem Frankenland

Wie oft sah ich doch schon den Main –
Doch nie wie heut im Mondenschein!
Und obendrein: Schulz lädt aus Spesen-
Erwägungen zu Spätauslesen.
Man könnt – schon sind die meisten leer! –
In »Stein und Leisten« leisten mehr!

Aus Trafoi

Nein, so etwas von Schütten hier!
Der Sturm reißt weg die Hütten schier.
Wir trommeln auf das Wetterglas,
Ob da nicht endlich kletter' was.
Es warten alle Sportler itzt,
Ob nicht heraus der Ortler spitzt.
Humor ist bei dem Wetter rar.
Ein Stammtisch noch mein Retter war.
Wir tranken um die Wette Bier –
Dann sanken spät ins Bette wir!

DIE KUNSTREISE

Ein Mensch von Bildungsdrang und Geist
Ist weit in eine Stadt gereist,
Um dort die für ihn äußerst wichtigen
Kunstschätze gründlich zu besichtigen.
Den Dom, den man bewundern müßte,
Verstellt ein mächtiges Gerüste,
Am Rathaus mauern sie und tünchen,
Der Holbein ist verliehn nach München,
Zwecks Renovierung ist entfernt
Der Pacher, baedeker-besternt.
Noch läßt sich auf Museen hoffen:
Nur mittwochs, drei bis vier Uhr offen!
Zutritt nur auf Bescheinigung!
Geschlossen wegen Reinigung!
Vorübergehend Neuaufstellung! –
Der Mensch, nun schon in Tobsuchtsquellung,
Vergebens plärrt, an Glocken zerrt –
Die ganze Kunst ist zugesperrt!
Ha! Denkt der Mensch, mit Groll im Busen,
Es gibt ja auch noch andre Musen!
Doch leider, Polyhymnia
Ist grad in Ferien und nicht da.
Melpomene und Thalia heute
Nur spielen für Gefolgschaftsleute.
Terpsichore ist ausverkauft...
Der Mensch setzt stumm sich hin und sauft.

SELBSTANKLAGE

Ein Mensch, verschlungen vom Berufe,
Von Stufe sinkt er bald zu Stufe,
Bis er sich weit von dem entfernt,
Was er begeistert einst gelernt.
Wie gründlich waren wir vor Zeiten
Doch noch im Reise-Vorbereiten!
Eh wir den Wormser Dom betraten
Warn wir mit allen seinen Daten
Vertraut und allen Baufinessen –
Und heut? Versunken und vergessen!
Wie schwelgten wir im Vorgefühl
Schon auf ein schönes Chorgestühl,
Wir kamen randvoll mit Entzücken
Und griffbereiten Fachausdrücken!
Gabs das, daß wir gelangweilt murrten,
Sprach einer stundenlang von Gurten?
Wir wiegten uns in wahren Wonnen
Beim Anblick von Stichkappentonnen,
Von Diensten, Blenden und Rosetten –
Wo wir uns heut ins Freie retten
Ganz ohne ernsten Wissensdurst
Und heimlich denken: »Mir ists wurst!«
Oh Jugend, Jugend! Kunstgeadelt!
Wir sind gelaufen und geradelt,
Gefahren weit in Rumpelzügen,
Um heiligen Pflichten zu genügen!
Wie kamen wir mit ungeheuren
Erwartungen nach Ottobeuren,
Nach Weltenburg, nach Rott und Rohr –,
Um – heut klingts uns wie Spott im Ohr –
Mit dem Dehio in der Hand,
Zu wandern durch ein Zauberland.
Was galts uns, wenn der Zug schon pfiff?

Wir fuhren ja, im Kirchenschiff,
In unermeßlich weiten Räumen,
Als hätten nichts wir zu versäumen.
Heut (daß uns vor uns selbst oft graust)
Spricht's, wie Mephisto einst zu Faust:
»Unnützes Zagen! Zaudern, Plaudern!
Es dämmert, meine Pferde schaudern!«
Und ungeduldig hörn wir scharren
Das Teufelsroß, den Autokarren!
»Nur dort noch rasch den Riemenschneider!«
»Wir müssen weiter, leider, leider!«
Noch einen Blick, nur einen Schneuz lang,
Wirfst Du verzichtend auf den Kreuzgang –
Der andre ruft verzückt: »Ganz groß!«
Und reißt den Schlag auf: »Fertig, los!«
Noch nachts, die von dem Schand-Besichtigen
Gekränkte Seele zu beschwichtigen,
Liest Du es nach, schon halb im Schlaf:
»Das beste, rechts, ein Epitaph«
Steht da, nebst einem Stern, im Kleindruck –,
»Ein unvergeßlich edler Eindruck!«

NEUER REISESTIL

Wer wollte nicht die Jugend lieben,
Die, von Begeisterung getrieben,
Ganz ohne Geld – das sie verachtet –
Die schöne Welt zu sehen trachtet?
Um (zugegeben, leicht verschlampt)
In Scharen durch die Gegend trampt?
Ein junger Mensch, hat er nur Glück,
Fährt mit im Auto, Stück um Stück,
Wobei er meistens reist und bleibt,
Wie ihn der Zufall grade treibt.
Was er erleben möchte gerne
Ist die *Entfernung* – nicht die Ferne!

In Rothenburg, das wir dem Söhnlein
Gezeigt vom Rathaus bis zum Plönlein,
Sprang uns, aus dem Spitaler Tor,
Flink eine reisige Maid hervor,
Ob sie, nebst umfangreicher Bürde,
Von uns wohl mitgenommen würde.
Wer täts nicht gern? Wie eine Lilie
Entsprossen besserer Familie
Zog sie, frisch vom Gymnasium
Ein bißchen in der Welt herum.
Nun gut, sie hatte in der Eile
Gelesen auch nicht eine Zeile,
Was auf der Fahrt sie wohl erwarte,
Sie hatte weder Buch noch Karte,
Sie wußte weder Weg noch Ziel –
Wohin sie kam, galt ihr gleichviel.
Vielleicht wußt sonst sie einen Haufen –
Doch keinen Deut von Hohenstaufen,
Von Riemenschneider und Veit Stoß;
Gehört hat sie von Dürer bloß.

Was sie in Rothenburg gesehn?
Nichts – sie kam hin erst abends zehn.
Doch ließ sie auch in Dinkelsbühl
Die Georgskirche völlig kühl.
Ihr Urteil war recht unterschiedlich:
Bald hieß es »prima!« und bald: »niedlich!«
Worin das riesige Kirchenschiff
Natürlich sie mit inbegriff.
In Harburg machten wir noch halt,
Das Schloß zu sehen, grau und alt.
Sie, gleich am Parkplatz, lacht' sich an,
Statt mitzugehen, einen Mann,
Der heute noch bis Lindau fuhr,
Errötend folgt' sie seiner Spur.
Er nahm sie mit und schon gings los.
Wozu das alles, fragt man bloß.

DIE ANDERN

Du möchtest gern alleine wandern –
Doch ständig stören Dich die andern.
Auch *Du* bist – das bedenke heiter! –
Ein andrer andern, und nichts weiter.

REISESCHRIFTSTELLEREI

»Wem Gott will rechte Gunst erweisen,
Den schickt das Feuilleton auf Reisen –«,
So daß man überall wen trifft,
Der grade stellert reiseschrift –
Beziehungsweise (und das oft!)
Den abgrast, der auf Werbung hofft.
Vom Feuerland bis Haparanda
Ertönt der Schlachtruf: »Propaganda!«
Und von der Südsee bis Jamaika
Läuft es herum mit Stift und Leica,
Bemüht, in Worten wie in Bildern
Verlockend Land und Leut zu schildern
Und nicht, natürlich, wieder solchen,
Die gratis durch die Gegend strolchen,
Des Stiles Blüte unbefrostet
Davon, was es im Ernstfall kostet –
Nein, denen nur, die sich entschließen,
Barzahlend all das zu genießen.

*

Wer vierzehn Tag ein Land bereist,
Beschreibt es gleich, als Mann von Geist.
Und sieh, er hat im Grunde recht:
Der erste Eindruck ist nicht schlecht!
Doch nichts zu wissen, war der Schluß
Des alten Gregorovius:
»Wie Rom ist, hört ihr nicht von mir –
Ich bin erst dreißig Jahre hier!«

TROST

Die Welt wird wohl in Ordnung sein –
Nur Du paßt nicht mehr recht hinein!
Du siehst am Meer wie in Tirol:
Den andern ist ja pudelwohl!
Und grade das, was Dir so gräßlich,
Scheint zum Vergnügen unerläßlich
Den vielen – Du meinst, viel zuvielen –,
Die Eis- und Tanz- und Káffe-Dielen,
Wurzhütten, Strandkioske, Buden,
Womit die Welt sie überluden.
Ist längst doch jedem Wirte klar:
Wer Bargeld hat, will eine Bar!

Reklamen, die nicht hergehören??
Ja, siehst Du wen wo, den sie stören?
Wer merkts, daß jeder alte Schuppen,
Ja, häufig ganze Häusergruppen
Blechgrell ihn zwingen zum Gedanken
An Füller, Bleistift oder Banken?
Die überbunten Werbemützen,
Die Schirmchen, die vor Sonne schützen,
Die Fähnchen, die die Wagen schmücken?
Ein *Volk* kann man damit beglücken:
Das Kind wie der Erwachsne eilt
Herbei, wird so was ausgeteilt,
Und freudig läuft das Publikum
Mit all dem Werbetand herum
Für Zahnputz oder Sonnenbräune –
Und schmeißt ihn abends an die Zäune.
Zufrieden jauchzet Groß und Klein:
»Hier bin ich Mensch, hier darf ichs sein!«
Und daß die Leut mit Flaschen werfen,
Geht Dir, Du Schwächling, auf die Nerven?

Daß Du in Scherben trittst beim Baden,
Ist doch fürwahr ein kleiner Schaden,
An jenem Lustgefühl gemessen,
Mit dem, in schönem Selbstvergessen,
Der Mensch sich zu gegebner Zeit
Von Erdenresten froh befreit.

Du schaust, allein ein Menschenhasser,
Trüb in des Baches klares Wasser,
In das Geschirr, Rad und Matratze
Gleich einem Nibelungenschatze
Für ewige Zeiten man versenkt. –
Du bist der Einzige, den das kränkt.
Und tief im Wald, bei Has und Füchsen,
Wen wollten die Konservenbüchsen
Und die zerbrochnen Thermosflaschen
Denn außer Dir wohl überraschen?
Und wen der wilde Blumenraub,
Verwelkend hier im Straßenstaub?
Nein, lieber Freund, ergib Dich drein:
»Die Welt wird wohl in Ordnung sein!«

ANSPRÜCHE

Wir gingen früher, Jahr für Jahr
Dorthin, wo es noch billig war.
Den Bergen fern, was fast uns lieb –
Weil noch ein Rest von Sehnsucht blieb –,
Meint Ihr, daß man dem »kleinen Mann«
Dergleichen heut noch bieten kann?
Ihn treibt die Gärung in die Ferne,
Vom Baedeker die schönsten Sterne
Und jede höchste Erdenlust
Verlangt er, faustisch in der Brust.
Er hat gelernt, ganz ohne Scheu
Zu gehn ins Grandhotel Savoy,
Denn täglich redet man ihm ein,
Er müsse dort gewesen sein,
Oh hüt Dich vor Problemen, aschgrau,
Ob wirklich einmal jede Waschfrau –
Zeig Dich als Menschen und als Christen –
Und laß den Sozialtouristen
Neidlos die Welt durchreisen, weit –
Er sitzt nun mal – im Zug der Zeit!

DER REISE-SNOB

Der Snob wird's bloß belächeln, wenn
Ich Zugspitz ihm und Alpspitz nenn' –
Hausbackne Gipfel nur in Bayern,
Nicht wert, die Namen herzuleiern.
Ganz anders, nimmt man an, er steht
Am lac leman (schlicht: Genfer See):
Dent d'Oche, Jumelles, Cornettes de Brize,
Den Grammont nennt er uns gewiß,
Denn das, verehrte Herrn und Damen,
Sind literärisch hohe Namen!
Wird er in Mantua sich versagen,
Vom Schloß zu sprechen der Gonzagen?
Er spricht, man kann sich drauf verlassen,
In Monaco von Monegassen.
Will er, in herrlichem Verwildern,
Den Park von Taxelreuth uns schildern,
Vergleicht er ihn, im Handumdrehn,
Mit allen Parks, die er gesehn;
Sogar im Schwarzwald, in St. Blasien,
Denkt er an Bäume aus Kleinasien
Und vor dem Palmenwald von Elche
Schwört er, er sah in Bombay welche
Auf seiner großen Indienfahrt –

Kurzum, es bleibt uns nichts erspart.
Ja, auf dem Rund des Erdenballes
Kennt er natürlich schlechtweg alles,
Und nötigen Falles auch noch mehr –
Doch »macht er davon nicht viel her«.
Nur ab und zu, wie eine Blume,
Streut er was ein, zu seinem Ruhme.
Die Namen, die auch uns geläufig,
Ersetzt er durch verschrobne häufig,

Und »im Tyrol« und in »Iberien«
Verbracht' er seine letzten Ferien.
Montreux hat, wie wir selber wissen,
Die schönsten Felder von Narzissen:
Er aber weiß es so zu drehn,
Als hätte *er* nur sie gesehn.
Er bringt Dir, als ein Überkenner,
Ganz England leicht auf einen Nenner,
Auch sagt er, dumpf wie aus dem Grab,
Paris – den Rummel lehn' er ab.
Er sei noch heut davon erschüttert,
Wie man ihn schlecht dort abgefüttert.
Vom Kochen wüßten nichts die Schweden,
Von Deutschland gar nicht erst zu reden!

Hingegen gibt er uns den Rat,
Zu speisen im Valais, im Waadt,
Wo sie die besten Raqueletten,
Die jemals er gegessen, hätten.
Er priese, um uns anzuöden,
Mausdreck auf Artischockenböden.
Wir lieben auch die gute Küche –
Doch unerträglich sind die Sprüche!
Kaum sind wir selbst für was entflammt –
Was gilts, daß er es gleich verdammt
Und uns erklärt, mit Zahnwehmiene,
Daß Rom nicht länger Ruhm verdiene –
Ein Ziel des Reisepöbels bloß. –
Doch San Sepolcro sei ganz groß,
Das, höchstwahrscheinlich, außer ihm,
Kaum einer kenne, so intim...
Dem wahren Kunstfreund Dank und Lob –
Doch unerträglich ist der Snob!

Zur Warnung

Dreist wagt die Technik zu bekunden:
Natur ist völlig überwunden!
Der Mensch (oh Fortschritt, sei gesegnet!)
Dem Menschen einzig nur begegnet!
Zu Schlüssen kommen, ziemlich andern,
Oft die, die in den Alpen wandern:
Ein Schneesturm braust und es wird neblich;
An Technik fehlt es ganz erheblich.
Natur ist *nicht* zu überwinden,
Kein Mensch ist weit und breit zu finden
Wer also in Gefahr gerät,
Kehr erstens um, noch eh's zu spät,
Und zweitens, kanns kein Wirtshaus sein,
Zum mindsten bei sich selber ein:
Natur, uns als gezähmt gepriesen,
Wird unversehns zum wilden Riesen
Und hält sich, gar wenn man sie neckt,
Nicht unbedingt an den Prospekt!

WERBUNG, WERBUNG!

Die Reiselust Dir zu beraten,
Starrt jede Wand bunt von Plakaten,
Wo Leute Dir entgegenglotzen,
Die von Erholung förmlich strotzen.
Es schäumt von Nordseewogenplätschern,
Es schimmert wundervoll von Gletschern,
Es leuchtet bunt von Blumenwiesen,
Es strahlt von heißen Paradiesen,
Mondän – exotisch und erotisch,
Es dräut von Türm- und Toren, gotisch,
Es lockt zu Fest- und Freilichtspielen,
Mit tausend Zügen, tausend Kielen
Braust es hinaus in alle Welt –
Und kostet beinah fast kein Geld!
Mit Zahlen, gradezu gespäßigen,
Beweist man Dir, wie durch Ermäßigen
Der Reisende, hat er nur Glück,
Noch bringt sein bares Geld zurück.
Es grenzt schon beinah an Gewalttat,
Wie man bedrängt Dich mit dem Faltblatt,
Das Dir beweist, wenn Du's entfaltet,
Wie herrlich Gottes Welt gestaltet.
Die *Presse* (Inserat wie Text)
Sucht täglich, wie sie Dich behext,
Es schlagen Funk und Film Dich breit,
Zu reisen billig, aber weit.
Und schließlich, oh Papierverschwendung!
Erfaßt man Dich durch Postwurfsendung
Als Fernsprech- oder sonst- Teilnehmer:
»Sie reisen billiger, bequemer
Mit den beliebten Ferienreisen
Zu beispiellosen Serienpreisen!«
Für neunundneunzig Mark und achtzig

Entrollt bereits des Südens Pracht sich;
Für fünfundvierzig Mark und zehn
Kannst Du am Fuß des Glockners stehn,
Wo man, vergessend den Gewaltstreich,
Dich grüßt als Bruder aus dem Altreich.
Spottbillig drückt (wenn auch voll Schmerz)
Der treue Schweizer Dich ans Herz,
Es lassen Dänen auch und Schweden
In puncto puncti mit sich reden
Und: do re mi fa so la si do:
Acht Tage hundert Mark am Lido! –
Man lockt in Taunus Dich und Harz bald,
Bald in den Spessart und den Schwarzwald;
Wie, wenn wir Steiermark und Kärnten
Einmal von Grund auf kennen lernten?
Sind wir im Zweifel, obs da schön,
Empfiehlt man Eifel uns und Rhön.
Muß es Natur sein, die erquickt?
Wird in Bayreuth nicht schön musikt?
Auch München, Salzburg überlege!
Und Köln liegt immer doch am Wege!
Wie man, das Haus mit Büchern voll,
Oft nicht weiß, was man lesen soll,
So, in der Welt just mittendrin,
Weiß man vor Plänen nicht, wohin.

WEGELAGEREI

Kein Mensch wird Reisende mehr morden:
Wir sind ja so human geworden!
Auch plündern wird man nicht die Fremden,
Zum mindesten nicht bis auf die Hemden.
Man zwingt sie nur, sich loszukaufen –
Dann läßt man gern sie alle laufen;
Und tut man nur ein bißchen bieder –
Paßt auf, die Trottel kommen *wieder!*
Seht den berühmten Reiseort:
»Alarm! Sie kommen!« Und sofort
Aus allen Löchern kriechts wie Spinnen,
Aus Gästen Nahrung zu gewinnen.
Sei's daß in Gegenden, mehr südlich
Du angeschnorrt wirst, unermüdlich,
Sei's, daß mit Taxen, schein-behördlich,
Den Fremdling man erpreßt mehr nördlich, –
Es schwankt, nach Ländern und nach Sitte
Leicht zwischen Forderung und Bitte.

Ein freies Plätzchen winkt am Markt –
Doch kaum hat man dortselbst geparkt,
Kommt schon Mann eins mit der Gebühr.
Mann zwo harrt an der Kirchentür,
Allwo zwar steht: »Bedenk, oh Christ,
Daß dieses kein Museum ist!«
Was aber den besagten Mann
Durchaus nicht daran hindern kann,
Nicht etwa fromm Dich anzubetteln,
Nein, zu versehn mit Eintrittszetteln.
Kaum bist Du drin, erscheint Mann drei
Und schließt Dir auf die Sakristei.
Er läßt Dich, da hier nichts zu sehn,
Gern (gegen Trinkgeld) wieder gehn.

Mann vier (Museum!) macht es gründlich:
Einstündige Führung ist hier, stündlich.
Du kämpfst, in Händen Deine Quittung,
Dich als Besucher von Gesittung
Geduldig durch die Trödelmassen.

Du schlenderst harmlos durch die Gassen,
Bestaunst ein altes Einfahrtstor –
Schon schießt ein welkes Weib hervor
Um, unter Hinweis auf die Schweden,
Gewaltig auf Dich einzureden.
Entlohnt für was, das sich nicht lohnt –
Daß etwa Tilly hier gewohnt –,
Zieht sie, gottlob, sich bald zurück.
Du wanderst weiter noch ein Stück,
Da sperren auf gedrangem Steg,
Zwei Fremdenfänger Deinen Weg,
Gewillt, Dich fürder zu begleiten.
Zum Kampfe mußt Du Dich bereiten –
Doch bald ermattet, greift die Hand
Zum Geld, das Deiner Freiheit Pfand.
Du sinkst auf eine Bank im Park:
»Kurgarten – Eintritt eine Mark!«
Die weitern Schröpfungen erwägend,
Fliehst Du, noch mittags, aus der Gegend.

Lärm

Daß alle Welt so reiselustig,
Wird zum Probleme der Akustik.
Wenn auch des Menschen Trachten groß,
Ihn durchzuführen reibungslos,
Ist der *Verkehr* doch, als Bewegung
Nur Reibung und drum Lärm-Erregung.

※

Des Südens Lärm scholl unermüdlich –
Doch – welche Wohltat: er war südlich!
Die Esel schrieen und die Treiber,
Die Händler, Bettler, Kinder, Weiber,
Man zog mit Quietschen und mit Knarren
Im Morgengrauen los mit Karren.
Und an Orchestrion – Musiken
Konnt man sich Tag und Nacht erquicken.
Hats auch nicht immer wohlgetan,
Im Grund gings einen gar nichts an.
Damit hats leider jetzt ein End –
Und Tempo herrscht, statt Temperament.
Italien, das ja ziemlich lang,
Wird heut durchrast im vierten Gang,
Vom Brenner bis Caltanissetta
Erbrausen Vespa und Lambretta.
Längst übertönt Motorenlärmen
Eintönig tausendtöniges Schwärmen.
Und weh dem Land, das heut entdeckt
Der Mensch, das große Lärm-Insekt!

VERWIRRUNG

Du weißt bestimmt, daß Du Athen
Mit eignen Augen hast gesehn,
Hingegen nie Olympia –
Wie? Oder warst Du doch schon da?
Von tausend Büchern, Filmen, Bildern
Muß die Erinnerung verwildern.
Sahst Du die Landschaft von Duino
In Wahrheit oder bloß im Kino?
Hast Du davon soviel gelesen,
Als wärst Du wirklich dort gewesen?
Du kannst, wollt wer Dich dazu treiben,
Das Matterhorn so gut beschreiben,
Daß – will ers wissen überhaupt –
Dir jeder, daß Du dort warst, glaubt;
Kannst, umgekehrt, nach Jahr und Tagen,
Fast nichts mehr von Ragusa sagen
Als das, was auch, wers *nicht* kennt, weiß:
Es ist sehr schön, doch ziemlich heiß.
Einst war, was man nicht selber sah
Auf Reisen, überhaupt nicht da,
Und Gottes Land vor einem lag
So herrlich, wie am ersten Tag.
Heut kennst durch Bild, durch Wort und Welle
Du's längst, eh Du an Ort und Stelle.

MITBRINGSEL

Hat eine Reise wer gemacht,
Gleich heißts: »Was hast Du mitgebracht?«
Urgroßmama, den Schalk im Nacken,
Sprach da: »Zwei kalte Hinterbacken
Bring ich und ein Paar müde Füß
Und vom Schwarzpeterl schöne Grüß!«
So derb und karg wie in dem Falle
Antworteten glottlob nicht alle;
Fand doch, wer nur ein bißchen willig,
In aller Welt was, nett und billig.
Doch kanns selbst Guten kaum gelingen,
Heut noch was Schönes mitzubringen.
Ist doch die ganze Welt im Grund
Nur übervoll vom gleichen Schund!

REISEANDENKEN

Oh Edelweiß und Alpenrosen,
Geldbeutelige Lederhosen,
Kuhglocken, goldig, läutend hell,
Mit einem Bild von Bayrischzell,
Oh Birkenholz und Rindenrahmen,
Stocknägel mit berühmten Namen,
Oh Stöpsel mit den Zahnwehbauern –
Ich weiß, Ihr werdet ewig dauern!
Die ganze Welt wird untergehen,
Ihr werdet noch im Laden stehen,
Samt allem, was mit Euch verwandt,
Teils kerbgeschnitzt, teils tiefgebrannt.
Nun, was ich immer noch versteh:
Man kauft in Ammergau ein Reh,

Ein Englein oder ein Madönnchen –
Von mir aus auch ein Branntweintönnchen
In München, ähnlich einem Faß,
Mit Hofbräukrüglein für das Naß.
Doch was hat mit drei indischen Affen
Aus Bronze Rothenburg zu schaffen?
Was geht ein Teller aus Porzlan
Von Meißen etwa Garmisch an?
Und der Gedanke liegt wohl fern,
Daß man sich Bernstein kauft – in Bern.

Von Pol zu Pol, von Kap zu Kap
Feilscht allzeit wer wem wo was ab
Und ist vor Wonne ganz verwandelt,
Wenn er es billiger erhandelt.
Was man von weither mitgebracht,
In *Sachsen* wurde es gemacht.
Aus Algier nun, ein Messingbecken,
Kann den Verdacht wohl nicht erwecken:
Denn, sagt der Käufer stolz – zufrieden:
»Ich sah den Meister selbst dran schmieden!«
Nun ist nicht alles falsch und schlecht.
's ist manches preiswert auch und echt.
Doch sucht der Fremde, der gewiegt,
Daß er es um ein Drittel kriegt.
Vielleicht hast Du auch, Leserin,
Der dürftigen Malteserin,
Von Deiner Handelskunst beglückt,
Um ein paar Groschen abgedrückt
Das Spitzentuch, dran manche Nacht
Sie emsig klöppelnd hingewacht.

Nun freilich will, wer ein Tourist
Von echtem Schrot und Korne ist,
Nicht alles käuflich nur erwerben:

Freut nicht weit mehr der Tonkrugscherben,
Den man sich aufhob mit Geschick
Im unbewachten Augenblick?
Vom Bett Napoleons ein Zipfel,
Ein Stückchen Fels vom Zugspitzgipfel?
Ein Lorbeerzweig – nun, man kann fast
Schon sagen, ein gewaltiger Ast,
Den man an Dichters Grab geklaut
Und heimlich im Gepäck verstaut?
Den man im Hofbräuhause stahl:
Der Maßkrug ist das Ideal!
Hätt man nicht, von Gefahr umwittert,
Vor Gier und Angst zugleich gezittert,
Wer weiß, ob all das Zeug uns freute:
Der Mensch ist mythisch aus auf Beute.
Und in ihm steckt, verwunderlich,
Höchst albern meist, ein Alberich.

LICHTBILDNEREI

Die Wirklichkeit hält häufig nicht,
Was uns das Werbebild verspricht,
Weils mans so günstig selten traf,
Wie der erfahrne Fotograf.
Der stellt sich dorthin mit viel List,
Wo's kaum noch menschenmöglich ist,
Daß Mast nicht noch Reklameschild
Ihm kommen ins erwünschte Bild.
Er turnt, sein Blickfeld zu erweitern,
Herum auf Dächern und auf Leitern,
Ein Mädchen in der Landestracht
Hat er sich selber mitgebracht,
Und fünf Uhr früh siehst Du ihn lauern
Aufs Ochsenfuhrwerk eines Bauern.
Kurz, Kennerblick und zäher Wille
Erzwingen nochmal die Idylle,
Die eigentlich schon lange fort –
Bis Du kommst, stehn nur Autos dort.
Die Berge nimmt er auf bei Föhn
In Wolken, die besonders schön,
Und bei Schloß Chillon, beispielsweise,
Drückt er sich an die Bahngeleise.
Du selbst, entbehrend solcher Tips,
Hast wenig Glück mit dem Geknips.
Drum kauf, das rat ich Dir, Geselle,
Ein Meisterbild an Ort und Stelle!

ALLEIN? ZU ZWEIT?

Der gute Rat von Eichendorffen
Ward oft befolgt und oft verworfen:
Es sollt, wer in die Fremd will wandern –
Weil, jubelnd selbst, ja doch die andern
Ihn lassen ganz alleine stehn –,
Vorsorglich mit der Liebsten gehn.
Wer klug ist, machts von Fall zu Fall,
Denn alles paßt nicht überall.
Paris sollst Du allein besehn –
Wer trägt denn Eulen nach Athen?
Jedoch zu zweit schaut London an –
Besonders, wenn *sie* englisch kann.
Die Hochzeitsreise nach Venedig
Machst Du am besten oft und ledig,
Damit Du das bei Zeiten lernst,
Gesetzt den Fall, 's würd einmal ernst.
(Dann freilich wird die Reise nie
So wichtig sein wie die Partie!)
Falsch kann mans machen, wie mans macht:
Leicht hättst Du Dir wen angelacht –
Doch hast Du schon dabei die Deine.
Das nächstemal fährst Du alleine.
Doch nichts, wohin Dein Auge schaut:
Jetzt wärst Du froh um Deine Braut.
Als ratlos muß ich mich bekennen:
Soll man den *Ehe*-Urlaub trennen?
Erprobt schon oft ich beides hab:
Ich rate zu – ich rate ab!

Vom Zelten

Der Welt erschließt sich eine Welt:
Der jüngste Schlager ist das *Zelt!*
Doch gibts schon wieder da zwei Welten:
Hie Camping! und hie wildes Zelten!
Das Camping ich zuerst erwähne.
Sein Grundsatz lautet: Hygiene!
Mit Meldung, Parkplatz, Klo, Kantinen
Muß es der höchsten Ordnung dienen,
Bei Tag und Nacht ist es bewacht,
Daß niemand Lärm und Unfug macht,
Mit Hilfe von gestrengen Regeln
Schützt sichs vor Dieben und vor Flegeln.
Und daß der Mensch nicht ziellos streunt,
Wird es natürlich eingezäunt.
Kurzum, es ist der letzte Schlager:
Freiwilligs Internierungslager!
Was aber tut man mit der Jugend,
Die ohne Geld und ohne Tugend
Und leider Gottes, gar nicht still,
Ein wildes Leben führen will?
Kann Menschen man, oft halb erst wüchsig,
Im wilden Wald, wo hasen-füchsig
Die Tiere gute Nacht sich sagen,
Zu lassen ohne Aufsicht, wagen?
Wird hier, so wird mit Recht gewarnt,
Nicht böses Tun als Sport getarnt?
Sind diese jungen Menschenkinder
Auch wirklich *Tugend*-Pfadefinder?
Verkehrsfachmann wie Bürgermeister,
Den *wilden* Zeltler von sich weist er,
Der bloß ein schlichtes Stahlroß sattelt,
Im Faltboot auf den Flüssen paddelt.
Nur die Erlegung von Gebühren,

Heißts, kann zum edlen Camping führen.
Ergriffen lesen wir die Mär,
Daß Männer, millionenschwer,
Zwar unter Zelten schlummern, nachts –
Dem Wirt doch wenig Kummer machts,
Weil sie, den Smoking bei sich habend,
Bei sehr viel Sekt und Tanz den Abend
Bei ihm im Grandhotel verbringen,
Ganz dicke Gelder lassend springen.
Oh zeltet nur, weil dann, vielleicht,
Die Zahl der freien Betten reicht!

*

Schon Schillern sehen wir sich giften,
Daß der Nomade ließ die Triften
Einst wüste liegen, wo er strich.
Was gab die Heilige Ordnung sich
Doch Müh, den ungesell'gen Wilden
Zu rufen 'rein von den Gefilden,
Zu lehren ihn die sanften Sitten
Und ihm zu friedlich festen Hütten
Zu wandeln sein beweglich Zelt!
Heut zeltet wieder alle Welt
Und hält es mehr mit Goethe eben:
»Es soll der Mensch in Zelten leben!«

GESELLSCHAFTSREISEN

Leicht ists, die Ärmsten zu verspotten,
Die reisend sich zusammenrotten,
Den schönen Vorteil wohl benutzend,
Daß alles billiger im Dutzend.
Es sind nicht nur die niedern Preise,
Die führten zur *Gesellschaftsreise:*
Der Mensch mußt, jammervoll allein,
Von Gott und Welt verlassen sein,
Von Mensch zu Mensch nicht mehr gebunden,
Eh er sich damit abgefunden:
Seit echte Freiheit nicht mehr waltet,
Nimmt er die Freizeit hin, gestaltet.
Gesellschaftsreisen sind beliebt,
Seit es »Gesellschaft« nicht mehr gibt.
Der Mensch, vereinsamt weit und breit,
Ermangelt der Gelegenheit,
Den Wanderfreund sich selbst zu suchen:
Er läßt sich seine Reise buchen
Und es fällt schwer, daran zu kritteln –
Läßt er doch durch Büros vermitteln
Und durch Annoncen, aufgegeben,
Gefährten sich fürs ganze Leben!
Und hat er Glück – was gern wir hoffen! –
Dann hat ers gar nicht schlecht getroffen.
Drum, Mensch, bedenke Dich nicht lange
Und kauf die Reise von der Stange!

ENTFESSELTE WELT

Laut preisen die Prospekte an:
Mit Omnibus und Schiff und Bahn
Italien in sieben Tagen –
Und billig, es ist kaum zu sagen!
Am fünften Mai beginnt die Tour:
Ab München: dreiundzwanzig Uhr!
Am elften Mai trifft der Verein
Um sechs Uhr früh hier wieder ein –
Womit man leicht, nach Adam Riese,
Die Siebentagefahrt bewiese.

Doch ein solides Unternehmen
Wird solcher Praktiken sich schämen:
Denn es erfüllt nicht nur sein Soll,
Es macht die Tage *übervoll!*
Da rollt um sechs Uhr früh bereits
Im Omnibus man in die Schweiz
Und fährt von München über Ulm
Am ersten Tag bis Rigi-Kulm.
Am zweiten: runter von der Höh
Und über Bern bis nach Montreux,
Und nachts, in sehr bequemer Fernfahrt
Nach Genua (über den Sankt Bernhard).
Dortselbst – wie sich das günstig trifft! –
Wird man noch abends eingeschifft
Und andern mittags wieder aus.
An Bord lebt man in Saus und Braus.
Ein Schiff von dreißigtausend Tonnen
Hat ungeahnte Luxuswonnen:
Zum Beispiel wartet unser hier
Kopfbogenstolzes Briefpapier,
Auf dem wir – was wir ihnen gönnen –
Neidgrünen Freunden schreiben können,

In dichterisch gehobner Prosa,
Daß wir an Bord der »Monte Rosa«.

Vertragen muß mans nur rein physisch:
Die Gegend, die ist paradiesisch.
Man kann nach Wahl nun: a) im Hafen
Bis abends, vor Erschöpfung, schlafen,
Und b) sich Stadt und Land besehn
Und c) sogar zum Baden gehn.
Um Mitternacht reist man nach *Rom* –
Mit Stadtrundfahrt und Petersdom.
Florenz – es läßt sich nicht verschweigen:
Hier ist nur Zeit, rasch umzusteigen.
Die Stadt ergreift uns mit Gewalt
Bei acht Minuten Aufenthalt.
Man zählt' Euch auf von mancher Stadt
Die Sehenswürden, die sie *hat*.
Doch wenn Ihr sie zu *sehen* glaubtet –
Lest nach: das hat kein Mensch behauptet.
Jetzt aber kommt der Reise Krone:
Vier Nächte Weltbad Milarone!
(Ein Ort, der gestern erst entstand:
Ein Teil Beton, neun Teile Sand.)
Hier schwelgt im Glück der Sonnenfreund,
Die Haut bald, bis sie platzt, gebräunt.
Der Fremden Zahl ist Legion.
Zu Fremden-Legionen schon
Von Werbern überall gepreßt
In Nord und Süd, in Ost und West,
Sieht man sie durch die Gegend rasen;
Zum Nahkampf kommts oft, bei Oasen,
Um Tisch und Bett, um Bank und Stuhl,
Um einen Platz im Badepfuhl,
Im Berglift und im Omnibus,
Bei Hitze und im Regenguß.

Doch auch an anderen Programmen
Kann Reiselust sich hell entflammen:
Nach einer schweren Dreizehnstundfahrt
Erfolgt noch abends eine Rundfahrt.
Reist man auch notgedrungen massisch,
Bleibt man, trotz dritter Klasse, klassisch
Und kehrt nach Haus zurück als Rühmer
Der vorgeschriebnen Altertümer.

Erreicht ist nämlich lange schon
Die Schwemm-Kanalisation,
Um täglich dreißigtausend Preußen
Etcetera durch die Welt zu schleusen
Und ohne weitere Schwierigkeiten
Jeweils den Stätten zuzuleiten,
Die (freilich ohne viel Genuß)
Der Mensch gesehen haben *muß*.
In eignen Reisekonferenzen
Sucht man den Fahrplan zu ergänzen,
Daß (was bei solchem Zudrang schwer!)
Stets flüssig bleibe der Verkehr
Und, etwa in der Blauen Grotte,
Nicht heillos sich zusammenrotte,
Die Gäste nicht, die ganz verblüfften,
Schon kommen, ehs gelang, zu lüften
Die Betten, die vom letzten Schwarm
Zwar noch nicht schmutzig, doch noch warm.

Obzwar die Spur längst glattgehobelt,
Machts Müh doch, bis mans ausgeknobelt,
Daß sich die Linien nicht verwirren,
Gefährlich wäre jedes Irren.
Die Gruppe sechsunddreißig a
Fährt über Nacht nach Padua
Und übernimmt (das ist der Dreh)

Die Betten dort von neunzehn c,
Die nun, nach Kurzschlaf, ihrerseits
Schon unterwegs sind in die Schweiz.
»Neapel sehen und dann sterben –!«
Doch also sollst Du nicht verderben:
Man läßt Dich drum grad so viel sehn
Als Du, noch lebend, kannst bestehn.
Ein Schwächling freilich wird oft mürbe,
Daß er schon vorher lieber stürbe!

Auch Spanien gilt als Reiseziel
In jüngster Zeit besonders viel.
Man schießt Dich, wie mit dem Torpedo,
In vierzig Stunden bis Toledo;
Und wem das noch zu langeweilig
Und wer besonders neugier-eilig
Der fahre mit dem »Gelben Blitz«
Geradewegs bis Biarritz
Und mache, stets in Sonderwagen,
Erholsam »Spanien in drei Tagen«.
Er paß nur auf, daß er Madrid
Und Granada nicht übersieht!
Madrid? Madrid? War das die Stadt,
In der es so geregnet hat?
Und Granada? Kann mich besinnen:
Da tanzten die Zigeunerinnen!
Schaut nur in den Prospekt hinein:
Ich *muß* ja dort gewesen sein!

GRUSS VON DER RIVIERA

Ob wir uns diesen Kastenriesen,
So schwankten wir, zum Rasten kiesen?
Schon seht ihr uns im Riesenkasten,
Im Schatten der Markisen, rasten.

FREMDSPRACHEN

Wie denk ich heut an die verkannte,
Ja, gar von uns gehaßte Tante!
Kaum kamen wir in ihre Näh,
Schon rief sie »Vite un peu d'français!«
Weshalb wir, statt daß wir was lernten,
Uns *leider!* rasch von ihr entfernten.

*

Der Deutsche will schon an den Grenzen
Mit seiner Sprachenkenntnis glänzen.
In Straßburg, daß man ja es hör,
Ruft er schon laut nach dem »Porteur«
Und tut sich auch bereits am Brenner
Hervor als polyglotter Kenner.
Mit welschen Brocken will er protzen,
Sitzt in Meran er oder Bozen,
Obwohl er dann erbärmlich schlecht,
Sobald es ernst wird, radebrecht.

*

Wer hilflos wandert durch den Balkan,
Dem steht zuweilen wohl der Schalk an,
Dreist mit »Gagack!« und mit »Gluck-Gluck!«
Ein Ei zu fordern, einen Schluck,
Weil selbst ein weitgereister Mann
Nicht alle Sprachen lernen kann.
Doch wenn er in Paris das tut,
Dann macht sichs nur noch halb so gut!

REKLAME

Des Passes Höhe ist genommen –
Italien heißt uns willkommen!
Und zwar mit Worten wie mit Taten:
In Form von riesigen Plakaten!
Es grüßt mit Salben und mit Seifen,
Mit ungeheuren Autoreifen,
Es zeigt ein Weib uns, frisch und rosig
Die Beine, werbend seidenhosig
Weit in die Fahrbahn vorgestreckt,
Ein andres, das die Zähne bleckt,
Damit, im neuen Land zu Gaste,
Man sich gleich auskennt mit der Paste.
Ein drittes, mit gewölbtem Busen,
Nährt unsern keuschen Drang nach Blusen
Und in die nächste Werbebresche
Zwängt eines sich mit Unterwäsche.
Ein Knäblein plätschert, im Bidet,
Süß-nackt vom Scheitel bis zur Zeh
Und hat man Glück, sieht man die Gletscher
Der Alpen zwischen dem Geplätscher.
Doch nein! Die Alpen sind nicht echt!
Ein neues Schauschild sich erfrecht,
Uns mitten in den Dolomiten
Sie nochmals, hölzern, darzubieten,
Mit schreierischem Werbe-text
Von Grand-Hotellen vollgekleckst.
Ein Arm mit Flasche drohend winkt:
»Daß Ihr mir Kognac Stock bloß trinkt!«
Wie überhaupt des Fahrers Seele
Wird eingeschüchtert durch Befehle.
Bis Brixen kennt er schon die Titel
Der Zeitungen und Haarwuchsmittel,
Er weiß, wo an Kalabriens Küste

Er, falls er hinkäm, wohnen müßte,
Und ward schon zwölfmal eingeladen,
Doch in Cattolica zu baden. –
Worauf er denkt, was viele dachten:
Die Schilder nicht mehr zu beachten.
Er fährt, mag's links und rechts auch locken
Blindwütig weiter, ohne Stocken.
Am Straßenkreuz krachts leider wild:
Denn diesmal wars ein Warnungsschild!

Gruss aus Südtirol

Hier stehn auf grüner Matte Lärchen
Und drüber still das Latemärchen.
Da wir zur Heimfahrt starten gehn
Sehn wir den Rosengarten stehn.
Die Sonne durch die Lauben träuft,
Daß Purpur aus den Trauben läuft.
Laßt hold die Dämmrung weben hier –
Heut abend einen heben wir!
Wer Freunde hat in Bozen, lang,
Ist nicht um einen Lotsen bang,
Wo trinken als ein Kenner man
Im Kreise deutscher Männer kann.

Strapazen

Ob man nun arm reist oder reich,
In einer Hinsicht bleibt sichs gleich,
Ob man nur aus der Tüte frißt,
In Häusern erster Güte ißt:
Ja, eher noch, wer praßt und prunkt,
Erreicht das Ziel: *den toten Punkt.*
Am End der Fahrt sieht oft man bloß
Teilnehmer, völlig teilnahmslos,
An Stätten, denen galt ihr Sehnen,
Im Polster ihrer Wagen lehnen:
Voll Überdruß im Überfluß,
Nach Gier verschmachtend im Genuß.
Der Allesfrager ist verstummt,
Der Alleswisser ist verdummt,
Entwitzt der alle Welt-Bewitzler,
Erstarrt der Ansichtskartenkritzler,
Und ausgeknipst der Fotograf –
Sie fahren, überwölkt von Schlaf,
In sich versunken, ganz molluskisch,
Durch Tore, garantiert etruskisch,
Und steigen nicht einmal mehr aus,
Zu sehn Petrarcas Sterbehaus.
Und im Hotel selbst, mitternächtig,
Verschmähn das Mahl sie, reich und prächtig.
Sie schleppen sich ins Bett mit Müh,
Im Ohr noch: »Abfahrt sechs Uhr früh!«

PAUSCHALREISEN

Es mischen tief sich Lust und Qual
Dem Menschen, so er reist pauschal.
Er hat gewählt, kann nicht mehr wählen:
Nur auf Bezahltes kann er zählen.
Was nützt ihm nun sein Neid, sein gelber?
Ist alles doch – sogar er selber –
In seinem Preis jetzt inbegriffen:
Die Fahrt mit Omnibus und Schiffen,
Verpflegung, ja das Trinkgeld gar,
Und alles schon erlegt in bar,
So, daß der Schmerz liegt weit zurück –
Was jetzt noch kommt, ist reines Glück!
Oh nein, mein Freund, so ists mitnichten:
Ein Stachel quält: es heißt verzichten!
Dem, der so reist, ergeht es fast
Wie dem Odysseus, der am Mast
Des Schiffes fest sich binden ließ,
Daß er Sirenensang genieß'.
Und völlig taub für seine Bitten –
Bewachend ihn auf Schritt und Tritten –
Den Fehltritt selbst nicht ausgenommen –
Führn ihn, und es gibt kein Entkommen,
Die Leute, die dazu bestellt,
Quer durch die wunderschöne Welt.
Spräch er zum Augenblick: »Verweile,
Du bist so schön!« Im zweiten Teile
Des Faust kanns jeder lesen klar:
Es wäre aus mit ihm und gar!

DER REISELEITER

In stillem Beileid denken hier
Der armen, braven Menschen wir,
Die, des Kulturtransports Begleiter,
Verpflichtet sind als *Reiseleiter*.
Mit wahren Bären-Seelenkräften
Obliegen teils sie den Geschäften,
Teils stemmen sie, wie Schwergewichtler,
Die Zentnerlast der Kunstgeschichtler.
Sie dürfen noch nach tausend Fragen
Ein altes Fräulein nicht erschlagen,
Ja, selbst in Sturzseen von Beschwerden,
Nicht einen Zoll breit wankend werden.
Sie müssen, Opfer des Berufs,
Das Nicht-mehr-Rauchen des Vesuvs,
Die Höh, den Umfang seines Kraters,
Das Alter unsres Heiligen Vaters,
Die nähern Daten Wilhelm Tells,
Ja, selbst den kleinsten Schweizer Fels
Erklären aus dem Handgelenke,
Entwirren Knäuel von Gezänke,
Und Antwort stehn dem Herrn, der immer –
Wieso?? – bekommt das schlechtste Zimmer!
Mitunter wechselt man sie aus:
Wer schadhaft, kommt ins Irrenhaus.

Zu spät!

Ja, Stanley oder Sven Hedin,
Die kamen wirklich noch wohin!
Heut ist das leider nicht mehr so:
Besuch den letzten Eskimo,
Durchforsch das tiefe Afrika –
Swinegel ruft: »Ich bin schon da!«
Und wiegen, schüttelnd Schild und Lanze,
Sich Neger wo im wilden Tanze,
Dann sind sie leider schon vom Welt-
Tourismus dazu angestellt.
Ja, zeigt Dir etwa eine Schwarze
Noch unverhüllt die Busenwarze,
Dann sei gewiß, die junge Dame
Macht sich bereit zur Großaufnahme.
Drum bleib daheim! Die Menschenfresser
Siehst Du im Kino ja viel besser!

*

Das Weit-gereist-sein ist ein Wahn:
Dort, wo Du aufhörst, gehts erst an.
Im Lebenslaufe ist zu lesen,
Du seist in Afrika gewesen –
Was wars? Ein drei, vier Stunden langer
Schiffsaufenthalt in Tunis, Tanger;
Wenns hochkommt, steckt man Dir die Nase
In eine Fremdenfang-Oase,
Wo man mit Gruseln Dir versichert,
Daß nachts hier die Hyäne kichert,
Ja, selbst ein Löwe einst gebrüllt,
Was Dich mit großem Stolz erfüllt.
Von Stund an stehst als Held Du da,
Der beinah einen Löwen sah.

Man zeigt Dir, weil Du es bezahlt,
Drei alte Weiber, grell bemalt
Und Du gehst fort mit wunderbarem
Gefühl: »Ich war in einem Harem!«

*

Höchst ratsam ist es, zu vermeiden,
Mit solchen Reisen aufzuschneiden.
Im Zug zum Beispiel schlichten Leuten
Hochmütig-lässig anzudeuten,
Daß aus Nordafrika wir kämen,
Kann leicht empfindlich uns beschämen.
Zur Strafe unsres Ungeziemens
Erfahrn wir, daß, im Dienst von Siemens,
Der andre – wer hätt das gedacht? –
Den Leitungsbau dort überwacht
Und länger als ein ganzes Jahr
In Marakesch und Oran war.
Die Maid, der – spuckend große Bögen –
Wir stolz erklären, daß wir flögen,
Ist Stewardeß: sie fliegt fast täglich –
Und wir verstummen ziemlich kläglich.

SEEREISEN

Des Reisens wahrer Inbegriff
Das ist und bleibt ja doch das *Schiff*.
Begeistert lobe es mein Reim:
Man sieht die Welt – und ist daheim.
Man geht an Bord – und schon gehts los!
Dem Schlaf entjauchzt uns der Matros,
Und in der Frühe, beim Kaffee,
Ist man auf ziemlich hoher See.
Am Mittag denkt man sich bereits,
Man wär doch besser in die Schweiz —
Weil, wer von Wohlsein just gestrotzt,
Nur mühsam dem Gefühle trotzt,
Er hab sich »irgendwie« verdorben.
Am Abend ist man halb gestorben,
Und, zweifelnd stark an Gottes Güte,
Verkriecht man sich in die Kajüte.
Dann ists vorüber – bei den meisten.
Von nun an können sie sich leisten,
Bei, wie sie prahlen, Windstärk' zehn –
Es ist nur drei! – an Deck zu gehn.

Man bete nur, daß man erwische
Die rechte Nachbarschaft bei Tische!
Denn sonst erzählt uns bei der Suppe
Ein Herr vom Rhein, was uns ganz schnuppe,
Beim Fisch ein Fräulein von der Wupper,
Berichtet, was uns noch viel schnupper,
Und, wie Du schweigend Dich verpuppst,
Teilt man Dir mit das allerschnuppst';
Und dauert so was zwei, drei Wochen,
Wirst Du von Bord gehn, ganz gebrochen.
Auch hoffe, daß auf dieser Arche
Zu laut Dein Schlafgenoß nicht schnarche; –

Auch damals tat vermutlich weh
Des Nilpferds Nachbarschaft dem Reh. –

Erst möchtst die Leut ins Meer Du werfen,
Die gräßlich gehn Dir auf die Nerven –
Dann bist Du viel zu faul dazu:
Erfüllt von göttlich reiner Ruh
Unfähig jeglicher Erregung.
Und, notabene, *die* Verpflegung!
Was erst die Landausflüge bieten:
Nur Treffer – ohne alle Nieten!
Bauwerke, durchwegs prima klassisch,
Und wohlgemischte Völker, rassisch,
Dazu die Flora, teils gestrüppig,
Teils palmenstolz und gartenüppig.
Ists in Neapel uns zu schmierig,
Wird Algiers Bettelvolk zu gierig,
Ists in Port Said uns nicht geheuer,
Und scheint uns Lissabon zu teuer –
Wir kommen gleich, zu unserm Glück,
Aufs blanke, stille Schiff zurück,
Wo, daß kein Abenteuer peinigt,
Umgehend man uns chemisch reinigt,
So, daß stets ausgeruht und sauber
Die Welt bereist der Seeurlauber.

NORDSEE

Der Fremdling kommt. Er ist gespannt.
Was sieht er? Sand und wieder Sand.
Der Kitsch der Welt begegnet ihm –
Hier ausgesprochen maritim.
Ob rechter Weg, ob linker Weg,
Es ist der gleiche Klinkerweg.
Und hier soll er drei Wochen bleiben?
Wie soll er sich die Zeit vertreiben?
Soll er sich einen Strandkorb chartern?
Sich gar mit Burgenbauen martern?
Er fühlt sich über die erhaben,
Die eifervoll im Sande graben.
Am zweiten Tag, als Stundenschmelzer,
Holt er hervor den dicken Wälzer,
Doch schaut er, durch und durch versandet,
Bald nur noch, wie die Woge brandet.
Am dritten – wie ein Teufelchen
Gräbt selbst er mit dem Schäufelchen
Und hat am vierten sich, als Gast,
Schon ganz der Umwelt angepaßt.
Die Zeit, der Sand, die Welle rinnt:
Der Mensch wird unversehns zum Kind
Und heult auch wie ein Kind zum Schluß,
Unglücklich, weil's nach Hause muß.

TRÜMPFE

Wie schnöd von der Provence sie schwärmen:
Nur daß die andern recht sich härmen,
Fragt einer: »Kennen Sie Les Beaux?«
Doch gleich ruft wer: »Das sowieso!«
Und seinerseits nun gibt ers ihm:
»Sie waren sicher doch in Nîmes!«
Nun hagelts Arles, Sete, Aigues mortes:
Natürlich waren alle dort,
Und dreschen wütend ihre Trümpfe:
Les Saintes Maries, die Rhône-Sümpfe.
Ein vierter kann sie alle bluffen:
Er sah dort das Zigeunertreffen.
Bis wiederum der dritte sticht:
»In Carcassonne, da wart Ihr nicht?«
Und siehe da, die ehrlich-Dummen,
Die sagen: »Nein!« und sie verstummen.
Der Sieger blickt umher im Kreise:
»Der Höchstpunkt der Südfrankreichreise!
Dort auf den Zinnen muß man stehn –
Wer *das* nicht sah, hat *nichts* gesehn!«
Gern fing' der erste wieder an,
Um laut zu rühmen Perpignan,
Wo er gewesen, fast drei Wochen. –
Doch hat der Trumpf nicht mehr gestochen.
Ganz klein sind alle vom Gedonner,
Mit dem sie traf der Carcassonner.

ITALIENISCHE REISE

Dies Buch wär unvollständig, böte
Es nicht auch ein Kapitel *Goethe*.
Der Dichter reiste mit viel Mühn
Ins Land, wo die Zitronen blühn
Am dritten – neunten – sechsundachtzig
Von Karlsbad hat er aufgemacht sich
Um drei Uhr früh, bei Nacht und Nebel –
Die Stein wußt nichts und nichts der Knebel –,
Es war ein rechter Schabernack!
Dachsranzen nur und Mantelsack –
Falls jemand's gern genauer läse –
Hat er gepackt in seine Chaise.
Und gleich – das soll uns Vorbild sein –
Gab er viel acht auf das Gestein:
Ob's gelblich, rötlich oder schwarz,
Ob es Granit sei, Schiefer, Quarz.
Was hatte Bayern ihm zu bieten?
In Regensburg die Jesuiten,
In München seine ersten Feigen.
Kaum fand er Zeit, hier abzusteigen –
Wie jeder weiß, im »Schwarzen Adler«.
Das findet heut noch viele Tadler:
Was hätte der berühmte Name
Gewirkt für die Verkehrs-Reklame!
Kaum, daß er's Frühstück nunterwürg,
Fuhr er schon weiter ins Gebürg
Und reiste gleich, in einem Renner,
Nach Mittenwald und auf den Brenner.
Und wichtig schien ihm wieder dies:
Bald sah er Kalk, bald sah er Kies.
Von Sterzing aber und von Brixen
Sah er bei eiliger Nachtfahrt nixen.
In Bozen konnt er auch kaum bleiben:

Er mußte wechseln, zahlen, schreiben.
Doch hoffte er, wo er gewesen,
In Büchern später nachzulesen.

Schon damals hat es sich bewährt,
Daß gut man »per Anhalter« fährt.
Denn Goethe, auf des Vaters Bitt',
Nahm erst das Harfnermädchen mit –
Was literarisch dann sich lohnte –
Und, daß es seine Füßlein schonte,
Ein Kind, das man nicht weiter kennt,
Auf halbem Wege nach Trient.

Der Leser möge sich des weitern
An Goethes Texten selbst erheitern;
Denn trieb ich fort so, breit im Strom,
So kämen wir ja nie bis Rom,
Geschweige bis Sizilien gar. –
Wie fein heraus der Goethe war,
Der an den Stätten, die ihm lieb,
Rund anderthalbe Jahre blieb.
Das konnt er als Minister halt,
Bei weiterlaufendem Gehalt.
Und dann noch ein besondres Glück:
Als Klassiker kam er zurück!

Ein Münchner in Italien

Ganz anders – und bedeutend schlichter
Als unser großer deutscher Dichter,
Erzählt von seiner Süden-Reis
Der Münchner Xaver Habergeis:
»An Viechszorn auf mi selber hab i:
Natürli, i muaß aa da abi!
Des hoaßt – i net! I kunnt mi halten.
Es war bloß wegen meiner Alten.
Die hört net auf mit dem Gebenz,
Sie muaß nach Rom und nach Florenz!
Warum? Bloß weil sie si' so gift',
Wenns ihre g'schupftn Henna trifft,
Die fanga glei mit dem Geschwärm o'
»Wir waren heuer in Palermo!«
D' ganz Welt ist ja jetzt narrisch wor'n:
Da sag'n s', es langt net hint und vorn
Und fahrn, oft glei' samt de Familien
Per Schub, wenns sei muß, bis Sizilien.
I hätts aa billig hab'n könna –
Naa, sag i, wenn ma's uns scho gönna,
Na mach'n ma's richti, des is klar:
Entweder spar i, oder fahr!
Und *wenn* i fahr, na net wie's Viech,
Daß i auf'n Transport nix siech
Und passen muaß auf die Hanswurschten,
Die lasserten oan glatt verdurschten,
Weils ein' wie Gfangene begleiten
Zu ihre Sehenswürdigkeiten ...
'S is mühsam gnua – i will mi schona. –
Sie hat glei fahrn wolln bis Verona
Und hat mir hing'macht so a Fotzn,
Wie i hab g'sagt, mir bleib'n in Bozen,
Da is's no deutsch, bei die Tiroler,

Fürn Anfang waar mir da viel wohler,
Na hanteln mir uns weiter nachher
Schön langsam zu die Katzlmacher!«
Sie sagt: I laß mi na dablecken
Du bleiberst scho in Bozen stecken
Und i hätt mein Italien gsehgn.
No sag i, also, meinetwegn!

So um a viere war'n ma dort.
Verstanden hamma net a Wort.
Wie des no wird, war i im Zweifel.
Sie is glei wie a Schachterlteifel
Losgfahrn und umanandag'wetzt –
I hab mi ins Kaffeehaus g'setzt.
»No, den Can grande und d' Arena«
Sagts, »hättst Dir schließli anschaugn kenna!«
»Geh«, sag i, »mach koa solches G'schroa
Du, moan i, schaugst ja so für zwoa!«

Na san mir nach Venedig g'fahrn,
Des kenn i scho von frühern Jahrn.
Des is aa mehr für junge Leut,
Wo's Umeinanderlaufen g'freut
Und 's Schifferlfahrn und 's Täuberlfüttern. –
Jetzt kann's mi nimma so erschüttern.
Die Gondoliere hamm uns g'schlenkt:
Z'erst tun's, als kriagast's halbert g'schenkt,
Bis daß s' Di drin habn in dem Schlag.
Na fahrns' Di' rum an halben Tag
Wo D' gar net hinwillst, nach Murano
Und dappert zahln derfst Di na' aa no!

Zum Glück hab i – wer derf des hoffn? –
Du kennst'n schon, an Pauli troffn.
Der war aa drunten mit der sein'.

Jetzt warn mir fast schon a Verein.
Du! sagt er, is's Dir aa so fad?
Geh, sag i zu ihm, sei do' stad'
Des muß ma tragen halt geduldig,
Des samma unsrer Bildung schuldig!
Na hamma glei – ah, i hab g'flucht –
Den Dings, den Colleoni, g'sucht
Zwoa Stunden fast bei dera Hitz'n,
Und richti sehgn ma'n drob'n sitzen,
Den Mordstrum Lackl auf sein Roß.
Er ist recht schön – do' sag i bloß,
Der Churfürst Max, bei *uns*, der erscht,
Des is fei aa a schöner Ferscht!
So san mir, mir verruckten Hund:
Den suachat neamd – koa Viertelstund!

Am Lido, ja, da hätts uns paßt,
Da siecht ma Madln, nackert fast,
Doch des hat net lang dauert, leider,
Hat *sie* schon g'mammst: Geh, fahrn ma weiter!
Da hamms' ihr g'raten des Ravenna –
So was muaß doch der Mensch net kenna!
A solchene Basilika
Wie dort hamm mir in München aa!
Und die Moskito, laß Dir sagen,
I habs glei dutzendweis derschlagen –
Und heut no juckts mi überall. –
Florenz, des war schon mehr mei Fall!
Da hamms, auf des hätt ich net denkt,
A Münchner Bier vom Faß ausg'schenkt.
Anstrengend is's sonst freili g'wesen:
Sie hat all's aus ihr'm Büchl g'lesen,
Auslassen hat's partout nix woll'n
Und i hätt allweil mitgehn solln.
A jede Mauer hätts mir 'zeigt. –

Bei de Uffizien hab i g'streikt.
Naa, sag i, des kannst net verlangen!
I bin in d' Pinakothek net gangen,
Wies gstanden is' vor meiner Nasen,
Und da sollt i jetzt Bilder grasen?

Mei, *die* hats umanandertriebn!
Auf d' Nacht hats Ansichtskarten g'schriebn,
Glei ganze Pack, daß d' Leut erfahrn,
Daß mir aa in Italien warn.
Nach Rom hat's müssen, selbstverständlich.
I hab no' oamol nachgeb'n endlich,
Und, Ehr sag i, wem Ehr gebührt:
Rom is a Stadt, wo si was rührt.
Bloß, mit'n Essen, da war's aus.
All's bratens in Salatöl raus,
Gmüs könnens' überhaupt keins kochen
Da wirst fei g'mütskrank, nach drei Wochen!
Und für die nächsten zehn Jahr hätt i
Jetzt wieder gnua von de Spaghetti.
Bist in der fremden Sprach net g'wandt,
Hockst scho so hilflos umanand.
Und mit de Lire mußt fei nachher
Aufpassen wie a Haftelmacher.
Schnell hamms' an Haufen Schein hingschmissen
Und bis D' Di umschaugst, bist scho b'schissen!
Natürli bist da Du der Dümmer' –
Deutsch können's plötzli' alle nimmer!

*

No, kurz und gut – jetzt hab i's satt,
Sag i zu ihr, Dei' ewige Stadt.
An Papst derfst anschaun no', mein'twegn,
Na' hau i ab, des wirst jetzt sehgn!

Sie hat sich noch verlegt aufs Betteln,
Doch i hab b'sorgt glei' die Bilettln,
Hoam hat's mi so gewaltig zog'n,
Daß i's riskiert hab: mir san g'flogn!
Sündteuer wars – i will nix sag'n,
Denn i habs wenigstens vertragn,
Mit Hilf von viele Kognakschluckerl.
Gsehgn hab i net viel aus mei'm Guckerl.
Bei meiner Frau war's Geld verlor'n,
Denn der i's glei speiübel wor'n.
No, überstanden hat sie's ja –
Und jetzt: etzt samma wieder da!

TEMPO

Jahrtausende – von Adam an
Bis zu der ersten Eisenbahn –
Stand fest der Schnelligkeit Begriff:
Der Reiter und das Segelschiff,
Die Taube noch als Briefbesteller –
Nichts auf dem Erdenrund war schneller!
Ein Wunschtraum war es, siebenmeilen-
Gestiefelt, durch die Welt zu eilen.
Das Flugzeug, in den Lüften brausend,
Macht in der Stunde heute tausend!
Einst war, wer sich einmal empfohlen
Und fortritt, kaum mehr einzuholen.
Ein Flüchtling – etwa wegen Mord –
War sicher, kam er nur an Bord.
Heut wird zum Beispiel ein Vertreter,
Verreist achthundert Kilometer,
Zurückgerufen, telegrafisch:
An seiner Kette hängt er, sklavisch.
Der Defraudant kennt keinen Punkt,
An dem man ihn nicht rundbefunkt:
Kommt er in Hinterindien an,
Steht der Schandarm schon an der Bahn.
Der Forscher mag im Urwald sitzen,
Im Packeis, hoch auf Weltbergspitzen:
Wenn er an seinem Kästchen dreht,
Erfährt sofort er, wies ihm geht.
Die Welt, so alle Welt behütlich,
Wird, scheint uns, *langsam* ungemütlich.

VÖLKERVERSÖHNUNG

Die Guten, die den Krieg verfluchen,
Einander wieder jetzt besuchen;
Man überbringt per Bahn, zu Fuß,
Der Heimatländer Friedensgruß
Und kommt mit Wagen, sechzigpferdig,
Daß alte Feindschaft man beerdig'.
Die oft sich fuhren an die Kehle,
Sind jetzt ein Herz und eine Seele –
Kaum bleiben ein paar wüste Ecken,
Die schmerzliche Erinnrung wecken.
Sonst aber denkt fast jeder heute:
Wie konnten wir!? So nette Leute!
Und einer macht dem andern klar,
Daß ers im Grunde gar nicht war!
Die Deutschen gehn nach Rom und zahlen
An dem ab, was seit den Vandalen
Sie alles dort zertöppert haben –
Vergessen sei es und begraben!
In Heidelberg, das Schloß, zertrümmert,
Beschaut der Franzmann, unbekümmert;
Die Amis schwärmerisch genießen
Und Briten, was sie übrigließen,
Als ihre Luftmacht, ratsch und ritsch,
Zerschmiß den Ansichtskartenkitsch!
Wer reist, ist der Versöhnung offen:
Vielleicht gelingts? Wir heißen hoffen!

ZWISCHENHOCH

Wir möchten ganz gewiß nicht unken –
Doch, daß die Welt so reisetrunken,
Hat, obs nun Tugend oder Sünde,
Ganz sicher seine tiefern Gründe:
Nach langer Zeit, zu Eis gestaut,
Sind jäh wir jüngst erst aufgetaut,
Daß wir die Grenzen überfluten.
Und mancher meint, er müßt sich sputen,
Weil, heut auf Draht, vielleicht die Welt
Auf Stacheldraht rasch umgestellt,
Eh Du von ihrem Glanz was siehst,
Sich wieder unverhofft verschließt.
Und was man dann zu sehn bekombt,
Wenn sie derweil atomverbombt?
Kurz, jeder will das Zwischenhoch
Des Wetters grad erwischen noch,
Mißtrauend, ob das »Stirb und werde!«
Nochmals verträgt die alte Erde.

UNTERSCHIEDE

Dem Reisen gibt erst sein Gewicht,
Daß jeder Mensch verschieden dicht.
Der eine, leichter als ein Kork,
Schwimmt froh von Hamburg bis New York,
Indes der andre, schwer wie Eisen,
In Angst versinkt, sollt er verreisen.

LEBENSREISE

Wir sehn bei schärferer Belichtung:
Der Mensch reist nur in einer Richtung.
Es liegt so Glück wie Schmerz darin:
Unwiderruflich gehts dahin!
Und leider kann man Rückfahrkarten
In diesem Leben nicht erwarten.

ABGESANG

Ein Lied gibts von Herrn Urian,
Der, weitgereist, verzählen kann,
Wie er genommen Stock und Hut
Und sich die Welt betrachtet gut.
Und alle riefen: Wohlgetan,
Nur weiter so, Herr Urian!
Doch, wie er sprach: Den gleichen Sparren
Traf überall ich, die gleichen Narren,
Tat männiglich sich drob empören –
Man riet dem Schwätzer, aufzuhören.
Auch ich, der leider fürchten muß,
Daß man sich ärgert, mache Schluß
Und wünsche meinem Leserkreise
Von Herzen – »trotzdem gute Reise!«

Ins Schwarze

LIMERICKS

Ich hab oft arg mich geschunden,
Bis rechten Reim ich gefunden.
Es galt mancher Fluch
Dem werdenden Buch –
Jetzt ist es gedruckt und gebunden.

PROBESCHÜSSE

Mahnung

Gelegenheit, Menschen zu hassen,
Soll still man vorübergehn lassen.
Doch eine, auch ihnen
In Liebe zu dienen,
Die dürfte man niemals verpassen.

Einsicht

Seit auf die Welt ich gekommen,
Sah ich sie meist nur verschwommen.
Mir fehlte der Wille
Zur schärferen Brille –
Mein Glück wars, genau genommen!

Erst wägen...

Es gilt im Ganzen und Großen:
»Was fallen will, soll man noch stoßen!«
Doch prüfe man scharf,
Ob man stoßen schon darf,
Auf den Verdacht hin, den bloßen!?

MITMENSCHEN

Wir wähnen, als falsche Bemesser,
Den anderen geh es viel besser.
Doch mancher, dem's Herz bricht,
Der zeigt uns den Schmerz nicht –
Dafür die Fassade viel kesser.

ILLUSION

Ein Tor haßt die Lebenslüge
Und schwört, daß der schöne Schein trüge.
Doch dreimal nein!
Der schöne Schein
Allein hält das Weltgefüge.

IRRTUM

Der Krug, wie der Volksmund so spricht,
Geht zum Brunnen, solang, bis er bricht.
Doch das Sprichwort irrt:
Der Krug, der zerklirrt,
Der tut ja nur seine Pflicht!

UNTERSCHIED

Dein Ruhm, selbst wenn er nicht klein ist,
Im Ernstfall wertloser Schein ist.
Prob nichts, wenns nicht sein muß:
Wie weit reicht Dein *Einfluß?!*
Da siehst Du erst, wie Du allein bist!

BITTE

Ich erlaub mir, Euch einzuschärfen:
Droht etwas Euch umzuwerfen,
So mögt Ihr nach allen
Windrichtungen fallen –
Nur, bitte, nicht mir auf die Nerven!

LEISE HOFFNUNG

Der Mensch sagt oft zwar so leichthin –
Und doch, die Wehmut beschleicht ihn –
Der Tod treffe jeden!
Doch, noch unterm Reden,
Hofft er, er träf nur vielleicht ihn.

BÜHNE DES LEBENS

Als Held sich zu zeigen, beflissen,
Tritt dreist einer vor die Kulissen.
Wie, abgeschminkt,
Er in Schwermut versinkt,
Braucht schließlich ja keiner zu wissen.

LEBENSLAUF

Wie schön auch der Augenblick ist:
»Verweile!« – doch unser Geschick ist,
Neu täglich zu starten,
Des Endes zu warten,
Das meistens, so fürchten wir, dick ist!

Ergänzung

So manchen heimlich bedrücken
Die scheußlichen Bildungslücken.
Doch er rechnet drauf dreist,
Daß Du auch nicht viel weißt:
So können Gespräche oft glücken.

Ungerecht

Man sieht an die Faulen und Dummen
Verschwendet oft riesige Summen.
Wer fleißig und klug,
Verdient, heißts, genug. –
Er kann nur, kopfschüttelnd, verstummen.

Nur bedingt...

Der Mensch, solang's ihm geht prächtig,
Hält Gott für allgütig, allmächtig.
Doch verregnets ihm kaum
Einen Blütentraum –
Schon wird ihm die Sache verdächtig.

Ausnahme

Dein Licht dien, die Welt zu erhellen;
Doch in verzweifelten Fällen,
Wenn Stürme rasen,
Es ganz auszublasen,
Darfst untern Scheffel Du's stellen!

Nur Ruhe

Ein Frommer vermißt sich, zu starten
Von Grund auf zum himmlischen Garten.
Ein Lump meint, schon schölle
Gelächter der Hölle –
Wir wolln in Geduld es erwarten.

Unbegabt

Manch einer wollt himmlisch schon juchen,
Und höllisch wiederum fluchen.
Doch schnell sah er ein:
Sein Wortschatz war klein –
Drum tat ers erst gar nicht versuchen.

Unerwünschte Begegnung

Zwei Seelen in uns sich meiden –
Sie können gar nicht sich leiden.
Triffts bessre Ich
Das schlechtre Ich
Dann schämen tief sich die beiden.

Bitte um Verständnis

Unschuldig der Egoist ist,
Weil *Ihr* ja nur, daß ers ist, wißt.
Er selber sich hält
Für den Dulder der Welt,
Der ein Muster als Mensch und Christ ist.

AUSSICHTSLOS

Der Mensch, dem Geschick zu entkommen,
Hat dies und das unternommen:
Bald macht' er 'nen Hupf hoch,
Bald sucht' er ein Schlupfloch –
Doch meistens harrt er beklommen.

BÖSE ERFAHRUNG

Oft lieben wir die, die uns hassen –
Nur, daß sie es merken nicht lassen.
Am Busen die Schlange,
Wir nähren sie lange –
Und können den Biß dann nicht fassen.

ABDANKUNG

Natur und Kultur ist das Beste:
Wir kämpfen nur noch um Reste –
Und nicht einmal tapfer:
Es siegt der Verzapfer
Der Fremden-Verkehrs-Vereins-Teste.

DAS BESSERE ICH

Oft denkst Du: »Mitleid, verstumme!
Nur Du bist ja immer der Dumme!«
Und greifst dann doch
Zur Zahlkarte noch,
Zu überweisen die Summe.

GESCHEITERTE REKLAME

Es suchen, trotz ehrlichen Strebens,
Das strahlendste Weiß ihres Lebens
Im Alltag, im grauen,
Selbst saubere Frauen
Und lautere Männer vergebens.

STOSSSEUFZER

Kein Mensch mehr weiß, was er sei:
Waschmittel, Auto, Partei?
Durchs ganz' A B C:
Vau Ge, Em De Be –
Verdammte Abkürzerei!

SPIESSERGLÜCK

Die Seele des Volks, die gesunde,
Ergötzt sich am billigen Schunde.
Die Gartenzwerge –
Was nicht man verberge –
Sind doch ihr Leitbild im Grunde.

PHYSIOGNOMIK

Man sieht in der Zeitung Gesichter:
»Sinds Staatsmänner? Bankräuber? Dichter?«
So fragt man zunächst,
Bis man sieht, aus dem Text,
Obs Helden, obs Bösewichter.

VERLOGENES WELTBILD

Des Lebens Wahrheit ist dies:
Meist fühlen die meisten sich mies.
Und nur in Reklamen
Sehn Herrn wir und Damen
Beglückt wie im Paradies.

TÄGLICHES BROT

Als Wunder ists oft uns erschienen,
Wie alle ihr Brötchen verdienen,
Mit Kopf, Hand und Steiß –
Und rührendem Fleiß:
So Bienen wie Konkubinen.

HEIMLICHER WUNSCH

Der Spießer liest in der Presse
Die wüstesten Sex-Exzesse.
Er schämt, er ergrimmt sich,
Wie man heute benimmt sich –
Nur wüßte er gern die Adresse.

DER WITZBOLD

»Schluß mit dem Kokottenmiste,
Verschließ Deine Mottenkiste!«
Es ist doch zum Bersten:
Schon bringt er den ersten
Aus seiner Schottenwitz-Liste!

Schwarzer Humor

Zum Galgenhumor allenfalls hat
Das Recht, wer den Strick um den Hals hat.
Doch wenn aus dem Sichern
Nur Zynische kichern,
Man meist ein Gefühl, nur ein schal's, hat.

Fremdwörterei

In Staatsleben, Wirtschaft und Sport stört,
Daß man nur noch englisches Wort hört,
Ein Übel, betrüblich,
Just, weil es so üblich,
Und kaum wen noch dieser Import stört.

Nachruhm

Gesetzt den Fall selbst, es gält Ruhm
Kaum widersprochen als Weltruhm:
Schon Dein Sohn sagt empört:
»Noch nie was gehört!«
So wenig auf Erden nur hält Ruhm.

Kostspielige Werbung

Reklamen, Reklamen, Reklamen!
Man wirft sie so, wie sie kamen,
Samt verheißener Wonne
In Papierkorb und Tonne –
So fällt in die Dornen der Samen.

GREISENGESEIRES

Am Stammtisch

Am Stammtisch ich diesmal allein saß,
Und dachte, daß ichs nun sein lass'.
'S geht nichts mehr zusammen –
Erloschen die Flammen
Der Freundschaft beim klingenden Weinglas!

Eben dort

Ich selbst leicht zu missen wüßte,
Gar viel, was ich wissen müßte.
Doch wo Witz sich beim Wein schart,
Man besser den Schein wahrt,
Daß man auch, was sie wissen, wüßte.

Immer wieder...

Im Lebensjahrzehnt, weit im achten,
Ins neunte wir Greise noch trachten.
Weit häufiger haben
Wir Jüngre begraben,
An die wir im Traume nicht dachten.

SEITENWEISE...

Den Tod, falls wir nicht ihn verschweigen,
Reicht's, einmal nur anzuzeigen.
Bloß Bergassessoren –
Generaldirektoren
Zwölfmal in die Grube steigen.

NEBENPFLICHTEN

Wie rührend steht oft im Blatte:
Es starb der treusorgende Gatte.
Der Gattin Namen
Steht dort – nicht der Damen,
Für die er zu sorgen noch hatte.

LEIDEN

Ein Mann hat – und die tut weh! – Gicht.
Mit Nietzsche er »Weh vergeh« spricht.
»Lust tiefer als Leid!«
Das klingt sehr gescheit –
Doch kümmerts den großen Zeh nicht!

SCHLECHTER TAUSCH

So manch übermütiger G'sell,
Den gejuckt in der Jugend das Fell,
Verliert seine Mucken:
Das Altersjucken
Tritt schmerzhaft an dessen Stell.

BEATUS ILLE...

Wir raten jedem, der gern lebt,
Daß vom Weltgetriebe er fern lebt.
Horatius schon rät es
Und noch besser gerät es,
Wenn er obendrein christlich im Herrn lebt.

ALLTAG

Wahrhaftig, ich müßte lügen,
Nennt' ich dies Leben Vergnügen.
Wers nicht kann verschönen,
Muß halt es gewöhnen –
Den meisten scheint das zu genügen.

ILLUSTRIERTEN-ILLUSION

Ein Mädchen mit herrlichen Brüsten
Plantscht wonnig an tropischen Küsten.
Ach, daß er als Playboy
Sich kühn ihrer Näh freu –
Noch Greise könnts danach gelüsten.

GENAU BESEHEN...

Die morgigen jungen Leute
Bestehl'n die von gestern und heute.
Fast alles beinah ja
War früher schon »da-da«.
Sie sammeln nur neu das Verstreute.

UMWERTUNG

Der Sohn – um Vergebung einst bat er;
Er sagte: »Peccavi, Pater!«
Der arme Erzeuger,
Dem Sohn sich jetzt beug' er:
Das Leitbild ist nicht mehr der Vater.

ALTERSBOSHEIT

Hartherzige Greise sagen:
»Genug der Schlachten geschlagen –
Das weitre Geplänkel
Laß Sohn ich und Enkel –
Die sollen nur das ihrige tragen!«

AUSGLEICH

Freund, schimpf nur auf mich wie ein Rohrspatz!
Erreicht nicht mein Herz, kaum mein Ohr hats.
Ich schimpfe ja auch
Nach uraltem Brauch –
Doch ganz ohne giftigen Vorsatz.

IMMER NOCH BESSER

Mißfällt auch der rüde Ton vielen,
Mit dem sie den wilden Sohn spielen –
Noch lieber die Brüller,
Als die ganz braven Schüler,
Die schon heut nach der Pension schielen.

WELTLAUF

Wenn Ihr auch, so nasweis-gescheit,
Euch rühmt, wie *erwachsen* Ihr seid:
Nach wenigen Jahren
Schon wird mans erfahren:
Auch Ihr wart nur *Kinder* der Zeit!

STÖRRISCHE JUGEND

Der Vater sprach strenge zu Justus:
»Wenn ich Dirs befehle, dann tust Du's!«
Doch sagte voll Hohn
Der mißratene Sohn:
»Ich mag nicht – selber tun mußt Du's!«

NOCH SCHLIMMER

Ein Mann, in der Kleinstadt verdumpft,
Fühlt selbst, wie die Seele ihm schrumpft.
Dem Geschick zu entlaufen,
Verfällt er aufs Saufen –
Was hilfts? Jetzt ist er versumpft.

MISSACHTETE MAHNUNG

Papa sprach zur Euphrosyne:
»Kind, geh mir ja nicht zur *Bühne*!«
Sie trotzt dem Vater,
Geht zum Theater –
Der Schuld folgt verdiente Sühne.

ZUKUNFT

Geboren, post Christum natum,
Da weiß man den Ort und das Datum.
Doch streng sind verborgen
Die Daten von morgen –
Zum Glück wohl – vom ewigen Fatum.

UNTERWEGS UND DAHEIM

FALSCHES ERGEBNIS

Ein übles End hat genommen
Die Wallfahrt der erst so Frommen.
Sie kamen vom Saufen
Ins Rüpeln und Raufen –
Kaum sind sie heim noch gekommen.

VERKLÄRTE ERINNERUNG

Ein Mann fuhr übern Atlantik:
Er wurde seekrank und grantig:
»Nie wieder aufs Meer!«
Aber hinterher
Schwärmt er laut für die Seefahrt-Romantik.

BESTRAFTE EILE

Ein Urlauber macht eine Fernfahrt,
Wobei er Luzern sich und Bern spart,
Zu gewinnen an Zeit. –
Jetzt, eingeschneit,
Hockt er droben am Großen Sankt Bernhard.

MÖGLICHST WEIT

Man kann die Leute nicht hindern,
Zu fliegen bis weit zu den Indern.
Der Fernverkehr
Macht die Betten leer
Daheim, bei den Landeskindern.

HEREINFALL

Ich geriet in ein Luxus-Hotel;
Den Preis überschlug ich da schnell
Und kam zum Befunde:
Fünf Mark in der Stunde!
Da reiste ich ab auf der Stell!

SONNENKÜSTEN

Ein Herr, der in Rom Architekt war,
Erwarb und bebaute drei Hektar
Mit Häuschen, ganz windig –
Doch äußerst spitzfindig
Und verlockend drum, der Prospekt war.

ALTE ERFAHRUNG

Der Frühling war heuer beträchtlich:
Glüheiß wars fast täglich und nächtlich
Kaum regnets zwei Tage,
Schon tönt rings die Klage:
»Sauwetter!« schimpft jeder verächtlich.

Petri Heil

Ein Fischer, bei Interlaken
Kriegt leider nichts an den Haken.
Beim Wetter, dem heißen,
Die Fische nicht beißen –
Um so ärger die Bremsen und Schnaken.

Das liebe Geld

Zwei Knaben, die fanden 'nen Groschen –
Wie jäh war die Freundschaft erloschen:
'S wollt jeder der Knaben
Gefunden ihn haben;
Sie haben sich gründlich verdroschen.

Waldfrieden

Einst war's nur für Hasen und Füchse
Im wildesten Waldesgewüchse
Der einsamste Platz.
Jetzt liegt dort Matratz,
Papier und Konservenbüchse.

Häufiger Fall

Ein Urlauber fährt durch Füssen,
Um kurz nur das Städtlein zu grüßen.
Was wird schon viel dran sein?
Doch lang in Neuschwanstein
Bestaunt er den Kitsch, den süßen.

HÖFLICHKEIT

»Da schauen S', am Waldrand zwei Reh!«
Obwohl ich sie gar nicht seh,
Ich tue halt so:
Den andern machts froh
Und mir tut die Lüge nicht weh.

KROKUS

Seit siebzig Jahren schier weiß ich:
Der Rose geb nicht den Preis ich,
Vor Kelchen, die blühen
Im Lenze, dem frühen,
Wenn kaum von der Erde das Eis wich.

DURCH DIE BLUME

'S wird, Blumen sprechen zu lassen,
Bei mancher Gelegenheit passen.
Doch prüfe, wer's vorhat,
Ob der andre ein Ohr hat,
Die Sprache der Blumen zu fassen.

SPIEL UND SPORT

Bescheidung

Ich übte mich lange im Bach-Spiel,
Dann merkte ich doch, wie ich schwach spiel.
Jetzt, daß es nicht stört,
Weil niemand es hört,
Begnüge ich mich mit dem Schachspiel.

Zum Trost

Ein hochgelehrter Professer
Spielt deshalb lang noch nicht besser. –
Er spielt miserabel
Er kommt in 'ne Gabel
Und demzufolge ans Messer.

Homo ludens

Zwei können gar nicht sich leiden –
Und doch siegt die Spielwut bei beiden.
Sie schweigen beim Schach bloß;
Sonst ging' gleich der Krach los –
Er läßt sich nur spielend vermeiden.

Spiel des Lebens

Nur spielen mit lauter Assen,
Die Spatzen den anderen lassen,
Den Zehner schmieren,
Kurz: nie verlieren –
Das könnte den Burschen so passen.

Glück

Einem Lottospieler aus Lippe
Half nichts sein jahrlangs Getippe.
Doch einem aus Unna,
Dem lächelt Fortuna,
Kaum, daß er zum erstenmal nippe.

Ein Sportfeind

Ich tu auf die Knie einen Bußfall:
Ich mache mir nichts aus dem Fußball!
Nicht lechz' ich, ob Sechzig
An Bayern grad rächt sich,
Wer minus spielt oder plus mal!

Die Sportgrösse

Der neue Weltrekord-Meister,
Die Massen zum Jubel hin reißt er.
Mit Gold gilts zu rahmen
Unsterblichen Namen! –
Verzeiht! Ich vergaß schon: wie heißt er?

Ein Held

Die Kraft der Eichen erstreben?
Die stärkste fiel Sturms-Streichen eben!
Und doch, sie fiel glorreich
Sie wollt nicht, dem Rohr gleich
Dem Schicksal weichen, ergeben.

Hinweis

Sprachforscher, geh auch auf den Sportplatz
Und freudig wirst sehen Du, dort hats
Beim Fußballspiel
Der Sprüche viel
Um Dir zu bereichern den Wortschatz!

Enthaltsamkeit

Wer wird noch besäuselt den Kraftwagen
Zu steuern bei Drohung von Haft wagen?
Aus Angst, daß ihm blühte:
»Mann! blas in die Tüte!«
Wird er nur noch bescheiden nach Saft fragen.

Vorbildlich

Mit dem Omnibus fuhr nach Creglingen
Ein Pfarrer mit seinen Pfleglingen.
Dort kehrten sie ein;
Auch der Pfarrer trank Wein. –
Nur der Fahrer ließ sich bloß Tee bringen.

EIN AUSWEG

Ein Mann sucht wie irr einen Parkplatz;
Doch findet er nicht auch nur karg Platz.
Er ärgert sich tot –
So endet die Not:
Jetzt hat er zumindest im Sarg Platz.

NERVENPROBE

Kommt wer beim Verkehr in der Großstadt
Unseligerweis in den Stoß – grad,
Bestehen oft Stunden
Aus Schreck-Sekunden –
Weh dem, der das Herz in der Hos' hat!

UNBEGREIFLICH

Mit dem Himmel die Rechnung macht,
Wer todbereit zieht in die Schlacht.
Der Kraftverkehr
Zählt der Opfer mehr –
Doch jeder fährt los und lacht.

KRAFTSPRÜCHE

Als Fahrer flucht ein sonst Feiner –
Kein Fuhrknecht könnt es gemeiner! –
Er fordert im Grolle,
Daß wer ihn was solle! –
Doch tat dies zum Glück bisher keiner.

Ein Pessimist

In München ein Vater spricht: »Schau, Bub!
Du wirst noch selbst alt und grau, Bub;
Und es ist dann noch immer –
Vielleicht wirds noch schlimmer! –
Die ganze Stadt eine Baugrub.«

Bescheidenes Glück

Der Großstadt-Mensch, wie er lahm schleicht,
Kaum lächelnd, weil nie sein Gram weicht.
Doch selig entrunzelt
Er sich und schmunzelt,
Wenns knapp noch zur letzten Tram reicht.

KAUZEREIEN

Peinliche Geschichte

Ein Mann kam noch knapp bis zur Tür –
Da hieß es: »Zehn Pfennig Gebühr!«
Er fand keinen Groschen,
Sein Stern war erloschen ...
Verzeiht ihm – er kann nichts dafür.

Wunderliche Vorstellung

Für Herren ist Zutritt befrackt bloß.
Die Damen ziehen fast nackt los.
Den Fall nur gesetzt,
'S würde umgekehrt jetzt,
Empfände das jeder als taktlos.

Ausnahme

Ein Schurke, sein Ziel zu erreichen,
Ging, wie man so sagt, über Leichen.
Doch als eine Katz
Lag tot auf dem Platz,
Zog doch er vor, auszuweichen.

BESTRAFTE HERAUSFORDERUNG

Wild schrie ein Raufbold in Berensch:
»Wenn Du dich traust, dann geh her, Mensch!«
Worauf der sich traute
Und arg ihn verhaute.
Das nimm auch Du Dir zur Lehr, Mensch!

BEZAHLTER SCHERZ

Ein jüngrer Bewohner Schweinfurts
Bracht aus Jux einen Holzstoß zum Einsturz.
Bei dem frevlen Gekletter
Kam er unter die Bretter –
Seitdem ist sein linkes Bein kurz.

MISSBRAUCHTES GOTTVERTRAUEN

Dem Pfarrer von Osterburken
Stahl nachts man das Kraut und die Gurken.
»Wer Gott vertraut,
Der braucht kein Kraut!«
Hinschrieben am Zaun diese Schurken.

RÄTSELHAFTE KRANKHEIT

Ein Industrieller aus Dortmund,
Dem zu Dienst jede Phrase sofort stund,
Muß jetzt beim Diktieren
Den Faden verlieren:
Er leidet unheilbar an Wortschwund.

TRAUTES HEIM

Im Wald, ja da lieb ich das Reh –
Doch nicht überm Kanapee,
Wenns kreuzgestickt
Mitleidig blickt
Auf der Hauswirtin schlechten Kaffee.

BEIM KONDITOR

Ein schleckiges Fräulein aus Glückstadt
Schlang Torten, sieben, acht Stück glatt.
Ein neuntes und zehntes,
Ihr Aug noch ersehnt' es –
Doch leider, ihr Bauch war schon dick satt.

MITLEID

Ein Jüngling liebte die Tante sehr –
Bis sie nichts gab von der (hohen) Kante mehr.
Er hat sie erdolcht –
Wer weiß wo er strolcht?
Er hat ja keine Verwandte mehr.

FEIN HERAUS

Der Lohengrin in einem Kahn schwamm,
Drin er, gratis gezogen vom Schwan, kam.
Kurz war nur sein Glück,
Bald fuhr er zurück,
Weils ihm auf den Fahrpreis nicht ankam.

FOLKLORE

Der Sepp nach uraltem Brauch jodelt,
Derweil vom Fasse die Jauch brodelt.
Die Fremden stehn gerne –
Wenn auch nur von ferne,
Weil er, im stinkenden Hauch, odelt.

»WHO IS WHO«

Es treibt sich oft rum in der Sauna
Ein höchst verdächtige Fauna.
Der Test: »wer ist wer?«
Fällt einem da schwer,
Wo nackt sich zeigt Graf und Gauna.

ZU SPÄT

Im Saal eine scheußliche Hitz hats –
Ganz hinten ist frei noch ein Sitzplatz.
Doch eh ich dort bin
Stürzt schon einer drauf hin
Und erobert ihn mit einem Blitzsatz.

HAARIGES

Ein biederer Schwabe aus Murrhardt
Ist stolz auf den mächtigen Schnurrbart.
Doch ists manches Jahr her,
Daß auch nicht ein Haar mehr
Dem Glatzkopf sprießt, das der Schur harrt.

RHEINFAHRT

Der Schiffer im kleinen Kahn fuhr,
An den Loreley-Fels er dran fuhr,
Von der Schönsten umgarnt –
Das hat mich gewarnt;
Weshalb ich auch nur mit der Bahn fuhr.

GLÜCKWUNSCH

Der Freund begrüßte den Josef:
»Mich freuts, daß ich hier Dich so froh treff!
Doch Wunder ists kaum:
Erfüllt ist Dein Traum –
Du bist ja seit heute Büro-Chef!«

UNANGEBRACHT

Ein Mann aus dem fernen Brasilien
Besuchte verwandte Familien.
Da tat es ihm weh:
Man sprach nur vom Kaffee. –
Er züchtete nämlich Reptilien.

MISSRATENER ABEND

Die Einladung hat mich erbost tief:
Erst ging schon des Hausherrn Toast schief,
Dann war der Wein
Nicht groß, sondern klein
Und schließlich war zäh noch das Roastbeef!

ERMUNTERUNG

Man kann auf der Frankfurter Messen
Nach Herzenslust trinken und essen.
Man geh einfach »hin« –
Und ist man erst drin,
Fragt keiner, von wannen und wessen.

POLITISCH LIED...

Einsicht

Ringsum auf dem Erdenballe:
Krawalle, Krawalle, Krawalle!
Die Welt voller Wahn!
Wer schuld ist dran?
Wir alle, wir alle, wir alle!

Wie gehabt

Wir lesen mit Schaudern Berichte:
Was gabs doch für Bösewichte!
Doch glauben wir bieder,
So komm es nie wieder –
Wer lernt denn schon aus der Geschichte!

Glimpflich weggekommen...

Hätt's noch so viel Pech ihm geregnet:
Sein Leben halt' der für gesegnet,
Dem in Menschengestalt
Doch mit Höllengewalt
Der Teufel nicht leibhaft begegnet!

RÄTSEL

Zwei Knaben, als Nazi einst stolz,
Die sägten drei Jahr lang dann Holz.
Sie sind heut »Demokraten« –
Woran sägen sie taten
Seither – selbst erraten Ihr sollt's.

REDEFREIHEIT

Ein Wörtchen in Nazi-Tagen
Und schon gings um Kopf und Kragen.
Heut läßt man jeden
Nach Herzenslust reden –
Doch hat er auch jetzt nichts zu sagen.

FRAGE

Gut wissen die Herrn zu vertuschen,
Was alles dreist sie verpfuschen.
Das Volk wirds schon fressen
Und wieder vergessen –
Hauptsache bleibt: wird es kuschen?

KANNEGIESSER

Als schlichter Bürger heut jedermann
Recht dummdreist ziehen vom Leder kann.
Gefahrlos er spricht,
Wie's ein anderer nicht
Vom Ministerstuhl aus und Katheder kann.

JE NACHDEM

'S fehlt nicht in der Presse an Winken
Wie's da und dort tue stinken.
Doch steckt, wer es las,
In den Dreck seine Nas'
In den rechten nur oder den linken.

FÜR UND WIDER

Die einen die Jünglinge gern sehn,
Die freudig in die Kasern gehn –
Die anderen nicht.
Um Bürger-Wehr-Pflicht
Geht der Streit drum in Presse und Fernsehn.

VERGEBLICHER FORTSCHRITT

Die Fernsehturm-Politik,
Statt Kirchturm-: welch gutes Geschick!
Und doch stimmts fast heiter
Wie trotzdem kaum weiter
Heut reicht der politische Blick!

VERWIRRUNG

Was man für ein Fähnlein auch hißt,
Schon gilt man als Opportunist,
Als Faschist, Anarchist,
Oder Avantgardist –
Bald weiß keiner mehr, was er *ist*.

GEBRANNTE KINDER

So mancher, der heut noch verlacht ist,
Schon morgen vielleicht an der Macht ist.
Drum zieht es der Feige
Wohl vor, daß er schweige,
Damit er mit keinem verkracht ist.

GEWARNTE TOPFGUCKER

Ein Glück, daß den Zeitgenossen
So mancher Topf bleibt verschlossen.
Denn höb man die Deckel,
Man stürbe vor Ekel –
So trüb käm die Brühe geflossen.

GEFÄHRLICHE ZEITEN

Die Guten träumen im Dösen:
Es wird wieder alles sich lösen.
Wir ließen die Braven
Ja gerne schlafen –
Doch leider wachen die Bösen.

KRISE

Ein alter Bergmann aus Bochum
Schaut traurig sich nach dem Loch um,
Draus einst waren Kohlen
Und Höchstlohn zu holen.
Doch heut geht sein Geist nur dort noch um.

WIRKUNG

Die Kraft allein ist vergeblich:
Der Hebel erst macht sie erheblich.
Zu schaden, zu nützen,
An diesem zu sitzen,
Sei Zeit Deines Lebens bestreblich!

GRENZEN

Ein Sieger der Feinde hohnlacht:
Schon hat er, die Welt zu bedrohn, Macht.
Kann er tun, was er will?
Geheimnisvoll still
Wächst mit der Macht auch die Ohnmacht.

BEKEHRUNG

Ein mißleiteter Jüngling aus Pirach
Folgte gläubig dem Baldur von Schirach.
Doch heut seht den Frommen,
Der Zuflucht genommen
Zur Weisheit des Jesus Sirach.

EIN AUFSCHNEIDER

Laut rühmt sich ein Herr aus Neuss,
Wie gut er gekannt hätt den Heuss.
Der hat ihm nur eben
Die Hand mal gegeben
Und müde gebrummt, ihn freu's.

ZEITUNG

Die Presse, die oft voller Tücken,
Macht gern Elefanten aus Mücken.
Noch lieber verfährt
Sie umgekehrt,
Gilts, Wahrheit zu unterdrücken.

SCHADENFREUDE

Ein hohes Tier hat, erschreckt,
Im Morgenblatt was entdeckt,
Das bös ihn betroffen. –
Wir wollen nur hoffen,
Daß ihm das Frühstück noch schmeckt!

TRAU, SCHAU, WEM...

Wen hätt es nicht schon geschaudert,
Mit wem er allen geplaudert:
Von gestern der Würger
Tarnt längst sich als Bürger –
Der, süß Dich zu grüßen, nicht zaudert.

ÜBERLEGUNG

Ob so oder so Du entschlossen:
Mißtrau Deinen Bundesgenossen!
Vermeide das Streiten:
Von zwei falschen Seiten
Wirst sonst Du mit Jauche begossen.

VOREILIG

Es haben die Ornithologen
Zu früh den Schluß wohl gezogen,
Der Pleitegeier
Gerottet sei er. –
Schon kommt er wieder geflogen!

WEHRLOS

Die Presse eifrig beglosselt,
Woran die Regierung bosselt:
Wo könnte man sparen?
Wir habens erfahren:
Kultur wird am ersten gedrosselt.

EIN GESINNUNGSAKROBAT

Ein junger Jurist, der es schlau macht,
Nur links am Rand mit Radau macht.
Gehts rechts wieder besser,
Dann wird er Assesser,
Der brav wie die meisten Kotau macht.

MEHRWERTSTEUER

Ists arg schon, Steuern zu zahlen,
Vermöchte die höllischen Qualen,
Von Posten zu Posten
Zu errechnen die Kosten
Ein Dante nur auszumalen.

Die Lohnschraube

Bewährt ist die Streik-Rechnerei:
Man fordert vier, bietet zwei.
Voraus siehts ein Kalb:
Mit drei und einhalb
Zahlt, vorerst, man wieder sich frei.

Vergeblich

Ja, stellt Euch nur vor das Loch,
Draus einstens der Teufel kroch,
Mit lauerndem Prügel –
Doch Maulwurfshügel
Hat hundert andre er noch!

Immer dran denken!

Gut, daß ich vergessen nicht hab,
Die Zeit, wo's zu essen nichts gab.
Der Kartoffel, gesotten,
Hochmütig zu spotten,
Ich nie mich vermessen drum hab.

Üble Geschenke

Der Mensch, der doch Gottes Kind ist,
Verfallen dem Spielzeug geschwind ist,
Vom Teufel erdacht,
Von Frau Welt gebracht,
Weil vor Begierde er blind ist.

CLIQUEN-WIRTSCHAFT

Ein unschätzbarer Gewinn ist,
Wenn einer schon irgendwo drin ist.
Daß hinein er sich drängel,
Glückte kaum einem Engel –
Wie gut, daß ers ohnehin ist!

AUS DEM KULTURLEBEN

SELBSTBELÜGUNG

Sagt wer, er *les'* Krimi nie,
Ists eine Art Mimikry:
Er *sieht* sie in Serien,
Daheim und in Ferien,
In Bonn wie in Rimini.

UNVERHOFFTE WIRKUNG

Der Vater sprach böse zum Klaus:
»Fernsehn kommt nie mir ins Haus!«
Der Sohn hats ertrotzt –
Jetzt sitzt da und glotzt
Der Vater, tagein und tagaus.

VOLKSNAHRUNG

Des Morgens ein Lustmord im Blättchen,
Des Abends ein Krimi, vorm Bettchen:
Das tägliche Futter
Für Vater und Mutter
Und kleine Buben und Mädchen.

»SAUBERE LEINWAND«

Laut rühmt, zur Erreichung des Zwecks,
Der Film sich oft selbst seines Drecks;
Zu locken die Massen,
Zu füllen die Kassen:
»Das Letzte an Roheit und Sex!«

VORM BILDSCHIRM

Ein Fernseher sieht ganze Horden
Spione und Gangster sich morden:
Wer, wen und warum?
Er ist halt zu dumm
Und ist nicht klug draus geworden.

WANDEL DER WELT

Einst kam die Scheherezade
Durch Märchen-Erzählen in Gnade.
Heut lacht der Kalif
Vorm Bildschirm sich schief. –
So ändert die Welt sich – wie schade!

UNRUHIGE WOHNUNG

Mich quälte mein linker Nachbar,
Der pausenlos spielte als Bach-Narr.
Doch, ach, noch viel schlechter
Benahm sich mein rechter,
Bei dem nur Jazz-Musik-Krach war.

BEFÜRCHTUNG

Es stirbt ein großer Tragöde
Vorm eignen unzählige Töde
Von Hamlet bis Faust;
Doch mit Recht Du mißtraust:
Im Ernstfall versagt er wohl schnöde.

FALSCHE LACHER

Auf der Bühne die scheußlichsten Sachen
Nur lustig die Leute machen,
Statt daß ihnen's grause.
Nur ein Bruchteil – zuhause! –
Und 's verginge ihnen das Lachen.

DER STAR

Zuerst war sie nur eine Hur'
Von Bildung auch nicht die Spur.
Doch Millionen lechzen
Nach ihrem Sing-Krächzen:
Jetzt ist sie ein Stern der Kultur.

PRIMADONNA

Verdient nicht die Sängerin lang's Lob,
Die auf Flügelchen des Gesangs schwob
Und dabei rund
Zweihundert Pfund
Auf die steilsten Höhen des Klangs hob?

Un-Gehöriges

Musik, mit Geräusch verbunden,
Schon Busch hat nicht schön sie gefunden.
Mit Knattern und Wimmern
Sie's heut noch verschlimmern:
Musik im Geräusch ist verschwunden.

Applaus-Wut

Der Sänger war mäßig – doch endlos
Geht jetzt das Schlagen der Händ' los.
Ein Patschen und Klatschen
Fast so, als ob Watschen
Anstatt des Beifalls man spend bloß.

Im Theater

Am Anfang man oft noch gepackt ist,
Weil leidlich der erste Akt ist.
Dann wird es vertrackter
Und abgeschmackter,
Bis es endlich in Blödsinn versackt ist.

Pop art

Ein Professor, bebrillt und bebartet,
Verfocht, unsre Kunst sei entartet.
Doch hüllten die Feigen
Sich alle in Schweigen –
Wer hätt auch was andres erwartet?

GANZ PRIVAT

Nur heimlich will jedem es taugen,
Zu spritzen die giftigsten Laugen;
Für ehrliches Urteil
Ists immer von Vurteil,
Spricht aus mans unter vier Augen.

KUNSTERZIEHUNG

Ein biederer Jüngling aus Boppard
War Gegner der Pop- und Op-Art.
Doch ward er belehrt
Und in München bekehrt,
Bis daß er ein richtiger Snob ward.

GRENZEN

Ein Spießer glotzt wie ein Frosch da:
Sein Kunstverständnis verlosch da,
Als Wand um Wand
Vor Abstrakten er stand:
Bei ihm reichts kaum bis Kokoschka.

DER SNOB

Wer nie was gehört hat von Tasso
Von Lippi, Orlando di Lasso,
Ist doch gleich bereit,
Zu schwätzen gescheit
Zum Beispiel über Picasso.

OHNE WIRKUNG

Ein Weibs-Bild, das splitternackt zwar,
Jedoch gemalt ganz abstrakt war,
Ließ jung und alt
In der Ausstellung kalt,
Weil niemand erotisch gepackt war.

LERNEN UND LEHREN

SCHUL-ERINNERUNG

Einst war ich um eine Gleichung
Bemüht bis zur Hirnerweichung –
Vergessene Not
Auf Leben und Tod:
Zwecks Klassenzieles-Erreichung.

FÜR HUMANISTEN

Die schöne Sprache der Griechen
Beginnt nach dem Abs schon zu siechen.
Kaum kann mans mehr lesen –
Doch noch im Verwesen
Den Duft der Unsterblichkeit riechen.

SCHULREFORMEN

Es ringen die Trommler des Steißes
Um die Nutzanwendung des Fleißes.
»Mehr Latein! Mehr Kultur!«
»Mehr Physik, mehr Natur!«
Ich fürchte, die Schüler zerreiß es!

RIGOROSUM I

Ein Göttinger fiel durchs Examen. –
Er klagte, wie schlecht sich benahmen
Die prüfenden Herrn:
Sie wollten nur gern
Erfahrn von ihm Zahlen und Namen!

RIGOROSUM II

Hingegen ein Jüngling aus Kassel,
Der hatte ein richtiges Massel:
Zwar wußt er auf Fragen
Nur wenig zu sagen,
Doch glückte es ihm mit Gequassel.

ALMA MATER

Daß unterm Talar, der Altkluft,
Es wie aus modrigem Spalt mufft,
So meinen die Jungen,
Vom Willen durchdrungen,
Hindurch zu brausen mit Kaltluft.

EIN LEBENSLAUF

Ein Studienlehrer in Saaz,
Der befaßte sich nur mit Horaz.
Horaz ist geblieben –
Der Mann ward vertrieben
Und starb als Professor in Graz.

VERWUNDERLICH

Ein Schuldirektor aus Kempten
Fuhr eines Tags nach Southampton.
Vom Englischen dort
Verstand er kein Wort
Man spricht's eben anders in Kempten.

WARUM EINFACH?

Der Psycholog macht's bequem:
Ein schlichter Fall wird Problem!,
Das leider man dann
Kaum lösen kann! –
Wie ward die Welt schwierig seitdem!

FORTSCHRITT

Daß fromm er die Schöpfung bewunder',
Sieht bald der Mensch keinen Grund mehr,
Seit jeder Professer
Aus Kunststoff stellt besser
Das Zeug, als natürlichen Schund, her.

HERZVERPFLANZUNG

Die Wissenschaft, was kein Scherz mehr,
Stellt fest, wir haben kein »Herz« mehr.
Es ist nur ein Pumpwerk –
Und meist ein Gelumpwerk! –
Wo kommen jetzt Lust und Schmerz her?

EIN GLEICHES

Der Mensch verpflanzt Herzen, vermessen.
Bisan hat er seins nur besessen,
Drauf schaute Gott. –
Das wird jetzt zum Spott –
Selbst Er muß sich fragen: auf wessen?

GUTER MOND...

Vom Fortschritt die Welt nicht verschont ist:
Gelandet man weich auf dem Mond ist!
Den Freund der Gedanken
Sieht leuchten, den blanken
Ein Mensch, wie seit je ers gewohnt ist.

HOFFNUNGSLOS RÜCKSTÄNDIG

Vergebens man sich als Greis wehrt:
Ist denn der Mond eine Reis' wert?
Kostspielige Raumfahrt!
Mond-Peterchens Traumfahrt,
Wie war sie beglückend und preiswert!

LEBENSABEND

Die Heilkunst oft für die Katz ist,
Weil krassest der Gegensatz ist:
Mit Mühe die Alten
Am Leben zu halten –
Wenn dann für die Greise kein Platz ist.

STERNKUNDE

Die Astronomie mir stets fern stand,
Wie wunderbar auch ich die Stern' fand.
Mich verwirrt das Gewimmel
Am nächtlichen Himmel –
Die Hoffnung mir, daß ichs noch lern, schwand.

IGNORABIMUS

Wie weit wir Gescheiten 's auch trieben –
Die Grenzen sind doch uns geblieben:
Denn Gott kann sie heiter
Ins Ewige weiter,
Ins Unerforschliche, schieben.

SCHREIBER UND LESER

Verschiedene...

Ein Mann schrieb was von den Molukken;
Gleich ließ man bei uns es drucken:
Mit sehr viel amore
Und noch mehr Folklore –
Wie gierig die Leser das schlucken!

Einstellung

Ein andrer schrieb was aus Bayern,
Die eigene Heimat zu feiern.
»Das riecht ja nach Loden,
Nach Blut und nach Boden!«
Begann die Kritik gleich zu leiern.

Kritiker

Wer nie im Leben Dir Gruß bot,
Dein Werk zu verwerfen als Schmus droht:
Kaum, daß Du vermorscht,
Da kommt er und forscht,
Mit jeder Lesart und Fußnot'.

Vorsicht!

Ein Dichter kann nur gewinnen,
Verlegt er sich richtig aufs Spinnen.
Bloß zur Melancholie
Da rate ich nie.
Die schlägt sich zu heftig nach innen.

Der Klüngel

Ein Kluger macht mit nur verdrossen
Bei manchen Preisgerichts-Possen;
Schlägt den und den vor –
Und findet kein Ohr:
Die Sache ist längst schon beschlossen.

Literatur

Bald links, bald rechts sitzt ein Giftzwerg
Und bosselt an einem Schriftwerk
Voll Tücke und Haß,
So, daß niemand ihn faß'
Und jeder doch, wen es trifft, merk'.

Ein Umstrittener

Ich weiß nicht, warum man den Haß grad
Geworfen so wild auf den Grass hat.
Was hinter dem Schnauzbart
Oft dieser Rabautz schnarrt,
Ist geistreich, so daß man dran Spaß hat.

URSACHE

Daß ein Autor ein bißchen Gewicht kriegt,
Nicht immer am guten Gedicht liegt.
Ein reger Verleger
Und Neuigkeitsjäger
Druckts nur, daß ein andrer es nicht kriegt.

NATURLYRIK

Der Krokus, schon Blühens beflissen,
Verrät, daß es lenzt, den Narzissen.
Wie in glücklichern Tagen
Die Nachtigalln schlagen –
Nur Dichter wolln nichts mehr 'von wissen.

TANDARADEI!

Ein jüngerer Autor bestritts schwer,
Ob Bäume und Vogelgezwitscher
Noch lyrisch zu grüßen?
Er stellt, statt des süßen,
Nur zeitgemäß saueren Kitsch her.

FRAGE

Ja, wär Dein Geschreibsel auch Mist:
Wenns nur »literarisch« ist!
Dann wird es berochen,
Beäugt und besprochen –
Bloß: obs auch das Publikum frißt?

SCHNELL VERGESSEN

Ein Dichter einst blühend im Wort war,
Bis eines Tags er verdorrt war.
Kein Käsblatt mehr druckt ihn,
Die Zeit hat verschluckt ihn,
Noch eh aus der Welt er selbst fort war.

PRO DOMO

Dich erdrückt die Last des Gepäcks schier,
Trägst Du Goethen herum nur und Shakespeare.
Auch leichtere Sachen –
Vielleicht was zum Lachen? –
Sind wertvoll: Mensch, überlegs Dir!

DER HEUCHLER

Ein Schurk nimmt das Buch des Kollegen,
Im voraus dankend, entgegen:
Den Abend zu würzen,
Werd er gleich sich drauf stürzen!
Wir dürfen wohl Zweifel dran hegen ...

ÜBERRASCHUNG

Ich stand in der Kleinstadt ganz baff da:
Was bietet schon dieses Kaff da?
Als säh ich Gespenster
Im Buchhandlungsfenster
Was sah ich: Nur Kafka und Kafka!

REVISION

Oft les ich mit ehrlichem Kummer
In alter Zeitschriften-Nummer,
Was einst mir, wie allen,
Ganz prächtig gefallen –
Ja, war ich denn damals ein Dummer?

BEFREIUNG

Ein Mann las, obzwar mit Verdruß,
Das schlechteste Buch bis zum Schluß.
Als Greis sagt er heiter:
»Ich les nicht mehr weiter –
Wer sagt mir denn, daß ich muß?«

BILDUNG

Wer voreinst als Leser war tüchtig,
Durchblättert jetzt Bildbände flüchtig:
Verwilderung nur!
Nach Bebilderung nur,
Nicht nach Bildung mehr ist er süchtig!

VORTEIL DES ALTERS

Ein Greis hat, einst lesebesessen,
Nach Tausenden Bücher gefressen.
Eins tuts ihm heut leicht:
Bis den Schluß er erreicht,
Hat er längst schon den Anfang vergessen.

BIBLIOPHILIE

Ein Bergsteiger saß in der Hütten;
Drei Tage schon tat es nur schütten.
Wie's auch um die Alm ström,
Er las seinen Palmström
In Erstausgabe, auf Bütten.

EIN LESER

Ein Badegast liest in Livorno
Am Strande ein Buch von Adorno.
Das wird ihm zu schwierig,
Drum greift er jetzt gierig
Nach einem »Krimi plus Porno«.

EIN ZWEITER

Ein Urlauber sitzt in Brissago:
Im Nebelregen der Lago!
Er mopst sich halb tot –
In äußerster Not
Liest zu End er den »Doktor Schiwago«.

NOCH EINER

Ein dritter liest in Chioggia
Die Zeitung in seiner Loggia.
Er freut sich ganz riesig,
Darob, daß er hiesig
Und in Laos nicht und Kambodscha.

KLAGE

Den Gellert liest man heut nicht mehr –
Oder gar den Pfeffel und Lichtwer.
Von einst respektablen
Verfassern von Fabeln
Weiß niemand fast ein Gedicht mehr.

NÜTZLICHE VERSPÄTUNG

Ein Buch, das nach Kritiker-Thesen,
Man *mußte* haben gelesen:
Jetzt wär ich erbötig –
Doch ists nicht mehr nötig:
Es ist nur so wichtig – *gewesen!*

HOCHFLUT

Ein Leser nur fragen wollte,
Welchen Buchkauf er wagen sollte.
Er geriet in die Woge
Der Verlagskataloge,
Die, ihn zu erschlagen, rollte.

LIEBE UND EHE

GEGENSÄTZE

Ein Mädchen, das nett und adrett war,
Nur daß es so flach wie ein Brett war,
Tat selbst sich oft leid
Und schaute voll Neid
Auf jede sogar, die zu fett war.

NUTZLOSE REUE

Ganz knapp vor der Hochzeitsfeier
Entlief einer Jungfrau der Freier.
Sie ging zu den Nonnen,
Höchst unbesonnen –
Jetzt weint sie nachts in den Schleier.

EISERNE JUNGFRAU

Ein Blaustrumpf der Männer sich wehrte,
Obwohl sie gar keiner begehrte.
Nur daß, falls wer möchte,
Einen Korb sie ihm flöchte,
War das Glück, dran sie lebenslang zehrte.

STRAFE

Ein Mann durft ein Mädchen im Traum sehn,
So schön, wie's im Leben wir kaum sehn.
Er benahm sich natürlich
(Im Traum!) ungebührlich:
Schon mußt ers zerfließen zu Schaum sehn!

VERPASSTE GELEGENHEIT

Ein Mann denkt am einsamen Tischlein:
»Dort drüben, welch reizendes Fischlein!«
Zu feig, daß ers angelt,
Die Ausred' nicht mangelt:
»Es könnt vielleicht nicht mehr ganz frisch sein!«

ENTWICKLUNG

Erst gings um die freien Waden,
Und dann ums Familienbaden,
Und weiter und weiter. –
Wir fragen, fast heiter:
Was kann der Moral heut noch schaden?

KINDISCHER GREIS

Ein reichlich bejahrter Kanzleirat
Entschloß sich noch endlich zur Heirat.
Heut fährt er schon
Mit dem kleinen Sohn
Um die Wette herum auf dem Dreirad.

Je nach Geschmack

Dem Ehepaar, bald nach dem Flitter,
Gesellt sich als Hausfreund ein Dritter.
Es sind solche Schalken
Im Auge ein Balken
Dem einen, dem andern ein Splitter.

Münchner Fasching

Der »Scheich von Beludschistan«
Sprach zur Frau: »Wenn Geknutsch is', dann
Laß Dich nicht ein
Mit jedem Schwein,
Weil die Ehe leicht futsch is dann!«

Vorsicht!

Im Fasching, bei Tanz und Musikschall
Ereilte schon manchen sein Schicksal,
Der scherzte und lachte
Und weiter nichts dachte,
Als daß er riskier einen Blick mal.

Tugendschutz

Ein Lüstling wollt drüber sich klar sein:
»Was müßt's, wenn ich dürfte, in bar sein?«
Das Weib sprach: »ab funfzig!«
Da hob die Vernunft sich:
Er war im Grund nur ein Spar-Schwein.

ÖFFENTLICHE AUFFÜHRUNG

»Mach, bitt ich«, zischt der Helene
Der Gatte zu – »jetzt keine Szene!«
Doch tief verletzt,
Heult die: »Grade jetzt!« –
Und das im Foyer, nota bene!

ZU VIEL DES GUTEN

»Du bist mir *zu* sonnig, Adele –
Mehr Schatten ich Dir empfehle!«
Doch grausam-heiter
Strahlte sie weiter...
Hitzschlag traf des Gatten Seele.

HÄUSLICHER ZWIST

Der Gatte sprach wild zur Therese:
»Quatsch nicht, wenn grad Zeitung ich lese!«
»Lies nicht, wenn ich rede!« –
Fast täglich die Fehde:
Nie fanden sie die Synthese.

VORSCHLAG

Einst war für die Hausfrau, die künftige,
Ein Kochkurs gewiß das zünftige.
Heut, wo nur Maschinen
Fast sind zu bedienen,
Wär mehr die TH das vernünftige.

NEUER BEGRIFF

Ein Lied gibts aus alten Tagen:
»Wer wollte mit Grillen sich plagen?«
Was heut nicht mehr gilt,
Denn jede Frau grillt,
Die nicht gewillt, sich zu plagen.

ÜBERFORDERUNG

Was soll wohl der legitimen
Hausfraulichen Gattin geziemen?
Noch küchenverschmutzt,
Soll, frisiert und geputzt,
Die »grande dame« abends sie mimen.

ERSATZLEISTUNG

Die Magd hat im Lauf von drei Wochen
Erwiesen: sie kann gar nicht kochen!
Nur – küchenbenutzend
Hat rund sie zwei Dutzend
An Tassen und Tellern zerbrochen.

SCHLECHTER EINFLUSS

Die Magd war, allein, eine Perl –
Bis so ein windiger Kerl
Sie gründlich verhetzt;
Zu zweit sind sie jetzt
Schon ein ausgesprochenes Gschwerl.

HAUSHALTSORGEN

Schwer ists oft – doch gilts, sie zu hegen! –
Die Raumpflegerin zu verpflegen.
Sie hat nur zur Not Zeit,
Von Brotzeit zu Brotzeit,
Ein bißchen zu waschen, zu fegen.

DIE MITSCHULDIGEN

Oft Ehen wir scheitern just dran sehn,
Daß Verwandte Weiber uns andrehn,
Mit sanftem Zwange. –
Die Reue, die lange,
Die wolln sie dann nicht mehr mitansehn.

DER STROHWITWER

Erst dachte ich täglich, ich koch' was –
Jetzt eß ich die dritte Woch' Kaas,
Als lust'ger Strohwitwer:
Wo keifte, wo stritt wer? ...
Trotz magerer Kost machts mir doch Spaß.

IM RISTORANTE

Der Mann wollt bestellen, was lecker –
Vergeblich der Gattin Gemecker:
»Ich warne Dich, Hugo,
Vor Spaghetti al sugo!« –
Ganz schauderhaft war das Geklecker!

ALTE GESCHICHTE

Die junge Eh wär in Butter –
Macht' nicht oft die Schwiegermutter –
Und just die bemühte,
Durch sorgende Güte,
Sie täglich kaputt und kaputter.

REZEPT

Oft klappt es nicht mit der Hochzeit:
Der Mann läßt sich noch und noch Zeit.
Wie beim Sieden und Braten
Die Frau muß erraten
Genau die richtige Kochzeit.

SCHADE!

Der Gatte frißt in Minuten
Hinein oft die Sachen, die guten,
Um die sich in Stunden
Die Hausfrau geschunden –
Das Herz möchte manchmal ihr bluten!

GUTER RAT

Die schönste Eh kommt ins Wanken:
Man möcht bis zur Tobsucht zanken.
Von Worten, gar Taten
Ist abzuraten:
Man begnüg' sich mit finstern Gedanken.

WIDERRUF

Der Rat, den soeben wir gaben,
Wird durchwegs nicht Geltung haben:
Für viele scheints besser:
Erst Kampf bis aufs Messer –
Und die Wut dann in Lust begraben!

EHELEBEN

Mit ewigem Warum und Darum
Treibts auch ein glückliches Paar um:
Bald hat man sich gerner,
Bald steht man sich ferner –
Und plötzlich sind dreißig Jahr' um.

FORTSETZUNG, GEOGRAPHISCH

Der Heuchler

Ein Kurgast schreibt aus Bad Nauheim,
Wie arg er sich langweile, schlau heim.
In Wahrheit mißt
Er bang schon die Frist,
Wo er wieder muß zu der Frau heim.

Sitten – reinlich

Ein Bauernmädchen aus Kals
Das wusch sich zum Sonntag den Hals
Bis zum Ansatz vom Busen –
Denn tiefer zu schmusen,
Erlaubt sie dem Freund keinesfalls.

Trübe Geschichte

Ein armer Poet aus Germersheim,
Führte ein Weib, ein noch ärmers, heim.
Das konnte nicht kochen,
Kam nur in die Wochen –
Not suchte das Haus des Schwärmers heim.

ÄRGERNIS

Drei üppige Weiber in Emden
Spazierten in Höschen und Hemden.
In Paris, in Berlin,
Da nähm mans noch hin –
In der Kleinstadt muß es befremden.

EIN AUSWEG

Ein Ehekrüppel aus Miesbach
Nach längerem Belauern wies nach,
Daß seine Frau
Seine Post las genau –
Jetzt nahm er einfach ein Schließfach.

ABGEBLITZT

Bei einem Ehweib in Bruchsal
Dacht einer: »na, ich versuchs mal!«
Nichts wollt sie erlauben –
Da waren die Trauben
Zu sauer wieder dem Fuchs mal!

WER WEISS?

Ein Mädchen spaziert' an der Urft;
Es war verlockend gekurvt.
Ein Jüngling nicht wagte
Daß keck er sie fragte –
Vielleicht, er hätte gedurft.

Die keusche Susanne

Hingegen zeigt' an der Aisch
Ein Weib beim Baden viel Fleisch.
Ein Greis wagte lüstern
Ihr leis was zu flüstern –
Schon floh sie, mit lautem Gekreisch.

So geht's

Ein schnippisches Fräulein aus Horb
Gab den nettesten Herrn einen Korb,
Bis ein Taugenichts kam
Und schlankweg sie nahm
Am ersten Tag in Bad Orb.

Nutzlose Warnung

Einer Ausreißerin aus Forchheim
Schrieb der Vater streng: »Komm – gehorch! – heim«!
Zu spät – denn noch ledig
Suchte sie in Venedig
Ein italienischer Storch heim.

Die Zimperliche

An einer Jungfrau in Witten
Hat mehr als ein Mann schon gelitten.
Denn keiner errät sie:
Erst tut sie, als tät sie –
Und läßt sich dann doch nicht erbitten.

RASCHE WIRKUNG

Voll Unschuld aus Buxtehude
Nach München kam Fräulein Gertrude.
Sie kriegte geschwind
Einen Freund und ein Kind –
Das kommt von der sturmfreien Bude.

AUSGLEICH

Ein braves Mädchen aus Düren
Ließ erstmals in Köln sich verführen.
Die Bahn wurde schiefer,
Sie sank immer tiefer –
Doch erhöhte sie die Gebühren.

EIN GLÜCKSFALL

Ein schüchterner Jüngling in Ansbach
Lief brav einer dummen Gans nach.
Längst wär er ihr Gatte! –
Doch Heil ihm, er hatte
Den Mut nicht, daß er sie ansprach.

WIEDERSEHEN

Ein fescher Fant in Rapallo
Grüßt laut ein Fräulein mit »Hallo!«
Aus Köln kam die her
Und freute sich sehr,
Zu sehn ihren Papagallo.

Unverhofftes Glück

Ein Herr stieg in Bebra verkehrt um:
Doch wärs, daß er drob sich beschwer', dumm:
Ein Wut-erst-Durchtobter
Grüßt jetzt als Verlobter! –
Des Schicksals Weg ist oft sehr krumm.

Enttäuschung

Ein Schlaukopf fuhr eigens nach Schweden –
Denn oft hörte drüber er reden,
Wie im äußersten Thule
Man hemmungslos buhle –
Doch sah er, das gilt nicht für jeden.

SCHÜTTELREIME

Leicht ists, so schüttelnd hinzusabbern –
Doch meist drohts mit dem Sinn zu hapern.
Des Schüttelns sind wir ohnehin satt –
Besonders, wenns dann wenig Sinn hat.

Es lohnt nicht...

Ein Dieb, der Honig haben wollt',
Sich aus dem Stock die Waben holt.
Doch – was ihm nicht zum Segen dient! –
Die Bienen scharf dagegen sind.
Auch muß er untern Steckenhieben
Des Imkers durch die Hecken stieben.
Ein losgelaßner Hund noch gar bellt –
Moral: Kauf Honig gegen Bargeld!

Nach dem Angriff 43

Ich hoff, es kommt der Kitter bald,
Denn langsam wirds jetzt bitterkalt.

Adelsstolz

Nur ungern sehn die Feinen klettern
Am Stammbaum ihre kleinen Vettern.

Vorsicht!

Millionen Menschen droht zu töten,
Wer kaum wagt, Schnecken tot zu treten.

LEBENSGIER

Jung hat er die Zeit wie im Rausche vertan,
Bis schnell sie im Jahres-Tausche verrann.
Mit Fingern, fest wie aus Eisen, krallt er
Ans Leben sich jetzt, im Greisenalter.

THEATER-ABONNEMENT

Der Alte mit der bleichen Glatze
Sitzt immer auf dem gleichen Platze.
Auf seinen Kopf ich wie ein Mörder stier:
Die Aussicht auf die Bühne stört er mir!

ABKÜHLUNG

Ein Jüngling, der gerad beim Baden war,
Und des Gewands von Hals bis Waden bar,
Muß über böse Burschen leider klagen:
Nichts liegt, wo eben seine Kleider lagen;
Wird da noch lang die Freibad-Liebe dauern,
Wenn hinter jedem Busch die Diebe lauern?

JAHRESZEITLICHES

Erst waren's, nur ein Weilchen, vier –
Jetzt stehn in lauter Veilchen wir.

Ein Frühlingstag, ein linder, wich
Und schon ists wieder winterlich!
Und kaum noch fingen die Iden des Mais an,
Meldete schon sich der erste Eismann.

Weil der ihm höchste Blumen-Lust gibt,
Der Gärtner vorab den August liebt.

Der Wind bläst aus dem Süden toll –
Wo üben ich Etüden soll!
Nicht üben ich Etüden mag –
Ich hab heut meinen müden Tag!

Der Sommer schwindet wunderleis:
Kaum blühte der Holunder weiß,
Zeigt schon der Herbst das schwere Bild,
Wie schwarz nun Beer um Beere schwillt.

MYTHOLOGIE

Kaum daß des Morgens Schleier weicht,
Aktäon sich zum Weiher schleicht,
Daß er, der Lust zu frönen, schau
Den Leib der göttlich schönen Frau.
Dianen, schon zum Bade nackt,
Die Wut gleich 'ner Mänade packt,
Als sie den allzu Kecken dann
Tief im Gebüsch entdecken kann.
Sie hat an ihm nicht wirsch gehandelt:
Ihn erst in einen Hirsch verwandelt,
Und dann, in ihrem letzen Hassen,
Von seinen Hunden hetzen lassen.

TORGAU

Der Alte Fritz, schlechter Laun', dachte,
Daß diesmal als letzter der Daun lachte –
Wie er aus der wirren Lage schloß:
Da brach Ziethen mit einem Schlage los
Aus dem Busch mit dem wilden Reiterheer:
Der König ward wieder heiterer!
Noch heut, nach zweihundert Jahren sagen
Wir stolz, wie kühn die Husaren jagen.

»HOBBY«

Zum Steckenpferd ich heiter rat'
Und wünsch, daß Glück der Reiter hat.
Der eine hören nur vom Sport will,
Der andre liebt ein nettes Wortspiel.
Ein dritter schätzt der Karten Gunst,
Ein vierter schwärmt für Gartenkunst.
Ein fünfter sich mit starkem Rauch beizt,
Den sechsten nur, zu fülln den Bauch, reizt.
Ein siebter, – daß ich kostbar spaße –
Trägt all sein Geld zur Postsparkasse.
Der achte Wein, Weib und Gesang liebt,
Der neunte Marken Nächte-lang siebt.
Der zehnte jagen, fischen will,
Der elft' schaut Telewischn viel.
Der zwölft', als Leser, mir als Held gelt',
Der mehr vom Geiste als vom Geld hält!

SCHWACHES GEDÄCHTNIS

Ich weiß zwar nicht mehr, was ich las –
Doch von dem Dichter las ich was.

SPORTFISCHER

Nur in ganz seltnem Fall erwischt
Ein Mann was, der auf Waller fischt.
Auf Huchen spinnen ist am Inn trist,
Grad wenn man weiß, daß einer drin ist.
Du glaubst, nach heftigem Gefecht hast
Gefangen Du den Riesen-Hecht – fast!
Doch der, mit frechem Linsen, bockt:
Der Fluchtweg in die Binsen lockt.
Er wünscht noch, vorderhand zu leben
Und ist nur schwer an Land zu heben .–
Vielleicht gelingt dir an der Mangfall
Der hochgerühmten Äschen Fang mal.
Doch narrn ein Tag, ein öder, kann:
Sie schnuppern kaum den Köder an.
Wenn die Forell' die Fliege sieht,
Sie knapp vor Deinem Siege flieht.
Zum Weiher sich der Laie schleicht
Und meint, er krieg die Schleie leicht. –
Kurzum, fischt mit der Angel man,
Trifft häufig man nur Mangel an.
'S wird »Petri Heil!« ein Spaßerwort –
Trotzdem, es leb der Wassersport!

HUNGRIGER ABEND

»Ortskundig Du wohl auch als Esser bist –
Drum sage uns, wo man hier besser ißt!«
»In jedem Wirtshaus findet Mängel Ihr;
Am besten noch gefiel' der ›Blaue Engel‹ mir!«
Umsonst, daß man zu diesem Engel dräng':
Es ist dort scheußlich vor Gedrängel eng.
Unschlüssig wollen wir nicht gerne stehn,
Weshalb wir rasch zum »Goldenen Sterne« gehn.
Doch einen Haken es auch mit dem Stern hat:
Skatabend findet dorten »nur für Herrn« statt.
Weil wir, schon müde, Wortgefechte hassen,
Wolln wir Vertraun zum »Grünen Hechte« fassen.
Wer glaubt, es würde Glück nun walten, irrt:
'S ist Ruhetag – wie auch beim »Alten Wirt«.
Passanten wir durch Frage-Horchen stören –
Und sind schon froh, daß wir vom »Storchen« hören.
Auch dorten wir mit traurigem Gefühl standen
Weil auf den Tischen wir die Stühl fanden.

FLUGREISE

Als ob es frisch gemolken wär,
Lag unter uns das Wolkenmeer.

HERBERGE

Nacht wirds; und Sturm um Weg und Stege weht.
Dies Wirtshaus einsam nur am Wege steht.
Wird uns der Schlaf in dem Gehäuse laben?
Ich seh schon, daß die Kinder Läuse haben!
Um schmutzige Tische tausend Fliegen schwirren;
Stechmücken, vorerst noch verschwiegen, flirren.
Von Spinnen sind, im Haus, im ganzen, Weben.
Vermutlich wirds auch Flöh und Wanzen geben.
Die Mäuse schon aus allen Ritzen spitzen;
Am Bettstroh wird man sich, am spitzen, ritzen.
Auch sonst wird man noch viel Beschwerden haben:
Vom Herde laufen ganze Herden Schwaben.
Schlecht kommt man bei der Frau, der kessen, an,
Fragt man bescheiden, was man essen kann;
So daß man besser wohl sich's, daß man eß', spart.
Kurz, eine Räuberhöhle, wie im Spessart.

SCHWIERIGE WAHL

Festwochen gibt es reihenweise –
Wohin ich, mich zu weihen, reise?
Das beste aus der langen Reih beut
Doch wohl noch Salzburg oder Bayreuth.

VENEDIG

Die Traumstadt muß zum Märchen passen
Nicht nur den Hochzeitspärchen-Massen,
Wie meist man's von Ven-edig liest;
Auch mancher, der noch ledig ist,
Zu zweit sich eine Barke mietet,
Wo Herrlichstes San Marco bietet.
Die Stadt, auf harten Eichenrosten,
Ward üppig durch den reichen Osten,
Jetzt, auf den fast schon weichen Resten,
Nährt gut sie sich vom reichen Westen.
Wir hoffen, wenn auch schon Gestank weht,
Daß sie noch lange ohne Wank steht!

KARTENGRUSS

Wer in die Dolomiten reist,
Der kommt auch auf den Ritten meist.
Nachts kann er Stern-, am Tage Schlern-gucken;
Auch wird er den Terlaner gern schlucken.
Wir waren zwar bis Canazei drinnen,
Doch war's zu weit uns zu den Drei Zinnen.

LIEBE – SO UND SO

Glücklos sehn manche Ehe wir:
Der Frau, die reinfiel, wehe ihr!
Sie zeigt im Kochen, Waschen Fleiß,
Der Mann säuft Schnaps, gleich flaschenweis.
Der edelste der Triebe lischt,
Wenn er sie ohne Liebe drischt.
Die Nachbarn klagen: »Was 'n Streit!«
Der Ehekrach dringt Straßen weit.
Geschrei und Lumperei-Bezicht –
Das Ende: Polizeibericht!

Den wahren Wert des Lebens gibt,
Daß einer nicht vergebens liebt.

Wer von den Weibern sich Huld schafft,
Wird meistens dabei auch schuldhaft,
So daß er viel Schererei hat –
Der Ausweg ist häufig die Heirat.

»Du liebst die alte Geiß brünstig?«
»Schön ist sie nicht, aber preisgünstig!«

Verrat, oh Jüngling, Deine Herzensdamen nicht:
Halt wenigstens mit ihrem Namen dicht!

Ist wer noch ledig, sei er froh:
Er fühlt sich doch viel freier so!
Hat erst im Haus den Drachen man,
Ist nicht mehr viel zu machen dran.

Dem Ehmann wächst schon das Geweih leise:
Die Frau ist fort – vermutlich leihweise!

Den Frauen an der Strippe leicht
Geschwätz von rascher Lippe streicht.
Kaum lassen sie der Lunge Zeit,
Daß Atem sie der Zunge leiht.

Er überlegt noch die und noch die –
Aber heiraten tut er doch nie!

Mein Weib tut mir das Herz benagen:
Es würd ihr nur ein Nerz behagen.

Fürs Leben muß oft hegen Leid,
Versäumt wer die Gelegenheit:
Obwohl sie in der Laube allein saßen –
Aus Schüchternheit haben sie's sein lassen.
Das drückt sie nun weiß Gott wie nieder,
Denn dieser Glücksfall kommt nie wieder!

Du wirst kaum Liebesfreuden schauen,
Begegnest Du zu scheu den Frauen.

Einsame können so unterm Neid leiden,
Daß sie uns selbst unser Liebes-Leid neiden.

Laß mit dem Burschen Dich nicht ein, Maid!
Er schwört hernach doch einen Meineid!

Erst, meine Teure, dachte ich
Ich liebe und ich achte Dich.
Noch als Du warst im Märzen hier,
Lagst selig Du am Herzen mir.
Jetzt wag ichs kaum zu sagen mehr:
Schon liegst Du mir im Magen sehr.

SAMMELSURIUM

»Die Kirche wirkt von außen trist!«
Sagt einer, der noch draußen ist.
Doch kaum, daß er jetzt drinnen ist,
Sieht er, sie ist auch innen trist.

Mag weiße Fahnen auch der Winter hissen:
Des Frühlings bunte wir dahinter wissen!

Der Bettler, dem wir was in den Hut gaben,
Hat vielleicht auf der Bank ein Guthaben.

Nicht frei sein von Reptilien mag
Der reizendste Familientag.

Den Herd nicht, den verrußten, heiz –
Gleich spür ich meinen Hustenreiz!

Immer mehr Lädchen
Suchen Lehrmädchen.

Laß Weiber, Suff und Spiel fahren –
Dann wirst Du im Leben viel sparen!

Bist Du von Wein, Weib und Gesang lahm,
So rat ich Dir eins: tu langsam!

Natur zeigt vollen Zauber selten,
Wenn nicht die Nachbarn sauber zelten.

Was hilfts? Der Mensch, das schwache Rohr,
Dem falschen Freunde Rache schwor:
Von dem Verrat des Bösewichts genesen,
Tut er, als wäre weiter nichts gewesen.

Gelingen oft der ersten Wut mag,
Was selten ich aus echten Mut wag'.

Wir wolln vielleicht als Basken mal,
Als Schotten, auf den Maskenball.
Drum solln wir Basken-, Schottenmützen
Jahrüber gut vor Motten schützen!

Als Held Du nicht verloren bist,
Wenn Du, trotz Zahnweh-bohren, liest.
Doch schafft Dir ärgre Nöte Gicht,
Hilft Schiller selbst und Goethe nicht.

Die Freßlust gilts im Nu zu zähmen,
Wenn die Gefahr droht, zuzunehmen!

Wer andern seine Zange leiht,
Vermißt sie dann für lange Zeit.

Als ich im Wirtshaus mit meiner Frau saß,
Schimpften wir beide: »Oh, welch ein Saufraß!«

Nicht übelnehmen soll dem Gast man's,
Ist ihm zu fett die schönste Mastgans.

Was wir von dieser Oster-Feier erben?
Das Übermaß von Mutters Eierfärben;
Ihr Eifer drohte zu entarten heuer:
Wir essen immer noch die harten Eier!

So wunderbare mehlige Sachen
Konnt' doch nur meine Selige machen.

Man bringt in Feindschaft, ja in Wut gar
Just die, zu denen man zu gut war.
Wir ernten oft, wo Not wir lindern, Hassen –
Das wird sich leider nie verhindern lassen.

Was sollst, wenn Du nicht wirsch, erkiesen?
Als heilsam hat sich oft ein Kirsch erwiesen.

Just, wer nicht selbst zu geben liebt,
Rafft gierig, was das Leben gibt.

Wir finden zwar zur Not Gut-mütige –
Doch besser wären voller Mut-Gütige.

Man läßt des Himmels Segen gelten,
Des Himmels Zorn hingegen selten.

Mit der Ausred', daß er so allein wär,
Trank täglich er drei Flaschen Wein leer.

'S böt sich Gelegenheit zur netten
Bekanntschaft, wenn wir Zeit nur hätten.

Das rechte nach Bedarf zu schenken,
Mach immer nötig, scharf zu denken.

Mancher weiß, was sein Magen vertrag,
Doch nicht, was er seelisch zu tragen vermag.

Es gilt, dem Schwätzer rasch ins Wort zu fallen,
Sein Redefluß droht endlos fortzuwallen.

Er hat nach dem kräftigen Schlucke gespuckt
Und sich an der eignen Spucke verschluckt.

Zum Schaden, den wir ohnehin schon haben,
Sollst Du nicht Rübchen mir zum Hohn schaben!

Ich möcht mir – denn 's wär schad! – ausbitten:
Das Kind nicht mit dem Bad ausschütten!

Was Dir nur Musen schenken dürfen,
Wirst niemals Du durch Denken schürfen.

Den Mut der Lebens-Streiter hebt,
Daß auch der andre heiter strebt.

Man soll sich vor dem Weltgebrause hüten –
Doch auch ganz einsam nicht zuhause brüten!

Nicht gleich der nächstbest' Heckenstab
Zeigt, daß man Dreck am Stecken hab':
Man siehts am glatten, hellen Stabe,
Daß er beschmutzte Stellen habe.

Das Schicksal weiß uns pi-zu-sacken
Und sicher auch noch Sie zu packen!

Geh, schreib mir eine Karten, wann
Ich demnächst Dich erwarten kann!

Wie öd die Zeit doch, mir zur Strafe, schleicht
Die Stund um Stund von meinem Schlafe streicht
Was ich mit dieser Zeit doch sonst zu machen wüßte,
Wenn ich nicht dösen zwischen Schlaf und Wachen
        müßte!

Abschied auf leiser Sohl' zu wagen:
Oft besser, als »leb-wohl!« zu sagen!

Der Achtziger, vorm Abschluß ist er –
Längst steht schon auf der Abschußlist' er.

Der Morgen Gold im Munde hat –
Ich aber fühl mich hundematt.

Der Mohr und der Mestize höhnt,
Wenn weißer Mann vor Hitze stöhnt.

Wie hart stößt Gier nach Dichterruhm
Oft auf des Lektors Richtertum.
Der letzte Verse-Schuster weint,
Wenn nicht gedruckt sein Wust erscheint.

Der Kritikus, nach kurzem Tappen, kleckst
Ganz schamlos hin den schönsten Klappentext.

Die einen selbst vorm Begrifflichen kneifen –
Die andern kühn nach dem Knifflichen greifen.

Vermutlich kann auf zartre Seelen
Als Leser nicht der Sartre zählen.

Der hohen Kunst zulieb wacht Nächt' er:
Und trotzdem blieb er nur Nachtwächter!

Der Redner bangt, daß wer es wagen sollte,
Vor ihm zu sagen, was er sagen wollte.

Nennt nicht gleich einen keckern Mann
Den, der nur immer meckern kann.
Es ist nichts mit Meck-meck zu bessern
Und dumm ists, stets nur beckzumessern.

Wie wirr heut all die »Ismen« scheinen –
Die Zeit wird viele Schismen einen!

Nur schwer der Böswicht mich bespitzeln kann,
Weil ich die Absicht, was herauszukitzeln, spann!

Leicht scheint's noch heut den Bayern zu fallen,
Sich zu gemütlichen Feiern zu ballen.
Man läßt bei einer Wiesenmaß
So schnell sich nicht vermiesen was.

Versprechen vor den Wahlen ziert –
Wers hinterher wohl zahlen wird?

Es braucht nicht großen Taten-Mut,
Wer werfen mit Tomaten tut.

Wie viele, nur daß sie 'nauf kamen,
Selbst Schurkereien in Kauf nahmen!

Nur fürchten als ein Kenner man
Die »großen alten Männer« kann.
Soll ich sie, wie sie kamen, nennen?
Ihr werdet selbst die Namen kennen!

»Die Freiheit kommt ins Wanken!« schrie's,
Wenn Frechheit man in Schranken wies.
Wer Freiheit durch Gesetze hat,
Wird rasch der blinden Hetze satt.

Auch den andern lerne geben,
Willst Du selber gerne leben.

Man schwärmt für bessre Welten sehr –
Was dafür tun will selten wer!

Inhaltsverzeichnis

Ein Mensch (1935)

Abenteuer und Eulenspiegeleien

Der Ofen	9
Hilflosigkeiten	10
Besorgungen	11
Der Gast	12
Die guten Bekannten	13
Richtig und falsch	14
Voreilige Grobheit	15
Verdorbener Abend	16
Falscher Verdacht	17
Übereilige Anschaffung	18
Immer höflich	18
Geduldsprobe	19
Gut gedrillt	20
Nutzlose Qual	21
Das Schnitzel	21
Vorsicht	22
Ein Ausweg	22
So ist das Leben	23
Traumbegegnung	24
Phantastereien	25
Ein Experiment	26
Der starke Kaffee	27
Unter Aufsicht	28
Der Pfründner	28
Schlüpfrige Dinge	29
Voreilig	29
Unglaubwürdige Geschichte	30
Billige Reise	31
Der Lebenskünstler	32
Verwickelte Geschichte	33
Das Sprungbrett	34
Beim Einschlafen	35
Sprichwörtliches	35
Die Torte	36
Man wird bescheiden	36

Literatur und Liebe

Verkannte Kunst	39
Kunst	39
Unerwünschter Besuch	40
Verhinderter Dichter	41
Entbehrliche Neuigkeiten	41
Hoffnungen	42
Bücher	43
Der Nichtskönner	44
Gutes Beispiel	45
Der Rezensent	45
Briefe, die ihn nicht erreichten ...	46
Arbeiter der Stirn	47
Der Kenner	48
Theaterbilletts	49
Gefahrvoller Ritt	50
Kleine Ursachen	51
Zirkusliebe	52
Waidmanns Heil	53
Gezeiten der Liebe	54
Hereinfall	55
Bühne des Lebens	56
Für Architekten	56

Für Juristen	56	Rätselhafte Zuversicht	72
Verpfuschtes Abenteuer	57	Umwertung aller Werte	73
Die Antwort	58	Vorschnelle Gesundung	74
Einsicht	58	Versagen der Heilkunst	75
Ungleicher Kampf	59	Freud-iges	76
Ein Erlebnis	59	Vergebliches Heldentum	77
Der gekränkte Badegast	60	Der Maßlose	78
Fremde Welt	61	Es bleibt sich gleich	79
Erfolgloser Liebhaber	62	Eitler Wunsch	80
		Einleuchtende Erklärung	81
		Seelische Gesundheit	81
Leiden und Lernen		Lebensgefühl	82
		Grenzfall	82
Um vierzig herum	65	Das Mitleid	83
Falsche Ernährung	66	Vorschlag	83
Schadhafte Leitung	67	Für Wankelmütige	84
Rechtzeitige Einsicht	68	Für Fortschrittler	84
Vergebliche Mühe	69	Für Moralisten	85
Der Schwarzseher	70	Kleiner Unterschied	86
Beherzigung	71	Lebenszweck	86

Mensch und Unmensch (1948)

Abenteuer		Vorsicht!	101
und Alltäglichkeiten		Brotlose Künste	102
		Einschränkung	102
Die Vergeßlichen	91	Das Ferngespräch	103
Ein Lebenslauf	92	Schlechter Trost	103
Der unverhoffte Geld-		Die Meister	104
betrag	93	Der Provinzler	105
Halloh!	94	So und so	106
Der Urlaub	95	Für Ungeübte	106
Das Hilfsbuch	96	Der Heimweg	107
Ordnung	97	Mäden Agan	107
Immer ungelegen	98	Einladungen	108
Die Postkarte	99	Der Weise	109
Herstellt euch!	100	Für Vorsichtige	110

Lebhafte Unterhaltung	111	Wandel	135
Pech	112	Leider	135
Der Besuch	113	Nachdenkliche	
Blumen	114	Geschichte	136
Zu spät	115	Der Bumerang	136
Vergeblicher Eifer	116	Zeitgemäß	137
Gescheiterte Sammlung	117	Zu spät	137
Zeitgenössische Entwicklung	118	Der Feigling	137
		Kleine Geschichte	138
Das Haus	119	Auf Umwegen	138
Nächtliches Erlebnis	119		
Versäumter Augenblick	120		
Der Brandstifter	120		

(Hoffentlich nur)
Erinnerungen 1933–1948

Mensch und Unmensch

Einsicht	123	Der Schuft	141
Überraschungen	123	Immer dasselbe	142
Geteiltes Leid	124	Verdienter Hereinfall	142
Nur	125	Je nachdem	143
Gründliche Einsicht	125	Der Sitzplatz	144
Weltgeschichte	126	Verdächtigungen	145
Die Liste	127	Ungleicher Maßstab	146
Ewiges Gespräch	127	Der leise Nachbar	147
Tabaksorgen	128	Der Tischnachbar	148
Undank	128	Himmlische Entscheidung	149
Umstürze	128	Verhinderte Witzbolde	150
Legendenbildung	129	Windige Geschichte	151
Leider	129	Für Gußeiserne	151
Wunderlich	129	Traurige Geschichte	152
Unverhoffter Erfolg	130	Das Schlimmste	152
Wahrscheinlich	130	Gott lenkt	153
Verwandlung	131	Irrtum	153
Das Schwierige	131	Urteil der Welt	154
Die Erbschaft	132	Billiger Rat	154
Zur Warnung	133	Einfache Sache	155
Gerechtigkeit	134	Lauf der Zeit	155
		Aussichten	156
		Traurige Wahrheit	156

Das Böse	157	Fortschritte	176
Ahnungslos	157	Parabel	176
Baupläne	158	Ausnahme	176
Ein Ehrenmann	159	Die Uhr	177
Der Salto	159	Unter Rat	177
Hinterher …	160	Optische Täuschung	178
Saubere Brüder	160	Unterschied	178
		Die Verzögerungstaktik	179
Lehren des Lebens		Feingefühl	179
		Auf der Goldwaage	179
Nur ein Vergleich	163	Unerwünschte	
Wunsch und Begierde	164	Belehrung	180
Der vergessene Name	165	Zwecklos	180
Der Verschwender	166	Kleinigkeiten	181
Allzu eifrig	166	Lauter Täuschungen	182
Sage	167	Zwischen den Zeiten	182
Das Geheimnis	168	Rückstand	182
Der Pechvogel	168	Die Tanten	183
Unterschied	169	Prüfungen	183
Das Bessere	169	Weltlauf	184
Der Tugendbold	170	Trauriger Fall	185
Metaphysisches	171	Versäumte Gelegen-	
Zweierlei	171	heiten	186
Musikalisches	171	Das Wichtigste	187
Durch die Blume	172	Das Gewissen	188
Halbes Glück	172	Märchen	189
Bange Frage	173	Nur Sprüche	189
Der Unentschlossene	173	Seltsam genug	190
Das Messer	174	Trugschluß	190
Lebenslügen	174	Empfindlicher Punkt	190
Bescheidenheit	175	Wandlung	191
Falsche Heraus-		Das ists!	191
forderung	175	Vieldeutung	191

Der letzte Mensch (1964)

Scherz

Der Hilfsbereite	195
Störung	196
Der Fürsprech	197
Warnung	197
Immer falsch	198
Zweifel	198
Wunderlicher Tag	199
Ein Gleichnis	200
Der Pilz-Fachmann	201
Fehlentwicklung	202
Unfaßbar	202
Hoffnungslos	203
Verfehlte Begegnung	204
Lebensleiter	204
Börse des Lebens	205
Vergebliche Einsicht	205
Selbstquälerei	206
Technik	207
Vorsicht	207
Der Termin	208
Feststellung	208
Briefwechsel	209
So gehts	210
Der Unmusikalische	211
Der Fahrgast	212
Die Abmachung	213
Einsicht	214
Der Waldgänger	215
Der Sparsame	216
Zwischenträgereien	217
Rückzug	218
Kettenreaktion	219
Falsche Rechnung	220
Illustrierte	221
Der Riese	222
Talent und Genie	222
Der Urgreis	223
Entscheidungen	223
Gescheiterter Versuch	224
Leib und Seele	224
Der Schütze	225
Trost	225
Lob des Kaffees	226
Vergebliche Freiheit	226
Erfreulicher Irrtum	227
Trauriger Fall	227
Beinahe	228
Ausgerechnet ...	228
Demnächst	229
Kontaktlos	229
Lebenskunst	230
Fragen	230
Vergebliche Bemühung	230

Satire

Unterschied	231
Mitmenschen	232
Der Fachmann	232
Ermüdung	233
Wohlstand	234
Tempora mutantur	235
König Kunde	236
Freiheit	236
Kunst	237
Die Spanne	238
Der Heimtücker	239
Späte Einsicht	239
Menschen-Ruhm	240

Hoffnung	240
Unglücksfälle	241
Der Mißgelaunte	241
Wandlung	242
Falsche Erziehung	242
Manager	243
O Tempora	243
Frau Welt	244
Zeit heilt ...	244
Abdankung	245
Der Freigeist	245
Juristisches	246
Krokodilstränen	246
Stadt-Einsamkeit	247
Absage	247
Einbildung	248
Ars amandi	248
Begräbnis	249
Unerwünschte Begegnung	250
Entomologisches	250
Entwicklung	251
Wissen ist Macht	251
Sensation	252
Überlegung	252
Falsche Rechnung	253
Zwischen den Zeiten	253
Das Böse	254
Denker	254
Entwicklung	255
Immer ...	255
Das Opfer	256
Der Weltflüchtige	256
Vergeblicher Wunsch	257
Der Mahner	257
Enttäuschung	257
Variationen	258
Zu spät	258
Wachet und betet!	258
Ruhige Zeiten	259
Der Geschäftige	259
Der Kreisel	259
Am Strom der Zeit	260
Nachsicht	260

Ironie

Voreiliges Mitleid	261
Öffentliche Meinung	262
Erlebnis	263
Der Zufriedene	264
Überschätzung	264
Unerfreuliche Zeitgenossen	264
Verkehrte Welt	267
Lob und Tadel	267
Unterschied	267
Ein Beispiel	268
Zivilcourage	268
Der Zauderer	269
Empfindlich	269
Der Harmlose	270
Test-Sucht	270
Verhinderter Wohltäter	271
Das Netz	271
Vergebliche Jagd	272
Partys	273
Gegenseitig	273
Ohne Glück	274
Unterschied	274
Der unerwünschte Bundesgenosse	275
Umgekehrt	275
Sport	276
Lieblos	276

Freundschaften	277	Befürchtung	284
Überforderung	277	Der Kunstfreund	285
Unbildung	278	Reue	285
Aufpassen!	278	Ungeduld	286
Das Wiedersehen	279	Die lieben Nachbarn	287
Alter Trick	279	Lauter Bekannte	288
So kommts	280	Falsche Verbindung	289
Wer weiß?	265	Einladungen	290
Je nachdem	265	Zu wenig und zu viel ...	291
Zweierlei	265		
Dichterlos	266	Die Stubenfliege	292
Gewissenserforschung	266	Zeitmangel	292
Philosophischer Disput	266	Nach Jahr und Tag	293
Grenzfall	280	Auch ...	293
Große Erwartungen	281	Der Fehlschuß	294
Für Edelmütige	281	Mensch und Unmensch	294
Die Prüfung	282	Unverhoffter Erfolg	295
Der Erfolgreiche	282	Selbstloser Rat	295
Die Unvergeßlichen	283	Schicksal	296
Bestimmung	283	Vorsicht!	296
Entwicklungen	284	Am Tisch des Lebens	297

Der Wunderdoktor (1939)

Vorwort	301	Homöopathie	311
Lob der Heilkunst	303	Honorarisches	311
Die Ärzte	304	Lauter Doktoren	312
Der Zahnarzt	307	Der Stabsarzt	312
Wundermänner	308	Der rechte Arzt	313
Wertbegriffe	308	Neue Heilmethoden	314
Chirurgie	309	Orthopädie	314
Schnittiges	309	Legende	315
Einem Berühmten	309	Apotheker	316
Wandlungen der Heilkunst	310	Blinddarm	317
		Steinleiden	317
Ärztliches Zeugnis	310	Hautleiden	318
Klare Entscheidung	311	Hygrometrie	318

Herz	319	Tele-Pathie	338
Herzklappe	319	Warzen	339
Augenleiden	320	Altes Volksmittel	340
Schwindel	320	Entdeckungen	340
Auf der Reise	321	Mitleid	341
Gemütsleiden	322	Gesundlesen	341
Übelkeit	322	Vorurteil	341
Brüche	322	Schönheit	342
Fußleiden	323	Köpfliches	343
Reiztherapie	323	Kurmittel	344
Sonnenbrand	323	Lehmkur	344
Sonderbar	323	Knoblauch	344
Schwacher Magen	324	Heilschlaf	345
Rezept	324	Wasserheilkunde	346
Schnupfen	325	Essigsaure Tonerde	346
Neuer Bazillus	326	Atemgymnastik	347
I.G.-Farben	326	Vergebliche Mühe	347
Durchfall	327	Äußerer Eindruck	348
Merkwürdig	327	Unterschied	348
Spritziges	328	Gegen Aufregung	349
Vorbeugung	328	Atemnöte	349
Blutdruck	329	Behandlung	350
Erkenntnis	329	Ein Gleichnis	350
Geschwülste	329	Das beste Alter	350
Unterschied	329	Ein Versuch	351
Lebensangst	330	Heilmittel	351
Bäder	330	Kosmetik	351
Rekordsucht	331	Besuche	352
Billiger Rat	331	Untauglicher Versuch	353
Untersuchung	332	Herzenswunden	353
Selbsterkenntnis	332	Weltanschauung	354
Lob des Schmerzes	333	Antike Weisheit	354
Störungen	333	Letztes Mittel	354
Kranke Welt	334	Föhn	355
Das größere Übel	334	Aberglauben	355
Marktschreiereien	335	Rat	355
Dreckapotheke	336	Einfache Diagnose	356
Hausapotheke	337	Antiskepsis	356

Neues Leiden	356	Selbsttäuschung	371
Lebenslauf	356	Diät	372
Entwicklungen	357	Mißgeburt	372
Vitamin	357	Verätzung	373
Warnung	357	Erfahrung	373
Fortschritt	358	Unterschied	373
Gift und Galle	358	Gehversuche	374
Harmverhaltung	358	Urteil der Welt	375
Behandlung	359	Gehabte Schmerzen	376
Eiweiß	359	Entwicklungs-	
Pfundiges	360	krankheiten	377
Fingerspitzengefühl	360	Geteiltes Leid	378
Roh-Köstliches	361	Das Leben	378
Letzte Möglichkeit	361	Trübsinn	379
Für Notfälle	361	Der eingebildet	
Einsicht	362	Kranke	380
Dummheit	362	Die guten Vierziger	381
Ernährung	363	Schütteln	382
Unterernährung	363	Tropfglas	382
Gegen Schwierigkeit	364	Versicherung	383
Neueres Leiden	364	Ausgleich	384
Empfindlichkeit	365	Nur	384
Holde Täuschung	365	Schmerzen	384
Punktion	365	Je nachdem	385
Wunderbalsam	366	Theorie und Praxis	385
Vorsicht	366	Scheintote	385
Gefährliche Sache	366	Nächstenfurcht	386
Unterschied	366	Gastmahl des Lebens	386
Offene Füße	367	Verschiedene Einstellung	386
Guter Zweck	367	Beherzigung	387
Traurige Wahrheit	367	Lebensgewicht	387
Relativität	368	Nicht zimperlich	387
Jugend	368	Schicksal	388
Schlaf	369	Frage	388
Jugend und Alter	369	Wichtiger	388
Windiges	370	Schmerzkonserven	389
Verstopfung	370	Letzte Ehre	389
Bedrängnis	371	Warnung	389

Radio-Aktivität	390	Gute Vorsätze	391
Fieber	390	Lebensleiter	392
Warnung	391	Zeit heilt	392

Neue Rezepte vom Wunderdoktor (1959)

Halali	395	Ersatz	411
Mensch und Unmensch	395	Seelen-Sanitäter	412
Wartezimmer	396	Geschütteltes	413
Jung und alt	397	Flucht	414
Ärztliche Bemühung	397	Geschenke	415
Aussichten	398	Einschüchterung	416
Der Unentwegte	399	Zuversicht	417
Kongressitis	400	Salben	417
Ohne mich!	401	Vorsicht!	417
Streuung	402	Legendenbildung	418
Ermunterung	402	Ärger	418
Gleichgewicht	403	Aufschub	419
Einsicht	403	Die Stütze	419
Diener und Herr	403	Billiger Rat	420
Wettrüsten	404	Hoffnungen	421
Undank	405	Schwierige Operation	422
Vertrauensarzt	405	Patent	422
Zum Trost	405	Heilungsprozeß	423
Selbstbedienung	406	Verpaßte Zeit	423
Zweifache Wirkung	407	Stoffwechsel	424
So und so	407	Leber	424
So und so	407	Erhöhte Ansprüche	425
»Schein«-Behandlung?	407	Unterschiedlich	425
Psychosomatisches	408	Vergebliche Warnung	426
Arztwechsel	409	Schlafmittel	426
Privatpraxis	410	Der Kinderarzt	427
Arztfrauen	410	Hydrobiologie	427
Wandlung	410	Übergescheit	428
Der Landarzt	410	Psychoanalyse	428
Diagnose	411	Forschung	428
Wunden	411	Röntgenbild	429

Kunst	429	Lebe gefährlich!	451
Darum!	429	Dringender Wunsch	451
Wohlfahrt	429	Bestätigung	452
Augen	430	Je nachdem	452
Blutübertragung	430	Scheinbarer Widerspruch	452
Gegen Müdigkeit	430		
Höfliche Bitte	430	Lebensmut	453
Vorschlag	431	Schein-Heilung	453
Luftkur	431	Warnung	454
Reiskur	432	Beherzigung	454
Fieber-Fantasie	432	Verwicklungen	455
Guter Zuspruch	433	Die Hauptsache	455
Zeit heilt	434	Seelen-Heilkunde	456
Kassenhaß	435	Das Opfer	456
Mahnung	436	Fremdkörper	457
Angstträume	437	Vorteil	457
Zahnweh	438	Konsultation	458
Das Hausbuch	439	Blutung	458
Inserate	440	Ausweg	459
Beinahe	441	Lebenssaft	459
Principiis obsta	442	Müde Welt	459
Hoffnung	442	Witz	460
Trübe Erfahrung	442	Schulmedizin	460
Kontaktarmut	442	Zusammenhänge	460
Ausflüchte	443	Schönheits-Chirurgie	461
Der Herrenfahrer	444	Zaubervorstellung	461
Anthropologie	445	Wickel	462
Frische Luft	445	Für Kahlköpfe	462
Letteritis	446	Schädlich	462
Skrupel	447	Der Stärkere	463
Physiognomik	447	Magenbeschwerden	463
Weissagung	447	Nichts übertreiben!	463
Kunst des Schenkens	447	Guter Rat	464
Der Fürsorgliche	448	Einer für alle	464
Guter Wille	449	Ernster Fall	464
Selbsttäuschung	450	Melancholie	465
Weltschmerz	450	Homo ludens	465
Manager	450	Autosuggestion	466

Mahnung	466	Kochrezept	475
Anfälligkeit	466	Scheintod	476
Das Geld	467	Lebensrechnung	477
Zeitrechnung	468	Tempo	477
Theorie	469	Falsche Diagnose	477
Temperatur	469	Begegnung	478
Gegenprobe	470	Kreislaufstörung	478
Feigheit	470	Das Muster	479
Hygiene	470	Klatschsucht	479
Gutmütigkeit	471	Zugluft	479
Savoir vivre	471	Verfolgungswahn	480
Gesunde Umwelt	472	Sportliches	480
Ausgleich	472	Einbildung	481
Haltung	473	Am Tisch des Lebens	481
Zu spät	473	Taubheit	481
Stichverletzungen	474	Unnötige Belastung	481
Inkubation	474	Fünftagewoche	482
Bitte	475	Freizeitgestaltung	482
Stoßseufzer	475	Erste Hilfe	482
Aufheiterungen	475	Höhere Mathematik	482

Gute Reise (1954)

Welt auf Reisen	485	Falsche Einstellung	496
Getäuschte Hoffnungen	487	Höflichkeit	496
Autos überall!	488	Daheimbleiben	497
Auto-Mobilmachung	489	Fantasie	499
Unterwegs	490	Flüchtige Zeit	500
Der Herrenfahrer	490	Gruß vom Flugplatz	500
Auf der Straße	491	Wunderliche Welt	501
Glossen	491	Neuer Text	501
Überfälle	492	Einbildungen	502
Die Motorisierten	493	Zwei Seelen	503
Dolomitengruß	494	Fahrtberichte	504
Kriegsfahrten	495	Aufschneidereien	504

Kunst des Reisens	505
Bequem	505
Spießerei	506
Vor der Reise	507
Badeaufenthalt	507
Einst und heute	508
Einförmigkeit	509
Schloßführung	510
Regenversicherung	512

Kartengrüße
Am Königssee	513
Stoß-Seufzer	513

Haltung	514
Realitäten	515
Fortschritt	517
Verdorbene Winterreise	517
Zweckloser Streit	518
Alpenglühen	518
Historische Glossen	519

Kartengrüße
Nordlandreise	521
Wallfahrtsort	521

Der Unschlüssige	522
Das Kursbuch	523
Voreiliger Dank	524
Der Abschied	525
Der Geschäftsreisende	526
Das Zauberwort	527
Für Wankelmütige	527
Der Bummelzug	528
Probleme	529
Reisepech	529
Platzangst	530
Gegensätze	531

Platzwahl	532
Abschied	532
Erfahrung	533
Kurze Saison	533
Ein Hilfsmittel	534
Die Zugverspätung	535
Volle Züge	535
Reisegenossen	536
Zu leicht befunden	537
Gepäck	538
Gute Ratschläge	540
Verkehrsverein	540

Kartengrüße
Am Gletscher	541
Nordsee	541

Zwischenfall	542
Veränderungen	543
Resignatio	544
Je nachdem	545
Arme Reisende	546
Verwehte Spuren	547
Ein Geheimnis	548

Kartengrüße
All Heil	549
Rundfunkplage	549

Undankbare Aufgabe	550
Strohwitwer	550
Stammtischgespräche	551
Melancholischer Anfall	552
Individualisten	553
Gastfreundschaft	555
Sinn des Reisens	557
Glückssachen	558

Kartengruß	558	Werbung, Werbung!	583
Vom Schlafen	559	Wegelagerei	585
Vorurteile	560	Lärm	587
Mut	561	Verwirrung	588
Hochbetrieb	562	Mitbringsel	589
Bergbahn-Gruß	562	Reiseandenken	589
München	563	Lichtbildnerei	592
Rekorde	563	Allein? Zu zweit?	593
Rundfahrt	564	Vom Zelten	594
Vergebliche Mühe	565	Gesellschaftsreisen	596
Sommerfrischen-Gruß	565	Entfesselte Welt	597
Stilles Dorf	566	Gruß von der Riviera	601
Ein Erlebnis	567	Fremdsprachen	602
Ein Beispiel	568	Reklame	603
		Gruß aus Südtirol	604

Neue Kartengrüße

Aus München	570	Strapazen	605
Aus dem Franken-		Pauschalreisen	606
land	570	Der Reiseleiter	607
Aus Trafoi	570	Zu spät!	608
		Seereisen	610
		Nordsee	612
Die Kunstreise	571	Trümpfe	613
Selbstanklage	572	Italienische Reise	614
Neuer Reisestil	574	Ein Münchner in Italien	616
Die Andern	575	Tempo	621
Reiseschriftstellerei	576	Völkerversöhnung	622
Trost	577	Zwischenhoch	623
Ansprüche	579	Unterschiede	623
Der Reise-Snob	580	Lebensreise	624
Zur Warnung	582	Abgesang	624

Ins Schwarze (1968)

Limericks

Probeschüsse

Mahnung	629
Einsicht	629
Erst wägen ...	629
Mitmenschen	630
Illusion	630
Irrtum	630
Unterschied	630
Bitte	631
Leise Hoffnung	631
Bühne des Lebens	631
Lebenslauf	631
Ergänzung	632
Ungerecht	632
Nur bedingt ...	632
Ausnahme	632
Nur Ruhe	633
Unbegabt	633
Unerwünschte Begegnung	633
Bitte um Verständnis	633
Aussichtslos	634
Böse Erfahrung	634
Abdankung	634
Das bessere Ich	634
Gescheiterte Reklame	635
Stoßseufzer	635
Spießerglück	635
Physiognomik	635
Verlogenes Weltbild	636
Tägliches Brot	636
Heimlicher Wunsch	636
Der Witzbold	636
Schwarzer Humor	637
Fremdwörterei	637
Nachruhm	637
Kostspielige Werbung	637

Greisengeseires

Am Stammtisch	638
Eben dort	638
Immer wieder ...	638
Seitenweise ...	639
Nebenpflichten	639
Leiden	639
Schlechter Tausch	639
Beatus ille ...	640
Alltag	640
Illustrierten-Illusion	640
Genau besehen ...	640
Umwertung	641
Altersbosheit	641
Ausgleich	641
Immer noch besser	641
Weltlauf	642
Störrische Jugend	642
Noch schlimmer	642
Mißachtete Mahnung	642
Zukunft	643

Unterwegs und daheim

Falsches Ergebnis	644
Verklärte Erinnerung	644
Bestrafte Eile	644
Möglichst weit	645

Hereinfall	645
Sonnenküsten	645
Alte Erfahrung	645
Petri Heil	646
Das liebe Geld	646
Waldfrieden	646
Häufiger Fall	646
Höflichkeit	647
Krokus	647
Durch die Blume	647

Spiel und Sport

Bescheidung	648
Zum Trost	648
Homo ludens	648
Spiel des Lebens	649
Glück	649
Ein Sportfeind	649
Die Sportgröße	649
Ein Held	650
Hinweis	650
Enthaltsamkeit	650
Vorbildlich	650
Ein Ausweg	651
Nervenprobe	651
Unbegreiflich	651
Kraftsprüche	651
Ein Pessimist	652
Bescheidenes Glück	652

Kauzereien

Peinliche Geschichte	653
Wunderliche Vorstellung	653
Ausnahme	653
Bestrafte Herausforderung	654
Bezahlter Scherz	654
Mißbrauchtes Gottvertrauen	654
Rätselhafte Krankheit	654
Trautes Heim	655
Beim Konditor	655
Mitleid	655
Fein heraus	655
Folklore	656
»Who is who?«	656
Zu spät	656
Haariges	656
Rheinfahrt	657
Glückwunsch	657
Unangebracht	657
Mißratener Abend	657
Ermunterung	658

Politisch Lied ...

Einsicht	659
Wie gehabt	659
Glimpflich weggekommen ...	659
Rätsel	660
Redefreiheit	660
Frage	660
Kannegießer	660
Je nachdem	661
Für und wider	661
Vergeblicher Fortschritt	661
Verwirrung	661
Gebrannte Kinder	662
Gewarnte Topfgucker	662

Gefährliche Zeiten	662		Pop art	671
Krise	662		Ganz privat	672
Wirkung	663		Kunsterziehung	672
Grenzen	663		Grenzen	672
Bekehrung	663		Der Snob	672
Ein Aufschneider	663		Ohne Wirkung	673
Zeitung	664			
Schadenfreude	664			
Trau, schau, wem …	664			
Überlegung	664		*Lernen und Lehren*	
Voreilig	665			
Wehrlos	665		Schul-Erinnerung	674
Ein Gesinnungsakrobat	665		Für Humanisten	674
Mehrwertsteuer	665		Schulreformen	674
Die Lohnschraube	666		Rigorosum I	675
Vergeblich	666		Rigorosum II	675
Immer dran denken!	666		Alma mater	675
Üble Geschenke	666		Ein Lebenslauf	675
Cliquen-Wirtschaft	666		Verwunderlich	676
			Warum einfach?	676
			Fortschritt	676
			Herzverpflanzung	676
Aus dem Kulturleben			Ein gleiches	677
			Guter Mond	677
Selbstbelügung	668		Hoffnungslos rückständig	677
Unverhoffte Wirkung	668		Lebensabend	677
Volksnahrung	668		Sternkunde	678
»Saubere Leinwand«	669		Ignorabimus	678
Vorm Bildschirm	669			
Wandel der Welt	669			
Unruhige Wohnung	669			
Befürchtung	670		*Schreiber und Leser*	
Falsche Lacher	670			
Der Star	670		Verschiedene	679
Primadonna	670		Einstellung	679
Un-Gehöriges	671		Kritiker	679
Applaus – Wut	671		Vorsicht!	680
Im Theater	671			

Der Klüngel	680	Zu viel des Guten	689
Literatur	680	Häuslicher Zwist	689
Ein Umstrittener	680	Vorschlag	689
Ursache	681	Neuer Begriff	690
Naturlyrik	681	Überforderung	690
Tandaradei!	681	Ersatzleistung	690
Frage	681	Schlechter Einfluß	690
Schnell vergessen	682	Haushaltsorgan	691
Pro domo	682	Die Mitschuldigen	691
Der Heuchler	682	Der Strohwitwer	691
Überraschung	682	Im Ristorante	691
Revision	683	Alte Geschichte	692
Befreiung	683	Rezept	692
Bildung	683	Schade!	692
Vorteil des Alters	683	Guter Rat	692
Bibliophilie	684	Widerruf	693
Ein Leser	684	Eheleben	693
Ein zweiter	684		
Noch einer	684		
Klage	685	*Fortsetzung, geographisch*	
Nützliche Verspätung	685		
Hochflut	685	Der Heuchler	694
		Sitten-reinlich	694
		Trübe Geschichte	694
Liebe und Ehe		Ärgernis	695
		Ein Ausweg	695
Gegensätze	686	Abgeblitzt	695
Nutzlose Reue	686	Wer weiß?	695
Eiserne Jungfrau	686	Die keusche Susanne	696
Strafe	687	So geht's	696
Verpaßte Gelegenheit	687	Nutzlose Warnung	696
Entwicklung	687	Die Zimperliche	696
Kindischer Greis	687	Rasche Wirkung	697
Je nach Geschmack	688	Ausgleich	697
Münchner Fasching	688	Ein Glücksfall	697
Vorsicht!	688	Wiedersehen	697
Tugendschutz	688	Unverhofftes Glück	698
Öffentliche Aufführung	689	Enttäuschung	698

Schüttelreime

		»Hobby«	705
		Schwaches Gedächtnis	705
Es lohnt nicht ...	701	Sportfischer	706
Nach dem Angriff 43	701	Hungriger Abend	707
Adelsstolz	701	Flugreise	707
Vorsicht!	701	Herberge	708
Lebensgier	702	Schwierige Wahl	708
Theater-Abonnement	702	Venedig	709
Abkühlung	702	Kartengruß	709

Jahreszeitliches	703	*Liebe – so und so*	710
Mythologie	704		
Torgau	704	*Sammelsurium*	713